武汉大学"双一流"建设计划资助出版

思 悟 集

刘礼堂 著

图书在版编目（CIP）数据

思悟集 / 刘礼堂著. — 北京：商务印书馆，2021
（珞珈史学文库）
ISBN 978-7-100-20271-8

Ⅰ. ①思⋯ Ⅱ. ①刘⋯ Ⅲ. ①史学－中国－文集
②民俗学－中国－文集 Ⅳ. ①K207-53②K892-53

中国版本图书馆CIP数据核字（2021）第163744号

权利保留，侵权必究。

珞珈史学文库
思悟集
刘礼堂 著

商 务 印 书 馆 出 版
（北京王府井大街36号 邮政编码100710）
商 务 印 书 馆 发 行
三河市尚艺印装有限公司印刷
ISBN 978-7-100-20271-8

2021年12月第1版　　　　开本 710×1000　1/16
2021年12月第1次印刷　　印张 29 1/2

定价：138.00元

总 序

"珞珈史学文库"是武汉大学历史学院教师学术研究成果的结集。第一批推出的是二十多位教授的文集。以后将根据情况，陆续推出新的集子。

武汉大学历史学科具有悠久而辉煌的历史。早在1913年，武汉大学的前身国立武昌高等师范学校就设置历史地理部。1930年武汉大学组建史学系，1953年改名历史学系，2003年组建历史学院。一批又一批著名学者，如李汉俊、李剑农、雷海宗、罗家伦、钱穆、吴其昌、徐中舒、陈祖源、周谱冲、郭斌佳、杨人楩、梁园东、方壮猷、谭戒甫、唐长孺、吴于廑、吴廷璆、姚薇元、彭雨新、石泉等，曾在这里辛勤耕耘，教书育人，著书立说，在推动武汉大学历史学科和中国现代史学发展、繁荣的同时，在武汉大学和中国史学史上也留下了嘉名。其中，唐长孺、吴于廑两位大师贡献最为卓殊。

改革开放30年间，武汉大学历史学科建设成效显著。1981年，中国古代史和世界史获得全国首批博士学位授予权。1987年，历史地理学获得博士学位授予权。1988年，中国古代史被列为国家重点学科。1995年，历史系被批准为国家文科基础学科人才培养和科学研究基地。1997年，获得历史学一级学科博士学位授予权。1999年，建立历史学博士后流动站。2001年，中国古代史再次被列为国家重点学科。2007年，中国古代史第三次被评为国家重点学科，世界史新增为国家重点学科。2008年，历史学一级学科入选湖北省重点学科。2001年，以中国古代史为核心的国家"211工程"二期建设项目"中国文明进程与世界历史整体发展"启动。2008年，分别以中国古代史与世界史为中心的"211工程"三期建设项目"新资料整理与中国古代文明进程研究"与"世界历史整体发展中的社会转型与文化变迁研究"启动。目前，历史学院设有历史学、世界历史、考古学三个本科专业；史学理论及史学史、考古学及博物馆学、历史地理学、历史文献学、专门史、中国古代史、中国近现代史、世界史、中国文化史、中国经济史、国际关系与中外关系史和地区国别史等12个二级学科。在研究机构方面，设有中国三至九世纪研究所、世界史研究所、历史地理研究所、中国文化研究所、中国经济与社会史研究所、15—18世纪世界史研究所、第二次世界大战与战后世界研究所，以及简帛研究中心、科技考古研究中心。在前一辈学者奠定的基础上，经过后继者的持续努力，逐步形成了严谨的学风和优良的教风，确立了理论探讨与实证研究相结合，断代史与专门史、地区史与国别史相结合，传世文献与出土资料并重的学术特色，成为武汉大学在海内外学界具有重要影响的学科之一。

  历史学院的老师，在辛勤教书育人的同时，也为科学研究倾注了大量心血，在各自从事的方向或领域，推陈出新，开拓前行，撰写了一大批有价值的专著和论文。学院决定编撰教师个人的学术文集，是希望各位老师把自己散见于海内外各种出版物上的代表性论文加以整合。这样，通过一种文集，可以约略体现教师本人的研究历程和领域；而于整体方面，也可在一定程度上展示武汉大学历史学的学科格局和学术风格。

每本文集的选篇和修订,由作者各自负责。学院教授委员会对入选文集进行遴选,并提出一些指导性的建议。

"珞珈史学文库"的出版,得到了国家"211工程"三期建设项目的支持,得到了武汉大学"基础学科振兴行动计划"的支持,得到了商务印书馆各位领导和相关编辑先生的支持。在此致以诚挚的谢意。

2010 年 2 月

目 录

上编　历史类

《阳春集序》作者陈世修小考 …… 3

唐代长江上中游地区的生态环境文化 …… 8

唐代长江上中游地区的社会环境 …… 18

受命不迁　深固难徙
　　——先秦楚人以爱国主义为核心的民族精神及其影响 …… 24

采铜于山　沾溉学林 …… 31

旧石器时代中国南方砾石工业初探 …… 34

唐代的寡妇葬夫与迁葬夫族 …… 45

鄂东文化的人类学考察 …… 55

茗菜与苔菜考辨
　　——兼谈茶事之起源 …… 69

唐代茶叶及茶文化域外传播考 …… 84

巍巍楚学　精华毕集
　　——《世纪楚学》丛书评介 …… 97

基于需求视角的中华茶技艺保护传承研究 …… 102

信息不对称与近代华茶国际贸易的衰落
　　——基于汉口港的个案考察 …… 123

浅析鄂西北地区"楚长城"遗迹 152
试论唐代南方少数民族对长江中游的经济开发 160
古丝绸之路河西走廊语言服务状况考 171
日本奈良时代对唐代长安佛教建筑文化的吸收 181
《黄侃手批〈尔雅义疏〉》所见"相反为训" 206
《尔雅·释诂》校勘四则 223
论日本奈良平城京对唐代"长安都城文化"的吸收和继承 230
论意思、意义与意象
　　——兼论"诗本体" 267
清代茶叶贸易视野下的中英关系
　　——以贸易博弈为中心的考察 279
中华茶文化的源流、概念界定与主要特质 303

下编　民俗类

唐代长江上中游地区的岁时节令 319
唐代长江上中游地区服饰文化考 336
唐代长江上中游地区的饮食文化
　　——以民间饮食中的主、副食为例 343
人文重镇形成的文化生态
　　——以明代黄州府为考察中心 349
宋代笔记及类书中的岁时民俗研究 369
中国古代岁时民俗文献研究 385
云南丙中洛乡多元宗教的碰撞与融合
　　——以基督教为例 400
唐代峡江地区"借室为墓"葬俗试析 409

唐代长江流域的茶叶种植与饮茶习俗 …… 420
唐代赣江流域丧葬习俗考 …… 440

作者著述列表 …… 453
后　记 …… 459

上编 历史类

《阳春集序》作者陈世修小考

在唐宋词学批评史上，有两篇较早的词序最引人注目。一是五代欧阳炯的《花间集序》，二是北宋仁宗嘉祐三年戊戌（1058）陈世修的《阳春集序》。

陈世修是何许人，历来不太清楚。洋洋大观的《宋人传记资料索引》（台湾昌彼德等编），连陈世修的条目都没有立下。陈世修在《阳春集序》中自称"南唐相国冯公延巳，乃余外舍祖也"。陈世修究竟是不是冯延巳的外孙辈，曾有人表示怀疑，并由此而怀疑陈世修所编《阳春集》的真实性。夏承焘先生《唐宋词人年谱》说："正中（冯延巳）词名《阳春录》，见《直斋书录解题》。今传本名《阳春集》，陈世修编于宋嘉祐戊戌，其时距正中之卒已九十余年。……或谓世修序称正中为外舍祖，然以年代推之，不能连为祖孙，疑陈编出于伪托。案外舍祖谓外家之远祖，不能以此疑陈编。"[①] 夏先生认为"陈编"《阳春集》不是"伪托"，是正确的，但他没有用具体史料证实陈世修与冯延巳的关系，所以仍不能祛疑。

笔者近日发现的一则史料，可以确证冯延巳是陈世修的曾外祖父，陈世修是冯延巳的曾外孙。

王安石《王文公文集》卷84《司农卿分司南京陈公神道碑》载

---

① 夏承焘：《唐宋词人年谱》，上海古籍出版社1979年版，第70页。

碑主陈执礼（字良器）"夫人冯氏，江南李氏时宰相冯延巳之孙。子男五人：世范，前商州洛南县尉；世安，前广州新会县令；世修，大理寺丞；世永，将作监主簿；世弈，太常寺太祝"[①]。王安石在这里明明白白地说陈世修的母亲冯氏是冯延巳的孙女。因此，陈世修在《阳春集序》中自称"南唐相国冯公延巳，乃余外舍祖也"，确信无疑。

又据《陈公神道碑》，陈世修之父陈执礼"世居洪州之南昌县，当唐末五代之乱，无仕者"。陈世修的故乡南昌，五代时正属南唐。南唐宰相冯延巳的孙女下嫁南昌陈氏，地理上也没有任何矛盾。

再考《宋史》卷267《陈恕传》，知陈世修的祖父是曾官参知政事的陈恕。陈恕有子名执中、执古、执方、执礼。长子执中官至宰相，卒后谥恭，故世称"陈恭公"，《宋史》卷285有传。由此可知，陈世修的祖父是参知政事，伯父是宰相。他的家世比较显赫。

王安石与陈世修是世交，不仅为世修之父写了神道碑，还为世修的伯父执古写了墓志铭。据《王文公文集》卷91《比部员外郎陈君（执古）墓志铭》，陈恕"有子五人"，执古为老三，宰相执中之弟。执古知临江军时，王安石"先君为之佐"。执古的长子名世昌，王安石"兄事之"。王、陈两家"世有好"，因此当陈世昌向王安石求写墓志铭时，安石"义不可以辞"。《陈公神道碑》也说陈执礼去世后，长子"世范等来求铭，以作公（执礼）碑。盖公昆弟皆从先人游，而某又尝得识公父子，故为序其实而系以铭"。陈执古、陈执礼兄弟与王安石之父有同僚之谊，陈世修兄弟辈都与王安石相识相知。王安石所撰神道碑是"序其实"，所以他的记载绝对可信而不会有误。

再看陈世修的年龄。据《陈公神道碑》，陈执礼（字良器）卒于嘉祐七年（1062）六月，享年六十八。他的生年在太宗至道元年

[①]（宋）王安石：《王文公文集》卷84《司农卿分司南京陈公神道碑》，上海人民出版社1974年版，第903页。

（995）。陈世修为执礼第三子，假定陈世修出生时乃父执礼二十五岁左右，那么，陈世修当生于天禧四年（1020）前后，与王安石（1021—1086）年岁相仿。

如果这推论大体符合史实，那么，陈世修出生时距冯延巳（903—960）去世约六十年，比曾外公冯延巳小一百一十多岁，相隔四代人，其年代能够"连为（曾）祖孙"。嘉祐三年（1058），陈世修为曾外公冯延巳编成词集并为之作序时，已年过三十。

陈世修历任的官职，也约略可考：

仁宗嘉祐七年（1062），陈世修任大理寺丞。见王安石《陈公神道碑》。

英宗治平三年（1066），陈世修任太子右赞善大夫。《宋会要辑稿·崇儒》七之四九记载这年五月，"太子右赞善大夫陈世修献白乌，赐帛五十匹，以乌还之"。《宋史》卷64《五行志》记载此事是在治平四年五月。给皇帝献上罕见的白乌鸦，皇上不仅未收，还赏了五十匹帛。这确实很划算，既送了人情，又得了好处。题曾巩著《隆平集》卷2《却贡献》亦载此事，不过说是陈世修献白马。想来白马有什么可贵？白乌鸦才算稀罕。

熙宁三年（1070），陈世修任殿中丞。李焘《续资治通鉴长编》卷215载这年九月戊申，"遣殿中丞陈世修乘驿同京西、淮南农田水利司官经度陈、颍州八丈沟故迹以闻。初，世修言：'陈州项城县界蔡河东岸有八丈沟故迹，或断或续，迤逦东去，由颍及寿，绵亘三百五十余里。乞因其故道量加浚治，完复大江、次河、射虎、流龙、百尺等陂塘，导水行沟中，棋布灌溉，俾数百里地复为稻田，则其利百倍。'乃画图来上。于是，上谕世修言：'陈、许间地势正合作水田，甚善。'又令早应副世修事。王安石曰：'世修言引水事即可试，但言八丈沟新河事宜，俟一精于水事人同相度可也。向时八丈沟，止为邓艾当时不赖蔡河漕运，得并水东下，故能大兴水田。其后蔡河分其漕运，水不可并，故沟未可议。今蔡河新修闸，无所用水，即水可并而沟可复古迹矣。'故有是命"①。《宋会要辑稿·食货》七之二一、六一之九八和《宋史》卷95《河渠志》都记载有此事。看来，陈世修可能是位水利专家，至少是熟悉水利并重视兴修水利。

熙宁五年（1072），陈世修任提举京西常平，仍一如既往地关注兴修水利之事。《续资治通鉴长编》卷233记载是年五月戊戌，"提举京西常平等事陈世修言：'乞于唐州石桥河南北岸叠石为马头，造虹桥架过河道，于桥梁之下挖透横绝过河，引水入东、西邵渠，灌注九字等十五陂，则二百里之间经冬水利均浃。'诏知唐州苏涓复视，如实即委世修提举创造"②。宋王应麟《玉海》卷22、《宋会要辑稿·食货》六一之九九也有同样的记载。

熙宁七年（1074），陈世修任京西提点刑狱。《续资治通鉴长编》卷255载这年八月甲申"提点刑狱陈世修赴阙"③。

熙宁八年（1075），陈世修任国子博士。强至《祠部集》卷34《李公行状》载开封人李中师熙宁八年四月病逝，他的女婿是"国子博士陈世修"。国子博士，为正八品。到了五十多岁，陈世修还停滞在八品官上，看来官运不算亨通。

陈世修与著名散文家曾巩也相识。《元丰类稿》卷8有《送陈世修》诗一首："沙渚鸿飞入楚云，远林樵爨宿烟昏。娟娟野菊经秋淡，漠漠沧江带雨浑。归路赏心应驻节，客亭离思暂开樽。莫嗟问俗淹翔久，从此频繁不次思。"诗题直呼其名，可见两人的关系非同一般，差不多"忘形到尔汝"了。

陈世修还有件有名的逸事，宋代有六七种书载录，"转载率"相当高。其事始见于魏泰《东轩笔录》卷8："陈恭公再罢政，判亳州，

---

① （宋）李焘：《续资治通鉴长编》卷215，中华书局2004年版，第5243页。
② （宋）李焘：《续资治通鉴长编》卷233，第5664页。
③ （宋）李焘：《续资治通鉴长编》卷255，第6239页。

年六十九。遇生日，亲族往往献《老人星图》以为寿，独其侄世修献《范蠡游五湖图》，且赞曰：'贤哉陶朱，霸越平吴。名遂身退，扁舟五湖。'恭公甚喜，即日上表纳节。明年，累表求退，遂以司徒致仕。""陈恭公"，即世修的伯父陈执中。此事一经魏泰拈出，便成为美谈。宋孔平仲《谈苑》卷4、江少虞《宋朝事实类苑》卷10、曾慥《类说》卷10、高似孙《纬略》卷10、赵善璙《自警编》卷5、祝穆《古今事文类聚》前集卷44纷纷转载。此后元张光祖《言行龟鉴》卷5、明彭大翼《山堂肆考》卷138、蒋一葵《尧山堂外纪》卷45、清潘永因《宋稗类钞》卷6、张因等《渊鉴类函》卷309，也都收录。今《全宋文》，依据《尧山堂外纪》收录其中《范蠡游五湖图赞》四句。

据张方平《乐全集》卷95《陈公神道碑》，陈执中生于淳化元年（990），卒于嘉祐四年（1059），享年七十。陈执中六十九岁生日，陈世修献《范蠡游五湖图》并赞，是在嘉祐三年（1058），正是他写《阳春集序》的那一年。

（原载《文学遗产》2007年第4期）

唐代长江上中游地区的生态环境文化

就文化史而言,"生态环境"是一个借用的概念,它本是"生态学"的基本范畴,"生态学"源于希腊文 okios（居住）,是一个沿用已久的术语。生物及人类同环境的关系问题,很早就受到人们的注意,中国古人便有"居楚而楚,居越而越,居夏而夏"[①]一类环境决定人性的观点;《周易》还提出"仰以观于天文,俯以察于地理"[②]的全面审视生存环境的主张;中国古代许多朝代都设置过虞、衡等环境保护机构。[③]

在其他民族和国度,注意人类生存环境的思想也较早,如著名伊斯兰学者、《历史绪论》的作者伊本·赫尔东（1322—1406）1377年已提出文化生态概念,强调生态文化与周围环境的联系。[④]十九世纪六七十年代,德国动物学家、进化论者恩斯特·海克尔（1834—1919）首创生态学,二十世纪七十年代,生态学的研究重点逐步从以生物界为主体发展到以人类社会为主体,从主要考察自然生态系统过渡到主要考察人类生态系统,这种研究与文化相结合,产生了文化生态学。[⑤]

---

① 《荀子·儒效》。
② 《易·系辞上》。
③ 冯天瑜、何晓明、周积明：《中华文化史》,上海人民出版社1990年版。
④ 同上。
⑤ 同上。

文化生态学是以人类在创造文化的过程中与天然环境及人造环境的相互关系为对象的一门学科，其使命是把握文化生成与文化环境的调适在内的联系。作为文化生态学的一个基本概念，"文化生态（或称环境文化）"，主要是指相互交往的文化群体凭以从事文化创造、文化传播及其他文化活动的背景和条件，文化生态本身又构成一种文化成分。人在创造环境，环境也创造人。[①]

我们所说的长江上中游地区，大致为唐代的剑南道、山南东道、山南西道及江南西道一部、淮南道西部，约当今四川、湖北、湖南、江西一部和陕南一部。因为自然地理的划分与行政地理的划分是两个不同的概念，而且古今政区划分不同，古代政区也因时段不同及多种因素而常有变动和伸缩。因而这里所说长江上中游地区的自然环境概况也只是一个大致的参考而已。

一、唐代长江上中游一带政区环境

古巴蜀之地相当于唐剑南道、山南西道一带，唐贞观中剑南道辖州府53个，开元中该道辖州府大体如旧，仅北部之文、扶二州，东部之果、阆二州割属山南。但剑南南部多因诸羌归附而置羁縻州，诸羌时附时叛，故置废无常。后因吐蕃的强盛、南诏的崛起，大渡河、大凉山、马湖江、皂水以南的大部分地区基本上不为唐所控制，因而从辖境来看较之唐初大为减小。不过，剑南道北部诸州府由于经济的发展、人户的增多析置了不少州县，如益州成都府唐初已析置简州，垂拱二年（686）又析置彭、蜀、汉三州；唐初隶属山南的合、渝二州划归剑南，则天宝时期该道仍计有37个州府（果、阆二州此

[①] 冯天瑜、何晓明、周积明：《中华文化史》，上海人民出版社1990年版。

时割隶山南）。唐元和初剑南道辖境州府数略同，又置曲、协等羁縻州，割泸、普、渝、合、资、荣等州界置昌州，又将果、阆二州还属剑南，计有42州。这样唐代较稳定地隶属剑南的有成都、彭、蜀、汉、简、嘉、眉、邛、资、巂、雅、黎、翼、维、戎、姚、松、当、悉、静、柘、茂、恭、保、真、霸、梓、遂、果、阆、绵、剑、合、龙、普、渝、陵、荣、泸、昌、曲、协等42州府。该道主要以四川盆地为中心，北起羌水西岸与陇右道接境，西沿岷山、邛崃山、大雪山东侧向南经雅砻江、金沙江、怒江、萨尔温江诸水与吐蕃、骠国分界，南抵云贵高原南端至澜沧江、湄公河流域包括金齿、黑、僰、濮子、望、茫诸部，东自南盘江、清水江诸水流域向北经北盘江、三岔河、六冲河、大娄山、僰溪、洋水、长江、涪江、盐亭溪诸水沿嘉陵江、白龙江抵秦岭西麓，分别与岭南、江南（黔中）、山南（西）道接界。

　　唐山南道政区演变也较复杂，贞观中辖30个州府，北抵秦岭、伏牛山、方城山一线与陇右、关内、河南道相接，西沿青源河、燕子河、石门山向南傍梓潼水、涪江水东岸至云贵高原北缘与剑南道分界，东自南阳盆地东缘向南经桐柏山、涢水、富水、沔水至长江，南部自云贵高原北侧向东经涪陵江、巫山、夷水、油水、石首山至洞庭湖北岸之巴陵，大抵相当于今湖北省大部，陕西、河南二省南部，四川省东部的广大地区。开元中山南析为东、西两道，西道含兴元府（即汉中郡，原梁州）、洋、利、凤、兴、成、文、扶、集、璧、巴、蓬、通、开、阆、果、渠等17个州府，其中，成州原属陇右道，文、扶、果、阆四川原属剑南道，合州、渝州割属剑南道；东道含江陵府（即荆州）、峡、归、夔、澧、朗、忠、涪、万、襄、泌、隋、邓、均、房、复、郢、金等18个州府，其中江陵府即原荆州，泌州即原唐州，澧、朗二州原属江南道，涪州，武德元年（618）以渝州之涪陵镇置，属山南道，元和三年（808）七月改隶黔中道。较之唐初，山南道增四州，西北扩及今甘肃东南之礼县、西和、成县一带，南面扩及洞庭湖西岸今湖南之常德、临澧等地。元和年间（806—820），山南仍为东、西两道，但山南东道《元和志》有缺文，存襄阳节度使下所辖襄、邓、复、郢、唐、隋、均、房等8州，所缺大概为朗、澧二州；山南西道节度使辖兴元府、洋、利、凤、兴、成、文、扶、荆、峡、夔、归、万、忠、开、达、渠、巴、蓬、集、璧、金、商等23个州府，其中个别州郡的改隶情况不详述。我们这里所说的山南道，基本以贞观中所辖州府为准，其中渝、合二州据前所说，在天宝、元和年间均属剑南，故不计入山南道统计，原陇右之成州后划入陇右道，剑南之文、扶，江南之朗、澧等州天宝、元和均属山南，兹并作山南道州数计算，天宝时一度归属山南的果、阆二州不作为山南道州，而天宝时一度割属关内道的商州因贞观、元和二朝均属山南，故此列入山南道州数。这样唐代比较稳定地归属山南道管辖的州计有梁（兴元府）、凤、兴、利、通、洋、集、巴、蓬、璧、商、金、开、渠、邓、唐、均、房、隋、郢、复、襄、荆、峡、归、夔、万、忠、文、扶、澧、朗等32个州府。

本区所及还有唐淮南道一部。唐贞观中淮南道辖扬、楚、滁、和、濠、庐、寿、光、蕲、申、黄、安、沔、舒等14州，辖境大抵北界淮河，南临长江，东濒大海，西至今湖北应山、安陆、汉阳一带，约当今苏、皖二省江淮间地区以及鄂、豫二省各一部。开元改十道为十五道，淮南所辖州郡基本如旧，唯濠州后割属河南道；沔州时有置废，建中元年（780）四月始析入黄州，后又曾复置。《元和志》将安、黄、蕲三州置于江南道鄂岳观察使下，申、光二州和濠州分别置于河南道蔡州节度使和徐泗节度使下，今一并算入本区。

属于本区的还有唐江南道的部分州县。唐初江南道辖境辽阔，开元中江南道析为东、西两道。其中江南西道辖宣、歙、洪、江、鄂、岳、饶、虔、吉、袁、抚、潭、衡、永、道、郴、邵等17州。

后澧、朗二州割属山南道,已见前述。元和年间(806—820),江南道诸州分属浙东、浙西、江南西、宣歙、湖南、福建、鄂岳、黔州八观察使辖区,其中江南西、湖南二道和宣歙观察使所辖相当于开元、天宝江南西道大部,鄂岳观察使下只有一个鄂州属原江南道,信州乃乾元元年(758)置,其余各州分属山南、淮南二道。①

二、长江上中游地区的自然生态环境

(一)上游地区

  本文所说长江上游地域甚为辽阔,这里也大致仅限定于古代之巴蜀地区,约当今四川、重庆、陕南一部及其邻近地区。大致而言,该区以四川盆地为中心,与其周围之山地丘陵共同组合成一独特的地理单元。四川盆地四周皆山,平原和丘陵面积约为12.5万平方公里,是古今人们经济与文化活动的主要地区。从其南、北方面看,北边是干燥寒冷的陕甘地区,南边是温暖湿润的云贵地区;从东、西方面看,西边是以游牧为主的康藏高原,东边是以农耕为主的江汉平原。这种特殊的地理位置,使得四川盆地必然成为东西南北各种文化因素交融的地区。该盆地的气候属温暖湿润的亚热带季风性湿润气候。素有"西蜀冬不雪"之称。今盆地内霜日一般不超过25天,无霜期一般在250—300天左右,全年都是农耕期,植物生产活跃期在240天以上,这种气候,既适于人们的生活,更宜于农作物的生长。任乃强先生曾就此作过一番比较:"若以四川盆地与黄土之黄河平原比则无

---

① 各道政区变化更详细的情况请参阅冻国栋《唐代人口问题研究》(武汉大学出版社1993年版)各章相关论述。

亢旱之虞，与冲积之江浙平原比则无卑湿之苦，与三熟之广东平原则无水潦之患，与肥沃之松辽平原比则无霜雪之灾。"[1] 正由于有如此良好的气候条件，加之河流冲积物沉积而成的肥沃土壤，四川盆地才会在巴蜀先民的经营下成为"膏腴之地""天府之国"，为农业生产创造了极为有利的条件。早在汉代，时人即称："蜀地沃野千里，土壤膏腴，果实所生，无谷而饱，女工之业，覆衣天下，名材竹干，器械之饶，不可胜用。"[2]

顺便指出的是，此巴蜀一带，包括今陕南的汉中盆地及邻近区域。秦统一六国，于此地分置汉中郡、巴郡、蜀郡。汉代亦然，仅从巴蜀析置广汉郡、犍为郡。史称汉中"与巴蜀同俗"[3]，知这一区域至少在社会风俗方面与蜀川并无大的区别。唐代在原汉中郡地分置金、洋、梁等州，并与汉代巴郡相当地域所置诸州同被划归山南西道，而汉代蜀郡所领地域在唐代析置诸州则大体列于剑南道，已见前述。因此，汉中与巴蜀在自然地理和社会风俗等方面关系十分密切，故我们将汉中放在本区一并讨论。

（二）中游地区

这里所界定的长江中游地区与习惯上的自然地理区域大体一致，并适当兼顾唐代的行政区划。就整个长江中游地区而言，据前所说，其政区错综复杂，但总的来说，大致相当于今鄂、湘、赣三省，古统称"荆楚地区"。故本文所谓长江中游地区只能是一个大致的而非精确的范围。

从该区的地理形势看：其北界，西起武关，缘伏牛山，逾方城，

---

[1] 任乃强：《乡土史地讲义》，1929年任氏自印本，第27—28页。
[2] 《后汉书》卷13《隗嚣公孙述传》。
[3] 《汉书》卷28下《地理志》。

过桐柏山，经大别山，东至湖口；东界则北起湖口，绕鄱阳湖平原东侧，沿黄山余脉，过怀玉山，经武夷山，南至南岭山地东段，其西为豫章郡，即今江西南昌市及其邻近地区[①]；南界，自东到西，大体以南岭山地为界，东段有大庾岭的小梅关，西段有湘桂夹道，是岭南、岭北的交通咽喉[②]；其西界，则南起南岭山地西段，沿贵州高原东侧，经武陵山、巫山、大巴山，北至武关。

这一"荆楚"地域，河湖众多，水网密布。以今湖北一带为最。该地号"千湖之省"，也称之为"千河之省"。与此相比，今湖南、江西两省湖泊虽少却大。如湖南之洞庭湖，江西之鄱阳湖等。今湖北境内长江的支流，主要是汉江，其次是清江。今湖南境内也是河流众多，主要有湘、沅、资、澧"四水"，其中，湘江流量最大，沅江流程最长。相对而言，今江西境内河流较少，有赣江、修水、抚河、信江、鄱江五大河流，其中，流程最长、流量最大的为赣江。

本区大的平原和盆地，几乎都是三面有山，一面有水，状如畚箕。西部的山最高，其中大巴山东段的大神农架海拔3053米，是华中第一高峰，因相传为神农氏采药之处而得名。东部的山次高，其中武夷山主峰黄岗山海拔2158米。南部之南岭，一般海拔在1000米至1500米之间。中部即湖南、江西两省之间的群山，一般海拔在500米至1500米之间，其中罗霄山主峰逾2000米。北部山脉从西北到东南，大致从较高到较低，伏牛山主峰老君山海拔2192米，桐柏山和大别山一般海拔在500米上下。

这一区域在隋唐时期的气候情况，学术界认为相对温和，称之为"隋唐暖期"。[③]其气温约高于现今温度1℃—2℃。这种气候对

---

① 《史记》卷129《货殖列传》以为豫章属于南楚，"其俗大类西楚"。后世的文献，如《南史》卷40《黄回传》等，仍称江西人为"楚人"。
② 岭南、岭北的风土人情，向来有彰明较著的差异，岭南为越俗，岭北为楚俗。
③ 参见李文澜《湖北通史·隋唐五代卷》，华中师范大学出版社1999年版；竺可桢：《中国近五千年来气候变迁的初步研究》，《考古学报》1972年第1期。

农作物及果类和相关植被的生长是较为有利的。郑学檬先生曾对唐宋时期自然环境的变化对经济重心南移的影响予以深刻揭示，可以参见。①

古代长江中游地区生态环境的历史变化没有明显的起伏，但也呈现逐渐恶化的倾向。如陆地上本来密布着嘉木芳草，而随着人类垦殖活动的加强，林地和草地相继萎缩。不过，在唐代这种现象还不算明显。构成生态环境的因素是多方面的，其中核心是森林。森林具有多方面的保护环境的作用，对于防止水土流失、动物生存等具有至为重要的意义。②对于森林的意义，唐人似已有所认识，《大唐六典》卷7《工部尚书》虞部郎中条载：

凡五岳及名山能蕴灵产异，兴云致雨，有利于人者，皆禁其樵采。

据此，唐人已认识到森林能"兴云致雨"，"有利于人"，所以"禁其樵采"，这对于生态环境无疑是甚为有利的。当然，法令的制定与实际的操作有很大的差异，唐代特别是北方滥伐森林以致破坏生态的问题十分严重。史念海先生曾全面论述过唐代黄土高原森林植被的破坏情况，指出由于人类无节制的活动毁坏了自然植被，进而破坏了生态平衡，造成"土瘠民贫"，遗害无穷。③与黄土高原森林植被遭破坏、人类生存环境严重恶化的后果相比，隋唐时代长江中游地区的生态环境要好一些④，天然森林虽然比前代有所减少，但山地、丘

---

① 郑学檬：《中国古代经济重心南移和唐宋江南经济研究》，岳麓书社1996年版。
② 参见李文澜《湖北通史·隋唐五代卷》，华中师范大学出版社1999年版；竺可桢：《中国近五千年来气候变迁的初步研究》，《考古学报》1972年第1期。
③ 上官鸿南、朱士光主编：《史念海先生八十寿辰学术文集》，陕西师范大学出版社1996年版，第23—29、60—70页。
④ 郑学檬：《中国古代经济重心南移和唐宋江南经济研究》，岳麓书社1996年版。

陵仍有成片的森林，周边山区更是"古林幽篁丛生"。唐玄宗时，鄂东淮南虎患成灾，以致朝廷紧急诏令境内州县长官学习捕虎的方法，"同除其害"。① 这种状况甚至一直延续到宋代，如乾道六年（1170）陆游入蜀，乘船路过今湖北地，曾描述鄂东的山景有云：

> 自富池（今湖北阳新富池口）以西，沿江之南，皆大山起伏如涛头，山麓时有居民，往往作棚，持弓矢，伏其上以伺虎。②

显然，老虎出没之山地必定林木茂密，人迹罕至。富池一带老虎出没，当地居民伺捕之，故可推知当地森林是相对茂密的。鄂西的森林也大致如此，陆游过巴东，曾感叹"井邑极于萧条，邑中才百余户"，知当时巴东人口稀少，但自然环境却相对原始，"南山重复，秀丽可爱"，他还特别写道：

> 群山环拥，层出间见，古木森然，往往二三百年物。③

陆游所见当地"古木森然"，则该地森林似基本没有人为破坏的迹象，其中又说，这些"古木"，"往往二三百年物"，更可知，这些"古木"早在唐代即如此。这些情况表明，唐代长江中游至少今湖北一带的森林植被保持相对比较好，而这对于生态环境是至为重要的。④

此外，前已提到，本区自然环境的重要特点之一，是河湖众多，水网密布。这种自然条件，为当地稻作农业和水上交通运输业、商业

---

① 《全唐文》卷27《命李全确往淮南授捕虎法诏》。
② （宋）陆游：《陆放翁全集》，世界书局1963年版，第284页。
③ 同上书，第297页。
④ 郑学檬：《中国古代经济重心南移和唐宋江南经济研究》，岳麓书社1996年版。

的发展无疑提供了有利的条件,这是江南主要是本区开发的重要前提。但与此同时,由于生产力水平的局限,这种自然环境又是水涝灾害得以产生的温床。

(原载《江汉论坛》2007年第4期)

唐代长江上中游地区的社会环境

唐代长江上中游地区社会环境可以从经济结构、开发进程、民族、人口状况等方面予以概观。

首先，从本区的经济结构和开发进程看，无论上游巴蜀之地还是中游荆楚一带，均早已有其明显的特征。古代特别是六朝至唐，这两大区域的经济状况和开发进程，当代学者已有详细讨论，此仅述其大概而已。《宋书》卷54传末沈约《论》有云：

> 自晋氏迁流，迄于太元之世，百许年中，无风尘之警，区域之内，晏如也。及孙恩寇乱，歼亡事极。自此以至大明之季，年逾六纪，民户繁育，将曩时一矣。地广野丰，民勤本业，一岁或稔，则数郡忘饥。会土带海傍湖，良畴亦数十万顷，膏腴上地，亩直一金，鄠、杜之间，不能比也。荆城跨南楚之富，扬部有全吴之沃，鱼盐杞梓之利，充仞八方，丝绵布帛之饶，覆衣天下。

沈约这段话或许是夸大的，暂且不说。但他指出东晋至刘宋时期江南农业和家庭手工业有了很大进步，却也是有一定道理的。这一时期江南社会经济的开发主要集中于江东吴会一带和赣水流域的豫章郡、湘水流域的长沙郡、汉水流域的荆州等地。沈约这里特别提到了

"荆城跨南楚之富,扬部有全吴之沃,鱼盐杞梓之利,充仞八方,丝绵布帛之饶,覆衣天下"。在他的印象中,"荆城"居然可以与"扬部"对举,知长江中游一带特别是以荆州为中心的江汉平原社会经济有着明显的进步。不过,这种发展或开发是很不平衡的,我们相信当时长江中部的开发主要体现在汉、湘、赣诸水流域的少数州郡,其他边远地区和本区的广大山区仍然是相对后进的。也就是说,六朝以及以往的时期,江南主要是长江中游的开发顶多是体现在点和线上,而面上的开发还要经历一个漫长的过程。换言之,长江中部的显著开发即在深度和广度上都超过以往的时代大致应在唐代或以后。有关这一问题,如唐代长江中游地区农业生产的精耕细作、水利事业的发展、土地面积的扩大以及粮食产量的提高等,学者们已有较多探讨①,这里不准备多说。仅就土地的垦辟而言,最突出地表现在沼泽洲渚的开发。唐代江汉平原和洞庭湖畔及湘水流域的河洲湖渚,许多地方可以看到土地的垦发和水稻等农作物的种植,如窦巩"山连巫峡秀,田傍渚宫肥"(《全唐诗》卷271),钱起《赠汉阳隐者》诗称汉阳一带"衡茅古林曲,粳稻清江滨"(《全唐诗》卷238),说的是江汉平原河湖洲渚地带的垦殖情形。张九龄诗中也提到他在湘中所见"江间稻正熟,林里桂初荣"(《全唐诗》卷49),李频在湘口,见江边良田连畴,称"苇岸无穷接楚田"(《全唐诗》卷87),可知今湖南沿江洲渚的开垦活动也十分盛行。韦应物《送唐明府赴溧水》诗云"鱼盐海滨利,姜蔗傍湖田"(《全唐诗》卷189),则宣歙溧水流域不仅有湖田,而且有姜、蔗等经济作物的种植。张祜《江西道中作》言"渚田牛路肥"(《全唐诗》卷510),郑谷《野步》诗:"日暮渚田微雨后,鹭鹭闲暇稻花香"(《全唐诗》卷676),说的是今江西境内洲渚上地垦辟、水稻种植的景况。种种迹象表明,唐代长江中游一带农业生产比以往

---

① 参见张泽咸《试论汉唐间的水稻生产》,《文史》第18辑。此类论著甚丰,不拟详举。

的时代有了明显的推进。

沈约上引文没有提到巴蜀,不知何故。其实,该区的发展可能还在荆楚之上。《华阳国志》卷1《巴志》、卷2《汉中志》、卷3《蜀志》等对本区自先秦至魏晋时期该区经济社会情况并有详细记述,今不多举,只以《蜀志》所说概括之。其称秦时李冰筑都江堰,极利灌溉和航运,使当地不少州县得广开稻田,被称为"沃野千里",所谓"天府"也。蜀川这种经济或农田水利的优势以后继续存在。《隋书》卷29《食货志》称当时蜀川"水陆所凑,货殖所萃"。唐初北方一片凋敝,而剑南未受战乱影响,仍称"百姓富庶"[1],统治者曾下令京城一带的官员率其部众赴蜀川"就食"[2],并曾运剑南米粮"以实京师"[3]。

至于汉中一带,其地理特点与经济状况也可一提。晋人常璩《华阳国志》卷2《汉中志》称:"其地东接南郡,南接于巴,西接武都,并接秦川。其壤沃美。赋贡所出,略侔三蜀。"知汉中谷地土壤肥沃,物产、"贡赋"等与蜀郡、广汉、犍为三郡基本相同,其在当时政治经济上的地位是不言而喻的。

其次,从本区的民族情况看,也是十分复杂的。学术界早有论述[4],这里只交待几句。汉晋至唐,大都将居于中国南部的诸族称之为"蛮"。在《史记》《后汉书》中曾多处提到这种"蛮"族,但却没有为之立传。在《后汉书》卷86《南蛮西南夷列传》中,首次分别列述了盘瓠蛮、廪君蛮、板楯蛮夷。从其所记诸蛮的具体内容和活动地区看,盘瓠蛮大致在荆楚区。廪君蛮在巴郡及南郡,即跨巴蜀及荆楚之地。其称巴郡南郡蛮,居民有五大姓,巴氏、樊氏等自成

---

[1] 《资治通鉴》卷199唐纪贞观二十二年(648)六月条。
[2] 《册府元龟》卷486《迁徙》;《旧唐书》卷1《高祖纪》。
[3] 《册府元龟》卷498《漕运》。
[4] 周一良:《南朝境内之各种人及政府对待之政策》,收入氏著《魏晋南北朝史论集》,北京大学出版社1997年版;唐长孺:《孙吴建国及汉末江南的宗部与山越》,收于氏著《魏晋南北朝史论丛》,生活·读书·新知三联书店1955年版。

系统，他们敬奉白虎，有以"人祀"的习俗，该"蛮"氏族似已分化，有所谓"君长"和"民户"之分。据《太平寰宇记》卷178《四夷》记廪君蛮"散居巴梁间……大约为今巴、峡、巫、夔四郡地皆是也"。知廪君蛮处川峡一带，而且在唐宋之际，仍活跃在今川鄂之间。关于板楯蛮，《后汉书》卷86《南蛮西南夷列传》、《华阳国志·巴志》及《太平寰宇记》卷178所记似主要在巴蜀一带。这些蛮族在与汉人长期错居、交往的过程中，逐渐走向融合，但正如我们在以下诸章所提到的，他们在社会风俗方面与当地的普通汉人之间仍有一定差异。

最后，在本区的人口问题上，也有一定的特点。我们知道，人口是生产力中最重要的因素之一。而人的生产离不开具体的自然环境和经济条件。一定的自然环境在相当程度上制约着人们的活动范围，也影响着人口的增殖；一定的经济条件，也与人口的增殖相关联。因此，人口自身的发展通常是与生产的发展以及自然环境相适应的。中国历史上人口分布的不平衡状态在某种意义上也正是该地区生产发展不平衡的表现之一。与此同时，人作为生产者，同时又是消费者。因而一定的人口数量在一定程度上也反映了该地社会生产的基本状况。

关于唐代本区人口的基本状况，学术界已有详细讨论，这里也只是简略地概括几句。其一，关于唐代巴蜀一带人口，《旧唐书·地理志》载贞观十三年（639）剑南诸州府总户数为63万余，若合以后割隶该道的渝、合二州在内，户数更高达66万余，较隋大业户净增近30万。增长的幅度在各道中居首位。其中虽含涂、炎、向、彻等24羁縻州户数在内，但多属新招抚"生羌""夷僚"所置，户数均稀少，因而无足轻重。天宝以后，剑南地区虽未受安史乱兵重创，但缘边诸州却屡受吐蕃的劫掠。缘边诸州户数自有减耗，但其大部分地区尤其最为富饶的成都平原及川东诸州仍为唐廷所直接控制，在中央财政中的重要地位并未丧失。宪宗元和二年（807），李吉甫所上《国计簿》

言天下每岁赋入倚办止于东南八道四十九州，未及剑南。可能是因刘辟叛乱，一度未上供钱物。当然，此时的剑南西有吐蕃之患，南有南诏威逼，又经过刘辟的乱事，经济状况已不可与天宝盛时相比，人户也应有所下降。但据《全唐文》卷744卢求《成都记序》称：

> 大中六年四月，诏以丞相太原公……镇蜀。蜀为奥壤，领州十四，县七十一，户百万，兵士五万，外疆接两蕃，人性劲勇，易化以道，难诳以智。

按《成都记序》所言，剑南西川所辖14州之户数即达百万，远远超过《元和志》所载元和初年剑南全道存户州的总户数，而且不包括川东诸州在内。《太平寰宇记》载北宋太平兴国年间（976—984）剑南道户数合主客在内共867488户，接近于唐天宝户数。户数最多的仍然是益州，唐代户数较高的成都平原及周围地区各州，仍保持唐代盛时的规模，眉、梓、阆州有所增加。值得注意的是位于川东南的荣州（今自贡、荣县一带）和川西山地的雅州（今雅安附近）户数却大增，雅州户数高达84561，仅次于益州，荣州户至66000余，远高于唐天宝盛时户数。而黎、泸、维、茂等州仍是稀少，与唐代无异。

其二，关于"荆楚"之地的户口，因涉及诸道州的归并、置废或技术处理问题，很难稽考。今只以唐山南道户口为例以概言之。隋代相当唐初山南道境有727009户，贞观中仅余160539户（成州入陇右道），其中大部分州郡户口明显下降。部分州郡与隋代相比有所上升，如蓬、巴、璧三州。唐初山南道人户减损最严重的州县集中在南阳盆地和江汉平原一带，川东、鄂西和汉中盆地诸州略好一些。这与隋末的战乱有关。大致在开元、天宝时期，该区诸州府著籍户数有了迅速增长。如梁州，天宝户达37470，不仅比贞观户增加近5倍，而且远多于隋大业户数。其他州也大都比贞观户成倍增加。这一时期该区的人口分布状况，大致以汉水流域的襄、荆两州和南阳盆地的唐、邓两州以及东关、益迁、下蒲诸水流域的通州、川北的巴州、汉中盆地的梁州、洋水和汉水流域的洋州等较为稠密，户数均在 2.3 万至 4.7 万余户之间。其次是地处长江三峡的夔州、消水和流江水流域的蓬州、巴水流域的壁州、汉沔诸水流域的金州、嘉陵江和白水流域的利州、武当山南麓的房州、洞庭湖和澧水流域的澧州以及汉水和富水流域的郢州等，均有万户以上。其余各州人户较稀疏。安史之乱后，该道人户数字和分布状况发生了较大变化。地处南阳盆地的唐、邓二州人户丧亡最为严重，不过，该道大部分州郡在肃、代二朝以后相当安定，户口升降与北方不同。唐宪宗元和年间（806—820），相关州县户口有所恢复甚至明显增长，具见《元和志》。

（原载《武汉大学学报（人文科学版）》2007 年第 4 期）

受命不迁　深固难徙
——先秦楚人以爱国主义为核心的民族精神及其影响

中华民族精神是中华民族在长期共同生活和实践中形成的思想观念、价值取向、性格及心理的总和,是中华民族繁衍发展、生生不息的精神动力,也是中华文化的灵魂。爱国主义是中华民族精神的核心,是中华文化中最宝贵的精神财富,也是我们今天建设社会主义核心价值体系的重要内容。楚国是中国先秦时期的一个诸侯国。楚人作为中国先秦民族大家庭的一员,在长期的生存和发展中,形成了强烈的民族精神。楚人以爱国主义为核心的民族精神是中华民族精神的一个重要组成部分。探讨楚人的民族精神及其影响,对于我们今天弘扬和培育以爱国主义为核心的民族精神,实现中华民族的伟大复兴,具有重要的理论意义和实践意义。

楚民族爱国精神的内涵

"受命不迁,生南国兮;深固难徙,更壹志兮。"这是伟大诗人屈原《橘颂》中的佳句。楚国的先民曾在强邻的夹缝中艰难地求生存、谋发展,时间之长以千年计,由此孕育出比较成熟的以爱国主义为核心的民族精神。概括说来,主要有以下内容。

一是筚路蓝缕的进取意识。西周初年，周成王把今鄂西北豫西南丹水与淅水交汇之处分封给楚人先祖熊绎，此地虽然只有方圆五十里，但标志着楚国正式登上历史舞台。所幸的是，熊绎并未因领土狭小而自暴自弃，而是率领楚人犯艰历险、励精图治。经过约700年的苦心经营，到战国中晚期，楚国已方圆五千里，其版图囊括今湖北、湖南全省和陕西、四川、重庆、河南、江西、安徽、江苏、浙江、上海等省市的大部分或一部分地区，政治影响更是波及今广西、广东、云南、贵州等省和自治区，成为当时疆域最辽阔的诸侯国。正如司马迁在《史记·苏秦列传》中所说："地方五千里，带甲百万，车千乘，骑万匹，粟支十年。"从"土不过同"（古代以方圆百里为一同）到"地方五千里"，足可想见楚人发奋图强的雄心和坚韧不拔的意志。可以说，假如没有楚人"筚路蓝缕"的进取意识，楚国就不可能有如此迅捷的发展速度。

二是博采众长的开放气度。楚国的先民源出祝融部落集团，与夏、商、周等部落都有密切的关系，从来都不是封闭的。楚国君臣奉行的方针，按《左传·襄公十三年》的说法，叫作"抚有蛮夷"，"以属诸夏"。可见，楚人的偏见较为淡薄，外交政策较为开明，在它广袤的疆域内很少有民族性或地方性的叛乱发生。对于其他民族的文化，楚人乐于择善而从。北方的典籍如《诗》《书》《礼》《易》，楚国应有尽有；南方巴人和越人的民歌如《巴人》《越人歌》，在楚国广为流行。楚人虚心向南方百越学习红铜采冶技术，向中原诸夏学习青铜铸造技术，鲁国的能工巧匠公输班即民间所说的"鲁班"，曾经被楚国请去帮助改进军事器械。至于由地中海经南亚辗转输入的"蜻蜓眼"玻璃珠，则被楚人视若宝物并加以仿制。可以说，假如楚人没有博采众长的开放气度，楚国就不可能有很高的文明程度。

三是"一鸣惊人"的创新意识。楚人是一个极富创新意识的共同体，用楚庄王的名言来说，就是"不飞则已，一飞冲天；不鸣则已，一鸣惊人"。在政治制度方面，楚人敢于突破陈规，是最早由奴隶制进入封建制的诸侯国之一。公元前 689 年，楚国最先建立直属于国君的行政区域——县，这是与分封制相对立的巨大变革。针对楚国政治制度的弊端，吴起厉行变法，沉重地打击了贵族中的腐朽势力，扶大厦于将倾。在经济体制方面，楚国在公元前 548 年改革赋税制度，即"量入修赋"，就是按照土地的实际收入来确定赋税标准，这比秦国在公元前 348 年进行的"初为赋"的改革要早 200 年。楚人的创新意识，不仅表现在政治和经济上，而且表现在文化和工艺上。楚国不仅有精彩绝艳的屈宋辞赋、诡谲怪异的造型艺术、"五音繁会"的音乐、"翘袖折腰"的舞蹈和"层台累榭"的建筑，而且有精美绝伦的青铜器、巧夺天工的漆木器和领异标新的织绣品。可以说，假如没有楚人"一鸣惊人"的创新理念，楚国就不可能有如此强盛的国力。

四是勇赴国难的牺牲精神。史载公元前 506 年，吴国军队攻陷楚郢都，楚国大夫申包胥到秦国求救。秦国本不愿出兵，劝他留在秦国避难。申包胥便对秦王说：眼下国家危急，生灵涂炭，我岂能苟且偷安？说完倚在秦国的宫墙上放声痛哭，直至双眼泪尽泣血。秦王被申包胥对国家的赤诚之心所感动，当即出兵救楚。申包胥哭秦廷的故事，一直被作为美谈流传于世，申包胥也因此赢得了世人的爱戴。

楚国士兵和普通百姓的卫国义行，感人至深。当吴国的军队在公元前 506 年攻入楚国的郢都时，守城士兵和市民自发组成"敢死队"，同吴兵展开巷战，最后终于在赶来的秦国援军的帮助下共同击退了吴军。公元前 278 年，秦人白起拔郢。在这场空前惨烈的战役中，楚人有逃亡和战死的，却没有一个投敌献媚的，受伤被俘的两名士兵因不肯泄露楚国神鼎的埋藏地点，分别选择了自焚和咬断舌根。在楚人看来，保家卫国是他们神圣的义务和职责。

楚怀王晚年虽"康回无道，淫失甚乱，宣侈竞纵"，干了不少糊涂事、坏事，但毕竟大节尚存。公元前229年，入秦国被扣留，秦国提出释放他的条件是楚国割让巫郡和黔中郡。怀王宁做异乡之鬼，也不肯出卖国家，最后死于秦国。"楚虽三户，亡秦必楚"，楚人的这一誓言充分表达了楚人虽处弱势而不屈的顽强意志和夺得最后胜利的坚定信念。

我们尤其应当大书特书的是伟大诗人屈原，他把楚人的爱国主义精神升华到当时他人不可企及的高峰。据《史记·屈原贾生列传》记载，屈原出身于楚国贵族，怀王时曾官至左徒，很受信任。后因要进行改革，遭上官大夫靳尚和令尹子兰陷害，先被放逐汉北，后又被放逐江南。他的耿介高洁，在当时达到了特立独行的程度。面对邪恶和污秽，他决不随和苟同。虽然楚国的权势集团剥夺了屈原实现其抱负的一切希望，但他决不妥协，仍然坚持自己高洁的品格和进步的理想不动摇。在《离骚》这一光辉诗篇中，他抒发了"长叹息以掩涕兮，哀民生之多艰"的忧民情怀，"路漫漫其修远兮，吾将上下而求索"的进取精神，"既余心之所善兮，虽九死其犹未悔"的坚贞气节。当他得知首都被秦国攻破时，毅然像殷大夫彭咸那样投水自尽，实践了"既莫足以为美政兮，吾将从彭咸之所居"的誓言。

楚人以爱国主义精神为核心的 民族精神的深远影响

先秦以后，历代志士仁人都以屈原为榜样，忧国忧民、执着进取，代代相传，影响越来越大，范围越来越广。我们的邻国如韩国、越南、日本等，也过端午节，纪念屈原。1953年，世界和平理事会推出当年纪念的四大文化名人，屈原名列其中。

在中国近现代史上，无论是中国共产党人还是民主进步人士，无不从以屈原为代表的民族精神中汲取力量。近代维新派中坚谭嗣同为国家变革图强，发出了"外国变法未有不流血者，中国以变法流血者，请从嗣同始"的悲壮宣言。1905年底，楚故地湘人陈天华在日本东京大森湾蹈海而死，以身殉国。殉国前留下"绝命书"，以"坚忍奉公，力学爱国"八个字呼唤救亡图存。

辛亥革命前夜，有一个叫冯特民的楚人后裔，在湖北旅日学生界主办的名为《汉声》的报纸上发表了一篇题为《楚魂》的文章，文中赫然写着两句振聋发聩的预言："推翻封建帝制，只有推翻秦朝的楚人来完成。"时隔不久，武昌起义的枪声宣告了在中国延续2000多年的封建帝制的结束，预言变成了现实。辛亥革命进一步激发了楚人后裔的爱国之情和强国之志。1915年5月24日，袁世凯政府签订"二十一条"的消息传到长沙，年仅19岁的湖南学生彭超愤然投入湘江。他在用血写的遗书中说："5月7日，日本之最后通牒报来，我祖国4600余年之神明土地，从此为外人破矣！能不伤哉！能不痛哉！我同胞应知我国之最可哭最可惨最可羞最可耻的事，莫过于此次之外交失败，吾有何面目以对国家也？其将何求以救国也？"

楚人以爱国主义为核心的民族精神，更是给生于楚地、长于楚地的毛泽东以巨大影响。毛泽东在长沙求学时，在其读书笔记的前面几页恭敬抄录屈原的《离骚》和《九歌》，表达了他对屈原爱国主义精神的崇敬与追慕。五四运动时期，陈独秀发表了《欢迎湖南人底精神》一文，高度评价湖南人的奋斗精神，认为这种奋斗精神"已渐渐在一班可爱可敬的青年身上复活了"。陈独秀还说，"若道中国果欲亡，除非湖南人尽死"，表达了他这位"五四运动总司令"对楚人精神的钦佩。1925年，面对军阀混战、山河破碎的局势，毛泽东在《沁园春·长沙》一词中发出了"问苍茫大地，谁主沉浮"的诘问，并由此勾起了对少年时代"到中流击水，浪遏飞舟"的回忆。1935年10月，毛泽东在其所作的《念奴娇·昆仑》一词中，大气磅磕地写道:"安得倚天抽宝剑,把汝裁为三截?"此句中的"倚天抽宝剑",就是出自楚人宋玉《大言赋》:"长剑耿介,倚天之外。"

中国共产党创始人之一李大钊,也深受楚人爱国主义精神的涵煦。连美国著名学者施奈德都认为,以屈原形象为代表的忠贞,培育了李氏高度的浪漫气质、强烈的中国人的爱国精神。楚人的爱国精神,积淀为中华民族的心理晶体。每当中华民族面临生死存亡的关头,《国殇》就成为一首悲壮的战歌,屈原的名字就变成一面火红的战旗,激励着众多志士仁人,感召着无数平民大众。

恽代英身陷囹圄,用鲜血写下"已摒忧患寻常事,留得豪情作楚囚"的豪迈诗句。夏明翰面对刽子手的屠刀,慷慨高吟"砍头不要紧,只要主义真。杀了我一个,自有后来人"。陈潭秋以《楚光日报》作为声讨军阀的阵地,取名"楚光",意在光大楚人精神。

面对敌人的枪口,深爱楚辞的闻一多在李公朴先生的追悼会上慷慨陈词:"我们不怕死,我们有牺牲的精神!我们随时像李先生一样,前脚跨出大门,后脚就不准备再跨进大门!"闻先生实践了自己的诺言,为追求中国的新生、民主与自由而贡献出自己的一切。

在日寇铁蹄踏入神州版图之际,郭沫若创作了剧本《屈原》,以歌颂屈原并鞭挞靳尚和子兰,赞扬以中国共产党人为代表的抗日民主力量,抨击国民党顽固派对外丧权辱国、对内迫害抗日志士的倒行逆施,鼓舞人民把抗战坚持到底,在国统区以至全国产生了积极而又广泛的影响。著名鄂籍学者黄侃早年曾投身民主革命斗争,后专意治学,但他的心总是系在民族命运上,直到弥留之际,他还向家人询问日寇侵略我国的近况,叹息:"国事果不可为乎?"著名学者顾颉刚对上古历史文化多持怀疑态度,但对楚文化却情有独钟。"九一八"事变后,他在北京办起了"三户书社",以"楚虽三户,亡秦必楚"的古语来号召民众抗日图存。

楚人以爱国主义为核心的民族精神历千年而不灭,亘万古而长新，更表现在楚人后裔积极投身于新民主主义革命的洪流。在中国共产党第一次全国代表大会的 13 名代表中，两湖地区就有 9 人，著名的代表有湖南的毛泽东、何叔衡、李达和湖北的李汉俊、董必武、陈潭秋等。1955 年我军授予的十大元帅、十位大将和 57 位上将中，两湖籍元帅有 4 人、大将有 8 人，上将有 32 人，占了较大比例。

人们常用"九头鸟"来形容湖北人，这九头鸟的来历正是湖北人的祖先楚人崇拜的"九凤神"。在中国最早的一部神话著作《山海经》中，曾描绘楚地有一种鸟，名叫九凤。这九凤长着九个头，所以又叫九头凤。它是楚人崇拜的神鸟，后来的九头鸟就是以九头凤为原型的。这世上所无、人间未见的奇特的九头鸟，正是楚人的精魂。头是智慧、生命和意志的象征，鸟有九头，意味着思维的敏锐、生命力的顽强和意志的坚韧。1936 年 10 月，中国工农红军会师陕北时，毛泽东曾对从湖广大地走出的红二方面军、红四方面军和红二十五军说："天上九头鸟，地下湖北佬。敌人四次'围剿'砍了你们四个脑壳，你们还有五个脑壳，九头鸟不得了哩！"

（原载《红旗文稿》2007 年第 19 期）

采铜于山　沾溉学林

武汉大学陈文新先生主编的《历代科举文献整理与研究丛刊》（以下简称《丛刊》）第一辑共17种22卷，约2700万字，已于2009年9月由武汉大学出版社出版。皇皇巨著，沾溉学林，厥功甚伟。其学术价值，概而言之，约有四端。

一是选目的综合性。此前虽曾有过断代或专题的科举文献出版，如《明代登科录汇编》66种（未经整理）、《清代朱卷集成》（未经整理）、《中国考试史文献集成》、《天一阁藏明代科举录选刊·登科录》（未经整理）等，龚延明先生主编的《中国历代登科录》也在编纂之中，所有这些当然都是极有价值的，但它们所涉及的只是科举文献的某一类别，或限于登科录，或限于朱卷，或限于考试，尚不具备选目的综合性。《丛刊》的内容主要有两个方面：一为反映科举制度沿革、影响及历代登科情形的文献，如《七史选举志校注》（赵伯陶校注）、《翰林掌故五种》（余来明、潘金英校点）、《历代制举史料汇编》（李舜臣、欧阳江琳编著）、《明代状元史料汇编》（郭皓政、甘宏伟编著）、《钦定学政全书校注》（霍有明、郭海文校注）、《〈清实录〉科举史料汇编》（王炜编校）；一为与历代考试文体相关的教材、试卷、程文及论著，如《四书大全校注》（周群、王玉琴校注）、《历代律赋校注》（詹杭伦、沈时蓉等校注）、《游戏八股文集成》（黄强、王颖辑校）、《梁章钜科举文献二种校注》（陈水云、陈晓红校注）。此外又有《20世纪科举研究论文选编》（刘海峰编），具有总结学术史的性质。可见《丛刊》的显著特点是其对科举文献的搜集和整理涵盖面广、分量厚重，可以从多方面满足现代人的阅读和研究之需。

二是文献的稀见性。以《明代科举与文学编年》（陈文新、何坤翁、赵伯陶主撰）为例：此书叙述基本科举史实，不仅使用了诸如《明实录》《明鉴纲目》《国榷》《明史》等常见史部文献，以及若干专述科举的笔记史料如《弇山堂别集》《制义丛话》《皇明贡举考》等，还广泛采用了《登科录》《同年录》《进士履历便览》等珍贵的档案资料。编撰者对于原始文献，尽量照录原文，尤其是稀见而重要的科举文献更是不吝篇幅，全部收录。如首次整理采录天一阁所藏41种明代《进士登科录》，便是一例。作为最为直接和可靠的科举史料，许多《登科录》等原始考试档案因长期藏于天一阁，世所罕睹，虽然2006年已由宁波出版社影印出版，但价格不菲，且未经整理，尚难广泛为学界和读者所利用。此书将其全部收入并加以整理，大大彰显了其自身的学术价值。此外，大量碑志、行状、序跋等集部文献的使用，使此书的叙述有别于一般历史叙述的生硬、冰冷，而具有鲜活、生动的特点。据周勇先生的抽样分析报告，此书集部文献使用比例在56%左右，稀见文献使用比例在50%左右。

三是版本的丰富性。《丛刊》既力求选择权威版本做底本，也注重以不同版本进行校勘，因而在版本异文方面多有创获。如《贡举志五种》（鲁小俊、江俊伟校注）所收《皇明三元考》，现有三个通行影印本，即明代传记丛刊本（明文书局）、北京图书馆古籍珍本丛刊本（书目文献出版社）和四库存目丛书本（齐鲁书社）。《贡举志五种》以三种版本互相参校，发现前两种所用的实为相同的底本，而四库存目丛书所用的底本修正了前两种版本的一些错误，刊刻质量稍胜一筹。《增补贡举考略》的通行本为《续修四库全书》影印的五卷本，亦即李慈铭校注的道光二十四年本。《贡举志五种》以此本为底本，并用两种稀见的六卷本即光绪五年本和光绪八年本予以参校增补。《国朝贡举年表》的通行本是台北文海出版社《近代中国史料丛刊》影印的申江袖海山房石印本，《贡举志五种》用稀见的光绪十四年上海积山书局石印本进行参校，并指出前者虽为通行本，但刊刻讹错远多于后者。又如《〈游艺塾文规〉正续编》（黄强、徐姗姗校订）校勘时不仅汇集了此书在国内的全部版本，而且还使用了日本内阁文库所藏明原刻本。

四是注释的精审性。《丛刊》对科举文献中涉及的重要典故、官制、人物、名物、地理、年代等，多予以注释疏解，为读者提供诸多便利。如唐代试律诗一直没有精注全注的本子，唐代试策则连选注本也很罕见，《唐代试律试策校注》（罗积勇、张鹏飞校注）的出版可谓弥补了这一缺憾。《八股文总论八种》（张思齐整理）的校注特别留意与其他文献如外国名物制度的联系，以凸显科举制度本身所曾具有的合理内核及其所依存的自然法原则。《钦定四书文校注》（王同舟、李澜校注）力矫时下一些八股选本注释时回避难点的风气，特别用力于指明文章立论立言的依据，解释文中涉及的事典语典，对其他难度较大的字句也加以疏解，这种处理对于读者深切理解文章具有真正的助益。

四年前18卷本《中国文学编年史》出版之后，冯天瑜先生曾引顾炎武"铸铜"之喻，盛赞陈文新等先生"进山采铜"的学术精神。现在这套《丛刊》同样是"采铜于山"的成果，为科举研究和文学研究提供了重要的文献资料和新的学术生长点，沾溉学林，意义深远。

（原载《光明日报》2010年3月22日）

旧石器时代中国南方砾石工业初探

一、旧石器时代中国南方砾石工业的发现与地域分布

考古发现证明，在中国南方有一种有别于北方的旧石器文化遗存，学术界称之为砾石工业遗存。这种砾石工业的旧石器遗存主要分布于长江以南的广大地区，并覆盖汉水上中游地区，地理坐标大致为北纬23—34度，东经106—119度。在这一广阔的空间内，按区域文化又可细分为三个文化区，即长江中下游地区、汉水上中游地区和珠江上游地区。在湖北，我们将长江沿岸的这类遗存归入长江中下游地区，汉水流域者归入汉水上中游地区。

长江中下游地区： 主要指长江沿岸的湖北、湖南、江西、安徽四省全境。这一区域以湖南发现为最多，到目前为止共发现这类遗存二百多处遗址和地点，主要分布在湘、资、沅、澧四条水系的河谷地带。

现已公布的考古资料有湖南石门大圣庙和澧县猴儿坡、多宝塔、彭山、张家滩、仙公、皇山岗、澧阳平原的诸地点及澧县北部的一个地点群，另外还有怀化地区的一些考古资料，这批考古资料的旧石器遗存是与新石器遗存一同公布的。湖北这类遗存的发现从时间上比湖南早，但发现的地点不及湖南多，主要是长江沿岸，有大冶石龙头、枝城九道河、当阳烟集九里岗和江陵鸡公山下层；江西发现的有安义潦河、袁水等地；安徽发现的有水阳江、巢湖望城岗等地。

汉水上中游地区：该区域主要发现于鄂西北和陕南的汉水沿岸。在陕南先后公布的发掘简报已有七批：主要是陕西南郑县梁山龙岗一带以及陕西汉中地区汉水沿岸的 11 个地点。在鄂西北地区有郧县曲远河口、丹江口水库沿岸 40 多个地点、汉水中游的襄阳山湾、军营坡、金鸡嘴和龚家洲。另外，在鄂西北的十堰市、郧县和丹江口市博物馆也收藏有大量这种标本。

珠江上游地区：该区也曾多次发现此类遗存，已经公布的考古资料有百色盆地；之后广西壮族自治区的文物工作者又发现了 86 处砾石工业遗存；在广西新洲也发现了 2 处；最近又在牛坪坡发现了大量遗物。

综上所述，以上三个区域的划分是以自然地理区域划分的，当然，至于中国东南沿海的广东、福建等地至今尚未见到此类遗存的发现，但并不能说明，这一区域就没有这类原始的工业遗存。

二、旧石器时代中国南方砾石工业石制品的主要特征

旧石器时代中国南方砾石工业的石制品可分为两大类：第一类如石锤、石砧；第二类如砍砸器（砾石砍砸器、石核砍砸器、石片砍砸器）、尖状器、石球、利削器、手斧、盘状器、半月形器等，还有大量的石核、石片。由于第一类工具是制作石器的工具，所以一般较少，在这一类工具中石锤相对要多一些，下面我们仅就上述几种石制品的特征进行大致的归纳。

石球。除广西百色盆地未见石球外，其余两大区均有发现，汉水区不但分布广，且数量大。汉水区的石球原料主要是石英，制作方法有两种：一是将砾石的一部分打去，使之成为球体，另一种方法是用两个砾石相互磕碰，使之成为球体。长江区的石球之原料多为石英

岩，它是通过周身打片，使之成为球体。石球有大小之分，这可能与使用有关。

砍砸器。砍砸器可分为砾石砍砸器、石片砍砸器和石核砍砸器。所谓的砾石砍砸器是利用一块大小适中、或圆或扁的砾石，通过对其一侧或一边进行打击，在打下数量不等的几块石片后，有的对其阴面与砾石面所形成较锐利的边缘进行第二步加工，有的则不然。石片砍砸器，其一般较厚大，形状以扇形多见，其他形状如多边形，不规则形均较少。石片砍砸器在湖南西部的澧水流域较多，在其他二区砾石砍砸器远多于石片砍砸器。砍砸器的刃缘一般较曲折，以弧刃多见，凸弧、凹弧、直刃、平刃也有一定量。单面加工的比例高于二面加工。加工方法以正向和反向为主。

刮削器。刮削器占整个石制品的比例较小。其一般由石片或断块制成。有单刃和双刃之分，多刃者极少。单刃中有单直刃、凸刃、凹刃。加工方法与砍砸器较近似。刮削器器型相对较小，制作相对精致。

盘状器和半月形器。主要见于湖南，广西百色地区虽有考古简报，但与湖南相比较二者尚有差异。湖南盘状器的制作方法是将一块大石片，对周边进行打击，使之呈圆饼状或椭圆形。周边为刃，有的对刃部进行第二步加工。所谓的半月形器应是盘状器的一半，它可能是一种固定的器形，而不是有些考古专家推断"可能是盘状器的残件"的推测。这种石器出现较晚，时代应为旧石器时代晚期或末期。

尖状器。可分为砾石尖状器和石片尖状器，从形态上可分为三棱尖状器和扁尖尖状器。一般以砾石加工成的为三棱尖状器，扁尖者有之但较少，而以石片加工成器者则都是扁尖尖状器。根据尖部的形态又可分为正尖尖状器和歪尖尖状器，正尖的数量略大于歪尖者。扁尖尖状器与三棱尖状器在制作方法上有所不同，三棱尖状器一般是在砾石的二侧，由外向里打击，使中部（因二侧石片的尾端相连）形成凸棱，再将二侧加工成刃。而扁尖尖状器是先将砾石劈开，取砾石的一部分，再进行加工或是将砾石二侧的原始面打掉再进行加工。由于扁尖尖状器的制作及加工不同于三棱尖状器，使二面留有石疤，又加上其器形相对规整，器身相对扁平而薄，故有人将其归入手斧或原手斧。

手斧。手斧常见于欧洲，是旧石器时代早期文化中一种具有特色的工具。在中国是山西丁村遗址发现后才正式起用这一名称，之后被广泛使用，并出现综合论述。[①] 迄今为止学术界对手斧尚缺乏规范化的界定，所以有关手斧的分类和名称未取得一致的认识，除直呼手斧外，尚还有似手斧形器、似手斧尖状器、尖状器、大尖状器、三棱尖状器、原手斧等。

石核。这种工业的石核数量相当大，根据其上的疤痕分析，主要是采用锤击法剥取石片，鲜见碰砧法和砸击法。这与北京猿人文化主要采用砸击法形成鲜明的对照。台面绝大部分以天然的砾石面为台面，人工台面有之，但极少，它多以阴疤为台面，几乎不见修理台面。就台面数量而言，以单台面为主，双台面也有一定量，但多台面极少。石核上的疤痕一般较深，长宽基本相当，打击点清晰，台面与疤痕的夹角一般都不大。另有一类单台面石核与砾石砍砸器极难区分，区分的依据视其阴面与砾石面所形成的边缘是否有加工痕迹，有这些痕迹者则为石器，反之则为石核。

石片。石片数量较少，多为锤击石片，能见到砸击石片，有的报告报道有二击石片，但未见到图。石片上的特征如打击点、半锥体、放射线等均较清晰。就台面而言，一般为天然台面，有疤台面、修理台面者较少，在郧县人遗址中主要是天然台面，也有零台面的报道[②]，但不见有疤台面、修理台面的石片。

---

① 黄慰文：《中国的手斧》，《人类学学报》1987年第1期。
② 李天元：《郧县人》，湖北科学技术出版社2001年版，第139—160页。

三、旧石器时代中国南方砾石工业的总体特征

旧石器时代南方砾石工业分布非常广，所以我们所说的总体特征，也只是相对的，综合起来有如下几点。

（1）埋藏环境。一般处于河流的2—4级阶地的网纹红土层中，绝大多数属于坡状堆积，有的也发现于平原地区，如湖南澧县北部地区和湖北的江陵鸡公山。洞穴堆积所占的比例较少。由于这种网纹红土是一种酸性土壤不便于动物骨骼的保存，所以在这些堆积中绝大多数没有伴生的动物化石出土。

（2）石材。几乎全部原料来自河滩砾石，石质在汉水上中游地区和珠江上游的百色区以石英岩为主，在长江中下游地区的湖南以粉红色砂岩为主，但同区的湖北则与其他二区相似。除主要原料外，三个区域都有一定量的石英、黑色硅质岩、火山岩和极少量的燧石。

（3）石器。第一类工具仅见石锤，很少见到石砧；第二类工具依次为砍砸器（砾石砍砸器、石片砍砸器、石核砍砸器）、石球、尖状器、刮削器、手斧形器、盘状器和半月形器，半月形器主要见之于湖南。各种石器器形普遍偏大，一般长度在100毫米以上，在40毫米以下者极少见，砍砸器中砾石砍砸器是最多的器形，它所占的比例要远高于其他类型的石器，在湖南澧水则以砾石砍砸器和石片砍砸器基本等同的情况出现。各种石器大多保留砾石面。

（4）打片技术。采用锤击法，偶见碰砧法，尚未见到特征明确的两击石核（砸击法石片）。石核以单台面为主，双台面次之，多台面极少见到。人工台面极少，有少量有疤台面，这种情况一般是转向打击而成，几乎不见修理（预制）台面。石片角较大，石核的利用率较低。

（5）加工方法。基本上是采用锤击法，以单向加工为要，双向

加工居于次要地位。单向加工者主要是正向加工，反向加工较少；双向加工者多为交互加工，次为错向加工，不见复向加工。砍砸器的刃缘一般较曲折，刮削器相对平直。

综观旧石器时代中国南方砾石工业，其石器的制作及加工，总的来说显得粗犷简单，表现出一种原始、古拙的风格，尤其是砾石砍砸器更是如此。

四、旧石器时代中国南方砾石工业的时间跨度

旧石器时代，中国南方砾石工业基本上分布于以上几个区域的河流两岸的网纹红土堆中，由于很少有伴生动物化石出土，加之绝大多数的石制品采集于地表，故对其相对时间的确立困难较大，当然，我们根据各地考古部门公布的发掘报告、简报也可推测出相对的年代，本文作简略的讨论。

长江中下游地区：该区的砾石工业只有湖北两个遗址出土了较多的动物化石可作参考。其一，是大冶石头遗址。该遗址所出土的动物化石第三纪残留种属和中更新世早期的典型种属，但出现了中国鬣狗，所以该遗址可定为中更新世，据铀系法测年为28.4万年[1]，故其时代可定为旧石器早期偏晚或中期偏早。其二，枝城九道河遗址。该遗址有动物化石10余种[2]，基本成员与石龙头相似，所不同的是，石龙头有中国鬣狗，而在九道河则为最后鬣狗。最后鬣狗是晚更新世的典型化石，所以九道河的时代相对较晚，可定为旧石器中期。

湖南砾石工业的时代因缺少动物化石只能根据河流阶地来确

---

[1] 原思训、陈铁梅、高世君：《华南若干旧石器时代地点的铀系年代》，《人类学学报》1986年第2期。

[2] 李天元：《湖北枝城九道河旧石器遗址发掘报告》，《考古与文物》1990年第1期。

立。① 该省已发掘的简报材料基本都是出土于湘、资、沅、澧四条水系的1—4级阶地。根据研究，4、3级阶地所含的石工业为旧石器时代早期，2、1级阶地为中、晚期。这种研究虽缺少动物化石来予以支持，但也有其科学性。

上述长江中游区的两湖地区砾石工业的上限时代可定为中更新世，考古学时代为旧石器早期。长江区的下限时间应为更新世晚期，考古学时代为旧石器时代晚期或末期。代表遗址为湖北江陵鸡公山。该遗址是一处旧石器时代晚期的遗址，出土了大量石制品和人类活动遗迹，它可分为上、下二层。上层以石片石器为主，是一种器型相对较小的石工业，而下层则为典型的具有南方传统的砾石工业。该遗址的上层文化与鄂西北旧石器时代晚期的房县樟脑洞、丹江口石鼓的文化面貌相同。下层文化与汉水二级阶地的旧石器中期遗址相同，这种情况是耐人寻味的，即旧石器时代晚期早段为砾石工业，晚段为石片工业。

湖南与湖北江陵鸡公山有所不同，即这种砾石工业一直延续到晚期或末期，如澧县的宋家溪遗址。该遗址出土有砍砸器、盘状器、半月形器等其他砾石工业的典型石器，同时也出土了具有新石器时代特征的石斧，发现者认为其为旧石器晚期向新石器过渡阶段的遗物。又有学者在研究彭头山文化时发现（长江中游新石器时代早期文化，距今八九千年）这种文化存在大量打制石器，这些石器无论是原料，还是加工方法都与该地区旧石器文化有密切关系。② 综上所述，长江区的砾石工业从旧石器一直到末期，甚至在新石器时代早期遗存中也能看到砾石工业的痕迹。

汉水上中游地区：该区通过科学发掘的有三处遗存，获得了较

---

① 袁家荣：《略谈湖南旧石器文化的几个问题》，载《中国考古学会第七次年会论文集》，文物出版社1989年版，第1—12页。
② 裴安平：《彭头山文化初论》，载《长江中游史前文化暨第二届亚洲文明学术讨论会论文集》，岳麓书社1996年版，第81—104页。

为丰富的动物化石。其一，郧县猿人遗址。该遗址出土的动物群共有21个成员，可分为三个部分，第三纪残存种，如嵌齿象、更新世早期的桑氏鬣狗等；但更主要的还是现生种。该动物群成员属华南常见的大熊猫—剑齿象动物群。由于嵌齿象、桑氏鬣狗的存在显示出该动物群的古老性，时代应为中更新世早期。其二，郧西猿人动物群。该动物群不见第三纪残留种和更新世早期的典型种属，反而出现了中国鬣狗，故其时代较郧县人动物群晚。其三，郧县人动物群。郧县人动物群亦有20余个种属[1]，其中有较早的桑氏鬣狗、巨貘、小猪、蓝田金丝猴等，所以这个动物群的时代与郧县猿人的时代基本相当或略早。以上三个地点均出土有石制品，所以这些石制品的时代应与此同时，当为更新世中期。由于郧县人遗址处于汉水四级阶地（有学者认为是三级阶地）[2]，同处汉水三级阶地的旧石器地点较多，时代为中更新世，故凡出土于三级阶地的旧石器时代遗物其时代应为同时期。陕西的情况与湖北的基本相同。根据上述材料基本可以判定汉水流域的砾石工业遗存上限为更新世中期，考古学时代为旧石器早期。

这一地区砾石工业的下限时代应为晚更新世之前。因在鄂西北丹江口市的石鼓张家营发现一处旧石器时代晚期遗址[3]，该遗址的动物群不见更新世中期的成员，反而均为现生种，发现者虽认为其属于中更新世晚期或晚更新世早期，但这批石制品颇具进步性，找不出与砾石工业相同的因素，所以有人认为其时代为旧石器晚期。[4] 另外，房县樟脑洞遗址的动物群与其基本相同，其时代为更新世末期，绝对年代

---

[1] 李天元、王正华、李文森等：《湖北郧县曲远河口人类颅骨的形态特征及其在人类演化中的位置》，《人类学学报》1994年第2期。
[2] 黄学诗、郑绍华、李超荣等：《丹江库区脊椎动物化石和旧石器的发现与意义》，《古脊椎动物学报》1996年第2期。
[3] 李天元、高波、陈刚毅：《丹江口市石鼓后山坡旧石器地点调查简报》，《江汉考古》1987年第4期。
[4] 刘华才：《湖北考古发现与研究》，武汉大学出版社1995年版，第9—12页。

为距今 13490±150。[①] 这两个遗址的文化面貌呈现出完全不同于砾石工业的特征，应属于两个完全不同的文化体系。所以，我们认为汉水区的砾石工业尚未进入晚更新世，即旧石器晚期之前就已消失。但在旧石器中期依然存在，因一般处于汉水的二级阶地，文化面貌与早期大同小异。综上所述，汉水流域的砾石工业存在于中更新世，进入晚更新世就已消失，考古学时代为旧石器早、中期，旧石器时代晚期不见。

珠江上游地区：该区首先发现这种砾石工业时人们将其时代定为晚更新世，考古学时代为旧石器晚期，之后，其他的发现基本沿用了这种说法，随工作的深入，就时代问题发生了一些改变。现在基本认为此类遗存的上限年代为中更新世[②]，为旧石器时代早期，又根据热释光测定其年代为距今 46 万—50 万年。[③] 至于下限年代尚无更多的材料作为讨论的基础。但在百色地区发现的新石器时代遗址中也出土了大量打制石器，这些石器与该地区旧石器时代的砾石工业基本相似，尤其是尖状器更是如此，这是否可以说这种文化一直延续到新石器时代呢？现在材料还不是特别丰富，在此我们仅推测该地区砾石工业存在的时间应与长江地区基本相同，即从旧石器时代早期开始一直延续到旧石器时代晚期。

五、结语

中国北方大石片工业文化是以北京猿人和泥河湾等遗址所发现

[①] 黄万波、徐晓风、李天元：《湖北房县樟脑洞旧石器时代遗址发掘报告》，《人类学学报》1987 年第 4 期。
[②] 黄慰文、刘源、李超荣等：《百色旧石器的时代问题》，载《纪念马坝人化石发现三十周年文集》，文物出版社 1988 年版，第 95—101 页。
[③] 曾祥旺：《牛坪坡旧石器材料的发现和初步研究》，《考古与文物》1995 年第 4 期。

的旧石器文化遗存为代表的，这在人们的思想中形成了中国的旧石器文化就是大石片石器文化的观念。所以，当在汉江上中游的蓝田猿人遗址发现砾石工业的旧石器时，并未引起人们的关注；20世纪70年代在湖北的大冶石龙头遗址又发现了砾石工业遗存，但考古界对其的认识是：长江边上的粗糙文化。近年来两湖、两广、安徽及陕西的南部地区发现大量这样的旧石器文化遗址，它客观地反映出我国的南方大片区域存在着一种有别于北方大石片工业的旧石器文化，这两支完全不同的文化构成中国旧石器文化的完整体系。

旧石器时代中国南方砾石工业由于发现的时间较晚，重要的发现也不多，加之所发现的材料多系采集品且很零散，又因所公布的材料测量、统计、分类工作都做得不很完整，故考古学界对其认识还未达到相应的高度，专题文章更少，笔者就已有的考古资料进行推断，得出以下结论。

其一，旧石器时代中国南方砾石工业的下限时间问题。根据现有的考古材料，在汉水流域最晚于旧石器时代晚期就已结束，具体地点有湖北丹江口市的石鼓、房县樟脑洞和陕西腰市盆地等诸地点，均不见砾石工业遗存，而在长江中游的江陵鸡公山遗址，其上层属石片工业遗存，而下层为典型的砾石工业遗存，时代同为旧石器时代晚期，在湖南这一时期几乎都是砾石工业遗存，进入东南沿海其新石器时代遗址中出土的石器多具有砾石工业的因素，笔者认为，这不是一种巧合，而是砾石工业从西向东逐渐消失的表现。

其二，旧石器时代东南沿海的广东、福建是否存在这种砾石工业？近年来考古工作者在岭南地区调查时发现，该地区存在一个由旧石器向新石器演化的过渡时期，其"打制石器全为砾石石器"[1]。这类

---

[1] 张镇洪：《华南地区中石器文化特点初探》，载《长江中游史前文化暨第二届亚洲文明学术讨论会论文集》，岳麓书社1996年版，第63—73页。

遗址包括广东阳春独石仔、黄岩洞等遗址，这是否预示着这一区域在旧石器时代也存在砾石工业？我们设想，这一区域是长江和珠江流域的冲积平原，由于长期冲积使古文化遗存深埋于地下的可能性是有的，当然这有待于更多的考古发掘来佐证。

其三，旧石器时代南方砾石工业存在的时间之长、分布区域之广，在中国已形成一个新的文化圈，它的特征不可能是同一的，正如湖南学者已将该省的这类遗存分为两个不同的文化类型。[1] 这种研究无疑是有益的，我们认为作为专业机构应设立一个课题组，进行全面系统的田野发掘和调查工作，再进行综合研究。

其四，旧石器时代在中国南方砾石工业中发现了一些手斧，这种石器在欧洲旧石器文化中非常常见，在东南亚之越南的度山[2]、泰国[3]也存在着与其形态基本相似但制作方法并不完全相同的石器，从文化角度而言它们之间应该存在某些联系。

（原载《武汉大学学报（人文科学版）》2010年第5期）

---

[1] 刘华才：《湖北考古发现与研究》，武汉大学出版社1995年版，第1—12页。
[2] 中国社会科学院考古研究所编：《考古学参考资料》，文物出版社1979年版，第69—106页。
[3] 同上书，第1—68页。

唐代的寡妇葬夫与迁葬夫族

一般认为，唐朝是一个开放的时代，妇女贞节观念淡薄，离婚改嫁、夫死再嫁之风盛行。此类看法的依据多是唐代20多位再嫁三嫁的公主，或是唐传奇笔记小说所载事例。这似乎并不能代表唐代妇女的整体婚姻面貌。近些年来，伴随着唐人墓志大规模卓有成效的辑录整理[1]，许多不见史载唐代妇女的珍贵材料呈现在我们面前。翻检《唐代墓志汇编》（以下简称《汇编》）[2]及《唐代墓志汇编续集》（以下简称《续集》）[3]5000余方唐人墓志，我们注意到其中涉及离婚改嫁或夫亡再嫁的妇女仅有15例[4]；相反，孀居妇女却不可胜数。对于这些寡居女性而言，生活是艰难的，她们要勇敢地承担起养家糊口、训育子女的家庭重任[5]。而安葬亡夫与迁葬夫族是这些妇女孀居生活中重中之重的大事，本文试以此为探讨的重点，以期获得唐代寡妇孀居生活的若干认识。

---

[1] 参见王素：《近年以来魏晋至隋唐墓志资料的整理与研究》，日本《唐代史研究》第5号，2001年；任昉：《20世纪墓志整理与研究的成绩与问题》，《中国考古学跨世纪的回顾与前瞻》（1999年西陵国际学术研讨会文集），科学出版社2000年版，第139—150页。

[2] 周绍良主编，赵超副主编：《唐代墓志汇编》，上海古籍出版社1992年版。

[3] 周绍良、赵超主编：《唐代墓志汇编续集》，上海古籍出版社2001年版。

[4] 参见万军杰：《唐代改嫁再嫁女性丧葬问题探讨》，《天津师范大学学报》2007年第5期。

[5] 参见张国刚：《墓志所见唐代寡居妇女的生活世界》，《安徽师范大学学报》2007年第3期。

一

古人重视丧葬，所谓"事死如事生，事亡如事存"[1]，寡居妇女所面临的第一件事即是亡夫的安葬问题。一般说来，丧葬活动中男性是主角，而当一个家庭中男性幼小或是缺少时，妇女也就走上了前台。寡妇担当起主丧的职责，分以下几种情况：

一是子女较小。《汇编》天宝012《大唐故右金吾卫胄曹参军陇西李府君墓志铭并序》载李符彩（684—741）卒后，"嗣子比，襁褓呱呱，未克主事，而享祀以洁，宅兆以安，封树以修，曷□以备者，夫人之力也"。符彩两娶，扶其丧归葬北邙祖茔实乃继室崔氏之力。又同书长庆003《唐故彭城刘府君墓志铭并序》云刘皓（775—820）卒时子容奴10岁，女什德5岁，妻太原王氏，"奉公丧归于东洛"，"无亏卜葬之礼"。

二是无子主祭。《续集》贞元034《唐故朝散大夫行太子洗马上柱国萧公墓志铭并序》云萧季江（728—795）无子，其迁窆之事乃夫人清河崔氏所为，"今所执丧主祭者皆出于夫人焉"。又《汇编》开元321《唐故华州郑县主簿李府君墓志并序》载李景阳（787—730）终年44岁，"素无胤嗣"，妻平凉员氏，"终始丧事"。

三是子卒在先。《续集》大历023《大唐故秘书郎席府君夫人弘农县君杨氏墓志铭并序》云席某卒于乱世，四子先逝，时"天下汹汹，人不敢护骨肉，茹菜偷生，投葬藏形"，继室杨云（716—774）"独主大祸"，奉其丧迁葬龙门。

四是众子游宦在外。《汇编》天宝019《唐故正议大夫行袁州别驾上柱国苑府君墓志铭并序》载苑玄亮（672—741）卒时众子"学

---

[1] （唐）孔颖达：《礼记正义》，十三经注疏标点本，北京大学出版社1999年版，第1439页。

宦东西之游，未曰奔丧之礼"，夫人陇西李氏，"营护丧事"，所谓"非夫人者，岂谁而行诸"。

在寡妇主葬亡夫之事例中有不少是长途归葬的，参见表1。

表1 唐寡妇长途归葬亡夫事例表

妻	夫	卒年月日	卒地	葬年月日	葬地	相距（里）	历时	资料来源
李氏	刘濬	天授二年（691）	广州	延载元年（694）	河南午桥东原	5085	4年	《汇编》开元304《大唐故十学士太子中舍人上柱国河间县开国男赠率更令刘府君墓志》
徐某	卢惟清	开元年间	播州	开元年间	洛阳	4145	1年	《新唐书》卷205《列女·卢惟清妻徐氏传》
李氏	苑玄亮	开元廿九年（741）三月廿三日	宜春郡	天宝元年（742）十一月十九日	东京平阴乡	2400	1年8个月	《汇编》天宝019《唐故正议大夫使袁州别驾上柱国苑府君墓志铭并序》
郭氏	张思鼎	天宝初载（742）七月廿六日	清源郡	天宝三载（744）闰二月八日	河南县邙山	4845	1年7个多月	《汇编》天宝043《大唐故朝散大夫使持节唐州诸军事守唐州史张公墓志铭并序》
崔氏	张汎	天宝三载（744）十一月一日	常熟	天宝四载（745）十一月十九日	平阴南原	2170	1年	《汇编》天宝084《大唐故吴郡常熟县令上柱国张公墓志铭并序》
裴氏	张浑	大历十年（775）	忠州	大历十一年（776）	河南县北邙山先茔	2747	3至15月	《续集》大历028《大唐故张府君墓志铭》
卢氏	孙成	贞元五年（789）五月十一日	桂州	贞元六年（790）五月壬申	北邙山陶林之西原王父旧茔	3455	1年	《汇编》贞元026《唐故中大夫守桂州刺史兼御史中丞桂州本管都防御经略招讨观察处置等使上柱国乐安县开国男赐紫金鱼袋孙府君墓志铭并序》、永贞006《唐故桂州刺史兼御史中丞孙府君故夫人范阳郡君卢氏墓志铭并序》
殷氏	萧鍊	永贞元年（805）八月三日	澧州	元和元年（806）二月二日	洛阳北原	1572	6个月	《汇编》元和002《唐故天德军摄团练判官太原府参军萧府君墓志铭并序》

续表

妻	夫	卒年月日	卒地	葬年月日	葬地	相距（里）	历时	资料来源
李氏	于季文	元和八年（813）十一月七日	洪州武宁	元和九年（814）十月廿九日	北邙	2275	11个多月	《汇编》元和078《唐故洪州都督府武宁县令于府君墓志铭并序》
吕氏	李某	元和十一年（816）	润州	同年八月	河南县伊洛乡万安北原	1810	1个月	《续集》宝历005《唐故润州延陵县丞李府君夫人东平吕氏墓志铭并序》
魏氏	崔恕	长庆四年（824）五月廿七日	康州	同年八月七日	河南县平乐乡杜郭里	4515	3个多月	《汇编》长庆029《大唐故岭南观察支使试大理评事崔君墓志铭并序》
平氏	周著	大和八年（834）六月五日	扬州	同年十一月八日	河南府河南县平乐乡杜郭村	1749	5个多月	《汇编》大和077《唐故鄂州永兴县尉汝南周君墓志铭并序》
韦氏	王修本	开成二年（837）五月十三日	扬州扬子县	同年十月十日	河南县北邙先茔	1749	5个月	《汇编》开成011《唐故处士太原王府君墓志铭并序》
崔氏	张信	大中四年（830）四月廿一日	巴州	同年十一月廿日	河南府河南县金谷乡先茔	2582	7个月	《汇编》大中045《唐故朝散大夫巴州刺史张府君墓志铭并序》
王氏	汤华	大中十一年（857）六月五日	连江	大中十二年（858）十一月廿八日	明州县龙山乡江上里庚向之原	千余	6个多月	《汇编》大中146《唐故福州侯官县丞汤府君墓志铭并序》

说明：由于葬地多在长安和洛阳地区，表中所取乃卒地所在州至此两地的距离，单位"里"为唐代的计量单位，依据资料来源于《元和郡县图志》和两《唐书》中《地理志》之相关资料。

由表1可知，这些扶夫柩长途归葬的寡妇，不惧艰险，远涉千山万水，奔波的路程达一两千甚至是四五千里，费时数月以至数年。如表1所列刘濬（645—691）卒于贬窜之地，当时家庭的状况是"生妻稚子，既少且孩"。夫人李氏（651—729），扶其丧还乡，"寒暑四年，江山万里"，延载元年（694），权殡于河南午桥东原。又张思鼎（676—742）终于清源郡贬地，子宜"藐焉始孩"，赖夫人太原郭氏力，"泣闽欧之万山""骇涛风者九月"，天宝三载（744）闰二月八日权殡于河南县邙山，历时一年零七个多月。

可以想象，在交通条件极不发达的唐代，这些孀居的女性要长途葬夫，需付出多么大的艰辛与牺牲，需要怎样的执着精神与毅力。

二

夫亡之后，有些寡居的妇女还担负起迁葬夫族的责任，这在史籍及墓志中亦颇有其例，参见表2。这些迁葬夫族的寡妇，有的是秉承夫之遗志。如表中所列王方（624—701）、樊氏（635—722）夫妇，亡后数十年才及合葬，而"集大事"者为其子妇樊氏，乃"承先夫之志"，时王方子已"早世就木"。又卢约妻崔氏（810—865），"永怀先舅姑龟兆未从，尚寄秦陇，司议府公违裕之晨，寄托所重"，"扶疾亲临""远奉窀穸，来归故里"。

有的则是受姑之嘱托。卢子薹及父早卒，子薹母临终之际召子媳郑氏（800—854）曰："倪姑之疋得归故乡，乃新妇之大孝，亡魂之无恨。"郑氏谨遵姑之遗言，"当昏不寐，当食不味"，启舅之丧与姑合葬故里。

有的则是主动地承担起这一责任。杜兰（682—734）开元廿二年（734）秋七月八日终于豫章郡公馆，17年后即天宝十载（751）十月十一日归于洛阳北邙与夫合葬。杜氏有子荣,无禄早世。迁葬之事乃荣妻崔氏所为,"痛先姑之既殁,悲远日之未崇"。又曹义暨夫人张氏,早卒,权殡于京兆。30年后,子妇太原王氏将二人迁窆于洛阳城东北邙之原。时曹氏子亦卒,乃王氏"奉先思孝""千里启举"。

表2 唐代寡妇迁葬夫族事例表

妇	夫	迁葬人员	人数	迁葬年	迁葬地	资料来源
李氏	杨三安	舅姑及夫之叔侄兄弟	7	贞观年间(627—649)	京兆	《旧唐书》卷193、《新唐书》卷205《列女·杨三安妻李氏传》
樊氏	王某	舅王方 姑樊氏	2	开元廿七年(739)	河南县北邙	《续集》开元166《唐故幽州都督寿阳男王府君墓志》
崔氏	张泚	舅 姑 前室杨氏	3	天宝四载(745)	平阴乡	《汇编》天宝084《大唐故吴郡常熟县令上柱国张公墓志铭并序》
薛氏	卫凭	舅 姑韦氏	2	天宝十三载(754)	河南府□□县□□乡	《汇编》天宝240《唐故彭城郡蕲县令安邑卫府君墓志铭并序》
李金	崔众甫	姑卢梵儿前室卢儿 夫祖暄 夫祖母王媛 女 侄烷	6	大历十三年(778)	邙山平乐乡	《汇编》大历058《有唐卢夫人墓志》、大历059《有唐朝散大夫行秘书省著作佐郎嗣安平县开国男崔公墓志铭并序》、大历062《有唐朝散大夫守汝州长史上柱国安平县开国男赠卫尉少卿崔公墓志》、大历063《有唐安平县君赠安平郡夫人王氏墓志》、贞元062《唐朝散大夫行著作佐郎袭安平县男□□崔公夫人陇西县君李氏墓志铭并序》
李氏	赵某	舅赵季康 姑李氏	2	贞元十八年(802)	汜水县龙泉乡	《续集》贞元070《唐故许州扶沟县令天水赵府君陇西李氏合祔墓志铭》
王氏	曹某	舅曹义 姑张氏	2	元和二年(807)	洛阳城东北邙	《汇编》元和019《唐故曹府君墓志铭并序》
苏氏	王某	三代六椟	6	大和五年(831)	邙山	《汇编》会昌033《唐故常州武进县尉王府君夫人武功苏氏墓志铭并序》
温瑗	韦埍	舅 姑	2	开成年间(836—840)	洛城之北	《汇编》会昌048《大唐故明州刺史御史中丞韦公夫人太原温氏之墓志》

续表

妇	夫	迁葬人员	人数	迁葬年	迁葬地	资料来源
郑氏	卢子	舅	2	不详	郑州荥阳县檀山岗	《汇编》大中 100《唐故卢氏夫人墓志铭》
		姑				
韦氏	王修本	祖父伯仲女兄女弟	7	不详	洛师	《汇编》大中 143《唐故太原王府君夫人韦氏墓志铭并序》
崔氏	卢约	舅姑	2	不详	洛师	《汇编》咸通 057《唐故太子司议郎分司东都范阳卢府公夫人清河崔氏祔葬墓志铭并序》

对于这些寡妇来说，迁葬夫族可谓困难重重，艰辛备尝。如明州刺史御史中丞韦埙卒于明州任，父母权殡于苏常间，夫人温瑗（798—846）提孤护柩，北归途中历尽磨难，"大江之中，横波拄天，孑然一身，更无近亲"，"江山万重，几欲几死"。再如太宗子濮王泰妃阎婉（622—690），天授元年（690）九月八日薨于邵州官舍。子嗣濮王欣妻周氏，"尽孝承姑，历险奉柩"，以证圣元年（695）正月六日权窆于洛川龙门之北原。所谓"历险奉柩"，一方面是说路途遥远，山水迢迢，邵州离洛阳有"二千五百八十五里"[①]；另一方面当包含很大的"政治风险"在内。志文称"垂拱之际，有命除其子嗣濮王欣为颍州刺史。无何，令环州安置。未至遭祸，薨于途中"。《旧唐书》卷76《太宗诸子·濮王泰传》载："则天初陷酷吏狱，贬（欣）昭州别驾，卒。"表面看来是酷吏所陷，实则为武则天所授意。武氏为扫清执政的障碍，有计划地迫害李氏诸王，能杀则杀，不杀即贬，李欣当是受此累。志文称"令环州安置"，而《旧唐书》则是"贬昭州别驾"，记载有出入。不过两地皆属岭南道，环州乃贞观十二年（638）清平公李弘节开拓生蛮所置[②]；昭州为桂管经略使所管，"西北

---

① 《元和郡县图志》卷 29《江南道五》"湖南观察使·邵州"条；《旧唐书》卷 40《地理志三》"江南道·邵州"条记载为"二千二百六十八里"。
② 《旧唐书》卷 41《地理志四》"岭南道·环州"条；《新唐书》卷 643 上《地理志七上》"环州整平郡"条。

至上都三千三十五里,西北至东都三千六百七十五里"[1],比较适合作贬窜之地。作为受执政者的贬窜的皇室家属,迁窆东都洛阳之地不得不冒"政治风险"。

三

无论是归葬亡夫还是迁葬夫族,对于寡妇们来说,压力是相当大的。她们一方面要忍受精神与肉体的双重折磨,另一方面还要面对经济上的沉重负担。古人对丧葬的重视,促成了厚葬的盛行,这在唐代亦不例外。主丧的寡妇当然也逃脱不了这一窠臼,诸如"罄竭资用"[2]、"奉丧罄家"[3]、"竭所居之产"[4]的情形多有发生。这样做对于寡妇们而言在生活上不啻雪上加霜。我们知道,寡妇所面临的最严峻的问题,即是生活来源问题。男外女内的社会性别分工,使得这些官宦家庭中的妇女不大可能外出谋事[5],丈夫去世后她们也就失去了生活收入。如果再罄家奉丧,消耗完已有的家庭积累,那么之后的生活又该如何继续呢?我们来看看以下几个例子。

《汇编》大中143《唐故太原王府君夫人韦氏墓志铭并序》载韦氏(802—857)为夫治病,"尽妆奁箧笥之有无"。而其夫王修本弥留之际的嘱托竟是:"鬻其第,将我归于洛师,启迁我祖父伯仲女兄女弟凡七穴。"这一要求实乃不近人情,而韦氏"一如王府君之顾

---

[1] 《元和郡县图志》卷37《岭南道四》"桂管经略使·昭州"条;《旧唐书》卷41《地理志四》"岭南道·昭州"条记载为"至京师四千四百三十六里,至东都四千二百一十九里"。
[2] 《唐代墓志汇编续集》贞元070《唐故许州扶沟县令天水赵府君陇西李氏合祔墓志铭》。
[3] 《唐代墓志汇编续集》会昌006《唐故陇西董夫人墓志铭并序》。
[4] 《唐代墓志汇编续集》元和079《唐故太原府太谷县尉元府君亡夫人河东裴氏墓志铭并序》。
[5] 唐代妇女在商业领域内也是一支相当活跃的力量,参见冻国栋:《唐代妇女问题述略》,载冻国栋:《中国中古经济与社会史论稿》,湖北教育出版社2005年版,第401—402页。

命"。韦氏也很清楚家庭状况，所以会有"未亡之人，何生生为"之语。韦氏完成夫之遗愿之后，"夫之族无家可归"，只有"归于季父母弟之党"，最后亦是卒于斯。唐代妇女寡居后寄居本家的例子很多①，其中不少必然属此类原因。又同书贞元062《唐朝散大夫行著作佐郎袭安平县男□□崔公夫人陇西县君李氏墓志铭并序》载："夫人讳金……宝应初，著作府君薨于江外，夫人竭所有以奉丧，致哀感而合礼。家既窘乏，依于季叔太傅。"另据同书大历059《有唐朝散大夫行秘书省著作佐郎嗣安平县开国男崔公墓志铭并序》知李金（727—794）夫著作府君乃崔众甫（698—762），宝应元年（762）六月六日终于洪州豐城县。李金实为继室，"竭所有以奉丧"，归殡于亡邙山。"家既窘乏"，依于季叔太傅崔祐甫。② 也就是说办完丧事，李金亦无以为生，只得寄居他室。

当然亦有把丧葬之事处理得比较好的寡妇。如《汇编》天宝084《大唐故吴郡常熟县令上柱国张公墓志铭并序》载张泚（690—744）继室博陵崔氏，主泚丧，并迁葬泚之父母及前室杨氏之柩，"合祔于公"。志文称"今夫人量力而行，度功以处，事就而家不破，人亡而道益彰，虽孟母深仁，齐姜达礼，未足多也！"

有些人则深知孤儿寡母的艰难，明确提出薄葬。如《汇编》咸通050《大唐故过少府墓志铭并序》志主过讷（827—865），无男嗣，有幼女三人，他遗命薄葬，实则是不给妻女增加经济负担。

唐政府对寡妇葬夫及迁葬夫族持肯定态度。《旧唐书》卷193《列女·杨三安妻李氏传》云：

---

① 参见陈弱水：《试探唐代妇女与本家的关系》，载《"中央研究院"历史语言研究所集刊》第68本第1分册，1997年；李润强：《唐代依养外亲家庭形态考察》，收入张国刚主编：《家庭史研究的新视野》，生活·读书·新知三联书店2004年版，第71—102页。
② 《唐代墓志汇编》大历062《有唐朝散大夫守汝州长史上柱国安平县开国男赠卫尉少卿崔公墓志》。

>杨三安妻李氏，雍州泾阳人也。事舅姑以孝闻。及舅姑亡没，三安亦死，二子孩童，家至贫窭。李昼则力田，夜则纺绩，数年间葬舅姑及夫之叔侄兄弟者七丧，深为远近所嗟尚。太宗闻而异之，赐帛二百段，遣州县所在存恤之。

李氏辛勤劳作，靠白天"力田"，夜晚"纺绩"，数年间葬夫之父母叔侄兄弟七丧，为远近所称叹。如此孝义之举，"太宗闻而异之，赐帛二百段，遣州县所在存恤之"。杨氏亦因此而入《列女传》。

毫无疑问，唐代依然是一个以寡居守节为主流意识的社会，寡妇的寡居生活是痛苦的、艰难的和复杂的。面对瞬息残缺的家庭，她们首先要考虑的不是寡居后的生活安排，而是如何归葬亡夫和迁葬夫族。她们携孤稚，扶夫丧或夫族之六丧、七丧，跋涉数百里甚至是数千里，费时数月乃至数年。值得注意的是，在这些妇女之中低龄寡居者比例不小，子幼女弱，不胜丧葬之事。当然也有一些无子或子卒或子游宦在外的五六十岁主丧的妇女。寡妇迁葬夫族，有些是受亡夫或亡姑嘱托，有些则是视之为分内孝举。厚葬的盛行，使得这种归葬耗尽了大部分乃至全部的家产，以至于有些寡妇办完丧事后，无以生活，只得寄居夫族或本家亲属。由于这些寡妇不畏艰辛，尽心竭力以奉丧，因此也赢得了所谓"哲妇""节妇""孝妇"的赞誉，有时还会受到官府的奖励。她们坚韧的毅力与执着的精神令人称叹。有唐人就认为："历观载记有茂行懿德，一善出于人者，则彤管青史，传之不朽。曷若孀独，超危涉幽，蕴志之所至之心，行人之所难之事。"[①] 把她们这种做法称之为"蕴志之所至之心，行人之所难之事"，实乃公允之论。

(原载《江汉论坛》2011年第7期)

---

① 《唐代墓志汇编》会昌033《唐故常州武进县尉王府君夫人武功苏氏墓志铭并序》。

鄂东文化的人类学考察

刘勰在《文心雕龙·时序》中提出"文变染乎世情,兴废系乎时序"。前者是说文化与民族性相关,后者是说文化与阶段性相联。影响文化的因素有地理环境、经济土壤、社会结构,而"人"无疑是其中最能动的因素。"文化的实质性含义是'人类化',是人类价值观念在社会实践过程中的对象化……'自然的人化'即是文化。"[①] 只有把握了鄂东不同历史时期文化创造者的组成,才能深刻认识鄂东文化的特质。

一、"鄂东"的地域界定

目前,学界对地域划分的标准主要有两种观点:一种是以行政区划为基础,另一种是以自然条件为准绳。笔者比较倾向于第二种观点,其代表人物是施坚雅(G. William Skinner),其理论的核心是"地域即河川流域"。李伯重先生根据施坚雅的理论提出划分区域的两条标准:"首先,这个地区必须有地理上的完整性,必须是一个自然—生态条件相对统一的地区。换言之,其外有天然屏障将它于毗

---

① 冯天瑜、何晓明、周积明:《中华文化史》,上海人民出版社2006年版,第14—15页。

邻地区分隔开来，而在其内部，不仅应有大体相同的自然—生态条件，而且最好还属于同一水系，使其内各地相互发生紧密联系。其次，这个地区在人们心目中应当是一个特定的概念。也就是说，不仅由于地理上的完整性与自然—生态条件的一致性，而且也由于长期的历史发展所导致的该地区内部经济联系的紧密与经济水平的接近，使此地区被人们视为一个与其毗邻地区有显著差异的特定地区。"[1]笔者赞同李伯重先生提出的区域划分的这两条标准，并依照此标准，将本文所说的鄂东限定在大别山以南、长江中游下段北岸，东经114°25′至116°8′、北纬29°45′至31°35′之间的广大地域。除了黄冈市所辖的黄州区、团风县、浠水县、蕲春县、黄梅县、罗田县、英山县、红安县、麻城市、武穴市、龙感湖管理区外，还应包括武汉市新洲区。

二、鄂东文化的历时性考察

尧舜禹时期，三苗是鄂东土著先民，奠定了鄂东人的精神底色。三苗，又称"有苗""苗民""南蛮"，其活动区域大致在伏牛山、桐柏山、大别山以南长江两岸一带地区，与石家河文化分布区大体相当，石家河文化分布区当是三苗集团的文化遗存。鄂东是否在三苗的势力范围之内？《战国策·魏策》所载吴起对魏武侯："昔者三苗之居，左彭蠡之波，右洞庭之水，文山在其南，而衡山在其北。恃此险也，为政不善，而禹放逐之。"而与此相对照的是《史记·吴起列传》说："在德不在险。昔三苗氏，左洞庭，右彭蠡，德义不修，禹灭之。"这两本历史著作都涉及三苗的大致范围，所不同的是洞庭和

---

[1] 李伯重：《简论"江南地区"的界定》，《中国社会经济史研究》1991年第1期。

彭蠡左右方位的不同。唐代张守节在《史记正义》中做过阐发："以天子在北，故洞庭在西为左，彭蠡在东为右。"不少学者对张守节的这个解释颇为赞同，因为这个解释的确能自圆其说，理由是当时的帝都在长安。实则不然。如成书于宋真宗时期的《册府元龟》卷 743 说："昔者三苗之居，左有彭蠡之波，右有洞庭之水，汶山在其南，而衡山在其北。"可见，张守节的这个解释的确有穿凿之嫌。《五礼通考》卷二百十："张守节据吴起言'昔三苗氏，左洞庭，右彭蠡'洞庭，湖名，在岳州巴陵县西南一里，南与青草湖连；彭蠡，湖名，在江州浔阳县东南五十二里。以天子在北，故洞庭在西为左，彭蠡在东为右。今江州、鄂州、岳州三苗之地也。杜氏《通典》则以潭州、岳州、衡州皆古三苗国地。"虽然左与右的解释有些牵强，但张守节指出了三苗的大致势力范围。唐时的江州在今江西九江市一带，鄂州在今武汉市一带，岳州在今湖南洞庭湖一带。衡山非今湖南之南岳。《史记集解》卷 6："始皇还过彭城，斋戒祷祠，欲出周鼎泗水，使千人没水求之弗得。乃西南渡淮水，之衡山、南郡，浮江至湘山祠。"征之《史记》秦始皇二十八年南巡路线及其他史籍可知，此衡山在今安徽省潜山县天柱山一带，属于大别山脉。可见，三苗的势力范围北至今鄂东的红安、麻城与安徽交界的大别山脉。至于汶山，具体方位很难考证，《交翠轩笔记》卷 3（道光刻本）："《齐语》：'遂南征，伐楚，逾方城，望汶山。'注云：'汶山，楚山也。'"可以推断，"汶山"应在洞庭湖和鄱阳湖以南。虽然汶山具体位置不可考，但三苗的南部疆域当在洞庭湖以南。那彭蠡和鄱阳湖是什么关系？谭其骧在《鄱阳湖演变的历史过程》中说："鄱阳湖在历史时期有彭蠡泽、彭蠡湖、彭泽、澎湖等名称。隋唐以前，彭蠡泽仅局限在鄱阳湖北岸地区。所以，隋唐及其以前的历史文献，均未见鄱阳湖之名。"[1]关于北

---

① 谭其骧、张修桂：《鄱阳湖演变的历史过程》，《复旦学报（社会科学版）》1982 年第 2 期。

鄱阳湖的形成及其位置"在先秦时代，江水合流出武穴后，滔滔江水在冲积扇上以分叉水系形式，东流至扇前洼地而成彭蠡泽……彭蠡泽的位置无疑在大江之北。其具体范围当包有宿松、望江的长江河段及其以北的龙感湖、大官湖和泊湖等湖泊地区"[1]。可见，三苗势力范围东达今鄂东的武穴、黄梅、龙感湖管理区与江西九江以及安徽宿松交界处。

综上，三苗势力范围北抵大别山南麓，东达鄱阳湖流域的江西、安徽，西达洞庭湖流域，南至洞庭湖以南的地域，其腹地在鄂东地区。三苗是鄂东地区的土著之一，是鄂东的土著先民，是原始社会末期一个强大的部落联盟，其社会的先进性比清代某些"'无定居、无常业、不相统属'的较为落后的苗族还要进步一些"[2]。

三苗与尧之战，表面看起来是因为"尧让天下于舜，而三苗之君非之，帝杀之。有苗之民叛入南海，为三苗国"（《厄林》卷七）。而实际上是"三苗之君习蚩尤之恶，不用善化民而制以重刑，惟为五虐之刑"，三苗与尧之战，在某种意义上是新旧制度之争。

舜摄位后，承尧之策，继续对三苗用兵。据《周易口义》卷二载："三苗之民，反道败德而舜征之。"并且对三苗采取分而治之的政策。《书传》卷二："窜三苗于三危。"据《尚书全解》卷九载："舜之窜三苗也，盖择其恶之尤者投诸远。"三苗与舜之战，从策略上看是被分而治之。

禹承尧舜之威，而乘三苗之乱，假天之瑞令，对三苗发起战略决战。据《尚史》卷三载："《墨子》：三苗大乱，天命殛之。日妖宵出，雨血三朝，龙生庙，犬哭市，夏冰，地坼，五谷变化，民乃大振。高阳乃命元宫，禹亲把天之瑞令，以征有苗。苗师大乱，后乃遂

---

[1] 谭其骧、张修桂：《鄱阳湖演变的历史过程》，《复旦学报（社会科学版）》1982年第2期。
[2] 刘玉堂、李安清：《关于三苗若干问题的辨析——兼论新石器时代江汉地区的族属及社会状况》，《江汉石油学院学报（社科版）》2001年第2期。

几，禹既已克有三苗焉。"经此惨烈之战，三苗式微，禹似乎成为天下之共主。但是，三苗并没有被华族所同化，据梁任公研究"先秦以前，中国本土除华族以外，还有八族，即苗族、蛮族、蜀族、巴族、氐族、徐淮族、吴越族、百濮族。最后，除苗、濮二族外，其余六族皆已同化于中华民族"①。足见三苗之刚烈与彪悍。

夏商周时期，楚人与扬越人是鄂东地域的两大主要民族，越楚文化在此风云激荡。百越是先秦时期南方一个强大的部落联盟，扬越是百越的一支。扬越的大致范围"约今湖北英山—湖南岳阳一线以南，湖北黄梅—江西赣江流域以西、湖南资水以东、广西桂江—广东北江流域以北的范围之内，为春秋中期以前扬越聚居之地"②。随着三苗的式微，扬越人进入鄂东地区，成为鄂东的土著居民。在夏商周时期，楚人与扬越人是鄂东地域的两大主要民族，鄂东地处荆扬之间，向东与越境为邻，向西与楚相伴，越楚文化在此风云激荡。在不同时期，两种文化地位并不一样。

从目前已有的考古资料来看，在新石器时代，鄂东地区越文化特征比较明显，而不见楚文化遗物③。在"湖北黄冈螺蛳山遗址"中，我们发现"M1出土陶器应属较为典型的一座屈家岭文化晚期墓葬，而该墓所出贯耳壶（M1:5）又是良渚文化的标准型器。这说明在新石器时代晚期，华东地区的良渚文化西上至江汉平原的鄂东与这里的屈家岭文化汇合，形成了该地区所独有的地域特点，即在同一墓葬中两种文化因素共存现象"④。在"湖北黄梅陆墩新石器时代墓葬"中，我们发现"陆墩出土的贯耳壶，表明与长江下游的良渚文化曾

---

① 梁启超：《历史上中国民族之观察》，《饮冰室专集》四十一，中华书局1989年版，第13页。
② 刘礼堂：《扬越地望考》，《武汉大学学报（社会科学版）》1990年第3期。
③ 吴晓松等：《鄂东考古发现与研究》，湖北科学技术出版社1999年版，第9—154页。
④ 同上书，第39页。

有联系。陆墩的直口盆形鼎，含有受江西樊城堆文化直接影响的因素。陆墩也发现了成人拔齿的现象，在广泛分布于我国东南部的这一文化习俗圈中，又增加了新地点"[1]。成人拔齿的现象是越文化的典型特点之一。在"湖北罗田庙山岗遗址"中，我们发现"'刻槽'鬲足（C型）在这里占很大比例，因这类鬲足多出自鄂东南，被认为古越族文化的特点"[2]。而在"湖北黄冈浠水流域古文化遗址"中，我们发现"商周时代，这一流域几乎是刻槽鬲、带护耳甗、饰长方形镂孔的豆等陶器组合占主导地位，而在整个鄂东几大水系中，这组陶器由东向西，呈现出依次递减的局面，他有别于同时期的楚文化和中原文化，这一带有强烈地域特点的文化面貌恰与鄂东地区的大冶、阳新一带同时代文化相同，结合其他流域遗址的基本面貌和分布规律，说明此时期文化传播途径是自南向北，由东向西"[3]。为什么此时期的文化传播是自南向北、由东向西呢？因为此时鄂东地区有一个强大的扬越，处在楚国的东南边，这一有别于楚文化和中原文化的文化即为扬越文化。这一结论可以从"楚式鬲"流行中得到佐证。"约当距今四至三千年间，'楚式鬲'流行中心地带，从东向西，从鄂中地带转到鄂西地带；约当距今三千年以后，西周春秋时期，'楚式鬲'从鄂西中心流行区向外扩散。"[4] 这一时期扬越文化在物质层面对鄂东的贡献主要是水稻的栽培、木建筑的采用和炼铜技术的使用。

《史记·楚世家》卷40载："周夷王之时，王室微，诸侯或不朝，相伐。熊渠甚得江汉间民和，乃兴兵伐庸、杨粤，至于鄂。"杨粤即扬越，鄂乃东鄂，即今之湖北省鄂州市。1957年在安徽省寿县城东丘家花园出土的、目前所见楚国青铜器铭文中字数最多的《鄂君启

---

[1] 吴晓松等：《鄂东考古发现与研究》，湖北科学技术出版社1999年版，第54页。
[2] 张潮：《古越族文化初探》，《江汉考古》1984年4期。
[3] 吴晓松等：《鄂东考古发现与研究》，湖北科学技术出版社1999年版，第131页。
[4] 苏秉琦：《从楚文化探索中提出的新问题》，《江汉考古》1983年第1期。

节》是熊渠所至之鄂乃东鄂之佐证。只不过熊渠之时的楚国还是一个"蕞尔小国",偏于一隅,无法与强大的扬越抗衡。但熊渠做了一件"名垂青史"的大事,就是利用周厉王伐鄂之时,袭取鄂都,为楚国进驻长江中游获得了一个至关重要的军事据点。熊渠之后历熊挚红、熊延,熊延生熊勇,自熊勇始,才有文献记载楚君在位的年数。熊勇七传至熊朐(蚡冒),历五代、八位楚君。楚史专家张正明先生对八位楚君的在位元年和末年进行过一一考订。"熊勇元年为公元前847年,末年为公元前838年;熊朐(蚡冒)元年为公元前757年,末年为公元前741年。"① 蚡冒死,其弟熊通于公元前740年杀其子而代之,熊通即为楚武王。自楚武王开始,楚国大规模开疆拓土,经历东征、西征和北伐,至春秋中期,楚国完全控制了鄂东地区。我们可以从靠近楚国腹地的麻城"白骨墩楚墓"出土文物中考证。"麻城地处鄂东北,为鄂、豫、皖三省交界处,近楚国边地,根据这6座墓年代上限来看,楚国势力发展到此不早于春秋。从这6座墓资料可以看出,到春秋中期以后,楚文化在鄂东北已占有主导地位,同时还反映出这里的楚文化具有不少地方特点。"② 这是目前在鄂东地区所见年代上限最早的鄂东楚墓之一,"据近几十年来鄂东楚墓的发掘与研究成果,目前在鄂东腹地发现的楚墓,最早也是在春秋早中期,西周晚期一概未见"③。文献记载与出土文物一致,从地缘上看,在鄂东地区,麻城紧靠楚国中心地带江汉平原,楚文化对鄂东的影响应肇始于此。

自楚昭王十一年冬(前505)起,栽郢(大约在战国中晚期之际被称为江陵)④ 作为楚国都城,至公元前278年秦将白起拔郢,长达220年左右,是楚国的鼎盛时期,也是楚文化的巅峰期。郢都被秦将

---

① 张正明:《楚史》,中国人民大学出版社2010年版,第39页。
② 吴晓松等:《鄂东考古发现与研究》,湖北科学技术出版社1999年版,第215页。
③ 同上书,第253页。
④ 张正明:《楚史》,中国人民大学出版社2010年版,第194页。

白起攻破之后，顷襄王和楚国贵族东迁，定都于陈县，称为陈郢，今河南淮阳县。面对强秦的步步紧逼，五国诸侯合纵，楚国为首，结果是五国之兵在函谷关"逡巡不敢进"。五国兵败之后，六国更无法抵挡秦国，秦军前锋逼近陈郢，不得已，楚国再迁都于寿春，今安徽寿县，号位寿郢。无论是陈郢还是寿郢，鄂东距楚国都城都不远，在楚国不断东移中，鄂东逐渐成为楚国的中心区域，大批楚国贵族定居鄂东，这可以从鄂东出土的楚墓中得以证明。楚国在加紧控制鄂东地区的同时，也大大加快了鄂东地区的开发，推进了鄂东文化的楚化，扬越文化式微，越楚文化在鄂东融为一体，正如张正明先生所说："外求诸人以博采众长，内求诸己而独创一格，这是楚国铜器的发展道路，大而言之，也是楚文化的发展道路……以生产为例，随人所代表的诸夏长于铸造，扬越所代表的群蛮长于冶炼，楚人则兼而有之。以管理为例，诸夏的长处是有完备的官僚机构，群蛮的长处是简朴，楚人也兼而有之。"[①]

汉魏两晋南北朝隋唐宋元明清时期，移民推动了鄂东文化的发展。 五水蛮自东汉初年来到鄂东五水流域。所谓五水即鄂东境内之倒水、举水、巴水、浠水、蕲水，均发源于大别山南麓，自东北向西南流经东北部山区、中部丘陵、西南部平原，在西南注入长江[②]。

汉武帝元狩二年（前 121）设江夏郡，辖 14 县，黄州、蕲春等地属江夏郡，东汉时期江夏郡隶属豫州。据《后汉书·南蛮》载："建武（汉光武帝年号）二十三年（47），南郡潳山（湖北长阳县一带）蛮雷迁等始反叛，寇掠百姓，遣武威将军刘尚将万余人讨破之，徙其种人七千余口置江夏界中，今沔中蛮是也。"从这则史料可知，最早到达五水流域的蛮民是由于造反而被迫迁徙至鄂东地区，而且数

---

① 张正明：《楚史》，中国人民大学出版社 2010 年版，第 97—99 页。
② 冯永轩：《五水与五水蛮——两晋南北朝史札记一则》，《江汉论坛》1962 年第 8 期。

量很多，仅东汉建武二十三年（47），一次迁徙到鄂东地区的蛮民就有7000余人，而当时的江夏郡一个县大概也只有10000人左右[①]，豫州郡平均每县62415.55人[②]，可见当时五水流域人烟稀少，自然成为蛮民迁徙之地。五水流域在东汉初年还是一个统一的中央集权，永嘉乱后成为权力真空，五水蛮乘势而起。到了南北朝时期，五水蛮所居之地，成为南北政权的交锋地带，其地位显得更为重要，以致出现五水蛮"朝北则北胜，向南则南赢"的局面，此时五水蛮的势力更加强大，几乎成了一个独立王国。五水蛮同南朝统治者的冲突更加激烈，战斗更加惨烈。《宋书·夷蛮》卷97载："蛮僚殊杂，种众特繁。……岁月滋深。自元嘉将半，寇慝弥广，遂盘结数州，摇乱邦邑。于是命将出师，恣行诛讨，自江汉以北，庐江以南，搜山荡谷，穷兵罄武，系颈囚俘，盖以数百万计。至于孩年耋齿，执讯所遗，将卒申好杀之愤，干戈穷酸惨之用，虽云积怨，为报亦甚。张奂所云：'流血于野，伤和致灾。'斯固仁者之言矣。"如此惨烈之战，正衬托出五水蛮的勇猛与剽悍。五水蛮为何有如此刚烈之气？《宋书·夷蛮传》卷97载："豫州蛮，廪君后也。"廪君者何？《后汉书》卷86载："巴郡南郡蛮，本有五姓：巴氏、樊氏、瞫氏、相氏、郑氏。皆出于武落锺离山。其山有赤黑二穴，巴氏之子生于赤穴，四姓之子皆生黑穴。未有君长，俱事鬼神。乃共掷剑于石穴，约能中者，奉以为君。巴氏子务相乃独中之，众皆叹。又令各乘土船，约能浮者，当以为君。余姓悉沉，唯务相独浮，因共立之是为廪君……廪君死，魂魄世为白虎。巴氏以虎饮人血，遂以人祠焉。"可见，五水蛮乃巴人后裔，巴人崇虎，是学界共识，巴人尚武，故其剽悍，五水蛮亦剽悍。

五水蛮自东汉初年来到鄂东五水流域，在三国两晋时发展壮大，

---

① 冯永轩：《五水与五水蛮——两晋南北朝史札记一则》，《江汉论坛》1962年第8期。
② 梁方仲：《中国历代户口、田地、田赋统计》，中华书局2008年版，第32页。

南北朝时达到鼎盛。"入隋后,'五水蛮'及其后人在鄂东及鄂赣边区的活动,并未间断。从唐以后,鄂东'蛮'人的活动,再也不见诸记载。"① 唐代有强大的中央集权,高度发达的文化,鄂东五水地区已没有汉、蛮之别了。难怪唐代诗人杜牧任黄州刺史时发出"黄州在大江之侧,云梦泽南。古有遗风,今尽华俗"②的慨叹。古有遗风,蛮风也,实乃巴人遗风;今尽华俗,汉化也。今天在鄂东虽然见不到纯粹的巴人,但其剽悍、勇猛、尚武的鲜明个性已成为鄂东人精神的因子。鄂东自古民风彪悍,近现代更是猛将如云,即便是文人,同样有武骨,在民族危难之时,也会拍案而起、挺身而出。

五水蛮是由于叛乱而被迁徙至五水流域,在鄂东落地生根,对鄂东地区的开发和鄂东人性格的形成影响巨大,北方由于战乱而大规模移民对鄂东地区的开发同样功不可没。据葛剑雄研究,"永嘉之乱"移民南迁线路有三条,其中中线"一部分人从南阳盆地东南越过桐柏山、大别山的隘口进入江汉平原"③。鄂东是这部分移民的必经之地。又据《旧唐书》卷39载:"襄、邓百姓,两京衣冠,尽投江、湘。故荆南井邑,十倍其初。"这是"安史之乱"后移民的盛况。"安史之乱"前,中国的政治、经济、文化的重心在北方,这些北方移民将他们先进的技术和发达的文化带到鄂东,大大促进了鄂东经济和文化的发展。

江西人迁移到鄂东值北宋时期,南宋和元末是两个迁移小高潮,至明洪武年间形成迁移高峰。④ 江西与鄂东只是一江之隔,在南宋,鄂东是宋金和宋元对峙之区,在元末和明末,鄂东是两次社会大动荡的中心区域之一,人口损失惨重,而这里交通便利,土地肥沃,自然

---

① 吴永章:《湖北民族史》,华中理工大学出版社1990年版,第111页。
② (唐)杜牧:《黄州刺史谢上表》,载《樊川文集》,上海古籍出版社2009年版,第217页。
③ 葛剑雄:《中国移民史》第2卷,福建人民出版社1997年版,第340页。
④ 曹树基:《中国移民史》第5卷,福建人民出版社1997年版,第130页。

成为移民的首选之地。作为移民史上的重大事件,"江西填湖广"声势浩大。据张国雄《明清时期的两湖移民》研究,"在《移民档案》的530族中确知迁自两湖以外的有487族。江西一省迁出的移民就有404族之多,又占长江中下游移民的90%,占全部外省移民的82%。足见这是以江西籍移民为主体的迁徙洪流"[①]。民国34年《湛氏宗谱》卷2《纂修族谱序》中所说:"居楚之家,多豫章籍。"我们可从宗谱和县志来进一步验证。如1944年黄冈《黄氏宗谱》卷首《富一公传》:"现今大姓之杂于冈、水、麻、安(按:即今之黄冈、浠水、麻城、红安)者,类皆发于江右(江西)。"又如宣统《黄安县乡土志》卷下《氏族录》共载有该县64族,确知迁自外省者有39族,其中江西族为32族,占移民家族的83%;曾经属于黄冈的新洲,1985年对该县的三店区的姓氏户口进行一次调查,发现江西族占移民家族的97%。江西移民乃鄂东之大幸,正因为江西自宋代至清初持续向鄂东移民,才促进了鄂东经济的大发展,文化的大繁荣。宋代是中国文化的繁荣期,而江西又是宋代文化的发达之域,我们可以从以下几个方面来证明之。第一,从中国历代各类人才数量来看,宋代人才最多,共有93人[②];第二,从两宋各路人才分布来看,江南西路(江西主体)居全国第三位,占总人才的9.23%[③];第三,从教育来看,宋代江西书院居全国首位,共170所[④];第四,思想学术与文学方面更是大家辈出,领一时之风骚,"婺源朱熹、金溪陆九渊是理学(道学)两大学派的领袖,永丰欧阳修、南丰曾巩、临川王安石是唐宋古文八大家中的三家,修水黄庭坚是江西诗派的开创者,临川晏殊是北宋前期词坛的一个代表者,吉水杨万里的'诚斋体'诗风使他进入南宋四

---

① 张国雄:《明清时期的两湖移民》,陕西人民教育出版社1995年版,第63页。
② 肖华忠:《宋代人才的地域分布及其规律》,《中国历史地理论丛》1993年第3期。
③ 同上。
④ 陈志云:《科举制度与两宋赣文化》,《上饶师范学院学报》2001年第1期。

大家。'廿四史'中,欧阳修贡献了一部半(与宋祁合撰《新唐书》,独撰《新五代史》)"①。在交通比较落后的时代,作为经济文化发达的江西,无论是主动还是被动移民到经济文化相对落后的鄂东,无疑会对鄂东的经济文化发展产生巨大影响。至洪武年间,江西移民超过鄂东土著,经过一百年的发展,移民成为鄂东的新土著,他们为鄂东社会经济文化的发展做出了卓越贡献。在宋代,黄州府成为"江西诗派"的重镇;在明代,黄州府成为湖广的上等州府;明清时期,鄂东人文鼎盛,科甲兴盛,"惟楚有才,鄂东为最",根据张建民的研究,"有明一代,湖北各府州县科举进士1119人。全省八个府中,以黄州府中进士人数最多,达321人;清代进士人数较明代为多,到道光朝约200年间,全省共中进士960人,咸丰以后60年间则有302人。但是,地域分布虽不无变化,却仍未能改变明代以鄂东为重心的基本格局"②。又据王楚平《中国名人之市探源——黄冈历代进士考略》统计:"黄冈明清有进士728人,在全国城市中占第5位,仅排在杭州、福州、苏州、北京之后;再以清朝嘉庆、道光、咸丰年间湖北各地的进士数量横向比较,黄州府有进士88人,占湖北进士总数的28.4%,居全省第一位。"③江西之花,终于绽放在鄂东大地之上,鄂东文化的大繁荣,江西移民功莫大焉。

"江西填湖广"是鄂东移民的主体,"靖康之乱"后的北方移民对鄂东的影响也不可小觑,鄂东是北方流民武装进出两淮和两湖的必经之地,不少北方流民滞留于此。据《宋史》卷412《孟珙传》载孟珙守黄州时:"边民来归者日以千数。为屋三万间居之。厚加赈贷。"北方移民带来了先进的生产技术,北方文化家族的南迁大大促进了南

---

① 许怀林:《宋代江西对中国文化的贡献》,《文史知识》2008年11期。
② 张建民:《湖北通史》明清卷,华中师范大学出版社1999年版,第613页。
③ 王楚平:《中国名人之市探源——黄冈历代进士考略》,国家图书馆出版社2011年版,第24—26页。

方文化的发展,中国的经济重心和文化重心的南移是在"靖康之乱"后完成的。

清末民初,东西文化激荡,鄂东文化巨子大量产生。晚清到民国,鄂东出现了一个"人才井喷"现象,产生了一系列大师级人物,如地质学家李四光、哲学家熊十力、政治史兼经济学家王亚南(黄冈人)、语言文字学家黄侃、文艺理论家胡风(蕲春人)、诗人闻一多(浠水人)、哲学家汤用彤(黄梅人)、方志学家王葆心(罗田人)等,他们都是鄂东人,都堪称各领风骚的一代巨子。鄂东为何在半个世纪涌现如此多的大师级人物?著名文化史专家冯天瑜先生认为:"它处在一个历史转折点,这个时候,新的思想、旧的思想冲突、融会,就会产生大的思想家,产生大师级人物。而鄂东,恰恰好在从东面沿海登陆、向内地推进的近代文化、也即西方文化,和从中原地带一直沿袭的传统文化的交叉点上。于是,就产生了一大批人物。"[①] 而此时的西方文化是高势能文化,是当时世界的主潮,学习西方文化最好的方式是直接到西方发达国家留学,正如张之洞所说:"出洋一年,胜于读西书五年,此赵营平百闻不如一见之说也。入外国学堂一年,胜于中国学堂三年,此孟子置之庄岳之说也。"[②] 此乃"真知灼见",李四光先后留学日本和英国,黄侃、王亚南留学日本,闻一多、汤用彤留学美国,他们是鄂东留学生中的代表,鄂东这一时期的留学生日后大多成为中国社会各个领域的佼佼者。另据周积明《湖北文化史》统计,清末湖北留学生的派遣在全国一直处于领先地位。[③] 湖北乃一中部省份,有如此多的留学生到日本和西方发达国家留学,湖广总督张之洞功不可没,鄂东深得其利,足见当时鄂东已得留学风气之先。

---

① 冯天瑜:《略谈鄂东大师级人物产生的时代背景》,《鄂州大学学报》2004年第3期。
② (清)张之洞:《劝学篇》,广西师范大学出版社2008年版,第71页。
③ 周积明:《湖北文化史》上,湖北教育出版社2006年版,第694—696页。

三、余论

  鄂东地处东西南北交汇之地，招徕五湖四海之人，"人"是文化的创造者，鄂东自古是移民之地，也深得移民之惠：范阳慧能居黄梅东山寺，师从弘忍，禅宗大兴于天下；杜牧为黄州刺史，功业文章垂青史，岐亭古镇杏花村，香飘四野；东坡居黄，二赋一词，江山多娇，黄州成为世界名城；卓吾讲学黄安、麻城，惊世骇俗之论，天下耸动，黄州府成为湖北人文鼎盛之地。"黄州，山水清远，土风厚善。其民寡求而不争，其士静而文朴而不陋。虽闾巷小民，知尊爱贤者。"[①] 鄂东以其淳朴之心与宽广之胸，善待谪居于此的墨客骚人，鄂东文化因此得以精彩纷呈。

（原载《武汉大学学报（人文科学版）》2012年第1期）

[①] （宋）苏轼：《书韩魏公黄州诗后》，载《东坡全集》卷39，文渊阁四库全书本第1108册，上海古籍出版社1987年版，第501页。

茗菜与苔菜考辨
——兼谈茶事之起源

茶是世界性的饮料,而中国是茶的故乡、茶文化的摇篮。茶和茶文化是中华民族对人类文化最重要的贡献之一。看似平常的茶叶,实则深藏厚重的文化内涵,包含了文化的无穷韵味。中国的茶文化集自然之机、天地之道和人文之理于一体,充分体现了中华民族追求和谐包容、天人合一的哲学理念,体现了上善若水、厚德载物的道德伦理和士人情怀。它是深深地植根于绿色土地中的文化,是凝聚在人们日常生活习俗中的文化,有着无与伦比的生命力,因而能够延续几千年而不衰,传之四海而日盛。然而,茶从何时被人们发现并利用、成为人们的饮品,向来有不同的观点。利用现有的各种文献资料及多元的学科研究方法,从源头上梳理茶事之缘起,对于认识茶及茶文化的历史发展脉络具有重要的意义。

一

饮茶起于何时,向来有不同的观点。宋代张淏《云谷杂记》卷2认为:"饮茶不知起于何时。欧阳公《集古录》云:'茶之见前史,盖自魏晋以来有之。'予按《晏子春秋》:'婴相齐景公时,食脱粟之饭,炙三弋、五卯，茗菜而已。（原注：读《晏子春秋》者多疑此文阙误。予后见《太平御览》茗事中亦载此，其文正同初，非阙误也。）又汉王褒《僮约》有武阳（原注：一作武都）买茶之语，则魏晋之前已有之矣。"①在这段话中，张溟举两条事例对欧阳修魏晋以来始有茶事之论做出了反驳。《晏子春秋》记载晏子食茗菜，则在战国时代便已有茶事，王褒《僮约》的史实则说明茶在西汉已经成为交易买卖的商品。若如此，则欧阳公之说有误。同时，张溟的注释对所引用的语料提出了质疑，认为通行版本的《晏子春秋》的原文与此处引用不同，可能存在阙误。可惜的是，他在看到《太平御览》中所辑录的引文后，便认为这段引文没有阙误。《太平御览》是宋初的类书，为北宋李昉、李穆、徐铉等学者奉敕编纂。考该书卷867饮食部二十五，确有该语条，且文字内容一致。

《太平御览》中的这段文字影响较广，以笔者所见，引用该文的典籍有《古今图书集成》《茶乘》《茗史》《格致镜原》《茶史》《续茶经》《茶余客话》《艺林汇考》《四六法海》《延绥镇志》《广群芳谱》《燕在阁知新录》《骈字类编》《渊鉴类函》等。甚至《中国茶叶大辞典》"茶人部"将晏婴列为古今第一茶人，认为"此为关于茶的较早的文化记载"②，这在一定程度上说明了学界对此观点持认同的态度。陆羽《茶经》卷下《七之事》全面地搜集了自上古至唐初的史料，内容主要是与茶有关的神话传说、历史掌故等，共有48条。陆羽引《晏子春秋》的记载："婴相齐景公时，食脱粟之饭，炙三戈、五卯，茗菜而已。"③该文字内容与《太平御览》中所载完全一致，有了两段

---

① （宋）张溟：《云谷杂记》，清武英殿聚珍版四库全书本。
② 陈宗懋：《中国茶叶大辞典》，中国轻工业出版社2000年版，第661页。
③ （唐）陆羽：《茶经》，宋《百川学海》本。《茶经》的刊刻版本较多，据不完全统计有60余种。南宋咸淳九年（1273）刊印的《百川学海》本《茶经》是现存最早的版本，被视为各版本之祖本。

文字的相互印证，晏婴与茶的关系似乎成了确凿之论。

然《困学纪闻集证》之八提到，今各个版本的《晏子春秋》"茗菜"皆写为"苔菜"。《尔雅·释木》邵晋涵正义云："《晏子春秋》有茗菜之文，然无以定其为即今茗饮。汉人有阳羡买茶之语，则西汉已尚茗饮。"① 与郝懿行相比，邵晋涵采取了较为审慎的态度。郑珍《说文新附考》中，其子郑知同从文字学的角度分析，提出了不同的见解："知同谓汉世有茗饮固然，但《凡将》止谓之荈，并不言茗。若晏子之茗既言菜，恐非茗饮，此不知为何物。《御览》以当荼茗，似不足信。荼之名茗，盖出于汉已后，故《说文》无其字。《晏子》之茗菜又不经见，许亦不取也。"② 两者只有一字之差，但却关系到战国时代是否有茶的问题。这不再仅仅是一个版本校勘学上的问题，更是成为茶史上的重要悬案。对二者进行仔细辨别、探究，正本清源，是极为必要的。

二

《晏子春秋》的成书时代较早，一般认为是战国时期，《史记·管晏列传》《汉书·艺文志》《隋书·经籍志》《旧唐书·经籍志》等皆有著录。长期以来，人们对《晏子春秋》的重视程度不够，唐以前无人整理注疏。目前流传的《晏子春秋》版本较多，各版本卷目及文字内容出入较大。现今流传较为广泛的清文渊阁《四库全书》等几个版本，"茗菜"皆写为"苔菜"。中华书局刘尚荣先生在负责审校《中国茶叶大辞典》时，为了查清"茗菜"的来源，曾先后查阅过元、

---

① （清）邵晋涵：《尔雅正义》卷15，清乾隆刻本。
② （清）郑珍：《说文新附考》卷1，清光绪五年姚氏刻咫进斋丛书本。

明、清时期的十余种善本及名家校刊本，其结果令人失望，各本《晏子春秋》无一例外地都作苔菜。[①] 笔者现将《茶经》《太平御览》《晏子春秋》等文献中与《云谷杂记》所引相近或者相关的文字予以摘录，并相互进行对比验证，进而厘清不同引文之间的关系。为行文方便，将不同引文予以编号，《百川学海》本《茶经》的引文为1号文，《太平御览》卷867引文为2号文，《太平御览》卷849引文为3号文，文渊阁四库全书本《晏子春秋·内篇·杂下》第十九章为4号文，第二十六章为5号文。具体引文如下：

1. 婴相齐景公时，食脱粟之饭，炙三戈、五卵，茗菜而已。（宋《百川学海》本陆羽《茶经》）

2. 婴相齐景公时，食脱粟之饭，炙三弋、五卵，茗菜而已。（四部丛刊三编景宋本《太平御览》卷867饮食部二十五）

3.《晏子》曰："晏子相景公，食脱粟之饭，炙三弋，五卯菜耳。"公曰："夫子家如此甚贫乎，而寡人之罪。"对曰："脱粟之食饱，士之一足也；炙三弋，士之二足也。菜五卯，士之三足也。婴无倍人之行，而有三士之食，君之赐厚矣。婴之家不贫。"再拜而辞。（四部丛刊三编景宋本《太平御览》卷849饮食部七）

4. 晏子相齐，衣十升之布，脱粟之食，五卵、苔菜而已。（四库本《晏子春秋·内篇·杂下第六》第十九）

5. 晏子相景公，食脱粟之食，炙三弋、五卵，苔菜耳矣。（四库本《晏子春秋·内篇·杂下第六》第二十六）

五处文字文意大体相同，但在个别字词上有出入，这些个别字词的不同会造成理解上的较大差异。首先，我们要理解这段话的文义。孙星衍对"脱粟之饭"的解释为："盖米之有稃者为粟，脱粟免

[①] 刘尚荣：《荟萃茶文化的精品辞书——〈中国茶叶大辞典〉述评》，《农业考古》2001年第2期。

粟，言出于稃而未舂也。"①"脱粟之饭"就是脱壳后的糙粟，是粗粮，晏婴作为主食食用。孙星衍云："《诗》传：'弋，射。'《说文》作'䨥'，缴射飞鸟也，言炙食三禽。"②这是对"三弋"的解释。"五卵"则较难理解，考《晏子春秋》中的两段文字（即4号文和5号文），"夘"当为"卵"之误。"三弋五卵"合之便是指弋射到的鸟和采集到的鸟卵，"三"和"五"都是虚指。连起来讲就是说，晏婴用火烤食弋射所得的鸟肉和采集到的鸟卵。这是晏婴所吃的荤食，是近乎原始而艰苦的生活方式。"茗菜而已"主要是说晏婴所吃的蔬菜（至于是茗菜还是苔菜，后文再论），是比较常见的蔬菜，甚至可能是野菜。在理解了基本的词义后，我们便可以了解文本的意义了。吴觉农《茶经述评》中采取了意译的方法："晏婴担任齐景公的国相时，吃糙米饭，三五样荤食，以及茶和蔬菜。"③

1号文和2号文只有"戈""弋"之不同。"戈"与"弋"字形相近，戈为古代刀型青铜兵器，词义较为单一。戈不可食，故戈应为"弋"之误。排除这两个不同后，两个语条内容完全一致。《茶经》成书于唐德宗建中元年（780），早于《太平御览》。《茶经》引用该语条说明茶事，《太平御览》也将其列入"茗"字条目之下，据此我们可以初步判定，《太平御览》2号文引自《茶经》。3号文与1号文的不同之处在于3号文无"时"和"茗"字，1号文中的"卵"，3号文写为"夘"。古代"卵"和"夘"为异体字，"时"字牵涉到是否是衍字的问题，都不影响理解，这两处皆可忽略。3号文与1号文的最大不同之处在没有"茗"字，并用"脱粟之食、炙三弋、菜五夘"来解释"士之三足"。"茗"字的有无，直接影响到断句和文义的理

---

① 吴则虞编著：《晏子春秋集释》，中华书局1962年版，第423页。
② 同上。
③ 吴觉农主编：《茶经述评》，中国农业出版社2005年版，第209页。以下《茶经述评》中的引文皆出自本书，不再逐一注出。

解，需要仔细辨析。

1和2号文中，"炙三弋、五卵"是动宾结构的短语，炙连接了"三弋"和"五卵"两个宾语。而在3号文中，"五卯菜"是一个独立的短语，晏子用"脱粟之食、炙三弋、五卯菜"来解释"士之三足"。脱粟之食、炙三弋，是动宾结构，"五卯菜"应是宾语前置的短语，意指"以五卯为菜"。"卯"就不能据《晏子春秋》改为"卵"，而应是"茆"。孙星衍云："周礼醢人'茆菹'。郑氏注云：'卯，水草。'杜子春'读"茆"为"卯"'。元谓'茆，凫葵也。'"[1]茆是一种水菜，《毛诗》："思乐泮水，薄采其茆"，陆德明注释为："茆，凫葵。"[2]陆机《毛诗草木鸟兽虫鱼疏》卷上云："茆与荇菜相似，叶大如手，赤圆有肥者，着手中滑，不得停。茎大如匕柄，叶可以生食，又可瀹，滑美。江南人谓之莼菜，或谓之水葵，诸陂泽水中皆有。"[3]连成一句话理解，则不能将"茆"特指某种蔬菜，而应是代指一般性蔬菜或者水中的野菜。这句话可以译作："晏婴担任齐景公的国相时，吃糙米饭，炙烤射来的鸟禽，以野生水菜为食。"这段文字讲晏婴节俭、安贫乐道的品德，与茶没有任何关联。因此《太平御览》并没有把这段史料安排在卷867饮食部二十五"茶"字之下，而是将之放于卷849饮食部七"食下"。该部分主要收集关于历史人物与"食"相关的史料，笔者认为这样的编排是科学合理的。

三

第4、5号文，与1、2号文主要是字词的增减，最大不同有两

---

[1] 吴则虞编著：《晏子春秋集释》，中华书局1962年版，第424页。
[2] （汉）毛亨：《毛诗》，四部丛刊景宋本。
[3] （唐）陆机：《毛诗草木鸟兽虫鱼疏：卷上》，明唐宋丛书本。

处，一是将"饭"写为"食"，将"茗菜"写为"苔菜"。《晏子春秋》现存较早的版本为元刻本，刊刻过程中或许会有讹误，但因其成书年代较早，可信度要高于转引的《茶经》和《太平御览》。笔者认为，《晏子春秋》必然无"茗菜"之语，较为原始的语句应为"苔菜"，或者如3号文所引"苔""茗"二字皆无。具体原因分析如下：

第一，《茶经》的引文并不可靠。《晏子春秋》原文两处都写为"炙三弋、五卵"，而《茶经》却写为"灸三戈、五卯"，竟有两字是错误的。这到底是陆羽引用错误，还是后人传抄转刻时产生的错误，现在不得而知。可我们不能因为《茶经》及其刻本年代较早，就武断地认定今本《晏子春秋》中的"苔菜"为错误。"茗菜"一词，仅见于《茶经》和《太平御览》，其他文献皆未载录。同时，我们也不能因两者记录相同，就将两者相互印证，认为《茶经》所载不是孤例。前段已论，从体例编排和行文特点看，《太平御览》2号文摘录自《茶经》。清孙诒让研读古书心得的集录《札迻》卷4云："苔菜，陆羽《茶经》引亦作茗菜，此唐本已作茗之塙证。然周时必无茗饮，窃意苔字未必误也。"[①] 与茗菜相比较而言，古籍中关于"苔菜"的记载颇多，宋代《证类本草》记载："《图经》曰：'紫堇，味酸、微温、无毒。元生江南吴兴郡，淮南名楚葵，宜春郡名蜀堇，豫章郡名苔菜，晋陵郡名水萄菜。'"[②] 明李时珍《本草纲目》卷26，解释更为详尽："今按《轩辕述宝藏论》云：赤芹，即紫芹也。生水滨，叶形如赤芍药，青色，长三寸许，叶上黄色……又《土宿真君本草》云：'赤芹，生阴厓边陂泽湟水石间，状赤芍药，其叶深绿，而背甚赤，茎叶似荞麦，花红可爱，结实亦如貀荞麦。其根似蜘蛛。嚼之，极酸苦涩。江淮人三四月采苗，当蔬食之，南方颇少。太行、王屋诸山最

---

① （清）孙诒让：《札迻》卷4，清光绪二十年籀庼刻、二十一年正修本。
② （宋）唐慎微：《证类本草》卷30，影印文渊阁《四库全书》本。

多也.'"① 胡古愚《树艺篇》载《漳州府志》:"苔菜,有干有湿,随人调制,皆可食",载《温州府志》:"苔菜,生海岛,最能去毒"②。由此可见,苔菜可以表多义,指称不同物种。《晏子春秋》中的"苔菜"可能指某种生长在水中或水边的、较易获得且味道苦涩的野菜。

第二,从词源上分析,"茗"和"饭"两字产生的时代较晚。前文已述,《晏子》成书年代为战国。"茗"字在先秦文献中无载,金文、陶文、甲骨文中也无"茗"字。较早出现在扬雄《蜀都赋》"蔓茗荧郁,翠紫青黄"③。东汉许慎《说文解字》中收录了"茗"字,但为徐锴新附字,文云:"茗,荼芽也。从艹名声,莫迥切。"④郑珍《说文新附考》卷1按语:"荼芽之训,本《玉篇》。"⑤《玉篇》为南朝梁顾野王所撰,后人陆续有增补。据此,"茗"字应出现在西汉或其后,汉以前应不会有"茗"字。同理,"茗菜"之称当为汉代才会出现的说法,《茶经》的引用应该是错误的。另一个有力的证明是"饭"字。先秦时代,"食"使用广泛,"'食'的名词用法秦汉时期少于动词,魏晋六朝开始增强'饭'"⑥。游修龄认为"饭"从古越语进入北方后吸收进书面语⑦,"饭"字在战国时代出现的频率极低。另外,1、2、4号文中为"而已",3、5号文写为"耳矣",二者其实一也,但"耳"字义出现的时代可能较早,《经传释词》王念孙案云:"'耳矣'者,'而已矣'也,疾言之则曰'耳矣',徐言之则曰'而已矣'。凡经传中语助用'耳'字者,皆'而已'之合声也。"⑧3号文的"五卯菜耳"更接近先秦的用词习惯,5号文的"苔菜耳矣"

---

① (明)李时珍:《本草纲目》卷26,影印文渊阁《四库全书》本。
② (元)胡古愚:《树艺篇》,明纯白斋抄本。
③ (汉)扬雄:《扬子云集》卷5,清文渊阁四库全书本。
④ (汉)许慎:《说文解字》,中华书局1963年版。
⑤ (清)郑珍:《说文新附考》卷1,清光绪五年姚氏刻咫进斋丛书本。
⑥ 李小平:《动词"吃"替代"食、饭"历时小考》,《云梦学刊》2010年第7期。
⑦ 游修龄:《陆羽〈茶经·七之事〉"茗菜"质疑》,《中国农史》2002年第4期。
⑧ (清)王引之:《经传释词》,清嘉庆二十四年刻本。

应该是一种过渡性的用语方式，到秦汉以后，书面语基本都采用"而已"的说法了。

第三，春秋战国时代，齐鲁地区并不产茶。《茶经·八之出》专论茶叶的产地，涉及八个道，遍及现在的湖北、湖南、山西、安徽、浙江、江苏、四川、贵州、江西、福建、广东等13个省区。这些省市集中分布在长江流域及长江流域以南，并没有涉及黄河流域，更没有涉及山东省。唐以前，记载茶的文献资料有限，除了《茶经》中的引文，并没有山东产茶的记载。成立在《山东之茶始于何时》一文中说："自东汉至于唐宋，确实还没有看到地区关于茶事的记载。但明清以来，却有不少茶事的记载。"[1] 众所周知，茶叶的生长需要温度和气候条件，明清以后随着种植和栽培技术的进步，茶树才在山东等地培育成功。唐代以前，茶叶的种植范围有限，主要茶叶产区仅局限于四川、云贵一带，山东更不可能产茶叶。况且，根据竺可桢《中国近五千年来气候变迁的初步研究》的考证，唐代是中国历史上最为温暖的时期，这个时期山东并不是茶叶产区。春秋战国时代山东温度要比唐代还要低，从气候学角度讲，山东不可能培育种植茶叶。[2]

第四，联系上下文，从文章要表达的涵义来说，"茗"是错字或者衍字。这段文字是记录晏婴的高尚品德，他身处相国高位，依然安贫乐道，吃着寻常甚至是粗糙的食物，过着清苦的日子，不谋求锦衣玉食的奢华生活。第三个原因中，笔者提到战国时期的齐国不产茶叶。如果文中的"茗"是从其他国家获得的，那么，在齐国它必然是一种昂贵且稀有的物品。晏婴吃这种昂贵的物品，必然是一件奢侈的事情，这与文意是不符的。退一步讲，即使战国时代的齐国产茶，根据《晏子春秋》的文意，茶必然是常见的物品。"茗"在晏婴那里是

---

[1] 成立：《山东之茶始于何时》，《茶叶通讯》1980年第1期。
[2] 周树斌：《九经"荼""茶"考略》，《中国农史》1991年第2期。

粗茶淡饭，是用来凸显晏子节俭品质的，晏婴食茗之事必然是一件司空见惯的事情。既然"茗"在齐国如此普遍，为什么战国的文献中并没有其他佐证信息呢？

四

陆羽《茶经》及《太平御览》中的引文一向被视为茶事"战国说"的佐证，可惜这是个孤证，且我们上面已经全方位辨析，认为该语料不可信的成分居多。除战国说之外，有"魏晋说"，欧阳修《集古录》卷8《唐陆文学传》云："茶之见前史，盖自魏晋以来有之。"[①]其实，早在《三国志》中就有饮茶的记载："晧每飨宴，无不竟日。坐席无能否，率以七升为限。虽不悉入口，皆浇灌取尽。曜素饮酒不过二升，初见礼异时常为裁减，或密赐茶荈以当酒。"[②]《茶经》中魏晋时期饮茶的史料已经收集了很多，《中国茶文化经典》所列魏晋南北朝时期与茶有关的史料近30条。

茶事始自魏晋自然确凿无疑，但有很多史料将茶事起源上溯到更为久远的时期。陆羽《茶经·六之饮》："茶之为饮，发乎神农氏，闻于鲁周公。"这是有关中国饮茶起源最普遍的说法。茶起源于神农氏的佐证是《神农本草经》："神农尝百草，一日而遇七十毒，得茶以解之。"《七之事》中摘录了《神农食经》的一段话："茶茗久服，令人有力，悦志。"现代学者在论证茶的起源时，经常引用《神农本草经》中的这段话。20世纪90年代，周树斌、赵天相等学者相继指出现存的《神农本草经》中并无该史料，并指出这段话的出处为清孙

[①] （宋）欧阳修：《集古录》卷8，明影印宋刻本。
[②] （晋）陈寿：《三国志》卷65，百衲本景宋绍熙刊本。

璧文的《新义录》①。那么，该段史料自然难以成为确认茶的起源的证据。另外，据梁启超考证："此书殆与蔡邕、吴普、陶弘景诸人有甚深之关系，直至宋代然后规模大具。质言之，则此书殆经千年间许多人心力所集成，但其书不惟非出神农，即西汉以前人参预者尚极少，殆可断言也。"②《神农食经》今本不存，历代文献的记载也极为稀少，仅在《茶经》及个别的文献中有提及。按照梁启超的方法分析，该书即便曾经存在，也应为魏晋时著作。浙江树人大学副研究员关剑平在《传播学视野下的茶文化研究》中一针见血地指出："不是神农发现了茶，而是后人为神农发现了茶"，并对神农神话的社会心理基础做了深入分析。③ 茶的"神农起源说"不足为信。

陆羽说"闻于鲁周公"，鲁周公就是周公旦，周武王弟，以其曾祖太王所居周地为采邑，故称周公，又因封国于鲁，又称之为鲁周公。《史记·鲁周公世家》云："旦常辅翼武王，用事居多。武王九年，东伐至盟津，周公辅行。十一年，伐纣，至牧野，周公佐武王，作牧誓。破殷，入商宫。"④ 陆羽提出此说，但没有给出明确的注解。考《七之事》："周公《尔雅》：'槚，苦荼'"，这当是"闻于鲁周公"的例证。按此推论，陆羽应认为《尔雅》是周公之作。实际上，历代对《尔雅》的作者和成书年代都有不同的观点。代表性的有：三国魏张揖《上〈广雅〉表》中的西周成书说，作者为周公，此说流传最广。郑玄《驳五经异义》中的战国初期成书说，认为作者是孔子门人。战国末年成书说，近人何九盈、赵振铎持此论。欧阳修《诗本义》中的秦汉说，认为乃"学《诗》者纂集说《诗》博士解诂"，吕南公、郑樵、朱熹、姚际恒、崔述等也都持此说。西汉说，很多学者

---

① 周树斌：《九经"荼""茶"考略》，《中国农史》1991年第2期。
② （清）梁启超：《中国历史研究法》，上海古籍出版社1998年版，第92页。
③ 关剑平：《传播学视野下的茶文化研究》，中国农业出版社2009年版，第23—25页。
④ （汉）司马迁：《史记》卷33，清乾隆武英殿刻本。

明确指出《尔雅》为汉代儒生纂集而成,如叶梦得、朱熹、钱文子、康有为、罗常培、余嘉锡、胡朴安、王力等。①《四库全书总目提要》云:"其书在毛亨以后。大抵小学家缀辑旧文,递相增益。周公、孔子皆依托之词。"②现在一般认为《尔雅》初成于战国末、秦初,西汉时经过儒生的增补润色而最终成书。通过上面的分析,《尔雅》与周公没有任何关系,将茶与周鲁公联系在一起是没有任何依据的。③另外,"槚,苦荼"之语是起自战国末,还是秦代,抑或西汉,无从考证。从保守的观点看,此记载最晚出现在西汉。这反而成为茶在西汉出现的文献佐证。

用于说明秦代以前就有茶的文献记载还有,《周礼·地官》中关于"掌荼"的记载,《华阳国志·巴志》中关于巴国进贡茶的记载,《尚书·顾命》中关于"王三宿、三祭、三咤"的记载,以《诗经》等为代表的"九经"中关于"荼"的记载等。一些学者对这些文献资料未进行任何辨析,毫不怀疑地加以征引,用来呈现先秦时期茶叶的发展状况。④也有学者对《周礼》《晏子春秋》的作者和成书年代等问题提出质疑,但没有深入考究,得出"至少在战国时人们已知饮茶"⑤。也有一些学者对可能证明先秦有茶的文献特别是九经中的记载进行了逐一考辨,认为九经中"荼"的记载都不是茶,战国以前无茶。⑥其中,周树斌和陈椽就九经中的荼是否为茶的问题,进行了多轮

---

① 周祖谟:《〈尔雅〉之作者及成书年代之推断》,《大公报(文史周刊)》1946 年 11 月 17 日。
② (清)永瑢:《四库全书总目》卷 40,中华书局 2003 年版,第 339 页。
③ 敖歌:《中国茶道大师赏阅》,四川美术出版社 2009 年版;王勇:《鲁周公身上的中国茶道》,《茶博览》2010 年第 9 期。
④ 陈椽:《茶叶通史》,中国农业出版社 1984 年版。
⑤ 张泽咸:《汉唐时期的茶叶》,《文史》第 11 辑,中华书局 1981 年版,第 61 页。
⑥ 方健:《战国以前无茶考》,《中国农史》1998 年第 2 期;周树斌:《九经"茶""荼"考略》,《中国农史》1991 年第 2 期;素冰:《〈九经〉茶荼再考》,《中国茶叶》1991 年第 2 期。

争鸣。通观两人观点，周树斌先生立论持中，有理有据，更为接近客观事实，本文采信周先生的观点，认为先秦文献中的"荼"都不是茶。

顾炎武《日知录》卷7云："自秦人取蜀而后，始有茗饮之事。"从植物学和文献角度分析，以云南、贵州等为中心的西南地区是茶叶的起源之地，这是国内外学术界关于茶叶起源普遍接受的观点。蜀地是现知最早饮茶的地区，秦人征服蜀地后，把该地区的茶叶带往中原地区，从逻辑上讲是有一定道理的。但顾炎武之说并没有相关文献支撑，终归是一家之言。笔者从存世的文献资料和出土文物文献两个角度考证，西汉及以后始有茶之事。

西汉有关茶事的文献记载较多。司马相如《凡将篇》："乌啄桔梗芫华，款冬贝母木蘖蒌，芩草芍药桂漏芦，蜚廉雚菌荈诧，白敛白芷菖蒲，芒消莞椒茱萸。"此文中的"荈诧"一般被认为是茶叶，这里茶叶的用途为药用，还没有被用作饮料。

陆羽的《茶经》引扬雄《方言》"蜀西南人谓茶为蔎"。吴觉农《茶经述评》云："并不见于《方言》，而见于《方言注》，《方言注》为郭璞所做。"但实际上，遍查《方言》原文和郭璞的注释都没有这句话，不知吴先生从何得源？或许《方言》流传过程中把这句话漏掉了，而在陆羽《茶经》中保存下来。扬雄另有《蜀都赋》"百华投春，隆隐芬芳，蔓茗荧郁，翠紫青黄"。此处"茗"字是否为茶之义尚不敢断言，但却是较早使用"茗"字的文献记载。

《初学记》卷19载西汉王褒《僮约》，该文两处提到"荼"，即"脍鱼炰鳖，烹荼尽其铺已而"和"武阳买荼，杨氏池中担荷往来"[①]。此文写于公元前59年，一般认为这两处的"荼"字都应作"茶"解。[②]《汉书·地理志》中有"荼陵"之地，是西汉荼陵侯刘欣的属地

---

① （唐）徐坚：《初学记》卷19，清光绪孔氏三十三万卷堂本。
② 周文棠：《王褒〈僮约〉中"荼"非茶的考证》，《农业考古》1995年第4期。

之一,该地饮茶而得名。陆羽《茶经》载《图经》云:"茶陵者,所谓陵谷生茶茗焉。"

西汉出土文物和文献也可证明西汉已有茶事。1979年,周世荣撰文指出长沙马王堆西汉墓的1号墓(墓葬时间为公元前160年)和3号墓(公元前165年)竹简"遣册"都有"梢一笥"的简文。周世荣及吴觉农都认为梢是"槚"的异体字,意指"茶一箱",进而说明汉初湖南地区已经有了茶叶的生产和饮茶风俗。[①] 文物的发掘与出土,为西汉即有茶叶的史实提供了必要的实证基础。

《华阳国志》(以下《华阳国志》引文皆出自该本)是一部专门记述4世纪以前中国西南地区地方历史、地理、人物等内容的地方志著作,东晋常璩撰,其中有多处与茶叶相关的记载。《巴志》:"其地东至鱼复,西至僰道,北接汉中,南极黔涪。土植五谷,牲具六畜,桑蚕、麻苎、鱼盐、铜铁、丹漆、茶蜜、灵龟、巨犀、山鸡、白雉、黄润、鲜粉,皆纳贡之。"[②] 该段文字虽不能直接证明周代巴地便已经产茶,但却是汉代有茶的实证。[③] 另外,《华阳国志》中与茶有关的记载还有5处:"树有荔支,蔓有辛蒟,园有芳蒻、香茗,给客橙葵","涪陵郡,巴之南鄙,从枳南入,溯舟涪水……无蚕桑,少文学,惟出茶、丹、漆、蜜、蜡","什邡县,山出好茶","平夷县,郡治,有珧津、安乐水,山出茶、蜜","南安、武阳皆出名茶"。根据巴国疆域地界四至鱼复、僰道、汉中、黔涪,多是秦汉时代所置,据此我们可以判断巴地位于今贵州、湖北、陕西、四川交界之处。涪陵郡为三国时期蜀汉所置,前身为东汉末年的巴东属国及蜀汉初年的涪陵属国。什邡县为公元前秦朝时期所设,地处四川腹心地带成都平原。平

---

① 周世荣:《关于长沙马王堆汉墓中简文——梢(槚)的考订》,《茶叶通讯》1979年第3期。
② (晋)常璩:《华阳国志》,四部丛刊景明抄本。
③ 方健:《战国以前无茶考》,《中国农史》1998年第2期。

夷，汉武帝时设置，位于今贵州毕节市，也有今云南富源县之说。武阳为今四川彭山县，南安为今四川乐山市。《华阳国志》的记载可以明确说明，汉代以四川中心的西南地区茶叶的生产种植已经形成一定规模。

（原载《中国矿业大学学报（社会科学版）》2013年第1期）

唐代茶叶及茶文化域外传播考

中国是茶的故乡，茶文化的摇篮，茶叶及茶文化是中华民族对人类文化最重要的贡献之一。茶从中国向世界各地传播，逐渐被各民族接受并成为普遍嗜好，这个过程经历了近1500年。有确切的文献可以证明，茶叶及茶文化向域外传播始自唐代。

一、唐代茶叶外传路线

唐代中国与周边各国的交往极为密切，《新唐书·地理志》云："唐置羁縻诸州，皆傍塞外，或寓名于夷落。而四夷之与中国通者，甚众。"[1] 茶叶是中外交往中必不可少的物品，敦煌文献《茶酒论》将当时茶叶的贸易繁荣景象描述为"万国来求"[2]。贞元年间（785—805），贾耽所著《皇华四达记》记载了中外交往的路线："一曰营州入安东道；二曰登州海行入高丽渤海道；三曰夏州塞外通大同云中道；四曰中受降城入回鹘道；五曰安西入西域道；六曰安南通天竺

---

[1] 《新唐书》，中华书局1975年版，第1143页。
[2] 郝春文：《英藏敦煌社会历史文献释录》第2卷，社会科学文献出版社2003年版，第193页。

道；七曰广州通海夷道。"① 这七道可以归并为四路：第一路，安东道和高丽渤海道可进入朝鲜半岛，并可进一步延伸至日本，这是唐朝国际交往的东线；第二路，安西入西域道，就是陆上丝绸之路，这是唐朝国际交往的西线；第三路，以广州为支点，通过海路到达东南亚、天竺，通过波斯湾，以幼发拉底河的"乌剌国"为终点，另有以安南为支点，通过海路到达天竺，这条线路也被称为"海上丝绸之路"，这是唐朝国际交往的南线；第四路，大同云中道、回鹘道是唐朝与回鹘、突厥等边疆塞外少数民族的交往线路。前三条路线是唐朝与域外各国交往的路线，中国的茶文化正是沿着这些线路传向世界各地的。茶文化传播的南线和西线我们介绍茶向越南、天竺和阿拉伯地区的传播，茶叶传播的东线我们重点探讨向朝鲜和日本的传播。

二、茶叶向东南亚和西亚的传播

秦汉时期，越南已纳入中国版图。唐朝时期，中国政府直接管辖越南，武德五年（622）设交州总管府，武德七年（624）改称交州都督府，调露元年（679）置安南都护府，至德二年（757）改称镇南都护府，大历三年（768）复为安南都护府。终唐一朝，越南处在中国直接而有效的管辖之下，与藩属国朝鲜、隔海相望的邻国日本有根本性的不同。台湾学者萧丽华考证，安南入唐僧人有名字可查的有 36 人。② 安南人与中土名士的交往也颇为频繁，"唐时，越僧无碍上人、奉定法师、惟鉴法师等均精汉学，尝往中国长安与名士王维、

---

① 《新唐书》，中华书局 1975 年版，第 1143 页。
② 萧丽华：《唐朝僧侣往来安南的传法活动之研究》，《中正大学中文学术年刊》2011 年第 17 期。

贾岛、张籍交游,诗文唱酬颇多"①。中唐诗人张籍曾作《山中赠日南僧》:"毵石新开井,穿林自种茶。时逢南海客,蛮语问谁家。"②来唐求法学佛的南海僧人在山中种植茶树,这说明彼时安南人已经接触到茶,并有将茶带回安南的可能。

《膳夫经手录》中的一段文字记载,直接证明唐代安南已经有茶叶的销售与消费:"衡州衡山团饼而巨串……虽远自交趾之人,亦常食之,功亦不细。"③衡州茶产于湖南,陆羽《茶经》有四次提到衡州茶。交趾便是越南,"常食之"说明唐朝中晚期,茶在越南已是较寻常的饮品了。以安南为中心,中国茶文化还继续向外传播,除了贾耽所提到的安南通天竺道,《新唐书·地理志》还提到由骥州通向中南半岛诸国的通道。越南因其地理的特殊性,成为中国茶叶输出的重要中转地。

唐代中国和印度半岛的交流也很频繁。特别是随着佛教在中国盛行,玄奘、义净、慧日等高僧西行求法,波罗颇、迦罗密多罗、阿地瞿多等印度高僧来华弘扬佛法,印度大量的典籍传入中国。同时,两国之间物品的交流也很多,吴枫、陈伯岩的《隋唐五代史》称:"唐代丝、茶、瓷及其他土特产品不断输入天竺,并成为帝国对外贸易的主要对象之一。"④天竺僧入唐后,经常会接触到茶。德宗贞元八年(792),天竺密宗高僧释智慧奉诏入西明寺任译经师,唐德宗曾赐茶以示恩宠。

中国的茶叶在唐代也传播到了波斯、阿拉伯等西亚地区。自6世纪以来,中国便与波斯保持着良好的关系。中国同中亚大食(阿拉伯)于高宗永徽二年(651)正式建立邦交关系,自建交之年到德宗

---

① 郭廷以:《中越文化论集》,中华文化出版事业委员会1956年版,第159—179页。
② 《全唐诗》卷384,康熙扬州诗局刊本。
③ (唐)杨晔:《膳夫经手录》,清初毛氏汲古阁钞本。
④ 吴枫、陈伯岩:《隋唐五代史》,人民出版社1958年版,第120页。

贞元十四年（798），该国先后遣使来华36次，大唐的很多都市都有波斯人在做生意。公元851年，阿拉伯人穆根来（Sulaymān）来到中国广州，他在游记中提到了茶叶："国王本人的主要收入是全国的盐税以及泡开水喝的一种干草税。在各个城市里，这种干草叶售价都很高，中国人称这种草叶叫'茶'（Sakh）。此种干草叶比苜蓿的叶子还多，也略比它香，稍有苦味，用开水冲喝，治百病。"[①] 穆根来到中国之前应该没有接触过茶，在他的眼中茶及唐人饮茶的嗜好都充满了陌生的新奇感。尽管如此，茶还是通过海上丝绸之路源源不断地向西亚输出。1998年，德国海底寻宝者在印尼苏门答腊岛附近打捞发现"黑石号"沉船。据考证，这艘船826年左右从中国驶往阿拉伯。在众多的唐朝文物中有一小碗，上面写有"茶盏子"三个字[②]，这是茶在唐代已向西亚地区传播的有力物证。

三、茶叶及茶文化向东亚的传播

（一）茶向朝鲜的传播

从地缘上看，朝鲜半岛与中国接壤，通过陆路便可通达。从汉代起，中朝在政治、经济、文化等多个领域便交往频繁，这种交通往来"对于朝鲜半岛国家的形成有着某种催化作用"[③]。进入唐代后，中朝之间的往来更为密切，从武则天长安三年（703）到昭宗乾宁四年（897）的近200年间，朝鲜曾向唐派遣使团89次。与此同时，唐代的风俗、饮食等在朝鲜半岛广为传播，茶作为重要的饮品同样流入了朝鲜半岛。

---

① 穆根来：《中国印度见闻录》，中华书局1983年版，第17页。
② 杜文：《永恒的黑石号》，《收藏》2012年第2期。
③ 白云翔：《汉代中国与朝鲜半岛关系的考古学观察》，《北方文物》2001年第4期。

《三国史记》载大武神王九年（26），孙无恤吞并盖马国，杀其王，收其地为郡县。邻近的句茶国王闻盖马国王被杀"举国来降"。"句茶国"中出现了"茶"字，但笔者推断这可能是金富轼在写作《三国史记》时，用汉字"茶"表朝鲜语之发音。西汉时，中国关于茶的文献记载尚颇为罕见，此时茶叶当不会传入朝鲜半岛。从公元 7 世纪起，茶已在朝鲜半岛三国时代的文献和碑刻中有所体现。金立之《崇严山圣住寺事迹碑铭》中有"茶香"字样，收藏于韩国东国大学《崇严山圣住寺碑片》有"茶香手"字样。[①]高丽时代，一然《三国遗事》收录金良鉴撰《驾洛国记》："每岁时酿醪醴，设以饼、饭、茶、果、庶羞等奠，年年不坠。"[②]文中记载的是新罗文武王即位之年（661），首露王庙合祀于新罗宗庙，祭祖时所遵行的礼仪。从上下文我们可以推断，茶在此处当为饮品。这是 7 世纪中后期，朝鲜半岛已有饮茶的史实。

《三国遗事》中的记载并非孤证。《三国史记》载有薛聪的《花王戒》："又有一丈夫，布衣韦带，戴白持杖，龙钟而步伛偻而来曰：仆在京城之外，居大道之旁，下临苍茫之野景，上倚嵯峨之山色，其名曰白头翁。窃谓左右供给虽足，膏粱以充肠，茶酒以清神，巾衍储藏，须有良药以补气，恶石以蠲毒。"[③]薛聪生活在 7 世纪中后期到 8 世纪初，白头翁"茶酒以清神"之句，可推断在薛聪所生活的时代，人们已经认识到茶有振奋精神的作用。白头翁衣着为"布衣韦带"，这是未仕或隐居贫贱之士的粗陋服装，白头翁的生活环境是一个交通便利却又人烟稀少的地区。7 世纪末在朝鲜相对偏远的地区，一般的贫寒士子之间，茶应该已是较为寻常的日常饮品了。

---

① 释云龙：《茶名的考察》，载《茶的历史与文化：90 杭州国际茶文化研讨会论文选》，浙江摄影出版社 1991 年版，第 9 页。
② 一然：《三国遗事》，吉林文史出版社 2003 年版，第 102 页。
③ 〔高丽〕金富轼：《三国史记》，朝鲜史学会昭和二年（1927），第 467 页。

《三国史记》兴德王二年记载:"冬十二月……入唐回使大廉,持茶种子来,王使植地理山。茶自善德王时有之,至于此盛焉。"① 善德王在位时期为唐初,该时期茶便已经在朝鲜开始传播了。兴德王二年是唐大和元年(827),在茶文化在朝鲜半岛传播了200余年后,朝鲜人已经将茶作为重要的饮品。遣唐使大廉在9世纪初将茶种带回国内,朝鲜半岛开始栽培与种植茶叶,朝鲜的茶文化进入了新的历史发展阶段。

茶也是佛教供养佛祖的至要之物。景德王(742—765)每年春天置茶会,以茶赐臣民。《三国遗事》卷2载有僧人忠谈向国王献茶的记录:"三月三日王御归正门楼上……僧曰:'每重三重九之日,烹茶飨南山三花岭弥勒世尊,今兹既献而还矣!'王曰:'寡人亦一瓯茶有分乎?'僧乃煎茶献之,茶之气味异常,瓯中异香郁烈。"② 这则故事发生在景德王二十四年(765)三月三日,忠谈肩背"樱筒",樱筒可容纳不少茶具,方便携带,可随处煮饮。忠谈在每年的重三与重九之日,向南山三花岭弥勒佛祖供奉茶水。以茶礼佛是唐代佛教的习俗,唐代以茶献佛的风俗在朝鲜半岛也得到传播。忠谈以茶供佛、以茶献王,这是朝鲜半岛茶礼习俗的初步萌芽。景德王是一位喜欢饮茶的国王,他还以茶赐人。景德王十九年(760)四月,景德王请高僧月明师作散花功德,他赐茶以示嘉奖:"王嘉之,赐品茶一袭,水精念珠百八个。"③

新罗茶文化的发展离不开遣唐使、留学生、僧人等,他们在中国与茶有着广泛的接触。新罗国王子金乔觉(696—794),又名金地藏,在九华山择地栽茶,"金地茶,梗空如筱,相传金地藏携来种"④,

---

① 〔高丽〕金富轼:《三国史记》,朝鲜史学会昭和二年(1927),第121页。
② 一然:《三国遗事》,吉林文史出版社2003年版,第72页。
③ 同上书,第192页。
④ 印光大师:《九华山志》卷8《志物产》,民国二十七年(1938)排印本。

《全唐诗》收录了其茶诗《送童子下山》。圆仁《入唐求法巡礼行记》提到众多新罗人,其中有名有姓的新罗人近 50 人。① 新罗人与唐人杂居,他们熟悉唐代茶及饮茶习俗。在唐代生活的新罗代表人物李元佐于 843—845 年与圆仁多有往来,李元佐曾送圆仁"路绢二疋、蒙顶茶二斤、团茶一串、钱两贯文,付前路书状两封"②。新罗来华著名文士崔致远与茶同样密切,他为创建双溪寺的真鉴国师(755—850)撰写之碑文中写道:"复有以汉茗为者,则以新爨石釜,不为屑而煮之。"③ 崔致远茶诗《谢新茶状》:"所宜烹绿乳于金鼎,泛香膏于玉瓯。"④ 两者描写的都是唐代盛行的煎茶法。崔致远生活在唐僖宗时期,正是煎茶法大行其道的时期,他应是相当熟悉的。

综上所述,唐初茶文化已经向朝鲜半岛传播,7 世纪末,茶在朝鲜半岛已较为普遍。新罗人入唐把唐代文化制度带回新罗的同时,也把茶叶及茶文化带回了新罗。这一方面在朝鲜半岛传播了唐朝先进的饮茶文化,另一方面又提升了该地茶文化发展的层次与水平。9 世纪后,新罗人已不满足于从中国输入茶叶,他们开始尝试种茶、制茶,在饮茶方法上仿效煎茶法,努力提高本国的茶文化层次与内涵。茶被用来祭祀先祖、接待宾客、日常饮用、赏赐群臣、供奉佛祖,用途极为广泛。由于地理上的便利,朝鲜茶文化的发展、演进与唐代茶文化的发展几乎是同步的,是接受程度较高的国家。

(二)茶向日本的传播

美国学者威廉·乌克斯认为茶叶传入日本当在圣德太子时代

---

① 牛致功:《圆仁目睹的新罗人》,载《唐文化研究论文集》,上海人民出版社 1994 年版,第 544—545 页。
② 〔日〕圆仁:《入唐求法巡礼行记》,上海古籍出版社 1986 年版,第 186 页。
③ (清)陆心源:《唐文拾遗》卷 44《崔致远》,清光绪刻本。
④ (唐)崔致远:《桂苑笔耕集》卷 18,《四部丛刊》本。

(593年左右)①,但他并未列明佐证史料。日本大化改新之后,中日之间的交流更为频繁。从贞观四年(630)到乾宁元年(894)的260余年间,日本共遣使15次。他们全方位学习唐代文化,如饮食服饰、雕刻建筑、音乐美术、社会习俗、典章制度、释道儒学等。中国的茶叶及茶文化也随着这股汹涌的文化交流大潮,源源不断地向日本输出。

奈良时代(588—780年)日本文献中关于茶的记载极其少见,最早的地方志《风土记》、最早的汉诗集《怀风藻》、第一部和歌集《万叶集》没有相关记录。仅在日本现存最早官修史书《古事记》中有两处记载,一是仁德天皇(313—399年在位)时代《志都歌》,二是雄略天皇(456—479年在位)时代之歌。文中提到茶山、茶树、茶花等。《古事记》所载多神话传说,只能从侧面反映其成书年代,即8世纪初日本茶叶传播的某些踪迹。

日本正史中关于茶的文献记载见于840年成书的《日本后纪》。嵯峨天皇弘仁六年(815)4月,"大僧都永忠,手自煎茶奉御。施御被,即御船泛湖"。崇福寺大僧都永忠,亲手煮茶进献,天皇龙颜大悦,赐之以御冠。这段文字向我们透露了几个信息:嵯峨天皇应该已经接触过茶;茶已经被当作饮料使用;茶是贵重的物品,用来接待贵宾;都永忠所煮之茶味道不错,深得天皇赞许。同年六月,嵯峨天皇"令畿内并近江、丹波、播磨等国植茶,每年献之"②。这些茶作为贡品进献朝廷,他还把皇宫内的东北隅辟为茶园。

平安时代前期(794—930年),茶文化在日本的传播进入新的发展阶段,人们开始种茶、制茶、饮茶、咏茶,茶文化之风大盛。该时期的传播主要是通过僧侣来实现的,皇室成员则起到了推波助澜的作用。最澄(767—822年)于804年来到浙江天台山,向道邃、

---

① 〔美〕威廉·乌克斯:《茶叶全书》,侬佳等译,东方出版社2011年版,第11页。
② 〔日〕藤原良房、春澄善绳:《日本后纪》卷24《嵯峨纪七》,吉川弘文馆1966年版。

行满等禅师学习天台宗教义。在佛陇寺庙时，曾任智者塔院的"茶头"。805年初春，最澄归国时，友人举办了一场茶会①。在天台山茶风的熏染下，最澄对唐代茶文化有深入认识。最澄致力于茶文化在日本贵族阶层及僧侣阶层的传播。嵯峨天皇与最澄的唱和诗歌《答澄公奉献诗》："羽客亲讲席，山精供茶杯。"②嵯峨天皇在诗中提到陆羽，日本贵族阶层已经了解唐代茶文化发展的情况。

弘法大师空海（774—835年）是日本另一位重要的茶人。他与最澄同年来华，据《弘法大师年谱》记载"大师入唐回国的时候，把茶带回来，奉献给嵯峨天皇"③。815年，嵯峨天皇临朝时，空海上书《献梵字及杂文表》云："观练余暇，时学印度之文，茶汤坐来，乍阅震旦之书。"《高野杂笔集》提到茶在他生活中不可或缺的地位："思渴之次，忽惠珍茗，香味俱美，每啜除疾。"他在一首诗歌的序文中云："曲根为褥，松柏为膳，茶汤一碗，逍遥也足。"从这些文献中我们可看出，空海不仅看重茶的具体功用，更注重茶所带来的清净自由之境界及审美感受。空海不仅喝茶、诵经，他还经常写诗作文，与一些皇族、诗人酬唱应和，其中不少与茶有关。嵯峨天皇曾作七言诗《与海公饮茶送归山》："道俗相分经数年，今秋晤语亦良缘。香茶酌罢日云暮，稽首伤离望云烟。"④仲雄王拜会空海诗作《谒海上人》描写唐代煎茶之法："石泉洗钵童，炉炭煎茶孺。"⑤学者、诗人小野岑守与空海唱和诗作《归休独卧，寄高雄寺空海上人》："野院醉茗茶，溪香饱兰宦。"⑥空海给兴元寺护命僧正80岁的贺寿诗序言中描绘了与知己相聚，设茶汤之会的情景："聊与二三子，设茶汤之淡会，期醒

---

① （唐）吴顗：《送最澄上人还日本国诗序》，载《唐文续拾》卷5，清光绪刻本。
② 〔日〕藤原冬嗣：《文华秀丽集》卷中，温故学会昭和五十五年（1980），第71首。
③ 〔日〕得仁：《弘法大师年谱》，高野山寿门主天保十一年（1840）。
④ 〔日〕良岑安世：《经国集》卷10，温故学会昭和五十五年（1980），第33首。
⑤ 〔日〕小野岑守：《凌云集》，温故学会昭和五十五年（1980），第35首。
⑥ 〔日〕小野岑守：《暮秋贺元兴僧正大德八十诗并序》，载《经国集》卷10，第56首。

酬之淳集。"空海对茶的种植、唐代茶文化在日本的传播、高僧文人之间的茶诗唱和等方面起到了重要作用，故被称之为日本"茶祖"。

嵯峨天皇在位的弘仁年间（810—824年），崇尚唐代的文化与艺术。他推进新文化政策，中国文化在日本备受推崇。这段时间是日本茶文化发展黄金期，日本开始种茶、制茶、品茶，以嵯峨天皇为中心，最澄、空海、都永忠等僧侣为骨干力量的茶人群体推动了日本茶文化的传播，饮茶之风盛行，学界称之为"弘仁茶风"。此时诞生的三部敕撰汉诗集《凌云集》《经国集》《文华秀丽集》中，出现了多首茶诗，反映了当时饮茶之风盛行的情况。《经国集》卷14有惟氏的《和出云巨太守茶歌》："山中茗，早春枝，萌芽采撷为茶时。山傍老，爱写宝，独对金炉炙令燥。空林下，清流水，纱中漉仍银鎗子。兽炭须臾炎气盛，盆浮沸浪花。起巩县垸闽家盘，吴盐和味味更美。"① 这首诗前半部分描写日本饮茶之法，跟陆羽《茶经》描写极为相似，甚至可以说是对陆羽《茶经》的煎茶之道的诗化再现。

814年四月，嵯峨天皇及其继任者淳和天皇、《经国集》主编滋野贞主及众大臣在左大将军藤原冬嗣（775—826年）的闲居院举办一次茶会，众人多以茶赋诗。嵯峨天皇赋诗《夏日左大将军藤原冬嗣闲居院》："吟诗不厌捣香茗，乘兴偏宜听雅弹。"② 淳和天皇则赋诗《夏日大将军藤原朝臣闲院纳凉探得闲字应制》："避暑追风长松下，提琴捣茗老梧间。"③ 两诗有"捣香茗""捣茗"之语，这说明当时日本的茶是饼茶。诗中还言"提琴""雅弹"，说明当时的茗饮是和音乐等高雅的艺术活动相结合的。饮茶、弹琴能够消除人的烦闷，给人以美好的精神享受，让人日落西山却浑然不觉。嵯峨天皇《秋日皇太

---

① 《经国集》卷10，第212首。
② 《凌云集》，第33首。
③ 《文华秀丽集》卷上，第10首。

弟池亭赋天字》五言诗:"萧然幽兴处,院里满茶烟。"[1] 滋野贞主也作一首诗《夏日陪幸左大将藤原冬嗣闲居院,应制》:"酌茗药室经行人,横琴玳席倚岩居。"[2] 这些汉诗从文句到立意都深受唐诗影响。天皇、大臣、文人等共聚、品茗、作诗,举办盛大的茶会,这在唐代也不多见。

824年,嵯峨天皇退位,弘仁茶风暂告一段落。茶文化在日本的传播并没有止歇,茶作为一种高雅的文化风尚仍然在日本上层贵族和文人雅士之间传播。岛田忠臣(823—891年)的《田氏家集》(843年)中的《乞滋十三摘茶》[3] 描绘了采茶的情形。岛田忠臣的女婿菅原道真(845—903年)的《菅家文草》(900年)及《菅家后集》(903年)中也有很多与茶相关的内容。菅原道真的茶诗中寄予愤懑、焦虑、孤寂等多愁善感的文人气息及高雅脱俗的情怀。《八月十五日夜,思旧有感》:"菅家故事世人知,翫月今为忌月期。茗叶香汤免饮酒,莲华妙法换吟诗。"[4]《假中书怀诗》:"一叹肠回转,再叹泪滂沱。东方明未睡,闷饮一杯茶。"[5] 晚年他被贬谪九州岛,一场大雨让他倍感人生的凄凉,"农夫喜有余,迁客甚烦懑。烦懑结胸肠,起饮茶一盏"[6]。菅原道真以旅馆屏风所画"松下道士"为题作诗六首,其中《饮茶》一诗写道:"野厨无酒,岩客有茶。尘尾之下,遂不言家。"[7] 他是借用画中道士的饮茶行为来标榜自己清雅超群。菅原道真的茶诗取向体现了新的价值:一是以茶浇愁,既给茶诗带来了新向度,又与唐代的茶诗文脉相通,但这样的文风并未成为日本茶文化的主流;二是茶与酒在其生活中都占据着重要地位,二者相较,他更倾向于茶,这是日本茶文化深入发展的标志。

---

[1]《凌云集》,第8首。
[2] 同上书,第84首。
[3]〔日〕岛田忠臣:《田氏家集》下册,温故学会昭和五十五年(1980),第203首。
[4]〔日〕菅原道真:《菅家文草》卷4,勉诚出版2008年版,第298首。
[5] 同上书,卷5,第360首。
[6]〔日〕菅原道真:《菅家后集》卷13,大森太右卫门1687年版,第500首。
[7]《菅家文草》卷7,第523首。

唐昭宗乾宁元年（894），新任遣唐使菅原道真引用在唐学问僧中灌的报告上奏天皇，以"大唐雕敝""国乱""多阻于兵""不得达"等为由，建议停止派遣遣唐使。宇多天皇接受了这一建议，永久停止派遣遣唐使，"五代及宋国交，彼此皆绝"[①]。唐末五代时期，中国动乱不断，日本趋向于闭关锁国，致力于本土文化的发展，和魂意识日益崛起，富有本民族特色的"国风文化"成为新的风潮。在内外双重作用下，中日茶文化的交流暂时中断了，日本茶文化进入了较为缓慢的发展期。

四、唐代茶叶及茶文化域外传播的特点

唐代是中国茶文化的重要发展阶段，也是茶叶及茶文化向周边国家和地区传播的重要时期。这一时期茶文化对外传播主要呈现以下几个特点：

第一，该时期茶叶传播是一种文化意义上的沟通与交流，而非商品贸易活动。茶文化的对外传播不仅仅是茶叶这一消费品的外输，更是与茶有关的文化生活方式与审美情趣的输出。无论是寺院僧侣之间的交流，官方的赏赐赠予，还是民间的互动，处处都流淌着浓厚的友情。进入宋代以后，南方的一些港口开始茶叶的商贸活动。明清时期，中国茶叶通过海路或者陆路向世界各地大宗出口，这与唐代茶文化形态传播是截然不同的。

第二，在中心—边缘的地缘政治秩序格局中，茶从"文化高地"流向"文化洼地"。唐代，中国位于世界文化的中心，有着大量物质和精神的财富，占据着文化的制高点，周边的部族和国家都在主动而

---

① 黄鸿寿编：《清史纪事本末》卷53《日本订约》，民国三年（1914）石印本。

心悦诚服地汲取唐文化的营养,"在中国历史上,文化之花最为盛开、最为灿烂夺目的唐代文化,犹如高处向低处流淌的水流,流向周围的各个国家"[1]。茶文化是唐代文化制度输出的具体形态。同时,这些与中国相邻的、位于第一圈层的国家又把茶文化向更远圈层传播,"以中心区为核心、周边地区为外围的'文明'或'地缘文明'的规模都扩大了"[2],茶文化就是在这种文化运动模式下从中国走向全世界的。

第三,更注重精神与审美内涵,而非物质享受。韩、日、越等国家的一些僧侣、留学生、官员在中国生活的时间很久,有的长达几十年甚至终老中土。他们学习唐人对茶的品鉴方式以及从中获取的审美感受,也将茶文化的精神内核带回了本国。他们品茗,欣赏那红红的炭火,曼妙的茶烟,翻腾的鱼目,沁人的茶香。他们身处竹林,吟诗作对,弹琴吹笙,侃侃而谈。他们爱茶,爱茶的一切,茶是他们的礼,茶是他们的道。

第四,僧侣在茶文化的传播中起到了至关重要的作用。梅维恒在《茶的真实历史》中认为茶的广泛被接受与佛教的传播有关。[3] 学习、弘扬、光大佛法是他们来华的原动力,但他们发现茶在佛家生活中是不可或缺的一环,茶可以驱睡少眠,茶可以清心净性,茶可以帮助参悟佛理,于是茶也成了他们的不二之选。归国后,他们饮茶的习惯保留了下来,并尝试自己种植制作茶叶,于是以寺院为中心,茶及茶文化向上层和底层两个方向传播开来。

(原载《武汉大学学报(人文科学版)》2013 年第 3 期)

---

[1] 〔日〕熊仓功夫:《论茶之东渡日本》,《农业考古》1991 年第 2 期。
[2] 阮炜:《文明运动中的边缘与中心》,载 http://www.aisixiang.com/data/32515.html,2010-03-23。
[3] Victor H. Mair, Erling Hoh, *The True History of Tea*, London: Thames & Hudson Ltd., 2009.

巍巍楚学　精华毕集
——《世纪楚学》丛书评介

2010年度国家出版基金资助的《世纪楚学》丛书，近日由湖北教育出版社出版。该丛书共12册，由湖北省社会科学院副院长、著名楚学研究专家刘玉堂教授主编，并协同陈伟、杨华等楚学研究专家分别撰写，历时数年，分别从楚国的礼仪、法律、思想与学术、封君、历史地理、水利、交通、楚器名物、饮食与服饰、楚简册、铜器与竹简文字及农业与社会12个方面深入分析，引证析疑，具有极高的学术价值，值得推荐给学界共赏。

该丛书是对近20年来楚学研究的全面总结，也是继20世纪90年代《楚学文库》丛书出版后有关楚学研究的集大成者。而从20世纪八九十年代开始，特别是进入21世纪后，随着荆门郭店楚简、荆州熊家大冢、枣阳九连墩大墓、沙洋严仓大墓、河南新蔡葛陵楚墓以及南水北调文物保护工程郧县辽瓦店子遗址等一大批楚文化考古新发现的面世和新材料的公布，楚学研究又迎来了一个新的繁荣期。学术界对楚文化的研究站在了更高、更新的起点上，研究领域在逐步拓展，观念方法不断更新，深度和广度上均有长足的进步，也因此形成了一大批新的学术成果。在这种学术背景下，集合楚学研究精英撰写的大型楚学研究系列丛书《世纪楚学》，既是对《楚学文库》的丰富和完善，又是对《楚学文库》的拓展与推进，全方位地向学术界呈现了楚学研究的最新成果。

丛书共12部，从内容上看可分为三大类，第一类是对楚国社会制度与思想风俗的研究，第二类是对楚国疆土地理的研究，第三类是对楚国出土文献的研究。

楚国社会制度与思想风俗研究方面。杨华等所著《楚国礼仪制度研究》按照传统礼学的方法，分冠礼、婚礼、丧礼、祭礼、宾礼、军礼、燕飨礼等七个方面，将楚地礼制分门别类地进行考察，而不是笼统视之，且特别注意将楚人的礼制行为与中原地区进行对比。在复原楚人的礼制活动时，格外重视出土文献和考古实物的礼制信息，是杨华先生关于礼制研究的一部全新力作。陈绍辉所著《楚国法律制度研究》一书，运用现代法学研究理念，从法制概况、刑事法、经济法、民事法、婚姻法、司法制度等六个方面，结合多种传世和出土文献，对楚国的法律制度进行了细致的分析，是第一部楚国法律史专书。程涛平先生所著的《楚国农业及社会研究》集中探讨了楚地农业发展的自然环境、耕作传统、生产工具的进步、土地的开发及利用、粮食作物、农业科技、农作物产量的测定、农业劳动者阶层等内容，涵盖了农业生产、劳动者、社会发展等三大方面，不仅是农业史研究的专著，更是社会史研究的力作，学术意义重大。姚伟钧与张志云合著的《楚国饮食与服饰研究》首先对楚国饮食文化进行了较为全面的探讨，揭示了饮食文化的地域传承关系，展示了楚国饮食文化的起源与发展过程，接着利用考古材料，对楚墓所出丝织品的实物及其种类、楚国纺织业的技术与工艺进行了深入研究，深化了学术界对先秦服饰史的认知与理解。徐文武所著的《楚国思想与学术研究》将道家、儒家、墨家、法家、兵家思想，以及宗教思想、史官文化等综合地放入楚文化的大背景下进行探讨，分析它们在南方楚地的发展状况，对研究先秦以降整个南方地区的思想流变，都颇有启发意义。黄凤春与黄婧合著的《楚器名物研究》指出楚文化虽然是在糅合中原文化的末流和楚蛮文化的余绪之上发展而来,但西周晚期之后却脱颖而出,在各个方面都形成了自身的特色,是长江流域古区域文明的瑰宝,并分服饰、佩饰、饮食、车马、出行、建筑、礼俗、楚器考论诸篇加以考论,很大程度上复原了楚人的生活用器和各种礼俗,是一部新意层出、给人以耳目一新之感的论著。

楚国疆土地理研究方面。刘玉堂与袁纯富合著的《楚国交通研究》从水陆路交通路线、关隘、津梁、港口、车船等交通运输工具方面,全面地分析了商周时期,特别是东周时期楚国交通网络与交通工具的发展状况,是第一部系统研究楚国交通的专书,填补了学界的研究空白。楚地多水,今之两湖是中国淡水湖最为集中的地区,水利建设对楚人来说是关乎兴旺富足的大事,但学界在这方面一直未见有全面的论述,二位先生因此又合著《楚国水利研究》一书,十分引人瞩目。左鹏所著的《楚国历史地理研究》指出地理环境是塑造楚人习性的重要因素,此书总括楚国历史地理之全貌,将楚国的自然地理、政治地理、军事地理、农业地理诸方面与楚文化的特征结合起来,是一部独辟蹊径的特色著作。郑威所著的《楚国封君研究》是第一部系统分析楚国封君的著作,提出了许多富有意义的新见,如认为封君制的兴起当与楚昭王、惠王时期力求"改纪其政"、控制县大夫权力过重的历史背景密切相关;认为以吴起变法为界,此前的封邑普遍较大,封君享有较多的权力;此后的封邑规模较小,行政、司法上受到中央节制等,是一部新见迭出的楚学专著。

楚国出土文献的研究方面。出土文献一直是史学界研究的热点、重点和难点,其中尤以楚简的研究最受人关注。陈伟所著的《楚简册概论》集合 20 年来楚简研究之心得,首先总结了楚简的发现与研究、整理与解读,接着着重探讨了简册所见楚国的中央与地方、楚人的身份名籍与土地制度、司法制度、卜筮与祷祠、丧葬记录、楚地典籍等多个方面,是关于楚地简册研究的最前沿成果。李天虹所著的《楚国铜器与竹简文字研究》突出楚文字研究在当今战国文字研究中的主导地位,及在整个古文字研究中所起到的重要作用,是关于楚系文字系统化研究最新的一部力作。

通览整套丛书,功底深厚,成果丰硕,特色鲜明,有以下几个方面的突出特点。

其一,丛书架构合理,中心突出,内容丰富。丛书力图建构起一套完整的、能够反映当今楚学发展的架构和体系,因此,除了确立以楚学研究为中心外,每一本专著又选定一到两个研究方向,在进行精深的专项研究的同时,又没有脱离楚学研究这个大的中心,既突出了丛书的主题和研究特色,又做到了内容上的蔚为大观,游而不离,相辅相成,从结构上来讲是一套非常成功的丛书。研究专题中,既有社会、制度、思想、风俗等较为传统的议题,也包括了简册、文字、出土文献、封君等较新的内容,各部分内容都围绕楚国、楚人展开,既各具特色,又互为补充,枝附叶连。

其二,大家云集,功底深厚,分析透彻,紧贴学术前沿。丛书的各位作者在各自的研究领域都已浸淫多年,建树丰厚,各本专著是他们数十年研究之功力的集中体现,可以说是功底深厚、精华毕集。丛书主编刘玉堂得楚学研究的前辈大家张正明先生之真传,长期从事楚国历史文化研究,著述丰厚,且多次担任长江流域、荆楚地区大型文化丛书的主编,对楚国社会性质、制度文化等问题的探索尤为精深,一直深受学界推崇。丛书作者陈伟、袁纯富、姚伟钧、程涛平、黄凤春、杨华、李天虹等来自各大高校和科研院所,在楚国简牍、地理、饮食、农业、考古、礼制、文字等领域耕耘数十年,分执各领域之牛耳。大家的云集成就了丛书的高质量,仔细品阅每一本著作,都能看出作者深厚的楚学研究功底。难能可贵的是,各书不仅对各自领域进行了全面总结,更对学术前沿进行了新的开拓。如陈伟在数十年积累的基础上,将最新的简牍研究成果不断补入,李天虹将刚刚公布的清华简和未刊布的 15 种楚简纳入研究范围等，均大大开拓了各自领域的研究前沿。

其三，丛书集史料、考证、理论性于一体，将历史、社会、地理、文化紧密联系在一起。史学研究既包括精深的史料考证，也涵盖了宏阔的理论建构。各部专著在系统收集资料、深入辨析考证的基础之上，理清各种材料之间的逻辑关系，层次分明，前后连贯，考证细密而不烦琐，深入浅出，既使读者了解到丰富的资料，又不显累赘。每一部书都有对所论专题的理论性概括和总结，如《楚国法律制度研究》一书运用现代的法学研究理念建构出了楚国的法律体系，《楚国封君研究》则从封君这一专题入手，窥视出楚国的中央及地方行政体系的运作体系，读后每有耳目清新、柳暗花明之感。

简而言之，楚学的研究对象包括楚人、楚国、楚地、楚文化，以现代的学科分类来论，涵盖了历史、社会、地理、文化等诸多方面。丛书的可贵之处在于，将多门类的探索统合起来，研究对象既有历史典籍，也有考古材料、青铜器铭文和出土简帛文献，还有古文字研究等，和而不同。张正明先生在主编《楚学文库》时说："我们的编纂宗旨是择善而取，不拘流派，不分门户，不求千口一腔。各部专著分开来看，都自成一家言。整套文库合起来看，则可谓'纷总总其离合兮，斑陆离其上下'。"从《世纪楚学》丛书的内容来看，显然继承了这一宗旨，分合统一，颇具特色。

巍巍楚学立华夏，精华毕集一天干。《世纪楚学》丛书代表了 21 世纪以来楚学研究的最高成就，值得向学术界隆重推介。

（原载《武汉大学学报（人文科学版）》2013 年第 4 期）

基于需求视角的中华茶技艺保护传承研究

一、学界对非物质文化遗产失传的反思

2003年联合国教科文组织（UNESCO）第32届大会通过了《保护非物质文化遗产公约》，正式确立"非物质文化遗产"的概念。自此之后，我国掀起了申报各层级非物质文化遗产的热潮。与此同时，非物质文化遗产的学术研究也成为一门显学。截至2015年11月，以"非物质文化遗产"为题名关键词精确检索，CNKI期刊全文数据库收录的学术论文有7793篇，贺学军《关于非物质文化遗产保护的理论思考》一文被引次数最高，达526次，另有31篇论文被引次数超过100次。学者们对2004—2011年期间发表的非物质文化遗产论文采取共词聚类分析，发现非物质文化遗产研究领域的热点问题为非物质文化遗产的保护、非物质文化遗产的传承等议题。[①]

对于非物质文化遗产的保护，学者们普遍认为非物质文化遗产是动态传承的文化形态，传承是保护的核心和灵魂。非物质文化遗产传承领域研究最多的是以传承人为中心的研究，这是一个理论问题，又是一个现实问题，涉及传承人的定义、认定、保护等，并有学者意

---

① 曹玲、周广西：《近年来我国非物质文化遗产研究热点变迁的共词聚类分析》，《新世纪图书馆》2012年第4期。

识到传承机制除传承人外，还应让物质文化遗产代表作的传承后继有人，培养"传习人"或继承人。[①] 学者还研究了非物质文化遗产的其他传承渠道或者媒介，如民族文化典籍在传承中的作用[②]，节日集中充分地展示多彩多姿的民族习俗风尚和民族传统文化艺术[③]，宗教信仰在文化传承中也发挥着重要作用。[④] 从目前学界研究议题看，对于非物质文化遗产传承中变迁的研究，主要从两个维度展开：一是根据冲击—回应的理论模式，从社会环境的角度侧重讨论社会环境对文化承传的影响，着眼点在于非物质文化遗产受到来自体系之外的刺激而产生的变化；二是从文化自身演进规律的角度出发，侧重探究文化自身对社会环境的适应性与影响力，强调原有的文化模式在面临新环境时会创造新的文化，推动文化的传承和变迁。[⑤]

然而，在众声喧哗的传承、保护、传播、开发的声浪中，还是有一批非物质文化遗产"无可奈何花落去"，面临着失传、失落、陨落、没落、消失、灭绝的命运。[⑥] 与当代中国非物质文化遗产相对照，中国古代社会的众多技艺同样也失传了，如春秋战国青铜器防锈工艺、汉代浮雕汉绣技艺、唐刀铸造技艺、唐宋宣州制笔技艺（陈氏、诸葛氏）、清代珐琅彩的制作技艺等。对于中国古代技艺的失传，向来有政治变迁、家族技艺内部保护、传统师徒制度的弊端、战争破坏、缺乏典籍记录等形式的物化手段、缺乏产权制度保护等方面的解

---

① 祁庆富：《论非物质文化遗产保护中的传承及传承人》，《西北民族研究》2006 年第 3 期。
② 晏鲤波：《少数民族文化传承综论》，《思想战线》2007 年第 3 期。
③ 迟燕琼：《少数民族传统节日的文化传承功能》，《民族艺术研究》2008 年第 3 期。
④ 赵世林：《云南少数民族文化传承论纲》，云南人民出版社 2002 年版，第 86—100 页。
⑤ 吕屏、王庆仁、彭家威：《非物质文化遗产保护语境下的文化传承研究综述》，《贵州民族研究》2009 年第 3 期。
⑥ 根据各种新闻报道和研究文献，濒临消失的非物质文化遗产有山东琴书、彝族撮泰吉、上海花茶制作工艺、福建永安大腔戏、福建福州花灯制作技艺、江苏苏州缂丝、河北张家口蔚县青砂器、侗绣技艺、江苏无锡本土灯彩技艺、广东潮州林厝棕蓑制作技艺、四川叙永县构树皮造纸工艺、上海钩针编结技艺、山东兰陵县泥陶制作技艺，而宁波 500 项民间艺术半数以上业已失传。

释。① 这些原因自然是导致古代技艺失传重要的因素，但反而观之，中国仍旧有一些技艺可以传承千年百年不辍，至今仍颇具活力，如辑里丝绸制作技艺、西藏尼木雪拉藏纸制作技艺等。这些更无法令人信服地说明一些全国上下普遍传习甚至融入人们生活习俗一类技艺的失传，如唐代煎茶、宋代煎茶茶艺的失传。因此，应从新的视角和维度对传统技艺这一类非物质文化遗产的失传进行解释。为避免行文笼统空泛，本文以中国古代茶技艺传承和变迁为观察的切入点。

二、茶技艺是非物质文化遗产的重要类别

非物质文化遗产是人类历史文明的载体，是帮助我们重拾记忆、不可再生的宝贵资源，是全社会公共的文化财富，而传统技艺则是非物质文化遗产的重要内容之一。根据国家级非物质文化遗产名录，我国非物质文化遗产分为民间文学、民间音乐、民间舞蹈、传统戏剧、曲艺、杂技与竞技、民间美术、传统手工技艺、传统医药、民俗等10大类，其中传统手工技艺从第二批起改为传统技艺。非遗并不是孤立存在的，而是与传统技艺、美术、食品、饰品等密切相关，比如茶技艺在人民衣食住行中得到了很好的传承。在目前已经公布的四批国家非物质文化遗产名录中，与茶相关的技艺共有18个项目，其中第一批2项、第二批7项、第三批4项、第四批5项（见表1）。从项目性质看，这18个项目被归为传统技艺和民俗两类。具体来说，非物质文化遗产名录中所列与茶文化相关的主要有制茶技艺和茶艺两

---

① 这些解释来自以下研究：代谦、李唐：《技术传承方式与长期增长——对传统中国增长停滞的一个解释》，《经济研究》2010年第6期；邢铁：《家产继承史论》，云南大学出版社2000年版；路宝利：《中国古代职业教育史》，经济科学出版社2011年版；郭金彬、李涛：《中国古代口述科技思想的传承方式》，《自然辩证法通讯》2007年第2期。

类。制茶技艺主要是指茶的制作技术和工艺，而茶艺主要是泡茶的过程、方法及其品鉴。

表1 茶技艺国家级非物质文化遗产（以项目为中心）

项目名称	申报地区或单位	批次
武夷岩茶（大红袍）制作技艺	福建省武夷山市	第一批
凉茶制作技艺	广东省文化厅、香港特别行政区民政事务局、澳门特别行政区文化局	第一批
花茶制作技艺（张一元茉莉花茶制作技艺）	北京张一元茶叶有限责任公司	第二批
绿茶制作技艺（西湖龙井、婺州举岩、黄山毛峰、太平猴魁、六安瓜片）	浙江省杭州市、金华市，安徽省黄山市徽州区、黄山区、六安市裕安区	第二批
红茶制作技艺（祁门红茶制作技艺）	安徽省祁门县	第二批
乌龙茶制作技艺（铁观音制作技艺）	福建省安溪县	第二批
普洱茶制作技艺（贡茶制作技艺、大益茶制作技艺）	云南省宁洱县、勐海县	第二批
黑茶制作技艺（千两茶制作技艺、茯砖茶制作技艺、南路边茶制作技艺）	湖南省安化县、益阳市，四川省雅安市	第二批
茶艺（潮州工夫茶艺）	广东省潮州市	第二批
花茶制作技艺（吴裕泰茉莉花茶制作技艺）	北京市东城区	第三批
绿茶制作技艺（碧螺春制作技艺、紫笋茶制作技艺、安吉白茶制作技艺）	江苏省苏州市吴中区，浙江省长兴县，浙江省安吉县	第三批
黑茶制作技艺（下关沱茶制作技艺）	云南省大理白族自治州	第三批
白茶制作技艺（福鼎白茶制作技艺）	福建省福鼎市	第三批
花茶制作技艺（福州茉莉花茶窨制工艺）	福建省福州市仓山区	第四批
绿茶制作技艺（赣南客家擂茶制作技艺、婺源绿茶制作技艺、信阳毛尖茶制作技艺、恩施玉露制作技艺、都匀毛尖茶制作技艺）	江西省全南县、婺源县，河南省信阳市，湖北省恩施市，贵州省都匀市	第四批
红茶制作技艺（滇红茶制作技艺）	云南省凤庆县	第四批
黑茶制作技艺（赵李桥砖茶制作技艺、六堡茶制作技艺）	湖北省赤壁市，广西壮族自治区苍梧县	第四批
茶俗（白族三道茶）	云南省大理市	第四批

茶艺一词最早在清光绪年间提出，20世纪70年代的一批台湾学者对该词内涵首次做出系统论述。在清代以前，茶艺二字并未并用，只有"茶之为艺"的提法，如北宋陈师道为陆羽《茶经》作序云："经曰：'茶之否臧，存之口诀。'则书之所载，尤其粗也。夫茶之为艺下矣，至其精微，书有不尽。况天下之至理，而欲求之文字纸墨之间，其有得乎？"[1] 综观古今学者观点，我们可以将对茶艺的理解分为广义和狭义两种，广义古代有陈师道、张源，当代有范增平、王玲、丁文、陈香白、林治等，主张茶艺包括茶的种植、制造、品饮之艺，有的将之与茶文化、茶学等同，狭义古代有皎然、封演、陶谷，当代有蔡荣章、陈文华、丁以寿等，将茶艺限制在品饮及品饮前的准备——备器、择水、取火、候汤、习茶的范围内。[2] 从国家非物质文化遗产分类目录看，现有与茶相关18个项目有16项归属于传统技艺，只有潮州工夫茶艺和白族三道茶属于茶艺和民俗。按照这一分类，茶艺应从狭义角度理解，即台湾学者范增平所言："是研究如何泡好一壶茶的技艺和如何享受一杯茶的艺术。"[3]

也就是说，茶艺和制茶工艺属于非物质文化遗产，不包括种茶技术，但包括制茶工艺、烹茶技艺、品饮艺术等。种茶是农业学的范畴，包括选种、育种、施肥、修剪等。制茶是整个饮茶活动的基础，它需要很多独具特色的加工工具，是一种有着复杂程序的工艺，而非单纯的技术。烹茶是连接制茶和品饮的关键环节，好茶需要精妙的烹茶技艺才会带来品饮的愉悦。品饮是制茶和烹茶的目的和归宿，是整个饮茶活动的升华环节。对三个环节有精深的认知，能够熟练掌握操作方法与技能，需要长期练习与体悟，当技术达到烂熟于心、炉火纯

---

[1] 楼沪光、孙琇：《中国序跋鉴赏大辞典》，河北教育出版社2003年版，第223页。
[2] 丁以寿：《中华茶艺概念诠释》，《农业考古》2002年第2期。
[3] 范增平：《中华茶艺学》，台海出版社2000年版，第4—7页。

青的时候，饮茶活动能够给人美的感受和愉悦，这便从技术层面上升到了艺术层面。这三个环节中烹茶和品饮紧密相连，目前学界往往以"茶艺"称之。

　　为行文方便，笔者将制茶工艺和茶艺合称为茶技艺。茶技艺符合"非物质""文化""遗产"三个典型特征：首先，它们是非物质的，虽以茶叶这一物质形态为依托，但属于在茶叶基础上所形成的具有非物质特性的技术、技艺和艺术；其次，它们是文化的，具有实践、表演的特性，有一套完善的知识体系；最后，它们具有遗产的特性，它们是人类长期的文化活动中形成的，代代传承创造，流传至今。

　　从表2中可以看出，无论是红茶、绿茶、白茶、黑茶、乌龙茶、花茶、植物类凉茶，还是茶艺茶俗，都是明清以后特别是清代所兴起、发展，并流传至今。众所周知，中国茶文化起步于魏晋南北朝时期，唐代在陆羽等人的努力下走向成熟并发展壮大，茶成为"比屋之饮"，宋代更是蔚为大观，对日本茶文化产生深刻影响。[①] 明清时期的茶技艺在国家非物质文化遗产名录中有所体现，但唐宋时期的茶技艺却不见录。这主要是因为唐宋时期的茶技艺没有得到很好的传承和保护，业已失传。

表2　茶技艺国家级非物质文化遗产（以茶类为中心）

项目类别	项目名称	申报地区或单位
红茶制作技艺	祁门红茶制作技艺	安徽省祁门县
	滇红茶制作技艺	云南省凤庆县

---

① 参见宋时磊：《唐代茶文化问题研究》，武汉大学2013年博士学位论文。宋代茶文化的论述参见沈冬梅：《茶与宋代社会生活》，中国社会科学出版社2007年版。

续表

项目类别	项目名称	申报地区或单位
绿茶制作技艺	西湖龙井制作技艺	浙江省杭州市
	婺州举岩制作技艺	浙江省金华市
	黄山毛峰制作技艺	安徽省黄山市徽州区
	六安瓜片制作技艺	安徽省六安市裕安区
	太平猴魁制作技艺	安徽省黄山市黄山区
	碧螺春制作技艺	江苏省苏州市吴中区
	紫笋茶制作技艺	浙江省长兴县
	安吉白茶制作技艺	浙江省安吉县
	赣南客家擂茶制作技艺	江西省全南县
	婺源绿茶制作技艺	江西省婺源县
	信阳毛尖茶制作技艺	河南省信阳市
	恩施玉露制作技艺	湖北省恩施市
	都匀毛尖茶制作技艺	贵州省都匀市
白茶制作技艺	福鼎白茶制作技艺	福建省福鼎市
黑茶制作技艺	千两茶制作技艺	湖南省安化县
	茯砖茶制作技艺	湖南省益阳市
	南路边茶制作技艺	四川省雅安市
	普洱茶制作技艺（贡茶制作技艺、大益茶制作技艺）	云南省宁洱县、勐海县
	下关沱茶制作技艺	云南省大理白族自治州
	赵李桥砖茶制作技艺	湖北省赤壁市
	六堡茶制作技艺	广西壮族自治区苍梧县
乌龙茶制作技艺	铁观音制作技艺	福建省安溪县
	武夷岩茶（大红袍）制作技艺	福建省武夷山市
花茶制作技艺	张一元茉莉花茶制作技艺	北京张一元茶叶有限责任公司
	福州茉莉花茶窨制工艺	福建省福州市仓山区
中草药植物性饮料制作技艺	凉茶制作技艺	广东省文化厅、香港特别行政区民政事务局、澳门特别行政区文化局
茶艺	潮州工夫茶艺	广东省潮州市
茶俗	白族三道茶	云南省大理市

三、古代茶技艺历史变迁与失传

唐代以前，茶一般有三种饮用方法。第一种是粥饮法。晚唐杨晔《膳夫经手录》："茶，古不闻食之。近晋、宋以降，吴人采其叶煮，是为茗粥。"① 晋代傅咸《司隶校尉教》："闻南市有蜀妪，作茶粥卖之。廉事打破其器物，使无为，卖饼于市而禁茶粥，以困老妪，独何哉？"② 西晋郭义恭《广志》曰："茶，丛生。真煮饮为茗茶；茱萸、檄子之属，膏煎之，或以茱萸煮脯，胃汁谓之曰茶；有赤色者，亦米和膏煎，曰无酒茶。"③ 东晋郭璞的《尔雅注》："树小如栀子，冬生，叶可煮羹饮。"④ 这种饮用方法是在茶中添加其他物品，制成较为浓稠的羹或者粥，兼具有食用和饮用的特性。也有将茶叶直接煮饮的，陆机《毛诗注疏》："椒树似茱萸，有针刺，叶坚而滑泽，蜀人作茶，吴人作茗，皆合煮其叶以为香。"⑤ 这是一种对茶叶未做加工直接煮饮的方法。《广雅》还记载了一种芼茶法："荆巴间采叶作饼，叶老者，饼成以米膏出之。欲饮先炙令色赤，捣末，置瓷器中，以汤浇覆之。用葱、姜、橘子芼之。"与羹饮、粥饮、煮饮等法相比，芼茶法开始注重茶饼的加工制作和器物的使用，在一定程度上体现了发展的新方向，但这种方法仍旧是将茶与其他物品掺和饮用。⑥ 魏晋南北朝时期，无论是粥饮、羹饮，还是芼饮，都是将茶同其他相物品混合

---

① （唐）杨晔：《膳夫经手录》，清初毛氏汲古阁钞本。
② 严可均：《全上古三代秦汉三国六朝文》第4册，河北教育出版社1997年版，第546页。
③ 陈彬藩主编：《中国茶文化经典》，光明日报出版社1999年版，第2页。
④ 吴觉农主编：《茶经述评》，农业出版社1987年版。以下《茶经》引文皆出自该书，不再一一注出。
⑤ 陈彬藩主编：《中国茶文化经典》，光明日报出版社1999年版，第710页。
⑥ 有论者认为，茶粥有两种意思，一是"煮制的浓茶，因其表面凝结成一层似粥膜样的薄膜而称之为'茶粥'"；二是以茶汁煮成的粥。参见李震：《茶之道》，中国商业出版社2004年版，第113页。

饮用，这三者都可统称为"混饮法"。

唐代以后，采叶煮饮和混饮法的茶艺在中原地区淡出了历史舞台，只在边疆少数民族地区继续传承，如晚唐樊绰《蛮书》载："茶出银生成界诸山，散收，无采早法。蒙舍蛮以椒、姜、桂和烹而饮之。"唐代兴起新的茶艺，那便是煎茶之法。煎茶法是被陆羽《茶经》一书详细记载，并在中晚唐被发扬光大的一种饮茶法，其主要程序分为：备器、选水、取火、候汤、炙茶、碾茶、罗茶、煎茶（投茶、搅拌）、酌茶等。其中，煎茶和酌茶是唐代茶艺的精髓。煮茶的关键在于掌握火候，《茶经》中陆羽将煮茶时水的沸腾分为三个层次："其沸，如鱼目，微有声，为一沸；缘边如涌泉连珠，为二沸；腾波鼓浪，为三沸；已上，水老，不可食也。"茶汤初沸之时，要根据水量的多寡，按比例加入食盐调味。第二次沸腾时，要用瓢将茶汤舀出一瓢，盛入熟盂之中，竹夹绕圈搅动热水，用则取茶末投入沸水，再用舀出的水"育华救沸"。酌茶是茶艺活动的升华。唐人对此极为讲究，重视沫、饽、花所带来的美感，《茶经》："沫饽，汤之华也。华之薄者曰沫，厚者曰饽，细轻者曰花。如枣花漂漂然于环池之上，又如回潭曲渚青萍之始生，又如晴天爽朗有浮云鳞然。其沫者，若绿钱浮于水渭，又如菊英堕于鐏俎之中。饽者，以滓煮之，及沸，则重华累沫。皤皤然若积雪耳。"酌茶时，要令沫饽均匀地分到碗中，饮用者趁热饮用。唐代还有一些煎茶茶艺的传承大家，比较出名的有常伯熊。封演《封氏闻见记》："楚人陆鸿渐，为茶论说茶之功效，并煎茶炙茶之法，造茶具二十四事，以都统笼贮之。远近倾慕好事者，家藏一副。有常伯熊者，又因鸿渐之论，广润色之，于是茶道大行，王公朝士无不饮者。"① 甚至御史大夫李季卿到江南巡视时对常伯熊器重有加，而对陆羽煎茶之法不屑一顾，这段记录是否是史实还有待考

---

① （唐）封演：《封氏闻见记》卷6，中华书局1985年版，第71—72页。

证[1]，但当时煎茶茶艺盛行以及传承者不断涌现应该是不争事实。

宋代最为盛行的是点茶茶艺。点茶技艺发端于唐末，盛于两宋，北传辽金，元明因袭式微，明末彻底失传。[2] 点茶主要程序有备器、洗茶、炙茶、碾茶、罗茶、择水、取火、候汤、熁盏、点茶。点茶的精髓在于调膏和击拂。先在茶盏放入"一钱匕"左右均匀细致的茶末，再注少量沸水，将其调成糊状的茶膏，再一边注入开水，一边用竹制的茶筅击拂，反复搅动，最终茶末上浮，在茶汤表层形成粥面。唐人分茶要求将沫饽花等均匀地分到每个茶盏中，而宋代将之上升为一项专门的技艺，可与着棋、书法、弹琴相提并论。分茶在宋代被称为"汤戏"或"茶百戏"，因为要在点茶茶面上幻化出禽兽、虫鱼、花鸟等各种美妙绝伦的图画，"近世有下汤运匕，别施妙诀，使汤纹水脉成物象者，禽兽虫鱼花草之属，纤巧如画，但须臾即就散灭。此茶之变也，时人谓茶百戏"[3]。宋代的福全和尚茶百戏技艺高超，他不仅拥有"馔茶而幻出物象于汤面者，茶匠通神之艺"，还作诗嘲笑陆羽的煎茶技艺之原始："生成盏里水丹青，巧画工夫学不成。却笑当时陆鸿渐，煎茶赢得好名声。"[4] 除分茶外，宋代还有斗茶技艺。斗茶起源于唐末福建地区，唐冯贽《记事珠》："建人谓斗茶为茗战。"[5] 随着北苑贡茶的声名鹊起，斗茶逐渐演化成为遍及全国的风习。所谓斗茶就是通过对汤色和汤花的观察，评鉴点茶水平的高低，两者都有一定的标准。汤色是点茶后表面的色泽，"点茶之色，以纯白为上真，青白为次，灰白次之，黄白又次之"[6]；另一标准为"黄白者受水

---

[1] 郑毅：《茶艺大师常伯熊》，《农业考古》2014年第2期。
[2] 可参见丁以寿：《中华茶道》，安徽教育出版社2011年版，第135页。
[3] （清）陶毂：《清异录》卷4，载朱易安、傅璇琮等主编：《全宋笔记》第一编二，大象出版社2003年版，第100页。
[4] 同上书，第100页。
[5] （唐）冯贽《云仙杂记》卷10，载金沛霖主编：《四库全书子部精要》下册，花城出版社1993年版，第625页。
[6] （宋）赵佶：《大观茶论》，载陈彬藩主编：《中国茶文化经典》，光明日报出版社1999年版，第72页。

昏重，青白者受水详明，故建安人斗试，以青白胜黄白"[①]。汤花是击拂后表面形成的沫饽，要求贴到杯盏内壁时间长久为上，此谓之"咬盏"："建安斗试以水痕先者为负，耐久者为胜。"[②] 宋代点茶茶艺得益于丁谓、蔡襄、宋徽宗赵佶等茶技艺大家的承传和发扬。丁谓任福建漕运使时，运用建茶创造出工艺精细的龙凤团茶，著有《茶图》（已佚）一书，专论采造之法，衢本《郡斋读书志》："谓咸平中为闽漕，监督州吏，创造规模，精致严谨。录其园焙之数。图绘器具，及叙采制入贡法式。"[③] 蔡襄造小龙团茶，著《茶录》详论点茶之茶、法与器，奠定了点茶理论和实践之准则，影响深远，自此点茶成为宋代的主导茶艺。宋代皇帝极其推崇点茶，宋徽宗更是著有《大观茶论》，将点茶技艺推到登峰造极的境地。

宋代点茶之后，明代兴起了泡茶技艺。宋代点茶之所以在明代消亡，据传是因为宋代团茶极为精细，造费奢靡，洪武二十四年（1391）朱元璋体恤民情，废建州贡茶："上以重劳民力，罢造龙团，惟采茶芽以进。"[④] 遂使叶茶、草茶等散茶兴起，茶风也为之一变。朱元璋第十七子朱权是茶艺变化的关键人物之一，《茶谱》一书虽多论点茶之道，但他反对团茶，崇尚景德镇白瓷，朱权提倡"然天地生物，各遂其性，莫若叶茶，烹而啜之，以遂其自然之性也"[⑤]，崇新改易，实开泡茶之新绪。明代陈师："杭俗烹茶，用细茗置茶瓯，以沸汤点之，名为撮泡。"[⑥] 这种名为"撮泡"的饮茶之法便是泡茶之法，但更为流行的方法是将茶投入茶壶之中，而非茶瓯之中。明代茶盏尚

---

① （宋）蔡襄：《蔡襄全集》，福建人民出版社1999年版，第672页。
② 同上书，第673页。
③ 陈彬藩：《中国茶文化经典》，光明日报出版社1999年版，第790页。
④ （明）沈德符：《万历野获编》补遗卷1，中华书局1959年版，第799页。
⑤ 史克振：《煮泉小品：品茶艺术经典》，中国社会科学出版社1993年版，第130页。
⑥ 陈师：《茶考》卷7，载阮浩耕、沈冬梅、于子良编：《中国古代茶叶全书》，浙江摄影出版社1999年版，第217页。

雪白，茶汤色崇青翠："青翠为胜，涛以蓝白为佳。"[①] 根据张源《茶录》、许次纾《茶疏》等书的记载，撮泡法的主要程序有备器、择水、取火、候汤、投茶、冲泡、酾茶等，这种饮茶法从明清一直流传至今。

　　与唐代的煎茶、宋代的点茶、明清以来的泡茶相适应，分别形成了饼茶、团茶和散茶等三种茶叶制作技艺。在唐代，经过人们的反复实践和探索，发明了蒸青饼茶的茶叶制作方法，制作过程包括采、蒸、捣、拍、焙、穿、封等七道工序。"蒸之"是指鲜叶放在甑笼里用蒸汽杀青，这样既可软化茶叶，便于随后塑形，又可减少茶叶的青涩味，使茶叶更加适口，同时还能保持茶叶原有的绿色。蒸青茶是茶叶加工方式的变革，是饮茶史上重要的技术革命。吴觉农在《茶经评述》中评价道："蒸青法的发明，是制茶技术史上一大进展。"[②] 唐代蒸青饼茶是一种紧压缩茶，饼茶有大团和小团之分。大的如火番饼"每饼重四十两，入西蕃、党项重之"[③]，小的如"渠江薄片，一斤八十枚"[④]。到了宋代，饼茶发展进入了高峰期，在福建创制出了供宫廷使用的龙凤团茶。龙凤团茶对采摘鲜叶的时节、芽叶的选取标准、色泽形制图案等都极为讲究。丁谓开团茶制作风气，他所督造的大龙团每饼仅重 2 两（旧制），蔡襄所督造的小龙团每饼重 0.8 两（旧制）。自此龙团茶愈加精绝，出现所谓"龙茶盛世"的奇观，宋神宗时福建转运使贾青创制"密云龙"，宋哲宗时福建进贡"瑞云龙"，宋徽宗时漕臣郑可简创制"银丝水芽"。银丝水芽的制作工艺极为苛严："盖将已拣熟芽再剔去，只取其心一缕，用珍器贮清泉渍之，光

---

① （清）刘源长：《茶史》卷 1，载阮浩耕、沈冬梅、于子良编：《中国古代茶叶全书》，浙江摄影出版社 1999 年版，第 471 页。
② 吴觉农主编：《茶经述评》，中国农业出版社 2005 年版，第 82 页。
③ （五代蜀）毛文锡：《茶谱》，载徐海荣主编：《中国茶事大典》，华夏出版社 2000 年版，第 27 页。
④ 同上书，第 127 页。

明莹洁，若银线然。其制方寸新銙，有小龙蜿蜒其上，号'龙团胜雪'。"[①] 这种茶浪费惊人，每片仅工价就四万。宋代民间所饮用仍为饼茶，但增加了鲜叶洗涤特别是蒸后压榨茶汁的过程，使茶色发白，这是为宋代点茶茶艺尚白的风习相适的一道工序。明代泡茶道兴起之后，炒青条形散茶成为茶形主流，许次纾的《茶疏》详细记载了这一茶叶加工技艺。炒青条形散技艺保存了绿茶的色、香、味、形，故该传统技艺一直承传至今。

通而观之，中国古代茶技艺随着历史的迁移而经历多种演变（见表3）。茶艺经历了魏晋南北朝混饮、唐代煎茶、宋代点茶、明清以来的泡茶四个阶段。茶叶加工技艺经历唐代蒸青饼茶制法、宋代的蒸青饼茶制法、明清以来炒青散茶制法等三个阶段。煎茶茶艺和点茶茶艺在漫长的历史传承中皆已失传，混饮的方式仅在边疆少数民族地区传承留存。中国古代如此长时间的、全国上下普遍传承的茶技艺，因明代一套新的技艺体系诞生后，便消踪匿迹、湮没不闻。传统的关于非物质文化遗产失传的诸种理论，难以给出合理性解释，这就需要从新的视角来对这一现象进行分析。

表3 中国古代茶技艺变迁之历史轨迹

盛行时代	茶艺	制作技艺	典籍记载
三国魏晋南北朝	混饮法	成熟	散见于各典籍
唐代	煎茶茶艺	饼茶为主	陆羽《茶经》、皮日休《茶中杂咏》等
宋代	点茶茶艺	团、饼茶为主	赵佶《大观茶论》、蔡襄《茶录》、熊蕃《宣和北苑贡茶录》等
明清至今	泡茶茶艺	散茶、末茶	张源《茶录》、许次纾《茶疏》、陆廷灿《续茶经》等

---

① （宋）熊蕃：《宣和北苑贡茶录》，载叶羽晴川主编：《中华茶书选辑》第2卷，中国轻工业出版社2005年版，第101页。

四、非物质文化遗产保护传承的需求规律

唐宋所失传的茶技艺,直到当下始有极少数单位或个人根据古代留存的文献记载,对两种传统技艺加以试验复原并获成功,如2004年中国农科院茶叶研究所姚国坤等学者通过"茶、水、火、器"的配合试验复原了陆羽的煎茶之法[1],浙江中国茶叶博物馆从2008年起对"宋代点茶技艺和文人茶会复原"开展研究,并于2011年开始在该馆面向游客进行宋代点茶表演[2],潮州工夫茶传承人通过研制"低碳速溶不散茶饼",最终在2013年成功复原宋代点茶茶艺。[3] 蒸青的加工技艺也基本失传,目前仅有玉露茶等少数品种对古代的蒸青技艺复原生产。这些技艺复原是在文化复兴背景下而发生的,这些技艺并不是为了复原而复原,而多为投入市场经营,满足茶叶消费者及茶文化爱好者日趋多样性的文化需求。因此,从需求视角对古代茶技艺的变迁进行分析,会有新的发现。

(一)技艺创造发展应适应时代文化精神需求

唐代是中国国力最为强盛的时代之一,社会文化呈现出高度开放自信、兼收并蓄的气质,并富有原创精神。与魏晋南北朝需要沉醉和沉迷的酒文化不同,唐代呼唤一种新型饮品来满足人们日常生活、文化休闲和精神寄托之需。晚唐诗人刘贞亮将茶概括为"十德":"以

---

[1] 边江、冯琳:《茶圣陆羽怎样煮茶?专家首次"复原"》,《新华每日电讯》2004年5月13日。
[2] 周文劲、乐素娜:《中国茶艺图解:琴韵茶烟共此时》,浙江摄影出版社2012年版,第58—68页。
[3] 陈培娜、邢映纯:《复原宋代"点茶"技艺探寻传统茶艺文化》,《潮州日报》2014年1月10日。

茶散郁气，以茶驱睡气，以茶养生气，以茶除病气，以茶利礼仁，以茶表敬意，以茶尝滋味，以茶养身体，以茶可行道，以茶可雅志。"①茶所具备的这些特性恰好满足了唐朝的时代精神和文化需求。而这也对茶技艺提出了新的要求：茶应成为一种独立的饮品，不能与其他物品混合而引；茶不仅是止渴生津的饮品，还应具备文化艺术品格。于是，饼茶的制作工艺被发明，煎茶茶艺的程序也得以确立，最终在陆羽《茶经》中得以"物化"。中华文明在宋代进入高峰，陈寅恪云："华夏民族之文化，历数千载之演进，造极于赵宋之世。"② 在狭窄的政治和军事格局之下，宋代文人在体验经济文化高度繁荣的同时，又时时承受无力和局促的情怀。由此，宋代孕育出内省精致、缜密精细的文化心态和整体特征，并出现了市井文化的勃兴。③ 宋代实际上形成了两种文化类型：一是士大夫阶层所发展的茶道、花道、园林等精致的雅文化，二是在通俗小说、演义活动、茶馆休闲之中所体现的庶民文化。④ 雅文化要求精益求精，唐代的饼茶制作工艺和煎茶的茶艺总体来说失之粗糙，不能满足雅文化的需求。故宋代制茶技艺日渐精进，而点茶茶艺则更是到了出神入化的境地。与此同时，庶民茶文化得以勃兴，宋代各大城市甚至县乡市镇中都有众多茶肆、茶坊、茶楼、茶馆、茶店等。庶民茶文化与雅士茶文化不同，要求随处取引、价格实惠，团茶和点茶只能是偶尔的奢侈点缀，饼茶仍旧是大众的消费品。新的文化特征要求新的茶叶技艺的诞生，宋代早期已经发明的散茶冲泡方式，后期日益流行。元移宋鼎，明清两朝在政治上建立了一整套从中央到地方的政权机构和族权体系，经济上有了长足发展，

---

① 《庄晚芳茶学论文选集》，上海科学技术出版社1992年版，第397页。
② 陈寅恪：《金明馆丛稿二编》，上海古籍出版社1980年版，第245页。
③ 冯天瑜、何晓明、周积明：《中华文化史》下册，上海人民出版社2005年版，第502—565页。
④ 陈丰祥、余英时：《中国通史》，五南图书出版股份有限公司2002年版，第206页。

各生产部门分工细致且环环相连,工商业和社会经济高度发展,在这样的社会背景下,明清社会文化生活呈现出更加明显的世俗化倾向[1],对民间风教起到浸润作用[2],这在小说、戏剧等多种文化形式中都有表现。[3] 在新的时代背景下,炒青的制作工艺和散茶瀹泡的茶艺得到大规模发展。因此,时代精神和文化需求是技艺创造和发展的大背景,并深刻影响着茶技艺在不同时代的变迁。

(二)技艺的创制和传承应以简洁和便利为前提

在唐代饼茶的七个茶制作环节中,有相应的特制工具,会用到采茶、蒸茶、捣茶、成型、焙茶、穿茶、藏茶等十九种工具。宋代制茶工序与唐代基本相同,但宋代对采茶条件、捡茶与原料等级把控、洗濯等方面都提出了更高的要求,茶叶加工技艺更加精细。此外,煎茶和点茶所用到的工具和器具极其复杂,根据陆羽《茶经》记载,煎茶需用到二十四组器具(共计30件),并且这二十四组器具缺一不可,《茶经·九之略》:"城邑之中,王公之门,二十四器阙一,则茶废矣。"南宋审安老人《茶具图赞》描绘了宋代点茶所用到的十二种器具。实际上,学者通过整理发现宋代茶书和实际生活中所使用的茶具各有十六种,与唐代相比,虽有一定程度的简化,但茶器种类仍旧较多。[4] 唐宋时期煎茶和点茶的程序也极其复杂,非经过长期的专门实践,很难在短时间内掌握其技巧。特别是宋代分茶需要一定的艺术功底,斗茶更是需要长期研习才能窥其门径。茶艺所用茶器之多样化及

---

[1] 王日根:《试论明清文化的世俗化》,《社会科学辑刊》1993年第1期。
[2] 王尔敏:《明清社会文化生态》,台湾商务印书馆1997年版,第37—71页。
[3] 刘勇强:《文人精神的世俗载体——清初白话短篇小说的新发展》,《文学遗产》1998年第6期。
[4] 沈冬梅:《茶与宋代社会生活》,中国社会科学出版社2007年版,第54页。

技艺习得不易决定了煎茶、点茶等茶艺只能在王公贵族、文人雅士、佛门道观等较有闲的一族中流行，在人数众多的底层社会普及不易。泡茶茶艺除工夫茶较复杂外，一盏茶瓯或一柄茶壶便可享茶之清香，简单易学，人人可习得，故与煎茶和点茶相比，泡茶更受民间欢迎。

　　这一点也可以从散茶从唐到明清一直存在得到验证。唐代虽然饼茶盛行，但已经有炒青散茶的技艺，刘禹锡《西山兰若试茶歌》："山僧后檐茶数丛，春来映竹抽新茸。宛然为客振衣起，自傍芳丛摘鹰觜。斯须炒成满室香，便酌砌下金沙水。"[1] 五代毛文锡《茶谱》对散茶进行了详细描述："蜀州晋原、洞口、横源、味江、青城，其横源雀舌、鸟嘴、麦颗，盖取其嫩芽所造，以其芽似之也。又有片甲者，即是早春黄茶，芽叶相抱如片甲也。蝉翼者，其叶薄如蝉翼也，皆散茶之最上也。"[2]《茶经》记载"饮有粗、散、末、饼者"，这就是说当时茶叶有粗茶、散茶、末茶、饼茶等形态。据当代学者统计，唐代各种文献资料共有 152 种唐代名茶[3]，其中 26 种为绿散茶，所占比例为 17.1%。宋代则是饼茶、团茶和散茶一直并存，《宋史》载："茶有二类，曰片茶，曰散茶。"[4] 宋代中期以后，散茶生产逐渐盛行，欧阳修《归田录》云："自景祐以后，洪州双井白芽渐盛，近岁制作尤精……遂为草茶第一。"[5] 元代王祯《农书》对蒸青散茶工具有了详细记载。散茶制作工艺简单，价格低廉，携带方便，饮用便捷，无论是唐代还是宋代，市井民间一直有大量需求，这与文献所载的宫廷文人茶文化又呈现不同面貌。风气所及，散茶冲泡茶艺最终在明代大行其道。因此，技艺越繁复，越难以适应人们的需求，越容

---

[1] 《全唐诗》卷 356，中华书局 2013 年，第 4011 页。
[2] 陈宗懋：《中国茶叶大辞典》，中国轻工业出版社 2000 年版，第 257 页。
[3] 程启坤、姚国坤：《论唐代茶区与名茶》，《农业考古》1995 年第 2 期。
[4] 《宋史》卷 183，中华书局 1977 年，第 4477 页。
[5] （宋）欧阳修等：《历代笔记小说大观》，上海古籍出版社 2012 年版，第 13 页。

易走向失传。

（三）技艺的提升应以质量成本的有效控制为要旨

高质量是人们追求的目标，质量越高投入的成本越大，价格越高，但质量和需求之间存在一个均衡点，超过这一界限，需求反而降低（见图1）。唐宋茶艺都极其注重茶汤的品质，为了获得最佳效果不惜成本。唐代煎茶最为关键器具是用来烧水的鍑，一般有瓷、石、铁、银等四种材质，陆羽认为："瓷与石皆雅器也，性非坚实，难可持久。用银为之，至洁，但涉于侈丽。"可见，当时应有一些茶客使用金银制鍑，要将煎茶技艺发挥到极致，需要使用较贵重的金属。宋代的点茶，特别是斗茶，品评茶叶质量好坏，要达到最佳效果需使用建窑黑釉兔毫盏。兔毫盏产量有限，价格昂贵，在宋代便一盏难求。唐特别是宋代这种为追求茶汤品质而不计成本的茶艺，决定了只能在上层社会流行。另一方面，为了追求最佳质量，宋代制茶不计生产成本。蔡襄小龙团茶价格昂贵，欧阳修评价："凡二十饼重一斤，值黄金二两，然金可有而茶不易得也。"[①] 宋代北苑贡茶所费奢靡："采茶工匠几千人，日支钱七十足。旧米价贱，水芽一胯犹费五千。如绍兴六年，一胯十二千足，尚未能造也。岁费常万缗。"[②] 宋代的龙团胜雪将团茶质量做到极致，但浪费也是极其惊人。龙团胜雪用水芽制成，只用熟芽其心一缕，连熊蕃都称："至于水芽，则旷古未之闻也"，"茶之妙，至胜雪极矣"[③]。像龙团茶这样不计生产成本的技艺，只能掌握在御用贡茶院的少数技师手中，随着宫廷饮茶风气需求的转变，

---

① （宋）欧阳修等：《历代笔记小说大观》，上海古籍出版社2012年版，第22页。
② （宋）庄绰：《鸡肋编》，载《历代笔记小说大观》，上海古籍出版社2012年版，第64页。
③ （宋）熊蕃：《宣和北苑贡茶录》，载叶羽晴川主编：《中华茶书选辑》第2卷，中国轻工业出版社2005年版，第131页。

技艺失传自然成为顺理成章之事。

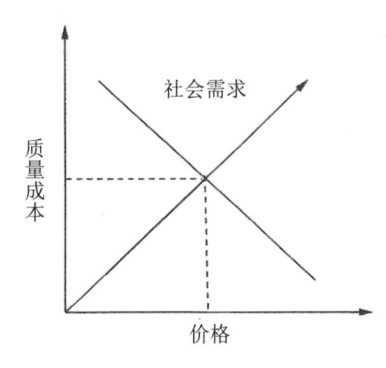

图 1　质量成本和社会需求关系图

（四）技艺的发展不能脱离甚至违拗物质本性

　　茶叶的品鉴无非是赏汤形、观茶色、闻茶香、品茶味、赏茶具等几个方面，因此茶技艺应以这几个方面为核心提升技艺。而实际上，唐宋的茶技艺还不能有效做到这一点，甚至直接违背茶自身的物性。唐代之前，人们利用茶叶采摘鲜叶煮饮或者作粥羹的方式，并未有成型的茶叶制作技艺，茶叶有着浓厚的青草味。唐代蒸青茶技艺的发明激发了茶香茶味，但仍旧存在苦味难除、香味不浓郁的问题。宋代团茶制作在蒸青后增加了压榨的技艺，小榨去水，大榨去茶汁，为的是在点茶时达到色泽和沉浮的标准要求："蒸芽必熟，弃膏必尽。蒸芽未熟，则草木气存，去膏未尽，则色浊而味重。"[1] 众所周知，茶之精华在茶汁（膏），宋人为了达到点茶的要求而不惜违拗茶之本性。黄儒《品茶要录》试图为这一不合理的茶技艺做出合理化解释，甚至对陆羽委婉批评："如鸿渐所论'蒸笋并叶，畏流其膏'，

---

[1]　阮浩耕、沈冬梅、于子良：《中国古代茶叶全书》，浙江摄影出版社 1999 年版，第 319 页。

盖草茶味短而淡，故常恐去膏；建茶力厚而甘，故惟欲去膏。又论福建而为'未详'，往往得之，其味极佳。由是观之，鸿渐未尝到建安欤！"① 龙团茶虽技艺精细绝伦，但其中掺杂有龙脑等各种香料，表面还施之以金银重彩，这不无夺其真味。此外，唐宋茶制作技艺要将茶叶捣碎后成饼成团，在品鉴时又要碾碎成尘成末，这都破坏了茶形和色泽。故明代沈德符《万历野获编·补遗》对宋唐茶技艺不屑一顾："茶加香味，捣为细末，已失真味……今人惟取初萌之精者，汲泉置鼎，一瀹便啜，遂开千古茗饮之宗，乃不知我太祖实首辟此法，真所谓圣人先得我心也。陆鸿渐有灵，必俯首服。蔡君谟在地下，亦咋舌退矣。"② 炒青的加工技艺很好地去掉了茶鲜叶的青草气和苦涩味，又保留了茶形本来之面貌和茶味之清香，瀹饮之法又将茶形、茶色和茶香全部激发，自明代起备受推崇，成为茶技艺之固定法式。

五、结论与启示

通过以古代茶技艺传承变迁为个案的梳理，我们可以看出，以传统技艺为代表的非物质文化遗产的传承离不开需求，这种需求可以是时代精神的需求，是生活简洁便利的需求，是能够适用消费能力的需求，是遵循客观事物物性的需求等。非物质文化遗产能够适应需求则会传承发展，如果脱离基本的需求规律则会有走向消亡的危险。在当今全球化和经济一体化的时代浪潮中，全球文化的多样性日益受到挑战，文化趋同的速度在加快，传统的非物质形态文化发展遇到困境甚至大量消亡，在这样的社会背景下，非物质文化遗产作为一个新的

---

① （宋）黄儒：《品茶要录·后论》，载陆羽等：《茶经译注（外三种）》，上海古籍出版社2009年版，第110页。

② （明）沈德符：《万历野获编》，中华书局1959年版，第799页。

概念被联合国教科文组织提出，并迅速得到全球范围内广泛认同，政府和社会各层级组织掀起了一场非物质文化遗产搜集、整理、抢救、保护与开发的热潮。这在一定程度上缓解了非物质文化遗产发展的颓势，并取得了一批丰硕的成果。

中华文明延绵不绝数千年，以多种形式为后人留下了丰富的承载着中华民族古代优秀的历史文化遗产，弘扬优秀传统无疑是我们每个当代人不可推卸的责任。非遗的传统技艺项目大多曾经是人们生活的必需品，因此实现保护创造还是要让它回到生活，适应生活的需求。我们应该看到，在良好的外部机制和社会话语焦点的氛围内，各种形态的非物质文化遗产必须增强内生动力，与各类需求有效结合，焕发新的生机和魅力，否则或早或晚终将面临失落的命运。非物质文化遗产的传承和发展离不开人：一是离不开传承人的再创造，二是离不开人对非物质文化遗产的消费。因此，非物质文化遗产的传承者应该努力去回应时代精神和新的文化消费需求，为消费者提供方便、简洁的文化产品，充分发挥非物质文化遗产的最大价值和潜能，并有效地进行成本的控制，符合大多数人的消费能力和水平。我们还要适量地去发展非遗衍生品、提高核心技艺，在此基础上通过再创造、再设计，让它更好地融入人们的生活。在这一过程中，传承人能够保护和发展他们的技艺，民众也能在生活中体验到非遗的魅力。只有同社会与个人的需求相结合，拥有一批固定的乃至不断壮大的消费群体，非物质文化遗产才能摆脱被保护与呵护的命运，实现基业长青、永续发展。

（原载《武汉大学学报（人文科学版）》2016年第2期）

信息不对称与近代华茶国际贸易的衰落
——基于汉口港的个案考察

从数量、价格和货值等方面看,近代中国茶叶国际贸易经历了快速走向峰值、迅速走向衰退的倒"U"形发展轨迹,这一转折点发生在1886年前后。[1]中国茶叶对外贸易的速兴速衰引起了学者的研究兴趣,并提出了不同的学术观点,目前研究成果可归为四类:一是认为洋商控制运输权和消费市场对华商和中国茶市进行把控是导致华茶贸易衰退的根本原因[2],诠释话语多为掠夺、操纵、压榨等;二是认为印度、锡兰、日本等新兴产茶国崛起并与中国激烈竞争,市场环境从卖方市场转入买方市场是导致华茶衰落的外部原因[3];三是中国茶叶种植、加工、包装、运输等落后以及茶税盘剥严重,导致茶叶质量下降、价格较高,竞争优势丧失是华茶衰落的重要原因[4];四是认

---

[1] 袁欣:《1868—1936年中国茶叶贸易衰弱的数量分析》,《中国社会经济史研究》2005年第1期。

[2] 陈钧:《十九世纪沙俄对两湖茶叶的掠夺》,《江汉论坛》1981年第3期;陈椽:《中国茶叶外销史》,碧山岩出版公司1993年版;林齐模:《近代中国茶叶国际贸易的衰减——以对英国出口为中心》,《历史研究》2003年第6期。

[3] 陈慈玉:《近代中国茶业的发展与世界市场》,"中央研究院"经济研究所1982年版;汪敬虞:《中国近代茶叶的对外贸易和茶业的现代化问题》,《近代史研究》1987年第6期。

[4] 戴鞍钢:《近代中国植茶业的盛衰》,《史学月刊》1989年第1期;胡赤军:《近代中国与西方的茶叶贸易》,《东北师大学报》1994年第1期;陶德臣:《伪劣茶与近代中国茶业的历史命运》,《中国农史》1997年第3期;仲伟民:《茶叶与鸦片:十九世纪经济全球化中的中国》,生活·读书·新知三联书店2010年版,第77—79页;任放:《论印

为从税收、中间商、公会等制度变迁与均衡等方面才能真正理解华茶衰落的内在原因。①无疑,这些研究将对该问题的探讨逐步推向深入,涉及了市场垄断、外部竞争环境、内部产业模式、交易制度变迁等问题,但目前少有对导致近代华茶国际市场变迁根本动力机制的研究。我们认为应回到市场交易,从市场交易中广泛存在的信息不对称问题切入分析。汉口作为近代中国腹地具有广阔辐射力的茶叶国际贸易港,其市场交易中的信息不对称问题更具代表性,故本文以汉口港为案例研究对象。

一、近代汉口茶叶对外贸易发展的历史演变

从19世纪开始,茶叶迅速取代丝绸成为近代中国最重要、最大宗的出口商品,到19世纪中叶茶叶已占中国向西方出口商品总值的90%以上。②第二次鸦片战争后,中国被迫开放更多沿海和腹地港口,茶叶出口量和货值大幅跃升,这种局面一直持续到19世纪80年代中期。汉口作为《天津条约》规定开放的10个通商口岸之一③,由

(接上页) 度茶的崛起对晚清汉口茶叶市场的冲击》,《武汉大学学报》2001年第4期。马士认为:"资本的缺乏以及在培植和烘制方面的全不留意足够解释中国丧失茶的主要市场的原因了。"参见马士:《中华帝国对外关系史》第2卷,张汇文等合译,商务印书馆1963年版,第450页。

① 姜修宪:《制度变迁与中国近代茶叶对外贸易——基于福州港的个案考察》,《中国社会经济史研究》2008年第2期;张跃:《利益共同体与中国近代茶叶对外贸易衰落——基于上海茶叶市场的考察》,《中国经济史研究》2014年第4期;张跃、董烈刚、陈红兵:《中间商与近代中国对外贸易制度——以近代华茶对外贸易为例》,《财经研究》2014年第7期。

② 可参见庄国土:《从丝绸之路到茶叶之路》,《海交史研究》1996年第1期;郭卫东:《丝绸、茶叶、棉花:中国外贸商品的历史性易代——兼论丝绸之路衰落与变迁的内在原因》,《北京大学学报》2014年第4期。

③ 《天津条约》签订于1858年,但汉口正式开港是在1861年,该年英国驻上海领事制定《长江各口通商暂行章程》,单方面宣布"汉口、九江辟为商埠,设置领事",汉口正式

于位于华中产茶区的核心位置和黄金水道之上，以茶叶为主要输出商品的对外贸易获得了长足发展。从1861年开港到20世纪初，汉口的出口额在大部分年份都排名第二，次于上海，但高于广州和天津。正如水野幸吉所言，汉口"贸易年额一亿三千万两，夙超天津，近凌广东，今也位于清国要港之第二，将进而摩上海之垒，使视察者艳称为东洋之芝加哥"①。随着茶叶在对外贸易中的地位迅速上升，汉口很快成为名满天下的茶叶"大市场"，时人的调查报告称："茶为中国之无上产，汉口为中国之大中心，则茶与汉口之关系，是当天下人所共乐闻者。汉口虽非茶之产出地，而实茶之大市场也。江西之宁州、安徽之祁门、湖北之羊娄峒、湖南之安化，皆茶之大产出地，而以汉口为发卖之门户者也。"②湘江、沅江、汉江等长江支干流水系成为向汉口运输茶叶的最佳通道，汉口非茶叶的产地，却无可争议地成为茶叶贸易集散地。当时茶市景象极为繁荣，"湖北、湖南、江西及安徽一部份出口之茶，咸集聚于汉口而出口，每年茶市，自四五月起至八九月止，几达半年之久，每年出口数量，约占全国茶叶输出数额百分之四十以上"③。汉口已经取代广州200多年茶叶贸易第一大港的传统地位④，成为近代中国三大茶叶市场之一。《清史稿》云："厥后泰西诸国通商，茶务因之一变。其市场大者有三：曰汉口，曰上海，曰福

（接上页）被纳入到世界贸易网络之中。汉口开埠通商的过程及其对社会经济变迁的影响，参见袁北星编著：《荆楚近代史话》，武汉出版社2013年版，第71—92页。

① 水野幸吉：《汉口》，刘鸿枢等译，上海昌明公司1908年版，第1页。
② 《汉口茶业调查案》，《江西农报》1908年第19期。
③ 闻钧天：《鄂省之茶业》，引自上海市商会商务科编：《茶业》，上海市商会1935年版，第83页。
④ 在中国尚未全面开放之前，华中地区茶叶主要走南下路线，通过广州转口贸易。1861年开港与英商直接贸易之后，汉口茶叶输出增长迅猛。据江汉关贸易报告：1861年，红茶从广州港出口为247014担，而汉口港出口80000担。1862年，红茶从汉口装船出口外洋216351担，同时广州港降为199919担。1863年，汉口港输出272922担，而广州港输出减为133328担。参见曾兆祥主编：《湖北近代经济贸易史料选辑（1840—1949）》第1辑，湖北省志贸易志编辑室1984年版，第253页。

州。"① 当时的西方人甚至不无偏激地声称,如果不是茶叶贸易,没有一个西方人会涉足这个城市。由于茶叶贸易的巨大份额,汉口茶叶市场成为西方影响这座城市的主要渠道。②因此,茶叶改变了汉口在中国社会经济乃至在世界贸易体系中的地位。

自开埠通商到俄国十月革命,汉口茶叶对外贸易总体呈现上升的趋势和繁荣的景观,这与近代中国茶叶国际贸易历程总体相一致,但在局部上略有区别。具体而言,该时期汉口茶叶对外贸易经历了四个历史阶段。第一个阶段是1861年到19世纪80年代中期,这是汉口茶叶外贸的繁荣期,英俄商人为收购到足量优质的茶叶发生激烈的市场竞争③,上海、福州等港口茶叶也被外商大量输出,近代中国茶叶国际贸易迅速走向顶峰。19世纪80年代晚期以后,英商将市场重心转向印度和锡兰等地,中国茶叶出口量、价格和货值均出现下滑,而俄商却在汉口加快经营步伐。1894年俄商在中国茶叶采买首次超过英国④,汉口开始无可争议地成为清末第一茶叶输出港,这是汉口茶叶外贸的第二个阶段。1894年到俄国十月革命,是汉口茶叶贸易走向转折的第三个历史阶段,该时期汉口茶叶几乎全部出口到俄国,俄国掌握了从收购、制造加工到外运销售的所有环节,并且汉口输出茶叶占据中国总输出量的50%以上,可称为俄国独占期。1911年辛亥革命爆发后,汉口以及中国茶叶出口量波动幅度较大。俄国十月革命后,新生政权限制茶叶的进口与消费,汉口茶叶外贸同样走向了困

---

① 《清史稿》卷124《食货志五·茶法》,中华书局1976年版,第3653页。
② 〔美〕罗威廉:《汉口:一个中国城市的商业和社会(1796—1889)》,江溶、鲁西奇译,中国人民大学出版社2005年版,第153页。
③ 洋商在汉口从事茶叶收购的动力在于本国消费的迅速增长。以英国为例,从1870年到1913年英国人均年茶叶消费量从4磅增加到6.5磅。具体而言,1861—1865年人均消费茶叶2.8磅,1871—1875年人均消费茶叶4磅,1881—1885年人均消费茶叶4.7磅,1891—1895年人均消费茶叶5.4磅,1901—1905年人均消费茶叶6.1磅。参见 Donald Read, *The Age of Urban Democracy: England 1868-1914*, London and New York: Longman & Co., 1994, p.241。
④ 中国茶叶学会编:《吴觉农选集》,上海科学技术出版社1987年版,第97页。

顿和衰落，这是汉口茶叶外贸的第四个阶段，可称之为衰落期。因此，汉口茶叶外贸同样经历了倒"U"形发展轨迹，只是由于俄国市场的因素而使衰落时间延缓了约 30 年。

汉口茶市为何从迅速繁荣走向一港独大、转而走向市场萎缩，为何英国将市场从中国转移至印度和锡兰，为何俄国热衷于独占汉口茶市，传统研究多从历史现象出发探究内外原因，而我们认为应该从市场发生和运作机制这一本质性角度来进行分析。对于具有典型代表性的汉口外贸茶市而言，信息不对称是造成一系列问题和诸种现象的根源所在。[①] 信息不对称（Asymmetric Information）是指各种类型的信息在市场交易各方中呈现不对称分布状态，这对市场交易行为及市场运转效率带来深刻影响。在交易过程中，信息占有优势方（称为"代理人"）可能会利用其谋求更大收益，而信息劣势方（称为"委托人"）可能因此而受损。在交易完成之前，代理人利用委托人对关键信息掌握的有限性，做出对自己有利的决策、获得额外利益，结果导致劣质产品驱逐优质产品，这就是信息不对称的"逆向选择"（Adverse Selection）问题；在交易完成之后，代理人在实现自身利益最大化的同时，不考虑风险承担的问题，进而损害委托人的利益，这就是信息不对称的"道德风险"（Moral Hazard）问题。逆向选择和道德风险会降低市场交易运转的效率，使得市场在不均衡状态甚至扭曲的状态下运行，在特定的历史情境之下，会导致市场的萎缩和失灵。

---

① 信息不对称是 20 世纪 70 年代以来经济学界提出的热点理论，也是现代信息经济学的重要命题。1970 年阿克尔洛夫（George Akerlof）发表《"柠檬"市场：质量不确定性和市场机制》一文，以二手车市场为例精彩地分析了市场交易中普遍存在的信息不对称问题。之后，阿罗（Kenneth Arrow）、赫什雷弗（Jack Hirshleifer）、斯宾塞（Michael Spence）、格罗斯曼（Sanford Grossman）、斯蒂格利茨（Joseph Stiglitz）等经济学家在此基础上对劳动力市场、保险市场、信贷市场等领域的信息不对称问题继续深入研究，进一步发展和完善了信息不对称理论。2001 年，阿克尔洛夫、斯宾塞和斯蒂格利茨等三人因对该理论的贡献而获得诺贝尔经济学奖。理论内容可参见 George Akerlof, "The Market for 'Lemons': Quality Uncertainty and the Market Mechanism," *The Quarterly Journal of Economics*, vol. 84, no. 3 (Aug. 1970), pp. 488-500.

我们认为,市场信息严重不对称是晚清茶叶外贸从繁荣走向衰落的根本动力机制。

二、汉口茶叶外贸市场信息不对称现象严重

包括汉口在内的中国各口岸开埠通商之后,中国茶叶出口数量激增,参与出口贸易、承担各自功能的中外商人类型和人数也随之增多,各主体之间信息不对称的问题加重,信息不对称的内容和表现也趋于多元。

(1)开港之后信息不对称问题加重的原因分析。信息不对称问题普遍存在于社会经济生活中,但有轻重之分。全面开埠通商之前,中国生产者和中间商掌握产量和质量的信息,外国批发商和零售商掌握消费信息,由于信息缺乏有效的收集汇总管道,从事进出口贸易的洋商并不能完全知悉,故各主体信息不对称问题已经存在。早期与中国开展茶叶贸易的荷兰东印度公司为解决该问题,在1756年设立了管理中荷贸易的"中国委员会",从本土向广州派遣"品茶师"鉴定茶叶优劣,向大班发布年度指令确定收购茶叶的数量及其质量等级,还寄送荷兰市场销售价格、买家对不同茶叶的要求及其对劣质茶的抱怨等茶叶销售行情信息,希图通过这些措施改善在广州的采购。[①]新兴的英国东印度公司承袭了荷兰解决信息不对称的一些措施,还做出了进一步改进。[②]彼时,无论是中国、荷兰还是继之而起的英国,茶叶进出口贸易的主要方式是寡头垄断,茶叶出口的时间和地点受到严

---

① 刘勇:《中国茶叶与近代荷兰饮茶习俗》,《历史研究》2013年第1期;刘勇:《荷兰东印度公司中国委员会与中荷茶叶贸易》,《厦门大学学报》2013年第4期。
② Simon Yang-chien Tsai, *Trading for Tea: A Study of the English East India Company's Tea Trade with China and the Related Financial Issues, 1760-1833*, Doctoral Dissertation, University of Leicester, 2003, pp. 268-290.

格限制，故信息不对称问题所造成的损失并不十分明显。①

两次鸦片战争后，茶叶出口贸易港口渐趋增多并拓展到中国腹地，从事茶叶贸易的洋行也骤增，交易市场的竞争重新回归并日渐激烈。作为《天津条约》所确定的通商口岸之一，汉口处于中国腹地，属于内陆河港，与沿海港口相比，外商对其了解相对较少，特别是对汉口所连接的广大腹地了解更少，且汉口港同沿海上海等港口交通不甚便利，信息的传递和沟通更加不畅。另外，1861 年开港之后，英俄商人虽然积极在汉口从事茶叶经营，如英商设立怡和、协和、天裕、天祥、太平、履泰等洋行分支机构，但是外国商人在汉口的人数极为有限，活动范围主要集中在租界之内，多数商人只有在茶季才到汉口。② 汉口独特的地理位置、洋商人数的有限性、现代信息交流传递手段的缺位等，致使汉口茶叶外贸市场信息不对称问题表现尤为突出。

该时期信息不对称问题加重的原因还在于，贸易数量激增使得对茶叶特性的鉴定变得困难。根据生产经营者与消费者产品信息不对称的情况，可将商品分为搜索品、经验品和信任品：在购买前就可以确知商品特性的是搜索品，在购买前无法确定但在购买使用后可以确

---

① 1780 年第四次荷英战争爆发，荷兰东印度公司所经营的中荷茶叶贸易遭受重创，这引发其自身的经济危机，最终在 1799 年宣布解散。随后，中英茶叶贸易主要由英国东印度公司所垄断，1773 年该公司取得经营印度和中国贸易的特许证书，1813 年英国议会废止了该公司对印度贸易的专营权，而对中国贸易的特权延续到 1833 年才得以废止。在取得特许经营证书之前，东印度公司同中国的贸易在 1722 年茶叶所占据份额已经达到 56%，到 1761 年更达 92%。中国茶叶出口则被设立在广州的公行所垄断，在鸦片战争以前广州是全国唯一的茶叶出口港。在进出口受到垄断、茶叶贸易地点受到严格限制的情形之下，中外茶商都获取了各自的利益，信息不对称问题并没有引发严重的经营亏损，国外的茶叶消费者只得支付较高价格购买茶叶，并忍受市场供应的不稳定和茶叶品质的变动起伏。

② 外国人倾向于将汉口视作商业前哨，而非如上海等通商口岸一般看作一个远离故土的家。1861—1871 年汉口英租界的外国人口最多达 300 人，一般稳定在 100 余人，茶季从上海吸引来的洋商收购队伍约有七八十人。（参见〔美〕罗威廉：《汉口：一个中国城市的商业和社会（1796—1889）》，江溶、鲁西奇译，中国人民大学出版社 2005 年版，第 55—66 页）汉口俄商人数亦不超过百人，主要从事砖茶的产销。（参见《汉口租界志》编纂委员会编：《汉口租界志》，武汉出版社 2003 年版，第 50—52 页）

知特性的商品为经验品,在购买使用后仍无法确知商品特性的为信任品。[1] 就茶叶而言,其形状和色泽具有搜索品的性质,茶汤的味道和口感则具有经验品的性质,而是否掺杂作伪、是否对人的身体健康产生危害则具有信任品的性质。茶叶的生产者倘若为盈利故意作伪,甚至中间贩运商人也参与其中,出口贸易商在收购时就需要投入大量人力和物力等方面的成本进行鉴别。[2] 汉口茶叶出口数量激增,出口商茶叶鉴定实施效果有限,茶叶贸易中的信息不对称的问题表现十分突出。

(2)信息不对称的内容和表现。茶叶外贸市场的信息不对称主要表现为产量、质量以及国际市场需求等方面。首先表现为茶叶产量的信息不对称。茶叶尤其是春茶之生产,与开春之时间早晚、昼夜温差、霜冻灾害以及降水量等自然因素密切相关。清末中国处于"小冰期",综合王绍武、竺可桢、张德二等人的研究,19世纪下半叶长江中下游的华中和华东地区处于冷时段,这一时段持续至1890年或1900年前后。[3] 特殊的气候给汉口茶区每年茶叶产量带来很大的不确定性。[4] 晚清中国茶叶生产不断扩大,产量总体上呈现快速上升态势,但具体到每一个茶区每年的产量是有起伏的,特别是高品质的春茶产量是不确定的,受到气候等因素的牵制较大。对于洋商而言,能够确

---

[1] Michael R. Darby and Edi Karni, "Free Competition and the Optimal Amount of Fraud," *Journal of Law and Economics*, vol. 16, no. I (Apr. 1973), pp. 67-88.

[2] "盖初时,华商贩茶,无不得利。遂有不肖之徒,不顾大局,于贩运出洋时,稍有掺杂,借以牟利,西人偶不及检,遂以为可欺,于是多方作弊,专以一种伪茶搀和其间,或名再焙茶,或名水茶,甚至不为烘干,以增分两,掺杂药料以染颜色。"参见《书整顿茶务后》,《申报》1898年2月25日第1版。

[3] 王业键、黄莹珏:《清代中国气候变迁、自然灾害与粮价的初步考察》,《中国经济史研究》1999年第1期。

[4] 气候对长江中游等地茶叶产量造成的影响,在当时的文献中多有记载,如1878年的春茶茶市,"茶树于去冬半为冰雪冻伤,茶叶恐因之而减色"(参见《茶市述闻》,《申报》1878年5月14日第2版);又如1881年"楚省土产茶叶……今春风雪奇寒,茶树冻伤,老叶全落,竟成秃枝,观此情形,不但新茶之出稍迟,更恐收成将减色也"(参见《茶树冻伤》,《申报》1881年4月5日第2版)。1891年和1893年,《申报》又多次报道茶树被冻。

切了解中国茶叶产量供应情况，方能做出收购多少的判断。为此，洋商采取了产量预估的方式，即洋行之间建立往年茶叶输出量的统计信息交流机制，根据往年产量评估新一年可能的茶叶收成，如琼记公司曾与祥泰洋行、仁记洋行等进行过类似合作，但不同国家洋商拒绝合作会导致该机制的失效。[1] 如美国旗昌洋行在忍受因商业信息闭塞带来的接连损失后，从 1853 年起派遣中国雇员深入武夷茶区采购，其他洋行只得效仿，这就是为获得茶叶信息而建立的"内地采购"制度。[2] 与武夷茶区相比，汉口茶区高品质头春茶生产较为分散，分布在江西宁州、湖南安化、安徽祁门等地，对这些地区茶叶产量进行预估几无可能，而直接派雇员深入茶区采购则风险过高、成本过大。[3] 产量信息严重不对称是促使洋行在汉口开展竞购的重要原因。

其次为茶叶质量的信息不对称。除产量信息的不可知之外，洋商想了解中国茶叶的质量状况也是一件困难之事。中国开埠通商早期，英国祥泰洋行和巴厘洋行及其在广州、上海、香港、福州和汉口的分行一道联合，彼此交换茶叶样品，希望借此建立一套茶叶样品制度和质量鉴定的方法[4]，这是试图缓解质量信息不对称的应对举措。在汉口茶区，洋商对每年出产茶叶质量状况无法准确获得。在卖方市场时代，只得通过对华商所寄送的样茶质量等级出价进而达成收购意向，华商只关心茶叶售价问题，在不同洋商之间寻找更高售价；19 世纪 80 年代后期进入买方市场时代，洋商则不关心茶叶质量，只一味通过各种方式压低收购价格。[5] 最终无论洋商还是华商，都更关注价格，

---

[1] Stephen C. Lockwood, *Augustine Heard and Company, 1858-1862: American Merchants in China*, Cambridge, Mass.: Harvard University Press, 1971, p.13.
[2] 引自张仲礼主编：《中国近代经济史论著选译》，上海社会科学院出版社 1987 年版，第 416 页。
[3] 庄维民：《中间商与中国近代交易制度的变迁：近代行栈与行栈制度研究》，中华书局 2012 年版，第 229 页。
[4] Sheila Marriner, *Rathbones of Liverpool,1845-73*, Liverpool: Liverpool University Press, 1961, p.96.
[5] 陈慈玉：《近代中国茶业之发展》，中国人民大学出版社 2013 年版，第 89—139 页。

而忽视了最重要的质量。这导致华商之间逆向选择的出现，即拥有高品质茶叶的茶商不一定获得最高的售价，而品质较低甚至从中作伪的茶商反而会获得较大利润空间，最终拉低了汉口市场出口茶叶的整体质量水平。由于当时基于第三方认证、检测等制度和机构尚未广泛实施，茶叶质量信号和声誉机制尚无法发挥维系交易正常运转之作用。[①]

最后为茶叶国际市场信息不对称。中国与英美等茶叶消费国路途遥远，加之在1870年以前海底电缆尚未铺设，亚欧之间信息交流无法通过电报等现代技术实现。洋商对伦敦国际市场茶叶需求量和售价等信息无法准确获知，茶叶的快速收购和盲目输出导致："在1869年至1870年的最初三个月自全中国所输出的茶不下于73557087磅，而每个月之平均消费量少于12500000磅，尚有1868年之在海关所扣留的大量存货，供给量如此的过多，在伦敦市场必将导致某种事之发生，就是不保存而强制廉售，而输入者方面也希望能将新鲜存货脱手，因为害怕茶会腐坏和降低品质。"[②] 1871年，大北电报公司铺设从香港到上海、上海到日本长崎等地的水线，建立了中国、日本与西方的电报通讯，中国与西方信息交换更加便捷。[③] 但是汉口同上海以及与欧洲的通讯状况没有得到迅速改善，直到1884年左宗棠将电报线路从南京—镇江线向西敷设至汉口才得到初步解决。[④] 汉口同上海特

[①] 欧美等国茶叶的质量标准、检测、认证等机构和公司到19世纪晚期特别是20世纪上半叶才开始普遍设立，亚洲产茶国的茶叶检测机构20世纪20年代以后才开始设立。由于第三方检验尚未发展成熟，洋商在收购时，为降低信息不对称所带来的收益风险，会雇佣训练有素的茶师验茶实施检验，但茶师凭经验验茶仍旧无法确切鉴别掺杂等情况，详见《汉口茶市景德瓷器情形》，《湖北商务报》1899年第22册；沪民建：《外商垄断下的华茶外销》，载吴汉民主编：《20世纪上海文史资料文库》第4辑，上海书店出版社1999年版，第63—76页。

[②] I. U. P., B. P. P., China, vol. 9, 1869, pp. 83-84, Foochow，转引自陈慈玉：《近代中国茶业之发展》，中国人民大学出版社2013年版，第293页。

[③] 白寿彝总主编：《中国通史·近代前编（1840—1919）》第11卷，上册，上海人民出版社2013年版，第516页。

[④] 同上书，第519页。

别是汉口同欧洲茶叶市场长期缺乏现代的信息传递途径,与东部沿海港口相比,信息不对称问题更加突出,导致洋商在汉口从事茶叶收购长期面临着较大经营风险。

三、应对信息不对称所采取的制度措施及其存在问题

汉口等地茶叶出口几乎全为洋商经营,但严重的信息不对称给洋商的经营造成了极大障碍。面对这一情势,洋商在中国各港口推行中间商层层代理采买和样茶竞价交易制度,并采取内地竞购和海上竞运等措施,以图消解这一障碍。

(1)**中间商层层代理的制度**。广州一口通商时期,洋商经营活动受到严格限制,货物进出口只能通过中国行商进行。此时两湖、福建等地茶叶的运销主要由国内的茶庄运往广州卖给行商,行商再向洋商转售。第一次鸦片战争后的五口通商时期,公行制度被废除,外商经营空间空前扩大,但他们对中国的货币、语言、税厘、度量衡和市场环境等皆不熟悉,自营困难颇多,于是雇佣一些中国商人代为处理出口贸易各项经纪事务。这些受雇的中国商人由此成为洋行买办。[①]第二次鸦片战争后,汉口等更多通商口岸开放,洋行业务迅速向内地扩展,买办人数更是快速扩张,到19世纪末,全国约有买办10000人。[②]买办受雇于汉口洋商,从茶栈收购茶叶,一些有实力的买办还直接开设茶栈。茶栈经营模式是从行商演变而来的,主要设立在汉口,职责是担当茶叶出口贸易之中介,一方面介绍茶商或土庄栈客与洋行交易,从中抽取佣金;另一方面借资本于茶商、收取利息,而以所购之

[①] 许涤新、吴承明主编:《中国资本主义发展史》第2卷,人民出版社1990年版,第134—180页。

[②] 黄逸峰:《关于旧中国买办阶级的研究》,《历史研究》1964年第3期。

茶为担保。凡由各地运往汉口之茶叶，必须由茶栈经手卖出，茶商不得直接与洋行交易。在茶栈下游还有茶庄和土庄栈客，这是汉口市场和茶叶产区货物联系的津梁。此外，茶农和茶庄之间还存在一定数量的茶贩（也称山客、水客、山头）或者小茶行。[1] 洋商买办代理以及复杂而庞大的茶叶交易中间商的存在，一方面缓解了洋商对茶区收成、质量等信息不对称的程度，便于他们以较少数量的商人在短时间内完成大宗茶叶收购；另一方面却阻断了洋商和茶叶生产者之间的联系，洋商不得不为此支付较高价格，而茶叶生产者所获得收益也极为微薄，正如罗威廉所言："在汉口茶叶贸易的中国一方，由中间人、代理商组成了一个复杂的等级集团，这个集团阻隔了种茶人与这一市场的终端外国买主之间的联系。"[2] 这是洋商不得不面临的困境，缓解信息不对称的制度可以帮助其收购，但却以市场阻隔和高成本为代价。

（2）样茶—竞价的交易制度。汉口开港之初，中国茶商和外国洋行之间形成了"样茶—竞价"的商业交易之法：在大量上市之前茶商先将一批样茶运送至汉口，洋行据其竞价，出价高者得茶，洋商和中国茶商签订合约，确定收购茶叶的价格和质量等级等信息；茶大批运抵汉口后，茶商按照竞价价格过磅后卖给洋行，洋行查验茶叶等级是否与样茶一致，如无问题洋行会在一定期限内交付货款。该交易之法受到中国茶商和外国洋行的欢迎，因为对中国茶商而言茶叶有稳定的销售预期，对洋商而言可以事先稳定货源、确定收购等级，避免无茶可收的局面。合约对茶叶质量信息有明确约定，但部分茶商在洋商出价后为逐高利，实际运抵至汉口的茶叶质量较样茶要低。这种败德行为给汉口茶叶外贸市场带来交易的不确定性，破坏了市场均衡，

---

[1] 范师任：《中国茶业贸易之国际观》，《社会杂志》1931年第3期；闻钧天：《鄂省之茶业》，引自上海市商会商务科编：《茶业》，第82—85页；曾兆祥：《近代武汉的贸易行栈》，《中南财经大学学报》1986年第1期。

[2] 〔美〕罗威廉：《汉口：一个中国城市的商业和社会（1796—1889）》，江溶、鲁西奇译，中国人民大学出版社2005年版，第164—165页。

导致市场交易缺乏效率，商业之纠纷因之偶有发生。[1] 随着汉口茶市从卖方市场进入到买方市场，中国茶商对货源信息占有优势开始丧失，洋商凭借消费市场、金融信贷方面的优势处于博弈上风。他们开始正视货样不符的问题，甚至会以此为借口打压中国茶商。洋商通常的做法是在中国茶商将茶叶大量运抵汉口交易时，以茶叶的质量瑕疵为由，提出按低等次茶叶价收购、过磅时重量要打一定折扣、茶款要延期付款等各种要求。洋行之间还彼此实现联合，茶商如果不接受洋行所提出的条件，转投其他洋行出售，其他洋行同样拒绝收购。[2] 最终，中国茶商不得不选择同意洋行提出的降低收购质量等级等方面的要求，亏本贱卖。通过这种方式，洋行有效转嫁信息不对称所带来的交易风险，谋求稳定利润。

（3）茶师专职检验制度。对产品质量进行专业检测和分析是降低信息不对称的有效手段。在东印度公司茶叶贸易垄断时期，广州的大班兼职从事茶叶检验，以此作为定价的依据。但大班在茶叶质量检验方面并非训练有素，特别是1784年《减免法案》实施之后，英国从中国进口的茶叶数量骤然增多，消费者对其质量却多有抱怨。为解决这一问题，1790年英国东印度公司决定向广州派遣职业茶师，协助大班将交付茶叶和样品比较检验，查理斯·阿瑟（Charles Arthur）出任该职位。经过一段时间的实践，到19世纪的第一个十年，茶师们已经制定出近20种不同类型的茶叶质量标准鉴定等级[3]，并逐步将废茶的比例控制在0.3%以内，有效降低了信息不对称所带来的风险。设立专职检验茶师的做法对于茶叶质量控制方面发挥了作用，外商在中国通商

---

[1] 样茶与实际出售茶叶不相符在汉口不是个别现象，常见诸报端，如1872年"闻汉口新茶所出样箱，多与茶不符。西人有买定五号而退回三四号者，或有减价者"。《汉口茶叶信息》，《申报》1872年6月4日第2版）

[2] 〔美〕罗威廉：《汉口：一个中国城市的商业和社会（1796—1889）》，江溶、鲁西奇译，中国人民大学出版社2005年版，第162—169页。

[3] John Crawfurd, *Chinese Monopoly Examined*, London: James Ridgway, 1830, p. 83.

口岸派遣茶师由此成为定制。①汉口开港之后，洋商意识到质量信息不对称会导致逆向选择问题，故强化检验，对茶师的工作极为重视。每年茶季都会从英、德本土或上海派来验茶师，常住汉口，所有出口茶叶，一律要经验茶师验过方能成交，否则洋商不接收。②茶叶交易季节，汉口茶叶出口数量庞大，茶师验茶的工作量自然加重，长期工作会对茶师的精神造成很大负荷和损伤："夫茶市既开，为茶师者，固声价自高，然验茶时，非精神全注不为功。验查既久，亦于其精神有碍。尝有十余年后，患胃不消化、脑筋有损等疾，亦有曾为茶师而歇业者，一触以茶行芬芳之茶气，即觉不安，此在华人与日本人，谓之茶病。"③尽管有相对一致的样茶标准、质量检验比较严苛，但茶叶检验主要靠茶师眼观、鼻嗅、口品等主观经验来判断，尚未开始使用现代的科学测试仪器，茶师检验采取抽样方式检验，不可能逐一查验。因此，茶叶出口贸易中掺杂使假和"偶不及检"的问题仍难以避免。

（4）洋商在汉口的茶叶竞买和竞运。由于对汉口周边各省每年茶叶生产基本信息获知与华商不对称，当茶区批量货到达汉口时，英俄商人就必须迅速做出购买的选择，否则可能会面临买不到茶的风险，这意味着在头春茶季无生意可做。于是，每年五月开盘时，英俄商人便云集汉口，为争购头春茶展开激烈的争夺。据英国上海领事报告："在1864年5月底，第一批新茶抵达汉口，外国人之间以招致毁灭的价格急切地购买，并展开不当的竞争。"④另外，在海底电缆铺设之前，英国茶叶进口商对伦敦国际市场茶叶库存量、需求量、售价等方面商业信息无法准确获知。在这种情形之下，茶商从中国所收购茶

---

① 〔美〕马士：《东印度公司对华贸易编年史（1635—1834年）》第1、2卷，中国海关史研究中心组译、区宗华译，中山大学出版社1991年版，第498页。
② 《茶市续闻》，《申报》1878年5月15日第2版；《茶市消息》，《申报》1880年4月29日第1版。
③ 《汉口茶市景德瓷器情形》，《湖北商务报》1899年第22册。
④ I. U. P., B. P. P., China, vol. 6, 1864, p. 557, Shanghae，转引自陈慈玉：《近代中国茶业之发展》，中国人民大学出版社2013年版，第98页。

叶在英国市场的售价取决于到达时间的早晚，特别是春茶越早到达英国往往会获得较高售价，第一时间将茶运回脱手出售成为英国商人的共同选择。洋商急于将茶叶运回国内的第二个原因在于，收购的中国茶叶质量等信息无法准确识别，往往水分含量过高、包装不够坚实，运输时间越长，腐烂变质的可能性越大。1863 年，英国飞剪船"挑战者号"溯扬子江上驶至汉口，以每吨 9 磅之价，装茶千吨，经 128 日驶回英国，开辟了从汉口到伦敦的直航路线，这是最早在汉口从事载茶的外国快剪船。自此，英商在从汉口到伦敦之间的航线掀起了运茶竞赛运动。[①] 1870 年以后，苏伊士运河的开通、电报的出现、轮船的投入使用在一定程度上缓解了消费国市场和收购市场信息不对称的问题，茶叶国际销售市场情形更加明朗，英商以更加谨慎的姿态加入到汉口茶市的收购，不再急切与俄商开展竞争。

四、信息不对称机制下汉口茶叶外贸的畸形发展

洋商采取各种交易制度和贸易措施试图减缓信息不对称所带来的经营风险，这些制度和措施虽有一定成效，但仍没有立竿见影的效果。汉口茶叶贸易市场继续畸形发展，主要表现为茶叶品质不断下滑、茶叶成交价格整体处于高位、市场投机行为趋于频繁等。

（1）**出口茶叶质量不断下滑**。汉口头茶竞买情况是十分激烈的，最先运达汉口的茶叶往往能够获得较好的售价。而当头茶大量上市的时候，洋商则会相应地进行压价。因此，对中国茶商而言，将茶尽早运到汉口市场出售成为当务之急。红茶的生产主要分为茶农初制和茶庄精制两个环节，茶农初制主要是将茶叶凋萎，一般 1—2 天便可出

---

① T. J. Lindsay, "The Hankow Steamer Tea Races," *Journal of the Royal Asiatic Society Hong Kong Branch*, vol. 8, 1968, pp. 44-55.

售。红茶的精制则比较复杂，需要烘焙、筛分、拣别、补火和均堆，这一环节费时费力，需要耗费较长的时间。为了尽早将茶叶运至汉口出售，茶农提前采摘嫩茶，茶商一再对精制环节进行压缩。这致使汉口茶市的开盘时间一再向前延伸，19世纪60年代以后的四五十年中，开市时间早了20天左右。① 在赶制的迫使之下，很多茶叶精制和烘干不到位便运到了汉口市场。茶叶采摘时间一再提前违背了茶叶的自然生长规律，这导致茶叶产量不高，味道不醇厚；精制时间压缩导致筛分次数变少，烘干不彻底，茶叶纯度降低，水分含量过高。外商收购的茶叶要经过长时间运输和销售，才能到消费者手中，加之包装较为潦草，这一过程容易受潮和受到杂质、异味的污染。1872年领事麦华陀曾指出该问题："外国人之间争取成为第一买主的激烈竞争导致中国茶商将尚未成熟的茶叶投入市场。尽管轻度的烘烤和急速的赶制使茶叶还新鲜时同样也能产生香漫美味，但是它会随着时间而消失。"② 此外，头茶产量有限而收益较高，部分不法华商使用染色剂着色和杂物增重的情况亦不少见。③ 茶叶质量一再下滑，引发进口国消费者的普遍抱怨，也给贸易商带来严重损失。

（2）**交易成本导致茶价较高**。一般贸易的交易成本，尤其是价格机制下的成本取决于交易物品的信息不对称程度。如果卖家有动机透露产品质量等方面信息，成本相应地就会降低；如果产品质量等信息严重不对称，极度的不均衡就可能会导致贸易消失。④ 经济学家卡

---

① 张珊珊：《近代汉口港与其腹地经济关系变迁（1862—1936）——以主要出口商品为中心》，复旦大学2007年博士学位论文，第65—67页。
② 李必樟译编：《上海近代贸易经济发展概况：1854—1898年 英国驻上海领事贸易报告汇编》，上海社会科学院出版社1993年版，第263页。
③ 参见陈祖规、朱自振编：《中国茶叶历史资料选辑》，农业出版社1981年版，第198—200页。
④ Masaki Nakabayashi, "Price, Quality, and Organization: Branding in the Japanese Silk-reeling Industry," *ISS Discussion Paper Series* F-160, 2013, pp. 1-20.

沃思曾指出，交易的高度不确定性、交易双方存在的信息不对称等因素会带来较高的交易成本。[1] 首先，洋商从事茶叶进口贸易，因对中国市场信息掌握十分有限，不得不依靠大量的中间商人采办，这无形中增加了茶叶收购的成本。其次，中间商人倾向于隐瞒茶叶质量以获利，洋商无法准确获知茶叶质量等方面的真实信息，给交易带来高度的不确定性。再次，洋商无法及时获知本国茶叶销售信息，不得不在汉口市场为收购头茶而激烈竞争。这三者共同推高了成本，汉口茶叶收购总体上处于较高的价位（见表1）。中国茶商固然可以因之而获利，进口商却只得将成本转移给本国消费者。国外消费者已经养成饮茶之生活习惯，为此需要支付较高昂的生活成本。在这种情形之下，即便是在贸易形势较好的19世纪70年代初，洋商在中国因畸形的信息不对称导致的亏损的情况并不少见："两年以来，西国商人买办中国茶丝无不亏本，缘水路便捷，转运甚易，外国存栈丝茶尚未售出，商客办添货多不缺，出价低于入价，所以不能获利。"[2]

表1　1876—1887年汉口茶季开始时的茶叶价格（单位：两/担）

年份	上等茶	普通茶	年份	上等茶	普通茶
1876—1877	44—47	13—18.5	1882—1883	48—54	12—14
1877—1878	44—48	12—14.5	1883—1884	46—50	13—15
1878—1879	48—54	15—17	1884—1885	44—48	14—17
1879—1880	42—49	12—14	1885—1886	46—50	13—16
1880—1881	48—52	14—16	1886—1887	47—51	14—17
1881—1882	45—52	12—13			

数据来源：姚贤镐编：《中国近代对外贸易史资料（1840—1895）》第2册，中华书局1962年版，第1265页。

---

[1] 转引自马勇：《欧盟科技一体化研究》，华东师范大学出版社2013年版，第36页。
[2] 《西商办汉口茶叶数目》，《教会新报》1873年第243期。

（3）市场投机行为越发普遍。在信息不对称的市场，交易知情的一方可能会利用信息占有的优势来为自身牟利。有时茶商会利用洋商对茶区产量信息不对称的问题，散布关于收成不足的谣言，故意制造紧张的市场气氛，以促使洋商加快竞购、提升成交价格。但洋商又垄断了茶叶的出口贸易，华商对国际市场需求信息无法准确获知，于是洋商雇佣的买办趁机散布国际销路不畅的信息，汉口华商反而会处于被动地位："汉口的中国茶商，主要是广东人，他们是生产者和外国商人之间的中介人，从而他们获得很大的利益。他们把英俄战争即将发生的消息传入内地，并且尽量渲染它对茶叶贸易的不良影响。生产者怕他们的茶卖不出去，因此廉价出售。广东商人，因此获得很大的利润，据说不下两三百万两银子。"[1]除散布假信息外，洋行或者中国茶商会不同程度地对市场信息进行预测和判断，大量囤积茶叶、买空卖空，希图获巨利。但由于掌握信息不完全或不准确，致使茶市贸易的市场风险和不确定性增大，最终反而降低了彼此的成交意愿。[2]另外，买办与茶商有时会编造假信息，相互勾结、蒙骗洋商："买办者借洋行之好名，每张威信于侪辈间。虽阳示忠实于洋行，阴与顾客结托，而故纳高价之货品，以蒙蔽雇主者甚多，洋行之营业，不几成为买办之营业乎？其弊害观于买办收益之种类与数量，即可察知。"[3]洋行茶叶收购又不得不依靠买办，即使两者矛盾冲突比较严重，但洋商终究无计可施："对买办心怀怨怼，其理由虽充分，但亦无计避其苛索。"[4]因此，在信息不对称较为严重的

---

[1] 引自曾兆祥主编：《湖北近代经济贸易史料选辑（1840—1949）》第1辑，湖北省志贸易志编辑室1984年版，第36页。
[2] 郝延平：《中国近代商业革命》，陈潮、陈任译，上海人民出版社1991年版，第331—342页。
[3] 〔日〕水野幸吉：《汉口》，刘鸿枢等译，上海昌明公司1908年版，第255页。
[4] 吴弘明翻译：《津海关年报档案汇编（1865—1888）》上册，天津社会科学院历史所、天津市档案馆1993年版，第46页。

汉口茶叶外贸市场，各交易主体都在想方设法利用这一机制，以为自身谋利。

五、各方为解决信息不对称问题的最终抉择

严重的信息不对称给洋商经营带来不确定性，而推出的交易和贸易制度措施又导致汉口茶叶市场外贸形势趋于恶化，英商于是选择加快市场转移步伐，中国茶叶外贸市场整体陷入颓势，洋商开始联合操纵市场，转嫁信息不对称所带来的不确定性风险，华商试图通过质量控制和交易秩序的集体行动来确保市场交易的正常运转。俄商逐渐控制了除生产外的茶叶产业链，将信息不对称程度降到最低，对经营风险的控制使得俄商获得较高利润，最终汉口茶市被俄商所垄断。当俄国国内政治经济环境发生剧烈变动时，严重依赖俄国市场的汉口茶叶贸易最终走向了衰落。

（1）**英国将市场转移至印度等新兴产茶国**。竞购使中国茶商占据了市场主动权，却使得英商不得不面临较高的经营风险，同时使得英国国内茶价总体处于较高价位，这不利于茶叶消费市场的进一步扩大，对其国家利益同样是不利的。为此，英国积极寻找新的茶叶生产基地。为最大限度地消除茶市信息不对称的问题，英国在印度建立了从生产、加工到销售的全产业链商业模式。第一，印度地区茶叶种植面积、亩产量等信息有准确的统计，在阿萨姆等地区的茶叶农场面积广阔、土壤肥沃，并建有便利的排水灌溉设施，茶叶栽培科学合理，定时采摘，保证茶树较高的产量，印度茶叶产量随着种植面积的扩大而提高，可以满足世界各地不断增长的消费需求，这大大降低了产量信息不对称所造成的风险。第二，印度茶叶使用机器制作，既提高了生产效率，又保证了干净卫生与规格如一，更

为重要的是茶叶种植园直接将茶叶出口,没有大量的投机行为严重的中间商,这降低了质量信息不对称的风险,进而降低了交易成本。第三,印度茶叶生产和销售同英国国际市场信息交流通畅,伦敦市场价格和需求信息可以及时反馈给种植园,便于其安排生产,这又降低了国际市场信息的不对称。[1] 到19世纪80年代印度茶叶的优势凸显无疑,从价格方面看,"查十年前印度茶,每磅价值一先令五便士,至今年(1886年)则仅值九便士五,相差约有一半。似此再过二年印度每磅之茶价,可拟落至六便士"[2]。从质量方面看,"有人称用印度茶一分,可抵中国茶三分之说,是两处之茶质,又甚觉大相悬殊"[3]。因此,汉口茶叶贸易更大范围、更为激烈的竞争发生在国际市场,即印度、锡兰、日本等新兴的茶叶生产国的竞争。[4] 印度、锡兰等地茶叶对汉口乃至中国茶叶的冲击是巨大的:"1868年,英国人均茶叶消费量是3.52磅,中国茶叶占93%,印度茶占7%。自此之后,英国人均消费茶叶增至5.73磅,但是仅有11%是中国茶,印度茶和锡兰茶所占比例达到89%。"[5] 19世纪90年代以后,味道醇厚的印度、锡兰茶以及改良颇有成效的日本茶,迅速抢占了中国茶主导国际市场的传统地位(见表2)。

---

[1] 印度茶业能够较有效降低信息不对称的问题,可参考吴觉农:《印度锡兰之茶业》,《国际贸易导报》1936年第11期、1937年第2期、1937年第3期;艾瑞丝·麦克法兰、艾伦·麦克法兰:《绿色黄金》,杨淑玲、沈桂凤译,汕头大学出版社2006年版。
[2] 中国近代经济史资料丛刊编辑委员会主编:《中国海关与缅藏问题》,中华书局1983年版,第172页。
[3] 引自李文治编:《中国近代农业史资料1840—1911》第1辑,生活·读书·新知三联书店1957年版,第451页。
[4] 任放:《论印度茶的崛起对晚清汉口茶叶市场的冲击》,《武汉大学学报》2001年第4期。
[5] Isabella Bird, *The Yangtze Valley and Beyond: An Account of Journeys in China, Chiefly in the Province of Sze Chuan and among the Man-tze of the Somo Territory*, Cambridge: Cambridge University Press, 2010, p. 65.

表2 国际茶叶贸易市场供应分布表（单位：担）

年份	中国 茶叶	中国 茶砖	中国 共计	日本	印度	锡兰	爪哇
1849	381887	34560	416477	—	1740	—	—
1867	1248256	65311	1313567	89544	53130	—	—
1886	1846989	370212	2217201	275823	551078	60833	44010
1905	839173	530125	1369298	298422	1617380	1238260	191025

数据来源：马士：《中华帝国对外关系史》第2卷，张汇文等合译，商务印书馆1963年版，第449页。

（2）洋商联合操纵市场、压抑茶价，茶商亏损破产严重。由于中国茶叶质量的不断下降和英国消费口味的变化，中国迅速丧失了茶叶贸易的中心位置，中国茶叶对外贸易从卖方市场转为买方市场，洋行放弃了竞买策略，想方设法压低茶价："从前每百斤售银五六十两，商贩园户获利尚厚；今头茶仅售银二十一二两至十八九两不等，二茶售银十三四两，子茶售银八九两，甚或跌至六七两。推原其故，盖因洋商稔知山中售价，开盘之初，抑价压秤，多方挑剔，不使稍有赢余，否则联络各帮，摈绝不买，华商成本不充，艰于周转，不得不急求出售，是以连年亏折。"[①]洋商通常的做法是在中国茶商将茶叶大量运抵汉口交易时，以茶叶的质量瑕疵为由，提出按低等次茶叶价收购、过磅时重量要打一定折扣、茶款要延期付款等各种要求。洋商联合操纵市场，导致茶价下滑迅速，以1897年为例，"宁州茶实本六十两，今只售三十四五两；华阳茶实本三十二两，今只售十三四两；安化茶实本六十余两，今只售五十二三两"[②]。洋行通过操纵市场以降低信息不对称所带来的负面影响，转移经营风险，而茶叶行情的骤降和贸易量式微导致茶商亏损严重。1886年汉口茶商倒闭者3家，未

---

① 引自姚贤镐编：《中国近代对外贸易史资料（1840—1895）》第2册，中华书局1962年版，第974—975页。
② 《鄂茶亏本》，《农学报》1897年第4册。

倒闭者亦举步维艰,竟然形成"百家中仅有数家获利"的萧条格局。1887年的汉口茶市"茶叶品质不高,价格很低,销路不旺;外商买卖的一般情况良好,其中某些人,特别是经营上等茶的外商,利润很大。中国商人损失极重,并且还要继续遭到损失"[①]。1888年,两湖茶庄从300余家减少到181家。1900年,华商亦大受亏损,已有停庄止办者。[②] 对洋商而言,这种市场操纵策略实施效果明显,信息不对称带来的风险大为降低,利润也得到大幅提升:"据说外国茶商获得了极大的利润,特别对上等茶的经营,这些茶都是迅速地运往需求殷切的英国市场。对于中国的生产者和茶商来说,本季的经营是极不利的,他们的损失,估计足有一百万两。"[③]

(3)华商通过集体组织和动员,维持交易秩序的正常运转。随着洋行和中国茶商之间的纠纷越来越普遍,频繁的贸易摩擦导致华商损失严重。1871年华商为了共同的利益,在湖北、湖南、江西、安徽、广东、山西等六大茶帮的基础上组建了汉口茶业公所,试图通过集体行动的力量解决该问题。汉口公所与传统的会馆有很大不同,对此日人水野幸吉有深刻观察:"会馆者,于一定规约之下,不拘业务如何,以有信用之同乡人,相集而组织之,管理各人商业行为之一种自治团体也。公所者,无论乡里异同,为同业所组织,以定营业诸般之规约者也。"[④] 汉口茶业公所是华商同业的集体组织,在维持市场交易秩序方面作用有二:一是对内监督约束成员的交易行为,二是对外联合华商在与洋商和政府的博弈中谋求利益。1872年,汉口茶业公所组织茶商举行会议,在汉口道台的帮助下出台了交易规定:第一,要求茶

---

① 引自姚贤镐编:《中国近代对外贸易史资料(1840—1895)》第2册,中华书局1962年版,第975页。
② 《汉口茶市》,《商务报》1900年第12期。
③ 李文治编:《中国近代农业史资料1840—1911》第1辑,生活·读书·新知三联书店1957年版,第553页。
④ 〔日〕水野幸吉:《汉口》,刘鸿枢等译,上海昌明公司1908年版,第251页。

商将全部货物运到经纪人的货栈时,才能由茶业公所特派人员从大量茶叶中随意挑选样品盒,卖家选送样品呈送的做法被禁止;第二,抽样和查看货物完成、交易手续办理完毕后,洋商三天之内必须付款并将货物运走;第三,只许在指定的汉口中心货栈公开交易,不得在汉阳或者其他地方暗中交易或者倒手交易。① 鉴于不断恶化的贸易形势,汉口茶业公所在 1874 年、1876 年、1879 年间,不断重申各商必须严格遵守新的交易制度。1876 年,茶业公所还明订章程,规定以直接进入调查的方式而非过磅打折的方式解决质量问题,对查出企图以劣充优者一概处以罚金,力图减少或杜绝由此引发的贸易纠纷与争讼。② 尽管茶业公所做出诸多努力,但到 1882 年时,汉口茶叶外贸市场一些不守规矩的茶商私自递送样品、样品与大宗货物质量不一致问题仍普遍存在,洋行借此极力打折、克扣秤两、压低茶价,最终在 1883 年发生了公所茶商联合拒售茶叶的经济抵制历史事件。③ 对此事件学者评价为:"这次抵制行动也是十五年来控制产品质量运动的高潮,如果中国茶商想要提供一种人们所需要的、有可靠利润的产品的话,那么该产品的质量必须达到标准,因此,公所一直寻求消灭掺假和短秤现象以使价格和利润能真正建立在这些商品的市场价值的基础上。"④ 总之,汉口茶业公所试图建立中外商人普遍接受的市场交易秩序和制度,但这一努力又时时遭遇挑战,始终存在控制与反控制的博弈。汉口茶业公所在政府面前为商人争取利益,试图控制破坏交易规则的行为,协调维系中外商人交易的正常运转,短期有一定收效,但因缺乏强制约束力,无法长期发挥作用。

---

① 《茶商公议善后章程由茶栈抄粘禀复》,《申报》1876 年 6 月 27 日第 1—2 版。
② 《湖北汉黄德道李照会》,《申报》1876 年 11 月 16 日第 3 版。
③ 〔美〕罗威廉:《汉口:一个中国城市的商业和社会(1796—1889)》,江溶、鲁西奇译,中国人民大学出版社 2005 年版,第 179—187 页。
④ 彭雨新、江溶:《十九世纪汉口商业行会的发展及其积极意义》,《中国经济史研究》1994 年第 4 期。

(4) 俄商控制茶叶上下游产业链，实现汉口外贸茶市的垄断。沙俄经济势力尚未直接进入汉口之前，中俄贸易通过恰克图等边境城市的转口贸易已经达到比较高的规模。当时，以晋商为主体的商人将华中各产茶区的茶叶在汉口集中，通过汉口—樊城—太原—恰克图的贸易路线运转至俄罗斯，这是中俄两百多年贸易的传统商路。尽管垂涎茶叶贸易之利，俄商却因清政府闭关政策阻碍无法深入中国内地，更无法获知内地茶叶各方面的准确信息。1861年汉口正式开港之后，俄商便趁茶叶贸易活动空间大为拓展之机，采取措施以降低产量和质量等方面的信息不对称，提升在茶叶市场上的竞争力。其具体做法，一是深入到汉口及周边地区收购茶叶，1863年俄商借口"华人采茶，每有掺和之弊"，直接深入到赤壁、崇阳等地向茶农购茶。这一举措大大压缩了传统华商的生存空间，致使依靠边疆贸易的山西茶叶商人受到严重打击。[1] 二是在汉口开设制茶工场，生产符合本国消费者需求的砖茶。俄商之所以采取此举措，是因为山西商人所开设的砖茶手工作坊规模和资本小，且经营具有临时性质，技术落后、效率极低，又缺乏足够的卫生条件，导致其既不能以大宗产品满足俄国对砖茶消费日益增长的需求，更无法提供稳定的高质量砖茶。于是俄商通过直接收购和开设工场，控制除种植以外的所有茶业环节，使信息不对称问题大为降低，贸易成本随之削减，从而获得丰厚利润。1877年，在圣彼得堡，按照白银和卢布的汇率折算，每担砖茶的成本平均4.8两，售价为10.7两，每担获利5.9两。当年，俄商砖茶一项即获利87万两。[2] 俄商制茶的巨大成功，对中国传统的手工砖

---

[1] 俄国的商人对此多有描述："前几年在边境市场上山西行庄大约有一百个，可是自从1863年俄国人自己在汉口开办企业以后，山西行庄的数目就缩减为六十或七十个……目前在买卖城只剩下了四个老的山西行庄……"引自姚贤镐编：《中国近代对外贸易史资料（1840—1895）》第2册，中华书局1962年版，第1300页。

[2] 陈钧：《十九世纪沙俄对两湖茶叶的掠夺》，《江汉论坛》1981年第3期。

茶作坊造成了很大冲击。① 鉴于在华经营有厚利可图，俄国极大地降低了从英国进口茶叶的比重，大力发展经由海路运往西伯利亚以及从汉口直接输往欧俄敖德萨的海上路线，大量运销中国茶叶，获取高额利润。

俄国国内气候条件不适宜种茶，也没法像英国一样，找到合适的殖民地发展现代茶业。加之中俄陆路和海路交通比较便利，因此俄商比英商更倚重中国茶业市场，有更多动力深入经营开拓，借此降低信息不对称所带来的成本（见表3）。史实显示，1886年中国茶叶对外贸易由盛转衰之后，俄国对中国茶叶的进口量却呈现快速上升势头，1888年从中国输入的茶叶突破60万担，占中国茶叶出口总量的31.13%；1898年输入量为94.1万担，占中国茶叶出口总量的61.14%。② 19世纪末到1917年，尽管受到义和团和日俄战争影响，汉口的对俄茶叶输出仍占到中国茶叶总出口额的50%以上，出口量稳定在八九十万担，"砖茶系俄人在汉口制造，名曰华茶，实则利权已入俄人之手"③。俄商之所以越来越倚重汉口茶市，除无法像英国一样找到生产替代国外，最主要的原因在于俄国通过对收购、加工制造和运输等领域的全面渗透，控制了茶业上下游环节，有效降低了信息不对称带来的经营风险和交易成本，可以获得廉价且品质稳定的货源，以满足本国消费者不断增长的消费需求。

---

① 19世纪初，汉口地区的砖茶多是在恰克图经商的山西茶商开设的手工作坊生产的，有70—80家不等，雇用当地农民按季节压制砖茶。在俄国茶商的有力竞争下，华商开设的小砖茶厂大半停业。（郭蕴深：《中俄茶叶贸易史》，黑龙江教育出版社1995年版，第105页）
② 陈慈玉：《近代中国茶业之发展》，中国人民大学出版社2013年版，第324—325页。
③ 李哲浚：《江宁劝业道李呈度支部、农工商部整顿出洋华茶条议》，《江宁实业杂志》1910年第3期。

表3　1885—1894年英俄进口华茶数量比较表（单位：担）

年份	英国	沙俄	年份	英国	沙俄
1885	1011666	432315	1890	433964	585350
1886	949537	599177	1891	411284	636408
1887	793747	607376	1892	361458	535818
1888	688216	675177	1893	367218	688744
1889	608738	536494	1894	307505	757288

数据来源：姚贤镐编：《中国近代对外贸易史资料1840—1895》第2册，中华书局1962年版，第1193、1204—1205页。

（5）清政府试图对市场进行规制但收效有限。在严重的信息不对称导致市场失灵萎缩之时，政府规制及其所推出的制度安排、信号机制等尤为重要。[①] 有识之士也明确提出需要政府来维持秩序："当无可设法之中有四法焉，可以嘘枯吹生，使万象顿回春意者，则在当局洞悉本原，一维持保护之而已。"[②] 为此，清政府各级官员试图对茶叶产业发展进行引导，维持市场交易秩序，强化对茶叶质量的监管，以缓解信息不对称对汉口茶市的负面冲击。内阁中书刘铎倡导设立茶政局，由其维持汉口的销茶秩序："汉口为各省通衢，宜设茶政局，五省茶箱起运，厘局按月造册，咨送茶政局。凡茶到汉，抽验核价，合十字为一批，以到埠为先后，不得越销。"[③] 1889年张之洞就任湖广总督后，对茶税整顿和茶叶极为关注，他向茶农倡导科学之法、

[①] 阿克尔洛夫提出降低信息不对称应采取的制度有担保、品牌产品、职业许可等，这些多为市场交易自身所产生的制度，越来越多的研究强调各种力量的规制特别是来自政府的规制。可参见 David P. Baron and David Besanko, "Regulation, Asymmetric Information, and Auditing," *The RAND Journal of Economics*, vol. 15, no. 4, 1984, pp. 447-470; Jean-Jacques Laffont, "Regulation of Pollution with Asymmetric Information," in Cesare Dosi and Theodore Tomasi, eds., *Nonpoint Source Pollution Regulation: Issues and Analysis*, Dordrech: Kluwer Academic Publishers, 1994, pp. 39-66。
[②] 赵树贵、曾丽雅编：《陈炽集》，中华书局1997年版，第347页。
[③] 《议覆刘中书陈员外条陈茶政疏》，载于宝轩编辑：《皇朝蓄艾文编》卷30，台湾学生书局1965年版，第2458页。

"裁厘改捐"降低茶税、开办学堂研究传授茶叶种植制造之法、兴办机器制茶、筹办两湖制茶公司等。张之洞的一些措施对于缓解信息不对称、建立市场交易的信号机制、维持交易秩序有一定效果。1894年和1896年,张之洞两次组织茶叶直接运销俄国,建立了较好的市场口碑。1892年张之洞提议建立茶叶质量奖惩制度,与当地官员的政绩和升迁相挂钩①,还致力于维持市场交易秩序。②但总体来说,上述措施多为提议和设想,在晚清社会整体陷入颓势的情况下,无论是在汉口还是整个中国很少得到推行。在同一历史时期,日本茶叶对外贸易市场也面临着信息不对称造成茶市消失的风险,但因及时调整策略、进行大刀阔斧的改革,有效解决了市场中的道德风险和逆向选择问题,走出了产业发展危机,在国际市场上的竞争优势反而超越中国,成为世界重要的绿茶生产基地之一。③

六、主要结论

通过上文对汉口茶叶外贸市场的分析,我们可以看到市场交易中的信息不对称,除阿克尔洛夫所提出的具有典型性的质量信息不对称,还有产量信息不对称、市场需求信息不对称等类型,这丰富了信

---

① 《就产茶州县官奖惩事电复江宁刘制台》,载吴剑杰编著:《张之洞年谱长编》上卷,上海交通大学出版社 2009 年版,第 333 页。
② 朱从兵:《设想与努力:1890 年代挽救华茶之制度建构》,《中国农史》2009 年第 1 期。
③ 日本近代茶业发展情况可参考〔美〕威廉·乌克斯:《茶叶全书》,中国茶叶研究社社员集体译,中国茶叶研究社 1949 年版。徐方干:《日本茶业概况》,《国际贸易导报》1933 年第 11 号;吴觉农:《日本与台湾之茶业》,《实业部月刊》1936 年第 7 期。日本茶业缓解茶叶贸易市场的信息不对称,主要是通过区域合作社在产量、质量等方面自我控制管理,在政府扶持下破解外运难题,在国外建立消费品牌等来实现的,但这方面的研究较少。日本学者中林真幸以本国 19 世纪晚期缫丝业发展为例,分析了缓解信息不对称并将质量控制内在化的过程,可参见〔日〕中林真幸:《日本近代缫丝业的质量控制与组织变迁——以长野诹访缫丝业为例》,《宏观质量研究》2015 年第 3 期。

息不对称的基本理论。深处中国腹地的独特地理位置、英俄商人收购茶叶人力的有限性、现代信息交流工具的缺乏等因素导致汉口茶叶外贸市场广泛存在着信息不对称的问题。当世界茶叶市场处于卖方市场、中国是世界主要茶叶供应国时，洋商为收购到足额数量茶叶以满足本国迅速增长的消费需求，缓解信息不对称所带来的经营风险，不得不采取了中间商代理采买和"样茶—竞价"的交易和茶师专职检验的制度，英俄洋商在汉口展开激烈竞买，英国商人之间也进行海上竞运。这活跃了汉口茶叶外贸市场，洋商却又不得不面临着信息不对称所带来的"道德风险"，这主要表现为部分茶商不断破坏交易秩序、茶叶的品质不断下滑、茶价总体上处于高位、市场投机行为较为普遍等。洋商为应对信息不对称所采取的一系列制度和措施，在短时间内降低经营风险的同时，又助长了长期经营不确定性的风险。为降低信息不对称所带来的经营风险，英国选择市场转移，从汉口乃至中国茶市退出，开始在印度等地筹划茶叶产业，控制茶叶的全产业链，有效降低了信息不对称的风险。汉口茶叶外贸市场从19世纪80年代晚期转入买方市场，茶叶供大于求，于是洋商开始联合操纵市场，转嫁信息不对称的经营风险，压制茶叶收购价格，注重质量的茶商反而被不法茶商侵夺利润空间，这就是信息不对称所导致茶商的"逆向选择"问题。洋商借机声称华商普遍货样不符，以打折、磅亏、拖延付款等方式打压华商，贸易纠纷骤起，交易秩序趋于紊乱，华商损失严重。在此情形胁迫之下，华商选择联合起来，通过汉口茶业公所等集体组织提升行动力量，试图降低质量等方面的信息不对称，借此实现交易秩序的正常运转。在反复的交锋和博弈之中，华商的努力虽有一定成效，但终究无法实现对市场秩序的彻底整顿。俄商自进入汉口之初，便着手实现对茶叶产业链的掌控，以降低信息不对称与近代华茶国际贸易的衰落所带来的成本损耗。最终，俄商实现了对除种植环节之外的产业链的全面控制，较好地解决了茶叶贸易的信息不对称的负面影响，降低了成本，这也是俄商越来越倚重汉口茶市的重要原因。当英商迅速退出汉口茶市时，俄商一家独大，汉口对俄茶叶输出猛增，成为晚清中国茶市整体陷入颓势和困顿后的独特景观。但这是垄断性市场，华商在收购、加工制造和运输等环节都被排除在外，汉口茶叶外贸市场交易走向失灵、趋于消失。

我们以汉口港为例，通过史料的梳理，分析了近代华茶国际贸易从高度繁荣走向迅速衰退的市场动力机制，即特殊历史情境下信息不对称可导致市场萎缩甚至消失。但我们还要回答近代不同历史时期茶叶出口市场信息不对称的程度如何，这需要进行相关测度，呈现信息不对称的变化趋势。[1] 英、美等国为应对与中国茶叶贸易信息不对称问题，曾推出一些法律制度、标准和贸易措施，如美国在19世纪末期曾推出《进口茶叶法案》、建立茶叶检验质量标准等，这些给中国近代茶叶外贸造成深刻影响的外部冲击因素，目前国内研究尚属空白。另外，还可将中国与同期面临信息不对称困境的日本进行比较，研究日本茶业成功缓解信息不对称的策略、方法和路径。[2] 这些将是今后继续深入研究的重点。

（原载《历史研究》2016年第1期）

---

[1] 学界对信息不对称的研究主要侧重于基本理论和实际案例的应用分析，较少对信息不对称程度进行测量，国内仅见卢洪友、连玉君、卢盛峰：《中国医疗服务市场中的信息不对称程度测算》，《经济研究》2011年第4期。

[2] 如日本19世纪晚期已经着手开始实施全面出口检验，这实际上是在建立产品信息的传递机制，阿克尔洛夫将这一质量控制活动视之为"发展中国家不诚实的成本"。中国借鉴日本经验，直到20世纪20年代末才实施出口商品检验。参见陈椽编著：《茶叶检验》，新农出版社1951年版；上海出入境检验检疫局编著：《上海商品检验检疫发展史》，上海古籍出版社2012年版。

浅析鄂西北地区"楚长城"遗迹

在鄂西北的崇山峻岭中，有数百处似长城非长城、用石块砌成的古代建筑遗迹，20世纪80年代以来，就有人认为这些遗迹是东周时期的楚国长城。于是，这一"重大考古发现"正式进入人们的视线，至今仍被学术界所关注。由于发现之初，考古工作不深入，出土材料不丰富，关于这类遗迹的性质，一直争议较多，其中较主流的看法是这类遗存就是文献记载的"楚长城"，但也有学者对此表示质疑。本文拟从以下几个方面谈谈对此类疑似"长城"遗迹现象的粗浅认识。

一、鄂西北"楚长城"的提出

20世纪80年代初，全国第二次文物普查中，考古工作者在湖北省十堰市竹溪县蒋家堰镇关垭子村六组，发现一处夯土筑成的古代遗迹。遗迹呈城墙式展开，绵延数座山峰，当地称为关垭，考古工作者将其命名为"关垭土墙遗址"[1]。

关垭土墙遗址发现后，虽然考古工作者已作了明确的定性，但此处却依旧成为"楚长城"的标志。由于鄂西北类似于关垭土墙遗址

---

[1] 国家文物局：《中国文物地图集——湖北分册》，西安地图出版社2002年版。

的古建筑遗迹很多，自此之后，各方人士凡见到此类遗存皆以"楚长城"称呼。无独有偶，几乎与湖北发现"楚长城"的同时，在河南、陕西也有"楚长城"的发现，致使"楚长城"的发现呈星火燎原之势，一时间到处都布满"楚长城"。

长城是中华民族的象征，是人类文化史上最为伟大的工程之一，我们在对其定性时要慎之又慎，对所谓的楚长城更应如此，要尊重史实，让考古材料说话。就鄂西北而言，是否有楚长城存在、鄂西北发现的这类遗迹是否为楚长城，我们认为只有进行科学分析、论证之后才能下结论。在讨论鄂西北这类建筑是否是楚长城之前，有必要先追索一下历史上有关楚国长城的记载。

"楚长城"最早出现于《通典》，据卷177记载：武当郡均州"有古塞城在县北，战国时，楚筑以备秦。所居之山，高峻险峭，今名大塞山"[1]。此山为今天丹江口市凉水河镇的古寨山，这条记载虽没有明说此处为"楚长城"，但现在一些人皆认为其为鄂西北"楚长城"的最早记载。除此之外，有史籍记载春秋时期的庸国建有方城。庸处于鄂西北的竹山、竹溪两县，于是这个"方城"又成为确立鄂西北有"楚长城"的依据，继而认定其是"楚长城"的起点[2]，确认"（楚长城）西线，大致自湖北竹山县起，向西北交于淅川县……楚长城的相对长度约一千六百余里，绝对长度难以数计"[3]。

庸方城在鄂西北"楚长城"的讨论中具有重要意义，历代学者都非常关注。历史记载也很多，较重要的有《左传》文公十六年记载："使庐戢梨侵庸，及庸方城。"《括地志》云："山南有城，长十余里，名为方城。"《括地志辑校》云："方城（山在）房州竹山县东南四十一里。其山顶上平，四面险峻。山南有城，长十余里，名为方

---

[1] （唐）杜佑：《通典》卷177，浙江古籍出版社2007年版。
[2] 景爱：《中国长城史》，上海人民出版社2006年版。
[3] 王彦芬：《楚文化研究论文集——楚方城考》，中州书画社1983年版。

城。"杜预注："方城，庸地，上庸县东有方城亭。"《史记·礼书》正义引《括地志》云："方城，房州竹山县东南四十一里。其山顶上平，四面险峻，山南有城，长十余里，名为方城，即此山也。"《元和郡县图志》云："方城山，在县（竹山县）东南三十里，顶上平坦，四面险固，山南有城，周十余里。"《宋本方舆胜览》云："方城山，又名庸城山，在竹山县东三十里，山上平坦，四面险固，山南有城，周十里。"上述记载归纳起来有三种不同解读：一是山名，即方城山；二是城名，即方城；三是亭名，即方城亭。由此可见文献均未认为庸方城即为楚长城。

二、鄂西北"楚长城"的考古调查与发掘

　　鄂西北疑似"楚长城"的遗迹，在当地的志书中多明确记载为当年的山寨。鄂西北地区的所谓山寨这类古代文化遗存，在全国第二次文物普查时开始被关注，第三次普查更将其作为一个重点，由于认识水平的提高，当地文物工作者也给予了足够的重视。除这两次文物普查之外，平时文物工作者和文物爱好者也做过相应的调查，据不完全统计现已发现遗址近 600 处。[①]

　　第二次文物普查发现之后，主要有三次针对这类遗迹的考古工作。首次是由湖北省文物考古研究所组织实施，先后对竹山县、竹溪县等重要地点进行实地考察，发现 12 处遗址。它们均分布在鄂、陕两省分界线的山岭上，有的遗址以墙体充当分界线，也有的遗址整体分跨两省。通过一个多月的工作，考古工作者在遗址中没有发现与楚国有关的遗物。再次是为期三年的三普工作，先后对 160 多处这类遗

[①] 十堰市博物馆藏资料。

迹进行了深入调查，亦没有发现与楚国有关的文物。第三次是由湖北省文物局组织，十堰市博物馆实施，先后对竹溪县关垭、竹山县皇城（方城）、郧西县白山寨、丹江口市铜锣寨与古寨山等五处遗址进行试掘。通过三个多月的发掘，考古工作者亦未找到东周时期的遗物和遗迹。除上述几次专项的重点调查之外，十堰市、县的文物工作者，还对辖区内的这类遗迹进行过相应的调查，同样未找到与"楚长城"相应证的资料。下面简略介绍上述遗址的发掘情况。

关垭遗址位于湖北省十堰市竹溪县蒋家堰镇关垭子村六组，与陕西省安康市平利县长安镇张家店村四组接壤。遗址坐落于陕西与湖北接壤的山脊分水岭上，鄂陕两省的省道从关垭正中穿过，在两侧的山坡上，尚可见残垣，墙体依山而筑。通过发掘，关垭遗址的地层堆积较浅，即表土层下就是山体基岩，在探沟的一端可以看到夯筑层。出土遗物不甚丰富，有少量瓷片和釉陶片。釉陶为红陶胎，黄釉。可辨器形有瓷碗、罐等。在地面上可采集到青花瓷片。

皇城遗址（即方城）位于湖北省竹山县文峰乡皇城村二组，当地传为"土城"或"方城"。其平面大致呈椭圆形，遗址从北至南沿东部边缘，尚保存有长约45米的残土垣，整体残垣呈弧形，残垣高低起伏，间有断缺，外侧陡峭，内侧为缓坡状。皇城遗址发掘探方六个。根据T3的发掘情况，地层可分为五层，但地层较薄，且时代为明清时期。出土遗物非常少，只有三件残片，分别为青瓷片、陶片与铁镰。

白山寨遗址位于湖北省郧西县湖北口回族自治乡虎头岩村一组。表土下即为生土，遗物仅一件青瓷碗底残片。

铜锣寨和古寨山遗址地层均较薄，发现遗物极少，皆为布瓦残片，铜锣寨地面还有许多石雕像。

红岩寨遗址位于十堰市张湾区，调查时发现墙体有文字资料，如"嘉庆五年"和"咸丰贰年十□"等字样[①]，这是鄂西北迄今唯一

---

① 十堰市张湾区第三次文物普查资料。

有明确文字记载的所谓"楚长城"遗址。

三、鄂西北"楚长城"的形式及年代

根据考古调查和发掘发现,鄂西北地区"楚长城"遗迹的形式大体可分为三类:一类为环形建筑,可以称之为山寨;一类属于关隘建筑;再是类似于城墙类的建筑。由于这些建筑无论在建筑材料,还是在建筑选址上都有相同之处,所以有些学者一并将其称"楚长城",实际上它们还是存在一定的差别的。

第一类是山寨。本地区的山寨多达近六百处,大多都在高山之巅。山寨的形状不一,均是依山而建,石墙顺走势或高或低,最终形成封闭系统。墙体厚度基本差别不大,所采用的石块也是就地取材,砌筑方式较为简单,用石块垒砌而成,基本不做修整。在墙体上,偶尔也能发现瞭望孔,这些瞭望孔多设置在寨门两侧,或者是寨墙局部转折处。所有山寨都设有寨门。绝大多数山寨利用天然陡崖,即"据险",以防御为目的。

第二类是关隘。鄂西北关隘不多,最典型的就是竹溪县蒋家堰镇的关隘遗址。它处于两山之间的隘口,成城墙式向两侧外沿。《竹溪县志》记载,其"与陕西旬阳、平利县、湖北竹山县交界的竹溪县龙坝区、中峰区、鄂坪区一带,呈南北走向。南起与陕西省平利县交界处的鄂坪区天宝乡青沟村的梓桐垭,至北与陕西省旬阳县铜钱关、湖北省竹山县得胜区大庙乡铁炉沟交界的铁桶寨,蜿蜒曲折、断断续续,全长约180公里"。由皇城、土城、方城三部分呈品字布局,并互为犄角之势,正好扼守东、西通道,三者可视为一个整体,实为一处大型关隘或是防御型建筑。

第三类为城墙建筑。在鄂西北与陕南诸县,即沿陕西南部安康地区的巴山、汉水之间，与湖北两省边界的山脊起伏伸延有一条城墙类建筑，这条古代的城墙隐现于群岭密林之中，走向略呈西南至东北。[①] 据《白河县志·寨堡志》记载：在白河县南界，"东至黄龙洞，西至紫木树垭，中间一百五六十里，仅与竹山交界，有界岭一道。……计拟于此三百余里之地，尽筑边墙，则一面依恃山险，一面隔断汉江，河山带砺，可以永远固守"。事实上，在鄂西北，乃至陕南的市、县中确有这种城墙类建筑存在，且绵延于秦巴山中。

目前，鄂西北发现的所谓"楚长城"皆处于人烟稀少且非常偏僻的山巅之上，每次调查几乎都很难发现遗物，所以对其时代的断定比较困难。但当地的志书多有记载，大多认为它们是明清时期的山寨。考古出土资料也证明这些遗存皆为山寨，与"楚长城"无关。这些遗迹的年代也充分说明其不可能是所谓的"楚长城"。

根据上述考古调查和发掘，关隘遗址和竹山县的皇城遗址出土遗物极为有限，发现的青花瓷片、釉陶片等表现出的时代特征都非常晚，最早不过明清。铜锣寨和古寨山遗址时代是明清或更晚。铜锣寨遗址地表发现的一些被毁坏的造像，其年代为明代。白山寨遗址发掘出土的仅一件青瓷碗底残片，时代也应为明清时期。红岩寨遗迹上发现的文字资料里更直接证明其年代在明清时期。上述五个地点，截至目前还没有发现早于明清时期的历史遗物。

四、结语

鄂西北地区为何出现如此众多的山寨？究其原因当为以下几方面。
其一，具备战略地形，乃兵家必争之地。鄂西北为中国的中心

---

① 艾冲：《陕鄂边界古长城考实》，《陕西师范大学学报》2000年第2期。

地区，处于第二级阶地的东缘，是长江中下游平原与秦巴山区的过渡地带，同时又是南北的结合部，起着沟通西部四川、陕西和联络长江中下游平原的桥梁作用。从战略位置而言，它位于秦巴山区与江汉平原交界的咽喉地带，背靠秦巴深山，若退，可凭借山势固守，而进则可出荆襄、南下直通华中重镇武汉，进入长江流域。历史上，尤其是近现代史，鄂西北几乎没有停止过硝烟，如明末有李自成、张献忠在此活动；清初王聪儿、白莲教、太平天国都长时间在此逗留；还有第一次土地革命战争时期，贺龙、关向应等在此领导农民武装运动；抗日战争时期这一带是战时首都重庆的前沿之地，第五战区据守至此；解放战争时期刘邓大军，挺进中原，李先念率领的新四军五师在这一带的战斗事迹广为流传。这些均说明自古至今，鄂西北地区都是兵家必争之地。既然是兵家必争之地，那么一定就会出现不安定的现象，这种现象为山寨的出现提供地理基础。

其二，流民汇聚之地。流民是出现山寨的另外一个因素。由于鄂西北山高、谷深、林密，地理偏僻，多山，又是三省结合处，官府管理偏难，历史上大量流民汇聚如此。再者小规模的农民起义也是出现山寨又一原因，如刘通起义、李原起义[①]，等等。这些农民起义既发起于鄂西北，也以这一带为基地。据《竹溪县志》载：战乱时，人民为避战火，选择山峰险要，结寨而居。明末与清代的这些农民起义，以其范围之广、影响之大、时间之长，至今还在鄂西北、陕南地区广为流传。上述是鄂西北山寨出现的直接原因。此外，鄂西北山寨的出现还与以下两人有着密切的关系，一是卢象升，一是李昌平。卢象升（1600—1639年），字建斗，别号九台，宜兴人，崇祯六年（1633），抚治郧阳，在此期间主修山寨。李昌平是清代嘉庆年间任职竹溪县，也力举大建山寨。

---

① 王一军：《明清郧阳历史文献笺注稿》，当代中国出版社2004年版。

综上，是否存在"楚长城"，"楚长城"在哪里，仍需通过大量的考古工作，同时结合相应的文献资料来考察。楚国有八百年历史，其版图是逐渐从"土不过同"到占据南中国，所以其国土面积在不同的时期是不同的，故而其边界也是在不停变化的。长城是一种防御性军事设施，起着阻敌、护己的功用，一般处于国土之边界线。因此，在确定楚长城时，首先应该明确其时代，同时要明确楚国的版图、疆界及邻国，以及建筑此长城是为了防御哪个国家等诸多问题。现在许多讨论楚长城的文章，就长城论长城，并没有将长城放入历史之中去讨论，故其结论必定与史实不相符，所谓的鄂西北"楚长城"之说正是如此。本文认为鄂西北地区的"楚长城"遗迹是明清时期的山寨和关隘遗迹，与楚国之长城并没有任何关联。

鄂西北这些山寨、关隘及城墙类建筑等遗迹虽然不是楚长城，其重要性和学术价值亦可能不及楚长城，但它也是古代劳动人民创造的物质财富，是不可多得的历史文化遗产，同样需要相应的重视和保护。

（原载《江汉考古》2016 年第 6 期）

试论唐代南方少数民族对长江中游的经济开发

　　唐代长江中游流域农业经济发展迅速，对中国古代社会经济重心南移的格局产生了深远影响。然而，唐代南方经济发展迅速的原因多被归于不断发展的农业技术与地理条件相结合而产生的生产优势，或隋末北方战乱及安史之乱使北人南迁带来了劳动力和先进技术要素等原因，唐代长江中游少数民族对当地开发的作用，却较少被专门研究。唐代长江中游地区分布着蛮、僚等众多种别的少数民族，经过东汉和魏晋南北朝时期南方民族的大融合，蛮民由山区走向平原，向东向北迁徙，与汉族杂居、通婚，互相渗透影响。南北朝时期，蛮、僚逐渐分化出生蛮与熟蛮、生僚与熟僚，虽然其融合趋势明显，但至唐时，长江中游的少数民族在山区和平原地带依然呈聚落式分布的态势，他们与迁居至平原、与汉民族逐渐融合的少数民族一起对长江中游的土地垦殖、赋税贡献等经济开发做出了不可磨灭的贡献。

一、唐代长江中游地区南方少数民族的变迁

　　长江中游世代居住着许多少数民族，唐以前，长江中游的少数民族经历了东汉和南北朝两个活跃期，其种族发展繁盛，分化出了几大种别。板楯蛮、廪君蛮和盘瓠种等都在活跃期期间增加了种

别分支，史书中多以其聚居地的名称称呼之，如廪君种别的"江夏蛮""澨中蛮""巴郡蛮"等，盘瓠种别的"武陵蛮""零阳蛮""溇中蛮"等，各分支"种类繁多，言语不一，咸依山谷，布荆、湘、雍、郢、司等五州界"①，如廪君蛮之后豫州蛮的活动地域，主要在汉置南郡境内，经发展迁徙，南朝时活动范围溯夷水至盐阳，北接淮河、汝水，南至长江、汉水流域，分布范围达数千里，遍及江沔地区；荆、雍州蛮，作为史书记载的盘瓠之后多居于武陵五溪，称"五溪蛮"，他们"所在并深岨，种落炽盛"②，主要居住于水域沿岸；板楯蛮在魏晋以后的不断迁居过程中移动到汉中、关中、峡江等地，分布范围甚广，唐代诗人岑参描述汉、獠、板楯、廪君等种别在深山重阻的峡江地区"参错"杂居的情景为："云雨连三峡，风尘接百蛮。"③可见，经过不断的迁移、发展，长江中游地区蛮族④的主要种别之间逐渐界限模糊，不易区分。隋唐以前，蛮族人口数量很多，但主要居住在山区，"至晋之末，稍以繁昌，渐为寇暴矣"⑤。刘石乱华后，蛮族更无所忌惮，逐渐北迁，在陆浑以南地区，充塞山谷。史载，"蛮、獠殊杂，种众特繁，依深傍岨，充积畿甸，……自江汉以北，庐江以南，……盖以数百万计"⑥。即蛮族沿水系迁移、分布，从汉水、洞庭湖水系到平原、山区、盆地等皆遍及，南北朝时，"分布于江、淮、湘、汉流域的荆、湘、雍、郢、司、豫、南豫、江八州和益梁、岭南"等广大地区的蛮、獠、俚族最盛时多达八百万人。⑦总之，唐以

---

① 《南齐书》卷58《蛮传》。
② 《宋书》卷97《夷蛮传》。
③ 陈铁民、侯忠义校注：《岑参集校注》，上海古籍出版社1981年版，第356页。
④ "蛮"一语在不同的时代其内涵有变化，这一点已为许多学者阐述和研究，如罗新：《王化与山险——中古早期南方诸蛮历史命运之概观》，《历史研究》2009年第2期。
⑤ 《魏书》卷101《蛮传》。
⑥ 《宋书》卷97《夷蛮传》。
⑦ 张泽洪：《魏晋南朝蛮、獠、俚族与汉族的融合》，《楚雄师专学报（社会科学版）》1989年第2期。

前蛮族的重要支系已向北、向东发展、迁移，分布于长江中下游更广阔的地区。唐代长江流域的许多蛮民虽然经过长时间的融合和迁移，愈来愈多地演变为"熟蛮"，即已在政治上和文化上都被华夏化，但仍有不少"生蛮"聚落式杂居生存繁衍。唐武德二年（619），李靖赴荆州途中，至金州（今陕西安康）时，"遇蛮贼数万，屯聚山谷"，后"会开州蛮首冉肇则反，率众寇夔州"，李靖率兵设伏，杀死蛮首，"俘获五千余人"①，李靖遇五千以上人数的蛮民于汉中地区。唐朝时蛮族确实已向北扩散并数量增多；大历十四年（779），范阳军在七盘破蛮，"凡斩馘六千，生擒六百，伤者殆半，饥寒陨于崖谷者八九万"②。可见唐代峡江地区蛮族聚落式居住的数量之多。尤中在民族史研究中谈到《溪蛮丛笑》一书中对宋代五溪地区僚、苗、瑶族等少数民族的记录多达 79 条，其中记载仡佬族多达 17 条，联系《新唐书》对戎、泸间葛僚（仡佬）的记录，推测唐代长江中游南部流域的五溪地区有葛僚等诸少数民族的群居聚落。③

　　唐代南方少数民族的迁移有由渔猎砍畲的农业生产方式而逐渐农耕而居的，也有在汉族式微的时候无所忌惮地抢占地盘式的北迁的，亦常在与华夏政权的征战中或主动或被动地迁移，但其根本的迁居目的是为了改善生产和生活环境，即为满足生产和生活需要进行各种开发活动，关于这一点杨德炳、王延武早已做过探讨。④ 除因内在需求，蛮族等少数民族主动扩展聚居范围外，一些重要的外部因素，如地方政府的迁移政策、惠民政策乃至军事征伐的争夺与驱逐，都与其迁移紧密相关。如《读史方舆纪要》记载东晋桓玄集中迁移二千余

---

① 《旧唐书》卷 67《李靖传》。
② 《旧唐书》卷 117《崔宁传》。
③ 尤中：《唐宋时期的僚族》，《民族研究》1983 年第 4 期。
④ 杨德炳、王延武：《魏晋南北朝时期蛮族对长江中游地区开发作用之探讨》，载黄惠贤、李文澜主编：《古代长江中游的经济开发》，武汉出版社 1988 年版，第 309 页。

户沮漳蛮到"江南",设置武宁郡,并设立绥安郡安置流民,即是通过迁移政策使蛮族人口迁居,迁居后的柤中蛮呈"蛮蜑杂错,水纤陆险"①的分布状态;《宋书》记载西阳蛮田益之被任命为辅国将军,"又以蛮户立宋安、光城二郡"②,此为南朝刘宋新置郡并纳蛮族人口入户籍管理的记载;再如《南史》载零陵、衡阳等郡的莫徭蛮于张缵在政的四年,"流人自归,户口增十余万,州境大宁"③。又如西晋王濬以怀柔政策、威严和诚信的态度对待蛮夷人口,使得蛮族多来归降。④在有关惠政下,少数民族人口多愿归附华夏政权,在稳定的环境中进行土地垦殖,一来增加了地方土地开发力量,二来减少与地方政府和汉族民众之间的纷争。总之,唐以前,南方少数民族通过或被动或主动地"华夏化"过程逐渐发展变迁,南北朝时期南方统治政权与蛮族长久而残酷的征战亦使蛮族经受着历练,不断壮大,至唐代蛮族聚居区常被置为新的郡县,或招慰"生蛮""生獠"到新置州郡,纳入编户,虽然政府对其管辖较普通郡县为松散,且愈处于深岨之地的蛮民愈具社会风俗和政治上的半独立性,但南方少数民族从东汉至唐,已经在长江中游地区逐渐扩大了分布范围,从今湘、鄂之地的丘陵山区向北、向东迁至平原地区。东汉末年和西晋"永嘉之乱"后,北方人口潮涌南迁,其中寓居于长江中游地区的人口为数不少,例如江汉地区即设有不少侨州郡县,南迁至此的人口大部分为从事生产的劳动者,他们融汇入江汉地区广大人民(包含蛮族等少数民族)中,与之共同开发长江中游地区的土地。

---

① (清)顾祖禹:《读史方舆纪要》卷75《湖广一》,中华书局2005年版,第3505页。
② 《宋书》卷97《夷蛮传》。
③ 《南史》卷56《张缵传》。
④ 《晋书》卷42《王濬传》。

二、唐代长江中游地区南方少数民族的土地垦殖

东晋南朝以来,长江中游的江沔地区为南方政权的屯田重点之一,"东晋时对于长江中游地区的屯田给予格外的关注"[①],使得长江中游地区有着较好的农业发展基础,南朝时蛮族部分地区农业发展水平较好,史载:"荆州,……水陆纡险,行逐裁通,……道带蛮、蜑,田土肥美"[②],"水白田甚肥腴"[③],山地地区蛮族耕种的土地称"蛮田",向达在《蛮书校注》中考证"蛮田"即为梯田[④],蛮民无论在农耕还是手工业上都具有自身特色的生产技术,铁制农具等农耕工具亦制造精良,并蓄养牛马用于劳耕,因此这些"蛮田"在生产技术不断积累、提高的开发条件下往往可以获得丰收,所以蛮田有"田土肥美"之誉,如"沔北诸山蛮"在被沈庆之讨伐时因"蛮田大稔,积谷重岩,未有饥弊"[⑤]。《通典》记载:"南朝鼎立,皆为重镇,然兵强财富,地逼势危,称兵跋扈,无代不有。"[⑥]可见,长江中游古荆楚地域的蛮族历来依凭着蛮田的丰饶和地势的险峻据守于此,体现了蛮民的强富程度和农业发展水平。六朝时期江沔地区农业生产得以发展所依赖的劳动力的一部分就是蛮民的出山,这些从山地迁移至平原的蛮民与汉族在杂居的过程中相互学习先进的农业生产技术,提高生产力水平。但隋朝以前,长江中游地区古荆州之域的湘州等地,还是"境域之内,含带蛮、蜑,土地辽落,称为殷旷"[⑦]。可见隋以前,湘州土地辽阔,农业发展似乎比较迟缓,说明蛮族所居住的不同区域内亦呈现

---

① 黎虎:《六朝时期江沔地区的屯田和农业》,载黄惠贤、李文澜主编:《古代长江中游的经济开发》,武汉出版社1988年版,第112页。
② 《南齐书》卷15《州郡下》。
③ 《南齐书》卷58《蛮传》。
④ 向达校注:《蛮书校注》卷7,中华书局1962年版,第172页。
⑤ 《宋书》卷77《沈庆之传》。
⑥ 《通典》卷183《州郡十三》。
⑦ 《南齐书》卷15《州郡下》。

土地开发的不平衡性。

唐代长江中游地区稻作农业有很大进步,除了土地集约化经营程度的提高,"更重要的还是开辟新的土地,或者依靠先进生产工具和技术利用此前无法利用的土地"[①]。唐代长江中游地区的土地垦殖中,蛮、僚等少数民族是"一支不可忽视的力量"[②],大泽正昭在《论唐宋时代的烧田(畲田)农业》时将唐朝烧田关联地域和唐代以前诸民族的居住分布情况分别用图表标示出来,并将二者进行对比,发现"畲田的分布地域与这些少数民族的居住区域有相当程度的重合"[③]。唐代长江中游蛮族运用畲田耕种方式也可以在诗文中找到许多佐证,如白居易道:"襄汉问修途,荆蛮指殊俗。……宅荒渚宫草,马瘦畲田粟。"[④] 又如:"绝塞乌蛮北,孤城白帝边。……煮井为盐速,烧畲度地偏。有时惊叠嶂,何处觅平川。"[⑤] 这是杜甫铺陈夔地山川人物时,对乌蛮地区的煮井烧畲的劳作场景做出的描写。《读杜心解》注该诗:"《农书》:'荆楚畲田,先纵火燎炉,候经雨下种。'"[⑥]《文苑英华》所辑前人之诗《送刘思复赴南海从军》更是直言:"蛮人犹放畲田火。"[⑦]《全唐诗》有"前日登七盘,旷然见三巴。汉水出嶓冢,……水种新插秧,山田正烧畲"[⑧]。可见唐代长江中游地区蛮族从事畲田农业在时人观念中可谓根深蒂固。

唐代长江中游地区的少数民族不断迁移、并与多民族融合,其土地垦殖情况较为复杂。许多学者在对唐代长江流域农业发展状况

---

① 牟发松:《唐代长江中游的经济与社会》,武汉大学出版社1989年版,第48—49页。
② 同上书,第60页。
③ 〔日〕大泽正昭:《论唐宋时代的烧田(畲田)农业》,《中国历史地理论丛》2000年第2期。
④ 喻岳衡点校:《白居易集》,岳麓书社1992年版,第226页。
⑤ 张式铭标点:《杜工部集》,岳麓书社1987年版,第259页。
⑥ (清)浦起龙:《读杜心解》,中华书局1977年版,第772页。
⑦ 《文苑英华》卷278《送刘思复赴南海从军》。
⑧ 《全唐诗》卷198《与鲜于庶子自梓州,成都少尹自褒城,同行至利州道中作》。

做详细考证的时候[1],都谈到蛮族所在的山地游耕族群主要以畲田这一耕种方式为主,而向东向北迁徙与汉族融合的蛮族则逐渐学会使用先进的生产技术,并在水利设施较为发达、便于使用先进生产工具的平原地带进行着耕作。如"晋伏滔云:'彼寿春者,南引汝颍之利,东连三吴之富。……龙泉之陂,良田万顷;舒六之贡,利尽蛮越也。'"[2] 晋朝蛮越民众的土地开发因龙泉之陂而得利,是地方水利设施惠及蛮越农业生产的记载。至唐代,水利设施得到更多的建设和完善,长江中游地区的蛮越民众亦得到水利工程的更多惠及,从而更大地促进了农业生产和土地开发。

唐代文献常将南方少数民族聚居地称之为"洞",其并非指岩居穴处,而是少数民族的农耕区所在。《太平寰宇记》载恩州"土地多风少旱,耕种多在洞中"[3],即言少数民族的耕种场所。唐代对"生獠""生蛮"往往采取"开拓"或"招慰"的行政手段。一方面,将土地开发取得显著成绩的少数民族聚居区——"洞",置为州县,并将此间蛮民纳入正规户籍,虽然这些蛮民中有部分人是来自汉族的逃户,他们为躲避繁重徭役而逃亡到荒山僻岭与蛮越等少数民族居住,共同耕垦土地,但唐代开山洞、僚俚置县之例甚多,则主要为吸纳蛮、僚、越等民族的人口入正籍所置,如"黔州道费、夷二州,贞观四年九月,开蛮置"[4]。"唐年,天宝二年,开山洞置"[5]。"贞观四年析思州之涪川、扶阳,开南蛮置。……武德四年招慰生獠置,隶思州,……贞观十六年开山洞置"[6] 可见开发少数民族居住地为新行政

---

[1] 牟发松《唐代长江中游的经济与社会》、〔日〕大泽正昭《论唐宋时代的烧田(畲田)农业》等文对唐代畲田农业进行了考证。
[2] 《通典》卷181《州郡十一》。
[3] 《太平寰宇记》卷158《岭南道二·恩州》。
[4] 《唐会要》卷71《州县改置下》。
[5] 《旧唐书》卷40《地理三》。
[6] 《新唐书》卷41《地理五》。

区域的情况在唐代长江流域十分常见,这是蛮族聚居地区在政治上的华夏化,从侧面反映了蛮民对"开洞置郡县"之地的开发成就和蛮民人口数量的庞大。另一方面,纳蛮民入籍的方式还有招慰生僚、生蛮入新置州郡,概因其原居住环境较为险峻,不易开洞置县,或新开拓的土地需要居民经营镇守,故迁移蛮民至新置州郡的地方。纳蛮民入籍既增加户籍人数,又可减少与生蛮间的罅隙摩擦。开洞置县、纳蛮入籍使长江中游地区参与土地垦殖的劳动力数量增加、集中且逐渐融合,蛮族有稳定的生产环境,畲田农业生产技术水平进一步提高。

总而言之,唐代长江中游地区的蛮民人口众多、分布范围广泛,无论在山地丘陵山区从事刀耕火种的旱作粗放性农业,还是融入平原地带的水稻耕种活动中,南方少数民族为长江中游地区的土地开发提供了大量的劳动力资源和不断发展的生产技术资源。

三、唐代长江中游地区南方少数民族的赋税贡献

"周武王既诛纣,……于是分九畿,……又外曰蛮畿,又外曰夷畿,要服也,其贡货物。注曰:丝枲。"[①] 自古周代蛮夷即将丝和麻作为贡品。西汉武帝时对迁徙归附的越人的政策是"以田与之",并令其逐渐缴纳租税。晋武帝平吴之后,"夷人输賨布,户一匹,远者或一丈"[②],西晋时已有夷人纳賨布作为赋税的规定,每户一匹,远离行政中心的夷人交纳一丈賨布。东晋以来,北人侨居江南,统治者对"江南"火耕水耨、无有蓄积之资的蛮族归附者,"各随轻重收财物,以裨国用"[③]。中原自管仲建立常平仓,历朝历代皆建立义仓"发其积

---

① 《通典》卷4《食货四》。
② 《晋书》卷26《食货志》。
③ 《文献通考》卷2《田赋考二》。

藏，出其财物以赈贫"①，各朝均行"以轻重御天下之道"②。隋代时各州百姓与军队共建义仓，田地收获时出粟或麦，于义仓中贮藏，唐代对建义仓的地税有明确规定，贞观至开元年间，从按田亩征收改为按户征收，再到王公以下每户按实际耕种田亩面积征收，以供灾年赈贫，亦成为统治者一项重要税收。而蛮族无"蓄积之资"，东晋"寓居江左"的统治者对其只好"各随轻重收财物"，而没有针对蛮族赋税的具体规定。南北朝初期，"军事草创，蛮陬赕布，不有恒准"③，可见当时征收蛮族"赕布"税，但无定制，刘宋后来颁布了针对蛮族的赋税政策——"蛮之顺附者，一户输谷数斛，其余无杂调"④，历史上蛮民归附后通常会经历较长的时期才会成为政府的编户，然而南北朝时，政府对蛮民尽量纳编，以增加赋役。唐代时，对不同地域用于赋税的物产有"风俗既异，赋入不同，……随便宜处置"⑤的政策，根据各地物产不同，赋入之物有相应的变化。唐代对蛮民的税收政策全面而细致，在对蛮民收取赋税方面吸取了前朝经验，且因开洞置州郡，更多的蛮民纳入编户，蛮民赋役量增加、范围扩大，所以唐代蛮民赋税政策更加细致、周全，无论是迁徙至平原地带与汉族逐渐杂居交融的蛮民，还是留居于山地深险地区的蛮民都或多或少对唐代政府输纳赋税，在总赋役量中占有越来越大的比重。

长期以来，赋税使蛮族与政府之间有着重要的联系，如反叛或征讨，关系较为复杂。澧中蛮为汉朝澨山蛮之后，是廪君蛮的一支，东汉和帝永元十三年（101）时，长江中游地区的澧中蛮因"税收不均"⑥而反叛，经地方政府征讨后，被迁至江夏，改称江夏蛮，东汉

---

① 《通典》卷12《食货十二》。
② 《管子》卷76《山至数》。
③ 《晋书》卷26《食货志》。
④ 《南史》卷79《夷貊下》。
⑤ 《唐会要》卷84《租税下》。
⑥ 《宋书》卷97《夷蛮传》。

末年江夏蛮亦反抗，在当地为寇，官府只好再次"讨破"。晋朝时沔中蛮逐渐北迁，直至充塞陆浑以南的山谷。再如，刘宋时荆州地区设置南蛮校尉，在江陵、巴东、夷陵、云安等郡设置宁蛮校尉，领导当地蛮族，并规定襄阳、南阳郡归附的蛮族人口赋税"一户输谷数斛"[1]；元嘉时，澧阳郡徭役过重。蛮族不堪重负，多沦为寇盗，掳掠百姓，地方官员刘道产采取安抚蛮族的政策，使得蛮族顺服，并"缘沔为居"，与地方政府和民众和睦共处，道产死后蛮又反叛，沈庆之出兵讨破。可见，蛮族只要归附朝廷，即需"输租赋"，不需承担徭役；没有归附的蛮族，大多为生活在山地地区、处于游耕状态的蛮族聚落，其无徭役，强者更不"供官税"。部分地方官员对蛮族施行严苛的徭赋政策，使得蛮民不堪忍受，起而斗争、反叛，而如刘道产般安抚蛮族，使之归附顺服的地方统治者则不能根本性地决定蛮族与中央朝廷的叛附关系。长江中游地区的少数民族在与朝廷的反叛与归附关系中始终伴随着赋税缴纳这一重要的经济活动与经济关系，而不单单是表面呈现的"恶我则叛、好我则通"[2]。

南方少数民族与汉族的经济往来频繁，西晋永嘉末，时任武昌太守的陶侃即在武昌郡设置"夷市"，《舆地纪胜》记载："土俗编云：'晋西阳有豫州五水蛮。陶侃为武昌太守，作夷市于吴城东以为交易之所，大获其利。'"[3] 夷、汉百姓互通有无，进行贸易。当地五水蛮为"夷市""作塘遏水"等所招怀，与当地汉民族民众逐渐进行贸易。

有唐一代，长江中游地区经济始终保持稳定，长期呈现出富饶发达的景象，并一直为唐王朝贡献大量物产。唐中叶以后，更是"当

---

[1] 《南史》卷79《夷貊下》。
[2] 《旧唐书》卷197《南蛮·西南蛮传》。
[3] 《舆地纪胜》卷81《荆湖北路》。

今赋出于天下，江南居十九"①，《唐会要》记载江南八道仅140万户②，却成为唐朝政府财赋收入来源的主要方面。唐朝诗人白居易道："南去经三楚，东来过五湖。……夷音语嘲哳，蛮态笑睢盱。……吏征鱼户税，人纳火田租。"③其中在蛮夷地区征收的"鱼户税"和所纳的"火田租"，即应指以渔猎和畲田为生计手段的山地蛮族民众所缴纳的赋税。然而对没有宗庙社稷城郭的游耕蛮族，税收的负担是要轻于农耕社会的汉族民众的。租税旧制分租、调、役和杂徭四种，唐代，对租、调都有定制，规定"田亩之税，率以大历十四年垦田之数为准而均征之"④。"夷獠之户，皆从半税。"⑤唐王朝统治下，因地形等条件制约，蛮族无法壮大到与强大统一的中央王朝对抗，长江中游地区的蛮族历经几百年的融合与发展，多较稳定地以大杂居、小聚居的形式居住在长江中下游广阔的区域内，唐代多处蛮族劳耕区"洞"被改置县，"洞"所在的区域本为蛮族垦田的地方，或因水利设施等技术水平的提高而成为固定劳耕的区域，伴随唐王朝以洞置县，这些区域的蛮民纳入正式户籍，并成为政府根据垦田数固定的征税对象。

综上所述，有唐一代为中国人口重心和经济重心南移的最终完成时代，在这个过程中，南方少数民族的发展、变迁和作为长江流域重要的经济开发力量对人口重心和经济重心的南移都起到了强有力的推动作用。

（原载《江汉论坛》2018年第2期）

---

① 马其昶校注，马茂元整理：《韩昌黎文集校注》，上海古籍出版社1986年版，第231页。
② 《唐会要》卷84《户口数·杂录》。
③ 喻岳衡点校：《白居易集》，岳麓书社1992年版，第250—251页。
④ 《旧唐书》卷48《食货上》。
⑤ 《唐会要》卷83《租税上》。

古丝绸之路河西走廊语言服务状况考

河西走廊主要位于中国甘肃省，南起乌鞘岭，北至玉门关，东西介于腾格里沙漠、西山（祁连山、阿尔金山）和东山（马鬃山、合黎山、龙首山）间，长约1000公里，宽数公里至近百公里，是一条自然形成的地理大通道，也是古代中原通向中亚、西亚的必经之路。

西汉时，张骞出使西域初探道路，三次"河西之战"打通了河西走廊。自此以后，其辉煌延续千年之久。1877年，德国地理学家李希霍芬在其著作《中国》一书中首次提出"丝绸之路"的命名，而河西走廊作为古丝绸之路在中国境内最为关键与重要的一段，承载着中外文化交流的使命。中国文化与西域文化在此交汇碰撞，佛道儒等文化交相辉映，迸发出耀眼的光芒。悠长的丝绸之路就像一条文化大动脉，不断将新鲜的文化养料输往中国，带来新的气象、生机与活力。[①]

经河西走廊出西域有两条道路，一出玉门关，为北道；一出阳关，为南道。两道分扼天山南北路的咽喉。《汉书·西域传》记载："自玉门、阳关出西域有两道。从鄯善傍南山北，波河西行至莎车，为南道；南道西逾葱岭则出大月氏、安息。自车师前王廷随北山，波

---

① 保宏彪：《论河西走廊在西夏兴起与发展过程中的战略意义》，《西夏研究》2012年第2期。

河西行至疏勒，为北道；北道西逾葱岭则出大宛、康居、奄蔡焉。"①北有一望无际的戈壁滩，南有连绵起伏的祁连山，唯有河西走廊一马平川，是控制西北交通、商贸与政治的战略要地。

河西走廊同时作为古丝绸之路和新丝路的重要地带，自古以来在文化经济上自成体系，为中外交流做出了巨大贡献，而所有交流都离不开语言服务。有专家曾指出，语言服务，需要政府与民间双手推动、更多依靠民间力量，需要公益服务与有偿服务双腿行进。应向各国政府、企业、社会机构及家庭、个人等提供各种语言服务，包括语言规划、语言咨询、语言教育、语言翻译、语言技术支撑等。②古丝绸之路河西走廊的语言服务主要分为语言教育、佛经翻译、工具书编纂和通信交流四部分，既为经济、政治和文化交流提供了便利，又反过来丰富了汉语言文化体系；既见证了中华文明千百年来的辉煌和延续，也对现今"一带一路"愿景与行动中的语言服务建设有着文明史意义上的重大借鉴价值。本文在以下几个方面予以考证。

一、语言教育状况

在张骞出使西域的"凿空"之行后，汉王朝与西域交往日渐频繁，但复杂的语言状况给双方的沟通造成了困难，因此相关的语言教育成为服务的重心。《汉书·西域传》记载的很多国家都备有译长，汉宣帝也曾选择百余人学习乌孙语。产生这种情况的原因在于，当时河西走廊上的语言极为繁杂，西域诸国并未形成统一的语言，即使

---

① （东汉）班固：《汉书》，中华书局2007年版，第961页。
② 李宇明：《"一带一路"需要语言铺路》，《人民日报》2015年9月22日（第007版：理论）。

匈奴各部落之间的语言也互有歧异。①随着双方经济、文化交往的不断深入，河西走廊逐渐成为东西方交流的重镇，敦煌即被称为当时"华戎所交一都会"，敦煌的地方语言也成为当时东西方交流的通用语言。②

《中国经营西域史》提出："西域人有学习汉文书者乎？惟依常理度之，汉人西域人杂居，彼此模仿之事在所不免，模仿结果，逐渐趋于同化。"③唐王朝对西域设郡并派遣官员，此外去往西域的还有被发配的犯人、做交易的商贾、云游布道的僧人等。所以，汉语的教育也顺着河西走廊被推行到西域各国。《旧唐书》就有"哥舒翰突骑施首领哥舒部落之裔也……世居安西……翰好读《左氏春秋传》及《汉书》"④的记载。而近代在新疆出土的唐代文献的数量及种类也很多，更可证实汉语教育在西域得到了很好的推广。此外，能读汉语经典著作的或以文章传名于中国史册的西域人也不少，可见汉语已由河西走廊传播到西域诸国，并被广泛地学习运用。

西夏时期，像其他入主汉文化区的少数民族一样，党项人起初也相当抵触汉文化。凉州是丝路贸易的重要中转站，多民族聚居。《西夏碑》有"番汉四众"之说，主要指汉、党项、回鹘和吐蕃四族，史称"犹杂蕃浑，言音不同"⑤。为统一语言文字，政府创制了蕃书，随后立即展开文字的推广和运用工作，设置专业官员并培养专业教师，设有"切韵学士"这样的特殊职称。⑥"切韵之学，本出于西

---

① 张力仁：《文化交流与空间整合——河西走廊文化地理研究》，科学出版社2006年版，第64页。
② 参见《重修敦煌县志》卷3。
③ 曾问吾：《中国经营西域史》，新疆人民出版社2013年版，第49页。
④ （后晋）刘昫等：《旧唐书（简体字本）》，中华书局2000年版，第2177页。
⑤ 郑炳林：《张氏修功德记》，载《敦煌地理文书汇辑校注》，甘肃教育出版社1989年版，第130页。
⑥ 史金波：《凉州感应塔碑西夏文校译补正》，《西北史地》1984年第2期。

域。"① 西夏的语言发展也丰富了汉语音韵体系。元昊立国之初,政府通过蕃学培养人才,但数量不足且质量也不高,仅仅受蕃学熏陶的官员曾出现"士皆尚气矜,鲜廉耻,甘罹文网,乾顺患之"②的现象。为此,西夏王朝开始提倡尊孔读经,吸取儒学营养,并开科取士,发展汉学。西夏各州的蕃学教学情形在《西夏书事》中有所反映:"元昊思以胡礼、蕃书抗衡中国,特建蕃学,以野利仁荣主之;译《孝经》、《尔雅》、《四言杂字》为蕃语,写以蕃书……并令诸州各置蕃学,设教授训之。"③虽然党项人不愿完全被汉文化渗透,对汉语和汉字仍保留抵触,但仍将《孝经》《尔雅》等儒家典籍翻译为蕃语、蕃书,将其应用于学校教育,此间需要大量精通蕃语、汉语和儒学理论的人才,这也是当时语言服务的重要工程。

二、佛经翻译状况

公元前 3 世纪,统治印度孔雀王朝的阿育王派遣大批僧侣四方弘布佛教。相传公元 1 世纪中,毗卢遮那阿罗汉来到于阗(今新疆和田县)弘化。智严、实叉难陀、戒法等著名大乘佛经的翻译家都是于阗僧人。我国大乘佛经的主要经典华严、涅槃、法华等都是来自于阗,可以说于阗是我国大乘佛教的圣地。④

据史书记载:汉"哀帝元寿元年,博士弟子景卢,受大月氏王使伊存口授浮屠经"⑤。可见西汉时已有口授佛经,这是汉武帝开通西

---

① 参见《梦溪笔谈》卷 15。
② (清)吴广成撰,龚世俊等校证:《西夏书事校证》,甘肃文化出版社 1995 年版,第 359 页。
③ 同上书,第 152 页。
④ 洪涛:《五凉史略》,中国社会科学出版社 1992 年版,第 11 页。
⑤ (晋)陈寿:《三国志》,中华书局 1982 年版,第 831 页。

域，与中亚细亚各国交往的结果。自印度佛教传入中国，当时的儒士、民众不乏喜谈佛法之人，所以佛经翻译也成为语言服务事项。佛经之创译始于东汉初年明帝时的《四十二章经》，由印度僧人翻译。其后又有由外国僧人口译（所谓"传言"），汉人助译并写成汉语（所谓"笔受"）二者合成的译经。至魏晋汉人已渐渐于佛经的传译中熟悉了梵文，译经的质量有很大提高。与此同时，梵文的学理也给予汉语文学者以很大的启迪，推动了反切的创制。[1]

魏晋之际，河西走廊经历了东汉末年和三国初年的动荡，得到曹魏、西晋和前凉的治理，慢慢恢复了太平。汉、羌、氐、鲜卑、卢水胡等各族民众，在长期交流、冲突与融合的基础上，辛勤耕耘、劳作于此，创造了一个河西历史上经济发展、人口增长、文化繁盛的全新时代。[2] 河西名僧竺法护在西晋初年从西域带回大量的佛经，自敦煌至长安沿路传译。他先后在长安、洛阳、敦煌、酒泉等地专门从事佛经译述活动，译经195部。永嘉之乱后，竺法护由长安避乱凉州，"所译诸经也随携凉土"[3]。公元401年，天竺名僧鸠摩罗什被后秦姚兴请到长安担任国师，讲学布道。他向汉人学会了汉语以及各地方言，开始着手译经。他主张意译，自己"手执胡经，口译秦语（汉语），曲从方言，而趣不乖本"[4]。在短暂的后秦，西域高僧和中土的义学沙门汇聚逍遥园中，译出《法华经》《思益经》《菩提经》等30多卷佛典。另一天竺高僧昙无忏在沮渠蒙逊玄始中来到姑藏学习汉语，并后与河西沙门慧嵩、道朗等合作译出《大般涅槃经》36卷，《方等大集经》29卷，共14部。[5]

---

[1] 申小龙：《中国古代语言学史》，复旦大学出版社2013年版，第98—99页。
[2] 贾小军：《民族融合背景下西北边疆民众的生存空间：以魏晋十六国时期河西走廊为中心》，《河西学院学报》2015年第1期。
[3] 参见《汉魏南北朝佛教史》第七章《竺法护》。
[4] （梁）僧佑撰，苏晋仁等点校：《出三藏记集》，中华书局1995年版，第292页。
[5] 刘建丽：《西夏时期河西走廊佛教的兴盛》，《宁夏大学学报（社会科学版）》1992年第3期。

唐中叶，西域达到了文明巅峰。在斯坦因、勒柯克和伯希和发现的佛教语言方面的一大批文献中，反映了5—7世纪所完成的佛经翻译的巨大工程，分别用汉文、藏文和回鹘文翻译。它们以数百卷官方和私人文献阐明了西域的宗教生活，也反映了当地的经济和社会生活。[①]

　　西夏统治时期的文字创制离不开佛经翻译的启发。在西夏人翻译梵文经咒、真言时，因为不能改变其语音原貌，所以使用了对音译法，从而创造了不少对译梵语字的新字。大量藏传密咒、陀罗尼等也被同时译为西夏文和汉文。总之，由于统治者对佛教非常尊崇，而大量僧侣又往来于西域和中原之间，从事弘扬佛教的各种活动，翻译了大量的佛经典籍，因此河西走廊成为佛经翻译和佛教传播的中心地。而语言翻译服务的盛况既扩大中原与西域的交流，丰富了各种语言体系，也为后人留存下许多反映历史景象和风俗信仰的宝贵材料。

三、工具书编纂状况

　　公元4世纪，印度人把梵语视为学术语言及通用语。在这一形势下，佛教徒都试图用梵语来改写俗语佛典。为了便于为翻译服务，就出现了一系列工具书。有《翻译名义大集》这类大型分类梵藏对照辞书，收录了许多佛教词语和普通词语。清代，此书增添了汉文。类似的还有明代四夷馆编《西番译语》、清乾隆时期《西域同文志》等。

　　位于河西走廊最西端的敦煌，地处东西交通要道，东连肃州（酒泉）和甘州（张掖），西接哈密，连通吐鲁番盆地，又是通往天山地区的桥梁。在10世纪敦煌曹氏归义军时代，有一支常住敦煌、从事外交活动的于阗人群体，他们精通汉语，并用汉语来抄写佛经。

[①] 鲁保罗：《西域文明史》，中国藏学出版社2014年版，第192页。

为方便于阗人来往于敦煌，出现了大量口语的于阗—汉语双语写本。① 此时，敦煌及河西绿洲地区还活跃着讲梵语的社会群体。1924年哈金发表了伯希和收集的梵—藏文对照表，由曾赴五台山朝圣的印度和尚 Devaputra 于 10 世纪后半期在肃州（今酒泉）口授而成。②

《突厥语词典》系宋熙宁七年（1074）我国新疆喀什噶尔的维吾尔族突厥语言学家马合木德·喀什噶里编写的一部工具书，是中国第一部用阿拉伯语诠释的突厥语词书。他搜集了大量的新疆和中亚各地的语言和社会材料，在巴格达（今伊拉克境内）旅居时完成。全书分三卷，词目约 7500 条，分名词和动词两类，记录了大量的单词、短句，记述了突厥语语法规则、方言特点，注释中引用了突厥民族的诗歌、格言、谚语以及历史、地理、战争、生产和风俗习惯等珍贵资料，被誉为 11 世纪中亚社会的百科全书。

西夏统治下的河西走廊属于西夏国中心地带，教学质量及文字的普及化程度都很高。但是，有相当一部分的民众本身习得的是汉语，因此西夏语教育成为政府必须考虑的问题。虽然西夏文的编制借鉴了汉字构造，但对原来只会汉字的人还是存在很大困难。相应的工具书编写就成为语言服务的重要内容。

1190 年，西夏人骨勒茂才编写了汉文和西夏文的双解词典《蕃汉合时掌中珠》，是一本记载有西夏史料的重要工具书。其内容包括矿产资源、手工业工具、生活用具、法律制度、星象名称等。在这部双解词典中，西夏文旁注汉字音，汉字旁注西夏字音，两种文字的对译便于西夏人和汉人相互学习对照语言文字。

《文海》编纂于西夏乾顺至仁孝时代，解释了西夏文字的字形、

---

① 高田时雄：《敦煌资料による中国语史の研究》，创文社 1988 年版，第 196—197 页。
② 哈金：《梵—藏文对照表（Formulaire Sanskrit-tibetain）》，巴黎，1924 年。引自高田时雄：《敦煌发现多种语言文献》，马茜译，载段文杰、茂林博雅编：《敦煌学与中国史研究论集——纪念孙修身先生逝世一周年》，甘肃人民出版社 2001 年版，第 353 页。

结构、字义与字音，是一部价值很高的韵书，同时也是西夏文字典。现今它的残本有 3000 多个字条，除了字的字形、字音、字义的解释外，还包含着丰富的科技资料，收纳了西夏姓氏 200 余条，还提及生产方式、狩猎方式等内容。

据莫高窟及榆林窟西夏供养人题记显示，到崇宗、仁宗时期，西夏文已全面推广使用，上自达官显贵、下迄平民百姓、水平或高或低均可熟练使用。① 可见工具书的编纂服务对翻译工作、语言教学都产生了极大助力，同时也成为记载历史的珍贵材料。

四、通信交流状况

秦汉之际，较重要的西域国家有匈奴与大宛，它们与汉王朝的交往也较多。匈奴兴起后，汉王朝与西域有很长的战争交往期，但也并非完全时刻兵戎相见，它们之间的文化学术交流还是比较频繁的。② 让人叹为观止的是，有时候一个国家派出的使臣逾千人，并且均途经河西走廊，堪称中国外交史上的奇迹（悬泉汉简有"今使者王君将于阗王以下千七十四人"的记载）。近来在河西走廊出土的悬泉汉简、居延汉简等可以证明，汉朝的文化与学术在这些国家都得到了传播。自汉代起，河西走廊的通信交流语言服务不断发展，在促进商贸繁荣和文化昌盛的同时，也推广了汉语和汉文化。

公元前 1 世纪，汉西域都护府建立。由于塔里木盆地诸城国没有文字，因此汉字沿河西走廊迅速输入并流行于西域。天山南路的于阗、精绝等地对汉字尤为认可。1907 年，斯坦因在敦煌西之古瞭望

---

① 刘再聪：《西夏时期河西走廊的教育——以儒学和"蕃书"为中心的探讨》，《宁夏社会科学》2005 年第 5 期。
② 孙少华：《秦汉河西走廊上的文化学术交流及其文学影响》，《齐鲁学刊》2009 年第 5 期。

堡遗址垃圾堆中找出许多中国字的木简,据查阅年代在公元前 1 世纪。这些木简显示出精绝等地王公贵族和中原的信函往来。他们都是当地具有卓越文化素养的上层人物,用汉文作为日常的联络语言。在汉五铢钱大量流入西域后,于阗制造的汉佉二体钱也反映出汉字通行于塔里木盆地南缘的事实。同时,在罗布泊海头遗址发现的"李柏文书",是晋西域长史李柏和焉耆王龙会的来往函件,也说明焉耆的上层人物熟谙汉字并在日常生活中使用。① 木简上有许多刮削的痕迹,可见木简来源的昂贵,于是用了又用。②

在西域民族中,中亚粟特人接受汉文化影响最深。粟特文缘于西亚阿拉美文,本为横书,因受汉文化影响才改为直书,"粗有书记,竖读其文"③。中亚诸国中粟特人最先由河西走廊接触到中国发明的纸。8 世纪初的唐朝慕格山粟特文书中有相当部分写在汉语文书的背面。所以,7—8 世纪的粟特文化和蒙古、朝鲜、越南和日本文化一样,属于汉文化系统。④ 由此可见,西域的一些国家与中原往来频繁,河西走廊为其通信的工具和文字方面都提供了诸多服务。

五、结语

在古丝绸之路河西走廊悠久的历史中,由于中原和西域不断的商业往来、政治互通和文化交流,语言服务状况非常丰富。那时就已经出现了汉语国际推广,汉语本身和儒家文化都得到了广泛的传播,

---

① 中国社会科学院考古研究所、新疆文物考古研究所:《汉代西域考古与汉文化》,科学出版社 2014 年版,第 29—30 页。
② 〔英〕奥里尔·斯坦因:《斯坦因西域考古记》,新疆人民出版社 2010 年版,第 149—150 页。
③ 参见《大唐西域记》卷 1。
④ 林梅村:《汉唐西域与中国文明》,文物出版社 1998 年版,第 378 页。

而西夏语的发展也为汉语音韵体系发展带来了诸多启示。佛经翻译的繁荣在加强文化交融的同时，也丰富了汉语词汇体系，其中梵文的学理还推动了反切的创制。相关语言学工具书的编纂为翻译工作和语言学习提供了服务，并为后世留存下许多反映宝贵历史民俗的资料。汉语、木简、纸等语言工具不但便利了没有自身文字的西域诸国，同时也起到了联通中原和西域的桥梁作用，让双方的通信和合作更加高效便捷。

古丝绸之路河西走廊语言服务的盛况堪称中华文明史上的珍贵财富，也对现今"一带一路"愿景中的语言服务工作有相当大的借鉴意义：当代汉语国际推广应着力于经济影响和文化感染，以经济利益刺激汉语需求，以文化魅力推进汉语传播；沿线众多国家涉及不同宗教信仰，相关典籍翻译也是中外互通交流的途径，并能带动小语种人才建设；在沿线地区的宣传和发声，必须采用合适的话语体系，国家应组织专家团队编纂并发布"一带一路"语言学工具书，在术语翻译上精益求精，提升中国的国际形象，让"一带一路"政策惠及沿线地区，实现发展共赢。

（原载《江汉考古》2018年第2期）

日本奈良时代对唐代长安佛教建筑文化的吸收

一、奈良时代唐代佛教东传的演变

大唐自618年立国以来,前三代统治者对宗教基本采取兼容并蓄、不亲不疏的半明朗态度,其原因当然非常复杂。对于一个新政权而言,对宗教采取何种政策,将会影响甚至决定其政治走向或国家命运。作为意识形态最具代表性的宗教文化,在唐初的处境因此显得稍为尴尬。

但随着高宗权威逐渐被武后取代,武氏集团欲借佛教之力,建立一支强大的集权队伍,因此,佛教从儒释道三种意识形态中跃然而出,上升为最具国教地位的国家性信仰。在武周朝廷的大力扶持和资助下,全国各地广施福田善果、敕辟佛寺宅宇、倡抄佛书经论。从皇室贵族到普通信众,一时间佛教似乎成为最具威望和法力的显性信仰,佛教文化也成为东西两京占据主流地位的文化形态。

迨至8世纪初,随着武后年衰权弱,李唐后继者东山复位,武周朝制定的诸多政策法令也随之被陆续削减乃至彻底废止。但随武周政权隆兴的佛教政策却在这场权力角逐中非常幸运地被予以延续,甚至在某种程度上还被李唐皇室进一步推动向前。细言之,中宗朝佛道两教呈均衡发展之势;睿宗、玄宗朝对佛教采取半抑制(其实支持比例更甚)政策;肃宗、代宗朝对佛教则极力推崇和支持;德宗朝对佛教稍有贬抑。① 但总体而言,有唐一代,统治者对佛教的态度基本秉持推举而非抑制打压之政策,尤其是盛唐阶段的佛教文化,更呈现出前所未有的郁勃局面。

如众所知,南北朝时期,中土佛教经北路之三韩、水路之南朝吴两条路径断续传入日本;其传播形态呈现出非组织、非集团性质,基本以民间自发或非官方意志驱使之下的自然分散式传播。及至飞鸟时代,佛教在日本才渐呈微冉之势。奈良时代,在前代推古天皇及圣德太子共同推行的"推古改制",以及孝德天皇发起的"大化革新",大力引进佛教并积极倡佛礼佛的序幕之中,渐次拉开真正演绎佛教故事、布撒佛典经论的盛装时刻,佛教由此呈现出隆兴壮大之态:上至皇亲贵胄,下至庶民百姓,笃信佛教之风已蔚然而成。王公贵臣舍财造塔,捐田建寺;黎民百姓膜拜僧侣,诵经唱佛,甚至出家为僧,割亲奉佛的情况亦屡见不鲜。

但佛教文化彼时彼地的昌盛,并非无源之水,乃是由日本前期数代统治者放眼中国,锐意改革,精心筹营,引水东流,甚至经过流血冲突的结果;是经历了从蹒跚学步到健步如飞的漫长文化引进和吸收消化的过程,从而才得以奠定日本历史上第一个融合了大唐佛教与本土神道教色彩,具有浓郁大陆文化气质兼具日本杂糅文化属性的佛国圣土时代,即"奈良时代"。

奈良时代起于元明天皇,终于桓武天皇,其间共历八主,几乎无一位君主对佛教采取抑制或反对之态度,可见佛教于此时深入日本统治者意识形态的程度之深。在如此贯一的官方意志的驱使下,佛教于奈良时代以甚于前代的炙热之势,被源源不断地大量引入日本国内。故此,彼时的日本,引入大唐佛教文化,呈现出的是统治阶层的

---

① 〔美〕斯坦利·威斯坦因:《唐代佛教》,张煜译,上海古籍出版社 2015 年版,第 50—105 页。

集体意志。毋庸置疑，如此态势所形成的内因，当为日本统治阶层逐渐意识到佛教作为宗教所承载的治世功能；其外因，当为佛教在大唐倍受官方扶持而至隆兴，之后直接被奈良朝大力引进推而广之之功。

正如以色列历史学家尤瓦尔·赫拉利所言："宗教是金钱和帝国之外，第三种统一人类的力量。有了宗教之后，某些脆弱的架构就有了超人类的合法性，就获得了一种绝对的神圣的最高权柄。"[1]日本官方所表现出的崇佛重教的意志趋同性，无疑极大地促生了佛教在日本国内落地生根，开花结果，从而为其经世治国找到了一种强有力的意识层面的依托和凭借，甚至精神武器。

虽然根据日本史书《扶桑略记》载，圣德太子派出遣隋使前往大陆的最初目的似乎仅是为了校勘佛经之中的舛误；或是为了验证圣德太子告予天皇及众臣关于其前世佛家身份的梦境（史籍言圣德太子前世为汉土讲持《法华经》的禅师，这样带有浓厚传说性质的载录，似乎不足为信）。这段故实可见《扶桑略记》"推古天皇"条载：

> （推古）十五年（607）五月，太子奏曰：臣之先身，修行汉土，所持之经，今在衡山，望遣使乎，将来比校（古通"校"。——笔者注）所误之本。天皇太奇，左右依奏谁合使乎？太子遍相百官之人。奏曰：小野妹子合相。秋七月，妹子遣于大唐（此时应为隋朝。——笔者注）。[2]

但校勘佛经舛误也许仅是圣德太子遣使大隋的浅层目的；而对日本国彼时佛教的逐步推动和崇尚则应为其深层动因。作为官方文化的代表人物，他不是仅停留于表面上倡导佛教佛理，更能身体力行，

---

[1] 〔以色列〕尤瓦尔·赫拉利：《人类简史》，林俊宏译，中信出版社2017年版，第199页。
[2] 《扶桑略记》，日本经济杂志社1897年版，第500页。

亲自注疏立说，讲经说法，不仅完成了《法华经疏》《维摩经疏》等重要佛教经典的注疏工作，还在日本诸国敕建伽蓝，遍立佛塔，所造寺院甚至达九处之多，即《扶桑略记》所载"太子所造寺等，合九院也。天王寺、法隆寺、元兴、中宫（母后宫为寺也）、橘寺、蜂冈（赐秦川胜，蜂冈者，广隆寺也）、池后、葛城、日向寺等也"①。

因此，圣德太子在佛教方面的作为，无疑为奈良乃至平安时代佛教在日本能够大放光彩打开了启悟之门。日本著名佛教学者村上专精先生对圣德太子向中国求取经论之举评价甚高，视圣德太子为日中交通之开辟者②，足见圣德太子时代崇佛重教之风，对奈良时代大陆佛教更深入日本文化体系预设了深远的启后作用。

奈良时代，佛教相较于前代，更加受到日本官方及民众的认可和接纳。究其原因，一方面在于处于东亚文化圈核心地位的唐帝国高度发达的文化对日本所表现出的极大的吸引力和向心力；另一方面则在于佛教所具有的"普世性"和"慰藉性"的特殊属性，以及作为外来宗教的"舶来性""神秘性"和"优越性"，似乎更有助于日本统治者行使统络民众意识、凝聚民族信仰、提升天皇神权的治国欲求。故而，特殊的时代邂逅了特殊的信仰，便有了两厢一拍即合的精神默契和灵魂配对，由此，佛教的教义信条较之日本本土神道教更具系统性和权威性，从而以强大的穿透力渗入日本民众的思维空间；佛教救世济民的思想更易于安抚和平慰民心，让民众从中觅得些许的幸福感和极乐感；亦让统治者获得了一条更有利于其统治的成熟且约束力强劲的思想武器。

以上两个关键要素也许可以回答佛教为何成为日本自奈良时代伊始就被狂热追捧的意识形态的问题（其热度远超对日本本土神道教

---

① 《扶桑略记》，日本经济杂志社1897年版，第504页。
② 〔日〕村上专精：《日本佛教史纲》，杨曾文译，载蓝吉富主编：《现代佛学大系》，弥勒出版社1984年版，第15页。

的崇信）。佛教在日本的传播和流布，尤为瞩目的时代，毫无疑问，应当归之于奈良时代，即所谓佛法自西域至于汉土，历三百岁；传之至百济国，仅一百年；传之日本国未满百年，七十二年也。[①]

二、奈良时代对唐代长安佛寺建筑文化的总体吸收

　　佛教作为一种宗教信仰，原本与佛寺庙宇并无直接关联，但在中国封建时代，佛寺庙宇的发展规模和层次往往成为我们审视佛教文化在特定历史朝代发展水平最真实最可靠的物质证据。佛寺建筑作为佛教文化得以传承和保留的物质载体，体现出一个时代对于佛教的重视程度和推广力度；佛寺建筑亦总是与封建帝都的兴衰起伏相伴相生：帝王崇佛，则广建佛寺，广塑佛像，广度僧众；帝王辟佛，则拆解佛寺，焚毁佛经，废止佛纲。因此，佛寺成为封建国家都城建制之中最为特殊的一个环节，体现出一个朝代对宗教文化的大致态度和整体走向。

　　有唐一代，初期三代统治者对宗教基本采取宽松包容的态度，其根由之一当然是统治者寄希望于宗教的笼络人心、凝聚民意的特殊功能。因此，在对待佛教、道教以及其他教派的态度上，虽稍有起伏，但基本表现出连贯持续的兼容并包政策倾向；及至盛唐，在官方的鼓励和推动下，佛教迎来了前所未有的大发展。此时，全国各地开始大兴寺宇，广造佛像，缙绅王公捐地献钱，布施寺院，对佛教高僧、佛典经书顶礼膜拜的现象比比皆是；佛教信众上至士族，下至庶民，其数量大到惊人。处于佛教最核心地位的唐都长安，甚至达到了人人信佛、家家礼佛的狂热状态，礼佛崇佛之风大行，成为长安文化

[①]《扶桑略记》，日本经济杂志社1897年版，第504页。

中一道极为独特的风景线。而佛寺建筑,作为帝都长安的重要组成部分,因此成为体现都城佛教文化的重要物质标志。

日本推古天皇统治期内,得益于圣德太子的大力推崇和扶持,佛教以超越前代的规模和速度在日本国内渐次传播。但仍然出现了因不同利益集团所持有的不同信仰及不同政治意图,需要借由武力得以解决的"神佛之争"宗教冲突事件。首先,佛教作为意识形态,属于外来异域信仰,其相关仪轨、信仰形式和内容,均迥别于本土信仰,故而民众对于异域宗教的接受尚需要一个漫长而渐进的过程。其次,不能排除某些执掌权柄,持有政治野心且笃信日本本土神教的皇亲贵族对佛教的阻挠和干涉,甚至是蓄意破坏,这自然会延迟佛教在日本的流布传播速度。最后,该场宗教角逐以物部守屋和中臣胜海连为代表的"保神派"被诛杀或流放,以苏我氏及圣德太子为代表的"保佛派"的大获全胜为结果而宣告结束。因此,不得不承认,对于这种来自异域的意识形态立足日本,并在日后逐渐渗入日本文化内核,成为占据主流的意识形态之一,其过程无疑充满了斗争和流血。

所以,圣德太子时期佛教寺院的建立,并非大规模成气候地进行。从对佛教的具体扶持分析,圣德太子时代以官家名义建寺造佛与以个别贵族私人名义建寺造佛互为表里,成为该时代佛教信仰的主要特征之一。

《扶桑略记》第三"敏达天皇"条载:

> 十三年(584)甲辰九月,自百济国弥勒石像一躯送之。今在元兴寺东堂。苏我大臣马子宿祢,请取件像,营佛殿于宅东,屈请三尼,大设斋会石川宅,立佛殿。十四年(585)乙巳二月,苏我大臣,于大野岳北,起塔供养。耳聪王子(圣德太子)语左右曰:是佛舍利之器也,不置舍利,不得为塔。大臣闻之,谋感舍利。三七日后,斋食之上,得舍利一枚,大如胡麻,其

色红白，紫光四周，浮水不沉，穿半而居，锻击不碎，弥吐妙晖。大臣纳琉璃壶，旦夕礼拜。舍利常旋壶里，或为二三，或为五六，无有定数，每夕吐光，遂设大会，安塔心下。……六月，苏我大臣奏云：臣疾久不愈，愿尚三宝。诏言：汝可独行，但断余人。大臣欣悦，新营精舍，供养三尼，佛法之初，自兹渐兴矣。①

《扶桑略记》第三"推古天皇上"条载：

元年（593）正月，苏我大臣马子宿祢依合战原，于飞鸟地建法兴寺。立刹柱日，嶋大臣并百余人，皆着百济服，观者悉悦。以佛舍利笼置刹柱础中。②

《扶桑略记》第五"天智天皇"条载：

九年（670）庚午闰九月六日，大织冠内大臣（即中臣镰足。——笔者注）改葬山城国山阶精舍。敕王公卿士，悉会葬所。……大臣性崇三宝，钦尚四弘。每年十月，庄严法筵，仰维摩之景行，说不二之妙理。亦割取家财，入元兴寺，储置五宗学问之分。由是，贤僧不绝，圣道稍隆，盖斯之征哉。③

由以上史料推知，此时营构精舍立塔供舍利尚未成为官家崇佛常态，而是交由崇佛派权臣如苏我马子、大夫秦川胜等贵族负责。可见，官方此时对于佛教还是采取较为审慎的态度，否则会成为朝廷及

---

① 《扶桑略记》，日本经济杂志社1897年版，第489—490页。
② 同上书，第495页。
③ 同上书，第522—523页。

贵族之间矛盾的导火线。但圣德太子在如此激烈的矛盾中，仍能力排万难，对佛教还是大力支持和倡导。如前文所言，由其敕建的佛寺相传有九大寺，但按《扶桑略记》的实际载录，有名称者仅为六寺，依次为四天王寺（以大臣大连守屋资材建为寺，法号荒陵寺）、元兴寺（为供养百济所贡佛舍利而建）、蜂冈寺（又广隆寺，为圣德太子敕秦川胜所造）、斑鸠寺（后毁于火）、大安寺（先为圣德太子于熊凝村所建精舍熊凝寺，以延天皇命。后圣德太子薨，天皇感其情乃更精舍为大伽蓝，谓大安寺）、筑紫观世音寺（天智天皇为齐明天皇发愿所建，至奈良时代方完工）。

圣德太子亦发愿在京城之外建塔，以供养舍利。《扶桑略记》第四"推古天皇下"载：

廿四年（616），天皇不豫，太子誓愿，延天皇命，建诸伽蓝，愿力所覃，即以平复。大臣以下，百官以上，各随其势，于国国建寺塔。①

圣德太子之后，历经半个多世纪，日本佛寺总数才开始出现大规模增长，写经规模亦超过前代。《扶桑略记》有云："土木之功孰于三帝，日月之营送于五代又加文武饭高"之语，且"聚书生，始写一切经于川原寺"②，"遣使于四方觅一切经"③。持统天皇朝，佛教在全国各地分布数量引人瞩目，"（持统天皇）六年（692）有敕，令天下诸寺，凡五百四十五寺，寺别施入灯分稻一千束"④。佛寺数量已达545院，可见佛教受朝廷重视程度之深，表现出深入政治生活和皇权统治

---

① 《扶桑略记》，日本经济杂志社1897年版，第502页。
② 《日本书纪》卷29，日本经济杂志社1897年版，第504页。
③ 同上书，第508页。
④ 《扶桑略记》，日本经济杂志社1897年版，第529—530页。

的倾向。与此同时，飞鸟时代还出现了天皇笃信佛教而出家法服的现象，如天武天皇在承继天智天皇皇位之前就曾出家法服，欲修功德，虽然其并非完全处于虔信佛教的动机，尚有政治避难，迂回继位的目的，但亦可以看到佛教发挥了辅助皇权的政治功能。即位后的天武，对佛教的重视自然非同一般。

追至奈良时代，在前代佛教发展的基础上，佛教意识显然已达到较高水平。据日本史书记载，在都于平城京的85年间，奈良朝廷一共向大唐长安派出遣唐使、学问僧至少有5批，且人数、居唐时间、携归物品、佛教经论典籍数量等均远超前代。学问僧到达长安后，往往深入各大寺院，遍访名僧大德，求佛问法，受戒灌顶；归国时同邀高僧大德随以东渡，传教说法，广纳僧徒，建寺塑佛。

学问僧在唐长安所求访的寺院，当时可谓誉满天下、名播东瀛。而长安当时的寺院建筑，是大唐先进生产技术水平和佛教文化发展层次的一种最直接的体现。对日本寺院兴建及发展产生直接作用的长安寺院包括大慈恩寺（高宗改隋代之无漏寺以纪念其母文德皇后）、西明寺（高宗敕建）、荐福寺（武则天敕建）、兴善寺、青龙寺、开元寺（玄宗敕建）、章敬寺（代宗敕建）、弘福寺等，诸多官建寺院因此成为奈良学问僧归朝后于平城京创建寺院所仿照和沿袭的最佳范本。毋庸置疑，长安诸官寺对于寺院建筑技术不甚发达的奈良朝，无疑起到了很好的技术工艺参照的作用，缩短了日本当时佛教发展自我摸索的时间，为其佛教于短时期内的兴盛和壮大创造了得天独厚的技术便利和借鉴。

可以说，是真正意识层面上多维度多渠道引进和吸收长安都城佛教之寺院规制、宗派道场、佛教典籍，盛邀在长安佛界享有盛誉的高僧大德，方才促成了奈良佛教的鼎盛之势，才造就了日本佛教历史上第一次真正意义上都城寺院发展和宗派创立的高潮。

彼时，佛教进入日本已超过一个半世纪，官方更加意识到佛教在经世治国、赈灾救民方面所表现出的积极作用,因此,才下定决心,消除疑虑,排除阻力,弘扬佛法,广布福施,兴寺造佛,并且从政令法规、经济措施等方面,制定出保护佛教及适合于佛教发展壮大的条令,逐步将佛教纳入官方甚至法律范畴,禁止民间私人途径传法礼佛,对于佛教表现出前所未有的支持。

《续日本纪》卷10"圣武天皇"条载天平元年(729)敕文:

> 癸亥敕,内外文武百官及天下百姓,有学习异端蓄积幻术,厌魅咒咀害伤百姓者,首斩从流。如有停住山林,群道佛法,自作教化,传习授业,封印书符,合药造毒,万方作怪,违犯敕禁者,罪亦如此。其妖(古同"妖"。——笔者注)讹书者,敕出以后五十日内首讫,若有限内不首,后被纠告者,不问首从,皆咸配流。其纠告人,赏绢三十匹,便征罪家。[①]

从经济方面,奈良统治者采取赐位封地的方式强化对于佛教的认同和接受。从苏我马子与藤原家族佛事之争逐渐平息之后,奈良朝廷开始大规模推进佛教在日本国内的扩展和渗透。推广手段之一,便是取法唐都长安佛寺建制,平城京及诸国辟建佛寺,广塑佛像,敕写佛经。首要任务便是将奈良时代前已建成的佛寺均陆续迁往平城京,其次还大量发布对佛教予以保护和支持的法令,着手构建"都城佛寺"体系。奈良时代日本从中国引进吸收的寺庙建筑艺术、佛像雕塑艺术、壁画绘制艺术和涂漆工艺等均已非常成熟,甚至可以和大唐相提并论。[②] 如此高超的寺庙建筑技艺无疑促成了奈良大安寺、兴福寺、元兴寺、东大寺、药师寺、西大寺、唐招提寺和法隆寺等南都十大官

[①] 《续日本纪》卷10,日本经济杂志社1897年版,第170—171页。
[②] 〔美〕阿尔伯特·克雷格:《哈佛日本文明简史》,李虎、林娟译,世界图书出版公司2013年版,第30页。

寺（国寺）的兴建。

三、日本奈良时代对唐代佛教建筑文化吸收的具体呈现

（一）奈良药师寺

首先值得一提的是药师寺，公元680年，天武天皇治下，因皇后（继天武之后的持统天皇）身体不豫而敕建该寺，但天武天皇尚未完成药师寺的兴建即于686年晏驾西去，之后由持统和文武两天皇继续修建，于698年始造完毕；710年日本从难波京迁往奈良平城京，718年药师寺整体迁往平城京。虽然日本史书并无任何关于药师寺取法大唐佛寺的文字载录，但其中某些文字措辞尚可推断出与长安佛教的直接关联。

《扶桑略记》第五"天武天皇"条载：

（朱鸟？）九年（681）十一月，因皇后病，造药师寺。……宝塔二基，各三重，有裳层，高十一丈五尺，纵广三丈五尺。两塔内安置释迦如来，八相成道形也。金堂一宇，二重阁五间四面，长七丈八尺，广四丈五寸，柱高一丈九尺五寸；佛坛，长三丈三尺，高一尺八寸，安置丈六金铜须弥座；药师像一躯，左右胁士，日光遍照菩萨，月光遍照菩萨像，各一躯。又观世音菩萨像二躯，又帐外坛下佛前，并左右，造立彩色十二药叉大将像，高各七尺五寸；南大门五间二重，长五丈，广三丈二尺，东西居狮子形，各高七尺；金刚力士中门一口五间，一盖，长五丈一尺，广二丈五尺，高一丈六尺；难免左右立二王像，并夜叉形天，及座鬼形等，合十六躯（古通"体"。——笔者

注）；讲堂一宇，重阁七间四面，在裳层，高一丈三尺六寸，长十二丈六尺，广五丈四尺五寸，安置绣佛像一帐，高三丈，广二丈一尺八寸；阿弥陀佛像，并胁士菩萨天人等像，总百余躯，奉绣之；食堂一宇，九间四面，正中一间，内点安置金铜半丈六阿弥陀佛像，并观音得大势至菩萨各一躯；经楼一口，钟楼一宇，悬鸿钟一口，百济国王所献也；西院安置弥勒净土障子，僧房十四宇。①

其中，"十二药叉大将像"出自《药师琉璃光如来本愿功德经》，为唐三藏法师玄奘奉诏所译，为佛教大乘经典之一。药师佛有十二大愿，真正护法的十二大金刚菩萨，十二药叉神将属于护法咒，具有降魔除障、医治疾病的法力功能，同时又代表中国十二生肖守护神。毋庸置疑，药师寺此一设计理念源自大唐长安玄奘之法理。

其次，药师寺南大门"五间二重"的构制，基本为唐代长安官寺山门的统一规格。山门两侧的狮子座神兽，更能证明这种理念直接取法于长安佛寺的风格。众所周知，狮子原为西亚安息国物种，汉代乃作为贡品献给汉章帝，因其威猛的外形逐渐受到民众的重视，遂被衍化为佛教瑞兽，往往与金刚力士一起被安置在佛寺山门作为守护之兽。汉唐时代长安城的诸多寺院门口均配有大气威猛的双石狮镇护山门。

再次，日本当时造像基本承袭了大唐的先进建筑技术。据《扶桑略记》第五"文武天皇"条载有这样的细节可资证明："（朱鸟？）三年（699）六月，……天皇于大官大寺内起九重塔，施入七宝，又于同寺内，度五百人。追感天智天皇御愿，欲造丈六佛像，招求良工，未得其人。天皇合掌向佛发愿曰：冀遇工匠，奉刻尊荣。其夜

---

① 《扶桑略记》，日本经济杂志社1897年版，第526—527页。

有一沙弥，谓天皇言：往年造此像者，是化人也，非可重来。虽得良匠，犹有断斧之蹶；虽云画工，岂无丹青之讹。"① 而当时所谓"化人"，无非两种来源，其一为三韩之高丽、百济和新罗归化日本者；其二为唐之归化人。而三韩之地的造像技艺源自隋唐已无须赘言，故而，造像当为中土技术之产物。

（二）奈良大安寺

平城京另一大寺大安寺，更是完全袭用大唐长安西明寺的规制兴建而成。圣武天皇朝，欲修造大官大寺（大安寺），于是向民间广求良匠，入唐学问僧道慈遂被举荐承担此项造寺任务。《扶桑略记》第六"圣武天皇"条载：

> 神龟六年（729），天皇欲改造大官大寺，为遵先帝遗诏也。遍降纶命，搜求良工，爰有称沙门道慈者，奏天皇曰：道慈问道求法，自唐国来。但有一宿念，欲造大寺，偷图取西明寺结构之体。天皇闻而大悦，以为我愿满矣。敕道慈，改造大寺。缘起云：中天竺舍卫国祇园精舍，以兜率天内院为规模焉。大唐西明寺，以祇园精舍为规模焉，本朝大安寺，以唐西明寺为规模焉。寺大和国添上郡平城右京六条三坊矣。其宝塔、花龛、佛殿、僧坊、经藏、钟楼、食堂、浴室、内外宇构，不遑具记。二七年间，营造既成，天皇欢悦，开大法会，加施三百町之水田，得度五百人之沙弥。即以道慈补权律师，受赐食封百五十户，褒赏有员，不能具记。法师道慈，性受聪悟，为众所推，尤妙工巧，构作形制，皆禀其规，所有手匠，莫不叹服焉。②

---

① 《扶桑略记》，日本经济杂志社 1897 年版，第 531—532 页。
② 同上书，第 555—556 页。

道慈法师于大宝二年（702），时文武天皇治下，随大使粟田朝臣真人赴唐求法，入长安学三论法相两宗，居长安十余年乃归奈良朝，"灵龟三年（717），道慈法师自唐归朝，涉览经典，尤精三论"[1]，之后乃成为三论宗在日本的第三代传法僧[2]，与神叡法师并称释门之秀。天平二年（730）道慈法师被擢升为律师，成为奈良朝食封一百五十户的名僧大德。

道慈在长安，不仅专精于学业，虔修于佛法，为日后成为释门之秀打下了坚实的佛学基础；同时，他又深入长安各大名寺，目睹了唐代官寺的恢弘和壮丽，并亲自参与过长安佛寺的兴建工作。[3] 如果道慈对长安佛寺建设一无所知，如何能做到尤妙工巧，所有匠手莫不叹服这样的神似程度，可以想见，道慈在寺院建筑技术方面绝非泛泛之辈。因此，道慈法师成为主持修建大安寺的最佳人选，应当离不开在长安居留十余年对长安佛教文化的吸收内化之功。而仿照唐之西明寺图建造完成的大安寺，成为平城京由天皇敕造的最为重要的官寺之一。[4]

（三）奈良唐招提寺

平城京另一座由官方敕建的大寺为唐招提寺，主持该寺兴建任务的便是享誉大唐和日本佛界的鉴真法师。该寺金堂、钟楼等均为随

---

[1] 《扶桑略记》，日本经济杂志社 1897 年版，第 546 页。
[2] 〔日〕木宫泰彦：《中日佛教交通史》，陈捷译，华宇出版社 1986 年版，第 8 页。
[3] 关于道慈参与长安城佛寺建筑工作，木宫泰彦先生认为道慈在唐之时，正值各州龙兴寺完成之际，龙兴寺规模当为其所识。参见〔日〕木宫泰彦：《中日佛教交通史》，陈捷译，华宇出版社 1986 年版，第 55 页。
[4] 天平十七年（745）改大官大寺为大安寺。天下太平，万民安乐之义也，俗曰南大寺。参见《扶桑略记》，日本经济杂志社 1897 年版，第 563 页。大安大寺最早是圣德太子为供养佛舍利而营建的精舍熊凝寺，后改为百济寺（天皇重加修葺），再为高市大寺、大官大寺，再到大安寺。

鉴真赴日的其他大唐法师所为，可谓集众僧之思。鉴真法师于天平胜宝六年（754）随入唐副使大伴宿祢古麻吕赴日传法，建奈良东大寺戒坛，为宣讲律宗之始。

《扶桑略记·拔萃》"淳仁天皇"条记载了唐招提寺的兴建始末：

> 天平宝字三年（759）八月三日，大唐鉴真和尚奉为圣武皇帝，招提寺所创建也。金堂一宇，少僧都唐如宝所建立也。安置卢舍那丈六像一躯，唐义净法师造之。经藏一基，钟楼一基，讲堂一宇，安置丈六弥勒像，胁侍菩萨像，唐法力法师奉造。食堂一宇，安置障子药师净土绘阿弥陀佛像，并胁侍并菩萨像等，藤原仲麿朝臣室屋施入也。羂索堂一宇，安置金色不空羂索菩萨像一躰，并八部乐，入唐大使藤原清河卿家屋施入也。一切经四千二百八卷，大僧都贤影大法师奉为国家书之。[①]

唐招提寺的兴建，鉴真及随其赴日的其他唐法师贡献最大，而且与长安佛教文化之间有着直接和必然的关联。唐招提寺所参照的寺院虽然在史书中未予详细载录，但如果对鉴真在唐时的行走轨迹予以梳理，其间的关联便赫然清朗。

鉴真十四岁出家，十八岁受菩萨戒，二十岁北上往东西京遍访京内各大名寺，求教于高僧大德，后于长安名刹受佛戒之最高层次具足戒而功德圆满。733年南下江淮，居于扬州龙兴寺，广纳僧徒，传法授戒，将律宗之佛法经疏、佛理佛规传遍江淮大地。后受日僧荣叡、普照、玄郎等盛邀，克服重重困难，渡海东赴日本，成为奈良朝天皇上座之客，律宗亦随之传往东瀛。

鉴真所主持之扬州龙兴寺，前身为武后朝之大云寺，中宗朝改

---

① 《扶桑略记》，日本经济杂志社1897年版，第573页。

之为龙兴寺，玄宗朝又改龙兴寺为开元寺。全国各地敕建的以上诸寺，均与长安城有相同规制的同级同名寺院，仅随唐主更替改其旧名而已，并未敕建新寺。① 因此，唐招提寺的布局构建，毫无疑问是鉴真参考大唐长安诸家官寺，尤其是开元寺的基本结构兴修建造的。

（四）奈良东大寺

奈良平城京另一极负盛名的寺院当为东大寺，乃日本最为著名的仿唐木质寺院，同时又是唐代华严宗东传日本奈良后所形成的华严主道场，被称为唐代华严宗和律宗影响之下的具体表现者。②

东大寺的兴建稍有渊源：其前身为金钟寺，金钟寺最早为圣武天皇为纪念其与藤原夫人所生的太子早夭而敕建的"山房"。《续日本纪》卷10载：

> 神龟五年（728）……九月丙午，皇太子薨。壬子，葬于那富山，时年二。天皇甚悼惜焉。为之废朝三日，为太子幼弱，不具丧礼，但在京官人以下，及畿内百姓素服三日。诸国郡司，各于当郡举哀三日。……十一月庚申，择智行僧九人，令住山房焉。③

"山房"作为佛教寺院的一种，如汤用彤先生引《僧史略》所谓"唐制大伽蓝须赐额始名寺，此山房等均小者也。……山房、佛堂、村邑、斋堂，要亦山野小寺"。④

---

① 〔日〕木宫泰彦：《中日佛教交通史》，陈捷译，华宇出版社1986年版，第52页。
② 同上书，第59页。
③ 《续日本纪》卷10，日本经济杂志社1897年版，第167—168页。
④ 汤用彤：《隋唐佛教史稿》，北京大学出版社2010年版，第60页。

之后，因贵族权臣政权之争，日本发生贵族藤原广嗣之乱，国内政局混乱，僧纲僧纪亦不如之前规整有序。天平十二年（740），圣武天皇参拜河内国大县郡智识寺卢舍那大佛之后，遂发愿在平城京建造同样的卢舍那大佛，以严僧纪僧纲，稳定政局，强化皇权。因此，东大寺诞生的具体政治背景就很有必要做一简述。

首先，东大寺兴建的缘起应该有来自大唐佛教蓬勃发展的风气的影响。灵龟二年（716），沙门玄昉随遣唐大使大伴山守、副使多治比县守、安倍仲麿一道乘舶四艘入唐，居唐 18 年，备受唐天子器重，在唐朝廷任官，官至三品，同时受赐紫袈裟。天平七年（735），玄昉随遣唐使多治比真人广成归朝，携回经论五千余卷及佛像多种，受到圣武天皇的重视和宠幸，亦赐之以紫袈裟，封为僧正，令入内道场。唐皇帝赐僧侣袈裟，乃始于则天武后朝之赐薛怀义等紫袈裟银龟袋，后僧人多以赐紫为荣。[1] 赏赐僧人紫袈裟遂成为则天武后及之后唐皇帝赐予僧界人士的最高荣誉之一，被玄昉等引入日本奈良朝廷学而用之。

与引入紫袈裟之制相比，更重要的引进内容当为则天之兴建大云寺、中宗之兴建龙兴寺、玄宗之兴建开元寺之风，亦随玄昉传入日本。公元 690 年，则天武后称帝，为寻求一种有力且有益于女性统治的意识形态来强化皇权，她将心思投向了佛教，遂下令在两京及诸州兴建规模宏大规格极高的大云寺，敕写《大云经》，广造佛像，广化僧众，借由佛教来实现自己统领天下的政治意图。一时间，大云寺成为武周朝佛教界享有最高权威的皇家寺院。

神都洛阳卢舍那大佛无疑是武周政权崇佛尊法之风气的最有力代言。之后中宗复位，长安及诸州大云寺基本更名为龙兴寺，玄宗朝又改之为开元寺。鉴真所居之龙兴寺，即为武后朝之大云寺，玄昉于

---

[1] 汤用彤：《隋唐佛教史稿》，北京大学出版社 2010 年版，第 60 页。

长安求法自然会参拜开元寺。因此，圣武天皇发愿敕建的东大寺作为日本平城京总国分寺，与大唐武后至玄宗四代帝王所敕建的以上诸寺关系自然清晰可辨。

据《续日本纪》卷17所载：

> 天平十九年诏曰：朕以去天平十三年二月十四日，至心发愿，欲使国家永固，圣法恒修，遍诏天下诸国，国别造金光明寺、法华寺。其金光明寺各造七重塔一区，并写金光明经一部，安置塔里。而诸国司等急缓不行，或处寺不便，或犹未开基。以为，天地灾异一二显来，盖由此乎？朕之股肱岂合如此？是以差从四位下石川朝臣年足，从五位下阿倍朝臣小嶋，布势朝臣宅主等，分道发遣，检定寺地，并察作状。国司宜与使及国师，检定胜地，勤加营缮。又任郡司勇干，堪济诸事，专令主当，限来三年以前，造塔金堂僧房，悉皆令了。若能契敕，如理修造之，子孙无绝任郡领司。其僧寺尼寺水田者，除前入数已外，更加田地。僧寺九十町；尼寺四十町，便仰所司垦开应施，普告国郡知朕意焉。[①]

其次，东大寺敕建之前期，奈良朝廷贵族藤原派系，因佛僧势力介入朝政，贵族权势受到威胁，逐渐与佛僧派系发生冲突，最终导致太宰少贰从五位下藤原朝臣广嗣欲除亲天皇派玄昉及吉备真备而发动叛乱，逼迫圣武天皇避难关东，严重威胁到天皇的统治地位。虽然最终藤原广嗣之乱得以平定，但天皇权力还是受到一定程度的影响。藤原派系势力之后未能东山再起，圣武天皇的权力方获得重新振作的机会，而加固天皇权力的重要途径无疑要借助于佛教的力量和影响。

---

① 《续日本纪》卷10，日本经济杂志社1897年版，第272—273页。

《续日本纪》卷14载圣武天皇天平十三年诏：

> 天平十三年（741）三月乙巳诏曰：朕以薄德，忝承重任，未弘政化，寤寐多惭，古之明主，皆能先（光）业，国泰人乐，灾除福至，修何政化，能臻此道。顷者，年谷不丰，疾疠频至，惭惧交集，唯劳罪已。是以，广为苍生，遍求景福，故前年驰驿，增饰天下神宫。去岁，普令天下造释迦牟尼佛尊金像高一丈六尺者各一铺，并写大般若经各一部。自今春已来，至于秋稼，风雨顺序，五谷丰穰，此乃征诚启愿，灵贶如答，载惶载恐，无以自宁。①

《续日本纪》卷16载圣武天皇天平十八年敕：

> 天平十八年（746）三月丁卯敕曰：兴隆三宝，国家之福田；抚育万民，先王之茂典，是以，为令皇基永固，宝胤长承，天下安宁，黎元利益，仍讲仁王般若经。于是伏闻其教，以慈为先，情感宽仁，事深隐恻。②

此两条史料足以说明，圣武天皇为解决贵族与佛僧之间的矛盾，应对朝廷政局不稳的状况，将希望更多地寄托于可以佑护国家太平、光耀皇族事业、保证国泰人安的佛教。为进一步削弱贵族权力，平息朝廷派系矛盾，稳定国家大局，统一民众意识，圣武天皇不仅敕令天下诸国建造四天王护国寺，建造七重塔及各写《金光明最胜王经》《妙法莲华经》，同时奉八幡神宫以秘锦冠和《金字最胜王经》《法华

---

① 《续日本纪》卷10，日本经济杂志社1897年版，第232—234页。
② 同上书，第263页。

经》等佑国经典；同时还被迫将京城从平城迁往恭仁，五位已上大臣不得再居于平城京，且平城宫兵器皆迁运于甕元宫。

诸国建寺造像且被迫迁都的做法，目的就在于希望稳固强化天皇权力，试图以佛教为端口来安民兴邦，实属无奈但也是有望之举。然迁入恭仁京不久，东大寺尚未建成，天平十六年（744），天皇又发起恭仁、难波二京何处定都的朝议。根据官员及民众决议，朝廷从恭仁京迁往难波京，天皇御座大楯及所有兵器皆由漕运运往难波，而恭仁京百姓可据个人意志迁或不迁，且可任意往来于二京之间，此举应被视为日本仿唐代东西二京之肇始。① 金光寺《大般若经》亦被运往紫香乐宫②，与此同时，在难波京甲贺寺亦开始兴建卢舍那大佛：

> 天平十六年（744）十一月壬申，甲贺寺始建卢舍那大佛骨柱，天皇亲临，手引其绳，于时种种乐共作。四大寺众僧佥集，衬施有差。③

由此可见，圣武天皇对于此事的重视。但难波京尚未完全启用，却频遭火灾、地震等自然灾害侵扰，佛寺堂塔，百姓庐舍等均为崩坏；紫香乐宫周围山火频发，引人惊惧。于是，圣武天皇再次发起迁都朝议，官员及民众皆同意回迁平城京。④

短时期内如此频繁的迁都之举充分说明朝廷此时的向心力发生了很大的变故，政局出现了极大的不稳定因素。而东大寺正是在这样动荡不安的时刻成为天皇加固皇权的可以依凭的途径。因此，兴建总国分寺东大寺的重任又继续在平城京大张旗鼓地予以展开。

---

① 《续日本纪》卷10，日本经济杂志社1897年版，第250页。
② 同上书，第251—252页。
③ 同上书，第255页。
④ 同上书，第258—259页。

天平十七年（745），天皇敕令于平城京择地开建东大寺，至天平胜宝元年（749），东大寺与先前随平城迁入的大安、药师、元兴及兴福四寺一并成为奈良朝廷最为重要的官方寺院，享赐"絁五百匹，绵一千屯，布一千端，稻一十万束，垦田地一百町"[1]，乃当时寺院封物之最高级别。法隆寺、弘福寺、四天王寺、崇福寺、香山药师寺、建兴寺及法花寺享赐级别依次降低，可见东大寺兴建之初，其级别就跃居于诸多旧寺之上。但各寺在经论佛法传承方面别无二致，均以"法华经为本，一切大乘小乘，经律论抄疏章等，必为转读讲说"[2]。

天平胜宝四年（752），卢舍那大佛落成，共历时八年，之后大殿、金堂、法堂等陆续开建，一直到天平宝字二年（758）年，东大寺整体方告竣工，前后历时14年，聚圣武、孝谦两代天皇之功，成就日本奈良最大最具威仪的佛教宝地，华严主场。

奈良朝之诸州国分寺（金光明四天王护国寺）亦为仿照唐则天武后朝至玄宗朝于长安建总寺及诸州建分寺之体系（大云寺、龙兴寺、开元寺一脉相承，于长安建总寺，诸州建分寺）而成。

《续日本纪》卷14"圣武天皇"条：

> 天平十三年（741）丁酉，故太政大臣藤原朝臣家返上食封五千户。二千户依旧返赐其家，三千户施入诸国国分寺，以充造丈六佛像之料。……案经云：若有国土，讲宣读诵，恭敬供养，流通此经王者。我等四王，常来拥护，一切灾障，皆使消殄，忧愁疾疫，亦令除差，所愿遂心，恒生欢喜者。宜令天下诸国各敬造七重塔一区，并写金光明最胜王经、妙法莲华经各十部。朕又别拟写金字金光明最胜王经，每塔各令置一部。所

---

[1] 《续日本纪》卷10，日本经济杂志社1897年版，第285页。
[2] 同上书，第286页。

冀，圣法之盛，与天地而永流；拥护之恩，被幽明而恒满。其造塔之寺，兼为国花，必择好处，实可长久。近人则不欲薰尸所及，远人则不欲劳众归集。国司等各宜务在严饰，兼尽洁清。近感诸天，庶几临护，布告遐迩，令知朕意。又每国僧寺，施封五十户，水田十町；尼寺水田十町。僧寺必令有二十僧，其寺名为金光明四天王护国之寺；尼寺一十尼，其寺名为法华灭罪之寺。两寺相共，宜受教戒。若有阙者，即须补满。其僧尼，每月八日，必应转读最胜王经。每至月半，诵戒羯磨。每月六斋日，公私不得渔猎杀生，国司等宜恒加检校。[1]

《扶桑略记·拔萃》"圣武天皇"条载：

天平十三年（741）三月十四日，天下诸国敕造四天王护国寺，赐住僧廿人，封五十户，水田四十町。又诏宜令天下诸国各敬造七重塔各一区，并写金光明最胜王经、妙法莲花经各一部。又别朕写金字金光明最胜王经，各令置一部。又令造尼寺，其名为法花灭罪寺，置十尼，施水田十町，以藤原大后官为法华寺。[2]

但平城京总国分寺与诸国国分寺享赐级别明显有差，应该是考虑到不同国分寺对于奈良朝廷的不同作用和意义而有意为之。

《续日本纪》卷17"圣武天皇"条：

天平胜宝元年（749）秋七月乙巳，定诸寺垦田地，限大安、药师、兴福、大倭国法华寺，诸国分金光明寺，寺别一千

---

[1] 《续日本纪》卷10，日本经济杂志社1897年版，第232—234页。
[2] 《扶桑略记》，日本经济杂志社1897年版，第560页。

町；大倭国国分金光明寺四千町；元兴寺二千町；弘福、法隆、四天王、崇福、新药师、建兴、下野药师寺、筑紫观世音寺，寺别五百町；诸国法华寺，寺别四百町；自余定额寺，寺别一百町。①

即使奈良朝东大寺作为总国分寺与诸国国分寺在享赐级别上有级差，在朝廷意识形态中的重要性亦有很大区别，但这种在都城建总寺与地方建分寺的佛教发展趋势，基本与大唐当时从都城长安到地方诸州的佛寺体系相同，亦可证明是东亚文化圈中大唐佛教建筑文化发展状况对日本文化的直接投射作用。

木宫泰彦先生认为："（国分寺）与唐之龙兴寺、开元寺……建立之精神，所依之经典，虽有不同，但其为国家之事业，各地一律建设，则全相同也。……故日本国分寺，与其谓模仿开元寺，宁谓其模仿龙兴寺也。"②因此，建国分寺，乃奈良朝佛教界之一大伟业也，其实乃仿唐龙兴寺之制者。

当然，随迁入平城京的其他寺院还有元兴寺（又名飞鸟寺，为圣德太子奉崇峻天皇而建）、法兴寺、兴福寺（兴福寺授戒师主为唐僧道璿）等寺院，以上诸寺亦无一例外，是直接参照或吸收唐长安佛寺的建制规模兴建而成，与长安诸佛教寺院之间有着千丝万缕的联系，但其具体的参照渊源因史料之阙，尚无法探之究竟。虽如此，亦不可否认日本奈良佛教与大唐长安佛教彼时在时空上的交互关系和宗教文化基因上的血亲关系。正如木宫泰彦先生所谓："日本平城京，乃仿长安之制以营造者，迁都之时，兴福寺、元兴寺、药师寺、大安寺等诸寺，亦与之俱迁，是亦模仿长安，以作帝都之装饰者。"③

---

① 《续日本纪》卷10，日本经济杂志社1897年版，第287—288页。
② 〔日〕木宫泰彦：《中日佛教交通史》，陈捷译，华宇出版社1986年版，第54页。
③ 同上书，第43页。

四、结语

　　大唐文化作为东亚文化圈中处于核心地位的文化形态，对周边诸国的影响非同一般，尤其对于三韩之地的高丽、新罗和百济的文化进程，以及对隔海相望的日本的文化发展均产生了持续而强烈的直接作用。其中，作为唐代文化最富异域和本土相互融合而绽放异彩的佛教文化，更是像一颗生命力极其强大的种子，漂洋过海，牢牢扎根于日本人的思维和意识之中，与其本土的神道教相互融合，互相渗透，从而形成具有中国佛教母体特征，而又呈现东瀛特色的信仰文化。这种文化的生成，其肇始之端无疑首推奈良时代，这是日本真正向大唐，尤其是向大唐核心文化区域长安不断学习和吸收的伟大时代。

　　奈良时代在这股佛教文化东流运动中，佛教正式扎根日本，奠定蓬勃发展之肇始，确立了日本历史上的"都市佛教"，亦为平安时代"山岳佛教"的诞生铺就了一条坚实之路。由奈良朝廷多次选送的遣唐使、学问僧和留学生，作为将大唐文化引入日本国内的第一推手，远涉苍波，奔赴唐都文化重镇、佛教中心长安，其动机之一便是将集中在京畿长安的佛教文化——教义礼仪、佛典经疏、佛像法器、舍利佛骨等迎归国内，从而使佛教这枝发端于印度、盛放于大唐的信仰之花，在隔海相望的东瀛国土上，绽放出绚烂迷人的花朵，结出慰人不安灵魂、解救精神饥渴、安宁国土稳定人心的累累硕果。

　　当然，本文仅从唐代长安佛寺建筑文化角度入手，对奈良朝如何吸收长安佛教建筑文化而形成平城京佛寺建筑风格做了粗浅的分析和探讨。实际上，唐代长安佛教文化博大精深，佛寺林立，僧侣数众，宗派宏博，经论驳杂，诸方面东传日本奈良朝及之后的平安朝尚有很多亟待深入挖掘的具体表征，比如各个佛寺对佛事的展开形式，如法戒斋会、讲经说法、度僧敕验等方面如何传承和传播；宗派方面，还应考虑经奈良各派自成一格的核心经论、抄经传经的方式、经籍注疏的撰写、主要宗派人物与政治的内在关联等方面，应该还有极大的探讨空间，可留待后期研究继续深入。

（原载《江汉论坛》2018 年第 6 期）

《黄侃手批〈尔雅义疏〉》所见"相反为训"

一、"相反为训"的由来和演变

"一词兼有相反二义"是词汇学的问题,"相反为训"被部分学者认为是训诂条例,本是两个不同层面的问题,语言学家却渐有混淆之势。

"相反为训"的源头来自郭璞所注《尔雅·释诂》和《方言》,所谓"义相反而兼通","诂训义有反复旁通,美恶不嫌同名","此训义之反复用之是也"。

《尔雅·释诂》:"治、肆、古,故也。"

《尔雅·释诂》:"肆、故,今也。"郭璞注:"肆既为故,又为今。今亦为故,故亦为今,此义相反而兼通者。"

《尔雅·释诂》:"徂、在,存也。"郭璞注:"以徂为存,犹以乱为治,以曩为曏,以故为今,此皆诂训义有反复旁通,美恶不嫌同名。"

《方言》卷二:"逞、苦、了,快也。自山而东或曰逞。楚曰苦。"郭璞注:"苦而为快者,犹以臭为香,乱为治,徂为存,此训义之反复用之是也。"

"相反为训"的说法有一个演变过程,最初的关注点是"意义相反",后来演变为一则训诂条例。郭璞首先发现了某种似乎相冲突的语言现象,但没有当作训诂条例,更没有提升为语言理论。历代对

"反训"均有论述，总结有如下意见[①]：

（1）"相反为训"作为训诂条例。如：钱大昕、陈玉澍。

（2）字义相反（美恶同辞）。如：洪迈、贾昌朝、李冶、杨慎、焦竑、俞越、邓廷桢、朱骏声、俞樾、刘师培、吴曾祺、黄侃。

（3）修辞上的反用。如：李冶。

（4）相反而相因（相反而相成）。如：段玉裁、王念孙。

二、学者关于"相反为训"的讨论

钱大昕首先使用了"反训"这个词，不过只是用来释"室"字。《潜研堂答问》卷四："室本训塞，反训为空，犹乱之训治，徂之训存也。"[②] 陈玉澍《尔雅释例》卷二有"相反为训例"专释"相反为训"。

> 《释诂》："徂、在，存也。"注云："以徂为存，犹以乱为治，以囊为曩，以故为今，此皆诂训义有反复旁通，美恶不嫌同名。"蒙案此谓"相反为训"，《释诂》、《释言》、《释训》此类尚多，郭注所举未尽，如哉，始也；在，终也。"在"即"哉"也，始、终相反为义。……落，始也；落，死也。始即生也，与死相反。……愉，乐也；愉，劳也。劳苦与安乐义反。豫，乐也；豫，厌也。厌恶与爱乐义（笔者按：盖漏"相反"二字）。又繇，忧也；繇，喜也。忧与喜义反。念，思也；勿念，勿忘也。忘与思义反。鞠，盈也；鞠，穷也。穷尽与盈满义反。

[①] 可参见王宁：《训诂学原理》，中国国际广播出版社 1996 年版，第 113—118 页；马启俊：《"反训"这个术语不能成立》，《古汉语研究》1995 年第 2 期。

[②] （清）钱大昕：《潜研堂答问》，载陈文和主编：《嘉定钱大昕全集》（增订本）第 9 册，凤凰出版社 2016 年版，第 72 页。

康，静也；康，安也；康，苛也。苛扰与安静义反。……逮、暨、及，与也。暨，不及也。不及与与（笔者按：当为"不及与及"）义反。育，长也；鞠，稺也。鞠即育也，稺、幼与长义反。……茅，明也。"茅"即《释天》之"霿"。郭以"茅"为"蒙昧"，既为"昧"又为"明"者，以相反为义。……可无疑《释草》"蘦"，大苦之为甘草矣，而荣而实者谓之秀，郭本作不荣而实者谓之秀，两说不同，亦可援此例而两存之。①

陈玉澍提出"相反为训"作为一条训诂法则，黄侃先生有《〈尔雅释例〉笺识》，深受其影响，对其"相反为训"的观点多有继承。将"相反为训"视为训诂法则，现当代多数学者是不认可的，将其理解为"一词兼有正反两义"则为部分学者所接受。王宁先生有"反义同词"的看法。伍铁平先生《论反义词同源和一词兼有相反二义》一文，运用西方语言学理论来辨析传统意义上的"反训"，并列举了其他语言中的"一词兼有相反二义"的例子，认为存在"一词兼有相反二义"的现象。马景仑先生《"反训"与"正反同词"浅论》认为"反训"作为训诂术语不妥当，指出"正反同词"是一种客观存在的语言现象，举出的例证有"落""逆""乞"等。蒋绍愚先生在《古汉语词汇纲要》第五章第二节专论反训，"'反训'这种现象存不存在？我们的回答是肯定的。但反训的界域必须严格划定，即：一个词同时兼具相反二义。如果不是同一个词，或者不是共时的语言现象，或者并非真正是相反二义，就不能叫'反训'"②。徐世荣先生有专著《古汉语反训集释》。张清常先生认为："旧日所谓'反训'的例证，实际上是一大堆未经整理的多项混合体，把它们剖析清楚，区分时代早晚及

---

① 陈玉澍：《尔雅释例》，载刘晓东、杜泽逊主编：《清经解四编》第14册，齐鲁书社2015年版，第522—523页。
② 蒋绍愚：《古汉语词汇纲要》，北京大学出版社1992年版，第156页。

使用场所，意义自然明白。"① 郭锡良先生有《反训不可信》一文。

笔者以为古人所言"反训"并非单一的语言现象，而是对不同语言现象的笼统概括。零星语言现象的归纳不能作为语言系统的基本原理。

三、《尔雅》的训释与"相反为训"

《尔雅》是经学的附庸，也是解经的渊薮。《尔雅》作为经典故训的总结，脱离语境，以字训字，必然有义位的差异，有时所收故训在具体语境中甚至涉及义素的差别。既已脱离经文，故训就难以理解，僵化孤立，不能附经而生动起来，细腻感也就丧失了，细腻意义的把握，不但离不开本句、本段，甚至离不开本章和整本书，必要时甚至要与同时代的经典对读，只是层次感会不同。《尔雅》的训释驳杂，成于众手，有本义、引申义、假借义，有词义的概括、描写，有的意义经典通行，有的意义极生僻，语例很少。

脱离了具体语境，"字"被单独提出，按同义词组排列，又只取一条义项（"二义同条"是例外），且将历时层面累积的材料作共时分析，难免会出现混乱。

先秦经典的注家多采用的是"随文训释"的方式而非字典定义式的描写。"随文训释"，依赖语境，独立性不足，体现了注家对文本的理解和阐释，因而不算一种绝对客观的语言解释。不同时代的注家对于字义和字义之上的文化形态的阐释的偏重又有所不同，因而有可能出现解经者不拘于文字，甚而故意误读以申其主张，或道德，或政治。②

---

① 张清常：《〈尔雅〉研究的回顾与展望》，《语言研究》1984年第1期。
② 如《毛诗故训传》之"经夫妇，成孝敬，厚人伦，美教化，移风俗"的道德化解经倾向，影响了字义的训释。《邶风•静女》："静女其姝。"毛传："静，贞静也。女德贞静而有法度，乃可说也。"笔者按：《毛传》乃增字为训。"静"当读为"�"，为"清纯""纯洁"之义，"静女"为"纯洁可爱"的女子，绝非"贞静"之女子。

相较之下,《尔雅》所传故训来自众经师,汇聚了不同流派的训释,其释义更具客观性。如对《诗经》的训解既包含毛诗,也有三家诗,与《毛传》相比,《尔雅》所收故训更广泛。《尔雅》的训释不过度阐发,掺杂道德、政治成分较少,且其训释方式大体规整(各篇训释方式有所不同),训释样式精简,词汇学的研究价值很大。同时,保存了很多珍贵的故训,将先秦经典注家中的训释与《尔雅》的训释相比较,反复抽绎,自然有所得。因为《尔雅》搜集了大量不同时期的语言材料,这些历时累积的材料和《尔雅》独特的训释方式,在一定程度上造就了"相反为训"的误解。既然后人"反训"的看法来源于《尔雅》,那么厘清《尔雅》注家关于"反训"的看法,有助于我们正确看待"反训"现象。

四、所谓"反训"的几种类型

传统意义上的"反义",我们在此用最大的范围来界定。讨论"反义"时,需在共时层面的同一层次的语义场中。如"生""死"为反义,"存""亡"为反义,若说"生""亡"是反义就让人觉得很奇怪,这组词不在一个语义场,"生存"和"死亡"则是一对反义词。

所谓的"反训",一般包括如下几种情况[①]:

(1) 一个词有两个相反的义位。(笔者以为在共时层面几乎不存在)

(2) 词义的扩大或缩小。如"臭""祥"。

(3) 动词的施受同词。如"假(借入、借出)""贷(贷入、贷出)"。

[①] 此分类为总结各家意见而成,可参见王宁:《训诂学原理》,中国国际广播出版社1996年版,第110—122页;蒋绍愚:《古汉语词汇纲要》,商务印书馆2005年版,第140—158页。

（4）修辞上的"倒反辞"。如"冤家"可指情人；"可憎"能表可爱。

（5）反问句的实际意义和字面意义。

修辞和反问句，黄侃先生的批注中未涉及，况且将修辞、语气、语法方面的问题放在"语义"角度来讲，恐怕有不当之处。以下广为古人认可的"反训字"，经清代学者和现当代学者的考证，辨析大致已清晰。所谓"臭之为香"，是混淆了历时层面和共时层面所致。臭本指气味，《广韵·宥韵》："凡气之总名。""臭"之"恶臭"义是后来分化出来的。作词义辨析的第一步就是分别历时与共时层面，如此，则不会把"古义"和"今义"的对立看作"相反为训"。所谓"以乱为治"，"乱"的本义是"整理杂乱的丝束"，引申为"纷乱"，后来"乱"作动词用的意义被"治"取代，而"乱"作形容词的意义通行，实则是词义引申的问题，之所以被误解，是两个义位本来就是相因而生。所谓"以徂为存"，究其实，还是没弄清假借是用字问题。所谓"以故为今"，属于"义位错位"，混淆了连词"今"和实词"古"。① 有论者以存在"反向引申"的语言现象为理由，肯定"反训"的正当性，但这并不是"反义同词"的根据，两者没有必然的联系，是两个问题，不可混为一谈。又有人以偏义复词的形成来说明"反训"的现实性，其实偏义复词正是为了加强、固化某一相对的下位义。

---

① 以上"反训字"，"臭""乱""徂""故"黄侃先生批注中有涉及，具体考证可参看郝懿行：《尔雅义疏》，上海古籍出版社 1983 年版；齐佩瑢：《训诂学概论》，商务印书馆 2013 年版，第 164—182 页；王宁：《训诂学原理》，中国国际广播出版社 1996 年版，第 110—125 页；郭锡良：《汉语史论集》（增订本），商务印书馆 2005 年版，第 510—518 页；蒋绍愚：《古汉语词汇纲要》，商务印书馆 2005 年版，第 140—158 页。

五、《黄侃手批〈尔雅义疏〉》中"相反为训"的考证与辨析

《尔雅·释诂》："徂、在，存也。"郭璞注："以徂为存，犹以乱为治，以囊为曏，以故为今，此皆诂训义有反复旁通，美恶不嫌同名。"《黄侃手批〈尔雅义疏〉》（本文以下简称《手批》）："郭注所言是也。《尔雅》：'哉，始；在，终。落，始；落，死。繇，忧；繇，喜。育，长；育，稚。鞠，盈；鞠，穷。念，思；勿念，勿忘。茅，明'皆是此例。"[1] 黄侃先生认可郭璞的说法，在《手批》里有十数例先生均认为是相反为训。

（一）错将"假借"作"反训"

（1）《手批》："悦、愉，乐也。愉，下文云：'劳也。'或云相反为义。声转为'㥥'。《说文》'㥥'下引《周书》：'有疾不㥥。㥥，喜也。'"

黄侃先生所谓"或云相反为义"，指陈玉澍而言。且不论"乐"与"劳"是否为反义。"愉"训"乐"常见，"愉"训"劳"其实是假借。

《释诂》："愉，乐也。"

《释诂》："愉，劳也。"郭璞注："劳苦者多惰愉，今字或作窳，同。"

王世伟《尔雅注疏校勘记》："'窳'宋刊《释文》，影宋蜀大字本，宋刊监本，吴元恭本同。宋刊单疏本，雪窗本字从'宀'。阮元《校勘记》云：'懒人恒在室中，故从宀，今《释文》亦误作窳，盖因

---

[1] 本文所录黄侃先生的批注，来自中华书局影印版《黄侃手批〈尔雅义疏〉》和台北石门图书公司影印，潘重规所录《黄季刚先生遗书》第三至五册，同时参照了中华书局出版，黄焯所辑，黄延祖重辑的《尔雅音训》。

《说文》脱"𤢎"字，故诸书误以穴部字当之。'"

笔者按：《说文》无"𤢎"字。文献中"𤢎""窳"多相乱。

《说文·瓜部》卷七："𤬓。本不胜末，微弱也。从二瓜。读若庾。"段玉裁《说文解字注》："本者，蔓也。末者，瓜也。蔓一而瓜多，则本微弱矣。故污窬之窳，惰懒之窳皆从此。"

顾野王《大广益会玉篇》："𤬓。弋主切。劳病也。"

《毛诗·大雅·召旻》："皋皋訿訿，曾不知其玷。"毛传："……訿訿，窳不供事也。"陆德明《释文》："窳，音瘐。裴骃云：'病也。'《说文》云：'懒也。'"

《说文·穴部》："窳。污窬也。从穴，𤬓声。朔方有窳浑县。"

《史记·五帝本纪》："陶河滨，河滨器皆不苦窳。"裴骃《集解》："窳，病也。"张守节《正义》："窳音瘐。"

慧琳《一切经音义》卷九十四"惰窳"注引《尔雅》"窳，劳也"。

《释诂》："瘉，病也。"郝懿行《尔雅义疏》："……瘉者，《诗》：'胡俾我瘉'，'交相为瘉'。毛传并云：'瘉，病也。'通作'愈'。下文'愈，劳也'。劳亦病。《龙龛手鉴》卷四引《尔雅》旧注云：'瘉，劳病也。'是瘉、愈同，又通作愈。《诗》：'忧心愈愈。'《释训》作'瘐瘐'。《汉书·宣帝纪》注：'瘐或作瘉。'是矣。"

《经义述闻》卷二十六："'愈之言瘉也。'上文曰：'瘉，病也。'凡劳与病事相类。故上文曰：'劬、劳、瘅、瘉、痯，病也。'此曰：'邛、勤、愈、瘅，劳也。'《小雅·小旻》传曰：'邛，病也。'义并相通。《尔雅》训愈为劳，而郭乃云'劳苦者多惰愈'，其失也凿矣。"

笔者按："愈"与"窳"不是一个词。"愈"表"乐"义，"窳"或"瘉"是"劳""病"之义。"愈"训"乐"又作"愈"是一类。"瘉"训"病"又作"瘐"是一类。所以，本条"相反为训"不能成立。

（二）错将"引申"作"反训"

（2）《手批》："鞫，盈也。《释言》：'鞫，穷也。'相反为训。"

《释言》："鞫、究，穷也。"郭璞注："皆穷尽也。见《诗》。"

《释诂》："鞫、訩、溢，盈也。"郭璞注："《诗》曰：'降此鞫訩。'"

《小雅·节南山》："昊天不傭，降此鞫訩。"毛传："鞫，盈也。"郑笺："盈，犹多也。"马瑞辰《毛诗传笺通释》："……盈即窮字引伸之义。《说文》：'窮，极也。'訩当读如日月告凶之凶，谓凶咎也。《说文》：'凶，恶也。'鞫凶犹言极凶，与大戾同义。"

《说文·幸部》："䪳，穷理罪人也。"段注："……《文王世子》注曰：'读书论法曰鞫。'按'鞫'者，俗'䪳'字，讹作'鞫'，古言'鞫'，今言'供'，语之转也。鞫与一语之转，故以窮治罪人释鞫，引申为凡窮之称。《谷风》《南山》《小弁》传曰：'窮也。'《公刘》传曰：'究也。'《节南山》传曰：'盈也。'按此字隶作'鞫'，经典从之，俗多改为鞠，大误。"

段玉裁认为，"鞫"是俗"䪳"字，"俗多改为鞠"。笔者按："鞫"训"穷"是假借。"䪳"本义是穷治罪人，引申有"穷"义。《说文·穴部》："窮，极也。"又引申为"盈"（"多"义）。《小雅·节南山》："降此鞫訩。"毛传："鞫，盈也。"又《齐风·南山》："曷又鞫止。"毛传："鞫，穷也。"笺："鞫，盈也。""䪳"训"窮"，引申为"盈"，隶书作"鞫"，俗改写为"鞠"，故"穷"与"盈"是引申关系，非相反为训。

（3）《手批》："浑，治也。浑，《说文》训'浊'，《尔雅》训'治'，义相反。"

《释诂》："浑，治也。"郭璞注："浑，书序作'汨'，音同。"

《说文·水部》："汨，治水也。"段注："《天问》：'不任汨鸿，师何以尚之。'王云：'汩，治也。鸿、大水也。'引伸之，凡治皆谓汩。"

《说文·水部》："淈，浊也。从水屈声。一曰滒泥。一曰水出貌。"

笔者按：淈本训为"治"，引申为"搅令浊"。慧琳《一切经音义》卷九十四："淈，搅令浊也。"有后起字"汩"，训"治"。《释诂》所训为本义，《说文》训"浊"是引申义。《说文》所谓"一曰滒泥。一曰水出貌"，盖为后人据《字林》所增。

"淈"的"浊"义为"溷"所取代，后此义不再通行。"淈"的"治"义则为"汩"所取代。"治"是本义，"浊"是引申义，二者是引申关系，非"相反为训"。《说文·水部》："溷，乱也。一曰水浊貌。从水圂声。"《说文·水部》："浊，水，出齐郡厉妫山，东北入巨定。从水蜀声。"段注："浊，浊水。引吕忱曰：'浊水，一名溷水。'"

（三）"义位错位"导致的"反训"误解

（4）《手批》："康，乐也。康，下文云：'静也'，'安也'，并与乐义同。又下文云：'苛也。'或云相反为义。"

《释诂》："康，乐也。"

《释诂》："康，静也。"郭璞注："皆安静也。"

《释言》："康，苛也。"郭璞注："谓苛刻。"《尔雅正义》："……康、苛皆细小之物，故假借以为烦碎之名。"《尔雅义疏》："……康者，《释器》云：'康谓之蛊。'康亦细碎，与苛扰义近，声又相转。"

笔者按："康"假借为"糠"，因"糠"之细碎引申为苛刻。《说文·艸部》："苛，小草也。"段注："引伸为凡琐碎之称。"又《说文·禾部》："糠，谷皮也。""糠""苛"均有"细小"义。以"谷之皮"而言，"康"为假借字，"糠"为本字。《释言》以"康"训"苛"，是以"谷之皮"对应"小草"，并非以"康乐"对应"苛责"。此条郭璞注《尔雅》时已误，黄侃先生承郭璞之误而误。

（四）黄侃先生"声训"不严谨所致

（5）《手批》："哉，始也。'哉'声通'在'，下文云：'在，终也。'是相反为训。声又通载，《释天》：'唐虞曰载。'注：'取物终更始。'是哉、在、载兼包终始二义。"

《释诂》："哉，始也。"郭璞注："《尚书》曰：'三月哉生魄。'"

《释诂》："在，终也。"

《释天》："唐虞曰载。"郭璞注："取物终更始。"

黄侃先生认为"哉""在""载"均是反训。"哉"训"始"，"在"训"终"。哉、在、载均得音于"才"，相通假，但并非同一字。从这条批注中，可以窥见先生的"字观"，《手批》中有大量"同字并见"的看法。《尚书·康诰》："惟三月哉生魄。"孔安国传："周公摄政七年，三月始生魄，月十六日，明消而魄生。""哉"训"始"。《左传·成公十六年》："多怨而阶乱，何以在位。"《左传·昭公十二年》："将何以在。""在"均训"终"。"哉"训"始"，不训"终"。"在"训"终"，不训"始"。《豳风·七月》："七月鸣鵙，八月载绩。"毛传："载绩，丝事毕而麻事起矣。"孔颖达疏："八月之中，民始绩麻。"可知，"载"训"始"。"载"训"始"，又训"岁"，故曰"取物终更始"，但"载"不训"终"。此三字无一字有"始""终"二义，倘若一字有"始""终"相反二义，不是会造成混乱吗？

（五）经文错误和误读

（6）《手批》："念，思也。念声转为恁。《典引》蔡注：'恁，思也。'《释训》：'勿念，勿忘也。'相反为训。"

《释训》："勿念，勿忘也。"郭注："勿念，念也。"《尔雅义疏》：

"……勿者，与无同。无念者，《诗》：'无念尔祖。'传：'无念，念也。'《孝经》《释文》引郑注：'无念，无忘也。'"

《毛诗·大雅·文王》："无念尔祖，聿修厥德。"《诗三家义集疏》："鲁'无'作'毋'。"《毛诗·魏风·硕鼠》："硕鼠硕鼠，无食我黍。"《诗三家义集疏》："鲁'无'作'毋'。"

笔者怀疑《释训》"勿念，勿忘也"，来自齐诗或韩诗，毛诗作"无"，鲁诗作"毋"，疑齐、韩或作"勿"。"无""毋""勿"通假。"勿"句首语气词。这一条显然是黄侃先生误读《释训》经文所致。

《礼记·祭义》："曾子闻诸夫子曰：'天之所生，地之所养，无人为大。'"

《左传·成公十二年》："如天之福，两君相见，无亦唯是一矢以相加遗，焉用乐！"孔颖达正义："子反意，言晋楚并是大国，不肯相朝，唯战乃相见，其相见之时，唯当用是一矢以相加陵，相遗与耳，无为用此乐也。"

上述两例"无"均作句首语气词。

《小雅·节南山》："弗问弗仕，勿罔君子。"《经传释词》："勿，语助也。《诗·节南山》曰：'弗问弗仕，勿罔君子。'勿罔，罔也。言弗问而察之则下民欺罔其上矣。传曰：'勿罔上而行也。'则与'弗问弗仕'之文不相承……僖十五年《左传》曰：'史苏是占，勿从何益。'勿从，从也。言虽从史苏之言，亦无益也。杜注曰：'虽复不从史苏，不能益祸。'失之与他处训无者不同。"

笔者按：王引之所言允当，"勿"为语助。

六、"相反为训"的实质

作为训诂条例的"相反为训"不可信，"一词兼有相反二义"是否可信？讨论"一词兼有相反二义"之前，我们先定下两条规则。

（一）两条规则

（1）须在共时层面作比较。或问何谓共时？此处所言"共时"不能提供确切的数值，皆相对而言。若一词已分化出相反的义位，则必须将两时段作区分，不可混淆。如"臭"之"臭味"义于何时固定存在？此时是否另有造字？其所始时代必须与此前作分别。

（2）分别字词。传统语言学家大多以字为基本单位，往往字词不分。在黄侃先生对《尔雅义疏》的批注中，可以发现大量"同字并见"的条目，明明不是同一个字，黄侃先生说是同字，可见先生对于字、词概念的区别并不明晰。古人对"词"的概念的忽视自有其原因，先秦时代的语言毕竟和现代汉语差异太大，单音节词占了绝对优势，不过双音节词在先秦时代也是不容忽视的。在"反训"的辨析中，须明字、词的区别。如果有语言符号的使用者，偶然将两个意义相反的词借用了同一个汉字，而它们各有本字，这种偶然的借用并不是相反为训，这种情况可以看作使用者的用字问题，这俩词原本就是"二"而不是"一"。即便本字渐废，借字通行，在此借字的义位里，一般也不会有两个为大众所习知的相反的义位，或许在一个短的时期存在着对立的两个义位，但这种情况不会长久，必然会有一个义位消亡，或者被其他词所取代，从而保证语言系统的明晰性。正是黄侃先生的"字观"导致了一部分"反训"的误解。如《说文·八部》："介，画也。"段注："画部曰：'画，畍也。'按'畍'也，当是本作'介'也。介与画互训。田部'畍'字盖后人增之耳。介、畍古今字。"又《说文·大部》："奔，大也。"段注："此谓分画之大。《方言》曰：'奔，大也。东齐海岱之间曰奔，或曰幠。'按经传多假借为之。"又《说文·艸部》："芥，菜也。"段注："借为草芥，纤芥字。"有人认为介有"大""小"两个相反的义位，实则不然，"介""畍""夼""芥"诸字本义并不相同，我们将这些字放在一起讨论，恰恰忽视了它们的使用背景和各自出现的时间。在如此长的语言演变过程中，这些字或隐或显或变换身份，表示"大"的意义用"夼"字，表示"小"的意义用"芥"字。"芥"表示"小"的意义一般也不能单独使用，往往以成词的方式出现，如"纤芥""芥视""草芥"。如果有使用者偶然借用"介"来表示这两个词，我们不能因此说"介"是"相反为训"，因为各有本字，是偶然的个人用字问题。

文字系统在使用中不断发展，当出现了"区别字"时，表示这个义位在文字的使用中已经具备了独立的身份，成为一个新字，当然这个新字的字形可以是新造的，也可以"偷用"不活跃的"旧字形"，如果没有造新字，表示语言系统容忍这一语言事实，即"字和词的矛盾"。好处是少了一个符号，将"一个符号"的增加或缺失放在整个语言系统中考量，意义就显得更重大。我们还不能全盘看清这对整个语言系统的影响，语言系统做出了自己的选择，不由个人。

（二）语言的"偶然性"与"相反为训"

笔者以为，语言的使用是超越性的，是第一法则。语言的本质是符号，符号是为了使用，只有在使用了之后才能说符号是什么或者可能是什么，因为若不使用，这符号对你便没有意义。语言是一种实践行为，在于族群的使用，允许杂质存在，语言拥有偶然性，那或许是它更新的刺激物。一个字出现相反的两个义位就是一种偶然性，可能会导致语言系统的变动。设想一个字有两个完全相反的义位，在使用过程中，不可避免地会造成表达的混乱，影响语言使用的效率。因此，使用者自然会避免使用这种可能造成混乱的字，或弃用某一义位，或发明新字以代替，这种字极少，使用频率又很低，出现时间很短暂，是一种偶然行为。

许多"反训字"的反义义位其实是"历史的误会"，并未在共时层面产生过语义冲突，或者说即使有也迅速被取代。所以，面对似是而非的"反训"，需要作具体细微的辨析，更不可将"相反为训"作为一则训诂条例无条件地推演。

（三）"义位错位"

字在语境中是以义位为单位出现的，一个字一般不止一个义位，因此就可能出现"义位错位"的现象。

义位错位（或称"义位错置"）。设想 A 字有两个义位：A1、A2。B 字有两个义位：B1、B2。A1 与 B2 意义相近，A2 和 B1 意义相反（此处相近、相反均取最大范围而言）。以"苦""快"为例。苦1：苦急。苦2：痛苦。快1：快乐。快2：快急。

"苦"和"快"有人认为是"反训"，王宁先生已经有很好的辨析。[①] 在语境中使用者一般不会混淆"苦"和"快"，郭璞的混淆正是因为脱离语境，且以字为基本单位而非义位来解释这种"看似的混乱"，就出现了所谓的"反训"，实则是对"苦"和"快"义位的误读。假设某两词在语境中确实出现了混乱，我们知道语言系统对歧义句的容忍是有限度的，出于明晰性的要求，必然会造新字或改造旧字，用一种最经济、最清晰的方式使 A1、A2、B1、B2 区别开来，或者抛弃 A1、A2、B1、B2 中的某些成员，用其他的符号代替。当然 A、B 两字的变动也和整个语言系统相关，这需要就具体情况而言。

在郝懿行的《尔雅义疏》和黄侃先生的批注中，均可以看见不少"辗转相训"的例子。设想 C 字，有 C1、C2 两个义位，D 字有

[①] 王宁：《训诂学原理》，中国国际广播出版社 1996 年版，第 119—120 页。

D1、D2两个义位，E字有E1、E2两个义位，由C1=D1，D2=E2，不能推出C1=E2，这是辗转相训容易犯的错误，因为D1、D2两个义位只用一个汉字D表示。若再将"辗转相训"和"相反为训"结合起来用，训释就显得枝蔓无边，随心所欲，无不相通了。词义的训释，具体到义位就能避免"辗转相训"的危险，也不会有"义位错位"的误解。

七、结论

上举第一例黄侃先生错将"假借"作"反训"，其实各有本字。第二例和第三例未区分语言的共时和历时状态，错将"引申"作"反训"。第四例是"义位错位"导致的"反训"误解，先生承郭璞之误而误。第五例是先生"声训"不严谨所致，无语例支撑。第六例是先生误读经文所致。

这些所谓的"相反为训"，大致可归为五类：第一，错将"假借"作"反训"。第二，错将"引申"作"反训"。第三，"义位错置"导致的"反训"误解。第四，"声训"不严谨所致。第五，经文错误和误读。

为何在自然语言的使用中很少见到"一词兼有相反二义"的现象？郭璞所举的例子来自《尔雅》《方言》，这类以字为基本单位的"字书"脱离了语境，以字训字，不精确到义位，加上古代注家的错误训解造成了混乱和误会，复有后人的误解、曲解，固执地为之辩护。清代声韵学大盛，善言假借又常常不分字词，更有以"声音"凌越语言事实的现象，种种原因造成了一种似是而非的"相反为训"的错误认识。

黄侃先生为训诂大家，以过其法眼断定为"反训"的十数例而言，无一例真正称得上为"反训字"，无一例一字之中兼有相反的两个义位，可见，"反训"的说法大可怀疑，退一步而言，即便在某一短暂时期，真有"反训字"，也必不能长久共存，语言系统会本能地将其排除以制止紊乱。因为先生心中有个"相反为训"的"法则"，当遇到某字似乎有相反的意义时，就急于断定是"反训"而不及进一步的考释，从"或曰相反为训"这种表达就可窥见一斑（笔者按：此处或曰盖指陈玉澍）。先生受到当时学术潮流的影响，《手批》又只是读书笔记，未来得及作进一步辨析，因而出现了误解。"相反为训"作为训诂条例绝不可信。"一词兼有相反二义"一般也不存在，不可将复杂的语言现象简单化、笼统化。

（原载《人文论丛》2018 年第 1 辑）

《尔雅·释诂》校勘四则

一、《尔雅·释诂》的编排体例与校勘

体例（一）：被训释语和训释语均为单字。

第一则体例有少数例外。《尔雅·释诂》[①]不符合第一则体例的词条，必符合第二则体例。

体例（二）：被训释语中若有两个或两个以上双音节词的词条，双音节词必相连排列。

先定下两则体例，然后用这两则体例检验《尔雅·释诂》经文，再分析不符合这两则体例的经文，最后验证所定条例的合理性。

根据第一则体例，从《尔雅·释诂》191个词条中，共筛选出不合规定的14个词条。如下：《释诂》1.001[②]："初、哉、首、基、肇、祖、元、胎、俶、落、权舆，始也。"《释诂》1.019："黄发、齯齿、鲐背、耇、老，寿也。"《释诂》1.022："谑、浪、笑、敖，戏谑也。"《释诂》1.048："亹亹、蠠没、孟、敦、勗、钊、茂、劭、勔，勉也。"《释诂》1.062："皝皝、皇皇、藐藐、穆穆、休、嘉、珍、

[①] 本文所引《尔雅》版本为南宋监本，据周祖谟：《尔雅校笺》，云南人民出版社2004年版。

[②] 本文所引《尔雅》词条的序号由篇序和条序构成，如《释诂》第一条标记为《释诂》1.001，依此类推。

祎、懿、铄，美也。"《释诂》1.064："關關、噰噰，音声和也。"《释诂》1.072："墼、阬阬、滕、徵、隍、漮，虚也。"《释诂》1.077："痡、瘏、虺隤、玄黄、劬劳、咎、頒、瘣、瘉、鳏、戮、瘯、癙、瘇、痒、疧、疵、闵、逐、疚、痗、瘥、痱、癉、瘵、瘼、瘆，病也。"《释诂》1.117："毗刘，暴乐也。"《释诂》1.118："觊覭髳，茀离也。"《释诂》1.140："栖迟、憩、休、苦、歔、齂、呬，息也。"《释诂》1.159："鬱陶、繇，喜也。"《释诂》1.184："貉缩，纶也。"《释诂》1.191："崩、薨、无禄、卒、徂落、殪，死也。"

根据第二则体例将此14例作进一步筛选，其中《释诂》1.001和《释诂》1.140为例外，得到不符合规定的有《释诂》1.191。

《释诂》1.191："崩、薨、无禄、卒、徂落、殪，死也。"

《春秋》隐公三年："三月庚戌，天王崩。"《公羊传》："天子曰崩，诸侯曰薨，大夫曰卒，士曰不禄。"何休注："不禄，无禄也。"

"崩""薨""卒""不禄"（即无禄），由尊到卑，分别代表"天子之死""诸侯之死""大夫之死""士之死"。可知《释诂》1.191当作"崩、薨、卒、无禄、徂落、殪，死也。"根据《释诂》词条编排体例（二）被训释语中若有两个或两个以上双音节词的词条，双音节词必相连排列。此条的两个双音节词不当分开，可知本条经文"无禄""卒"倒置。《释诂》1.190："求、酋、在、卒、就，终也。"何九盈先生指出，《释诂》1.001训释语为"始"，《释诂》1.190训释语为"终"，始终相对，故疑《释诂》1.191为后人增益。①《释诂》1.189："卒、猷、假、辍，已也。"《释诂》1.191："崩、薨、无禄、卒、徂落、殪，死也。"这三条被训释语均有"卒"字，训释语"已""终""死"是"卒"的三个义位，此三条可视为一组，不必强以《释诂》1.190为《释诂》篇收尾，因为"死"亦"终"也。

---

① 何九盈：《〈尔雅〉的年代和性质》，《语文研究》1984年第2期。

第一则体例筛选所得 14 例中，被训释语夹杂一个双音节词的有如下 5 例：《释诂》1.001："初、哉、首、基、肇、祖、元、胎、俶、落、权舆，始也。"《释诂》1.072："壑、阮阮、滕、徵、隍、漮，虚也。"《释诂》1.140："栖迟、憩、休、苦、敜、歇、呬，息也。"《释诂》1.159："鬱陶、繇，喜也。"《释诂》1.184："貘缩，纶也。"

《释诂》1.001"权舆"和《释诂》1.140"栖迟"是例外。我们观察到这两个例外的双音节词，一个位于词条末尾，一个位于词条起首，不夹杂在词条中间，其余 3 条皆有可议。

《释诂》1.072："壑、阮阮、滕、徵、隍、漮，虚也。"

郭璞注："壑，谿壑也。阮阮谓阮墟也。隍，城池无水者。《方言》云：'漮之言空也。'皆谓丘墟耳。滕、徵未详。"郑樵《尔雅注》："阮有二文，无义，其一为衍者耳。"郝懿行《尔雅义疏》："阮者，《说文》云：'阆也。'盖阮阆犹闶阆，空虚貌也。阮阮重文，经典所无，郑樵谓衍一字，恐是也。"周祖谟《尔雅校笺》："原本《玉篇》阜部'阮'下引李登《声类》云：'阮，虚也。'此处'阮阮'疑衍一'阮'字。"[①]

笔者按开成石经《尔雅》、宋刊十行本《尔雅》、南宋监本《尔雅》、宋大字本《尔雅》、宋刻宋元明初递修公文纸印本《尔雅疏》、元雪牕本《尔雅》[②]均作"阮阮"。此处诸本皆误，经文衍一"阮"字。开成石经《尔雅》载郭璞序，分三卷，每卷标立篇目，下题郭璞注，但有经文无注文，可知开成石经底本为郭璞注本，一概删去注文，只保留经文。笔者疑开成石经所据底本之注文衍一字，抄本因注

[①] 周祖谟：《尔雅校笺》，云南人民出版社 2004 年版。
[②] 唐开成石经《尔雅》，据《西安碑林全集》，第 183、184 卷。宋刊十行本《尔雅》，据《四部丛刊初编》。宋大字本《尔雅》，据《古逸丛书》，江苏古籍出版社 2002 年影印版。宋刻宋元明初递修公文纸印本《尔雅疏》，据《四部丛刊续编》。元雪牕本《尔雅》，据《中华再造善本·金元编》。

文改经文，致经文复衍一字，实则当为"阬谓阬壟也"，唐石经刊刻之时已误，遂延误至今，然宋时郑樵已觉其非。

《大广益会玉篇》："阬，口盍、口庚二切。"《说文解字·𠼻部》："阬，门也。从𠼻，亢声。"徐铉注："今俗作坑，非是。"《说文解字系传》："阬，阆也。从𠼻，亢声。臣锴曰：'亢阆高大而空。'《楚辞》曰：'导帝之乎九阬'，九州也。此亦阬壟字。"朱翱看浪反。《诗·大雅·绵》："乃立皋门，皋门有伉。乃立应门，应门将将。"《毛传》："王之郭门曰'皋门'。伉，高貌。"《释文》："'伉'本又作'亢'，苦浪反。《韩诗》作'闶'，云：'盛貌。'"

笔者按"伉"作"苦浪反"，即《玉篇》之"口盍切"，乃"皋门有伉"之"伉"，《释文》作"亢"，《韩诗》作"闶"，《毛诗》作"伉"。或如《毛诗》言"高貌"，或如《韩诗》言"盛貌"，其义不殊。《毛诗》凡"有"后紧邻之形容词，均为状物词，训为"某某貌"。如《周南·桃夭》："逃之夭夭，有蕡其实。"《毛传》："蕡，实貌。"又如《小雅·鱼藻》之"有莘其尾"，《小弁》之"有漼者渊"，《白华》之"有扁斯石"，《何草不黄》之"有芃者狐"，《周颂·有客》之"有萋有且"等，莫不如此。[①] 由此可知，作"苦浪反"的"伉"是状物词，一般连言，训"高貌"或"盛貌"。"皋门有伉"即"皋门伉伉"。"有伉"正对应下文之"将将"。《玉篇》作"口庚切"的"阬"又作"坑"，是名词，独用。《释诂》1.072 的"阬"当作"口庚切"的"坑"讲，独用，经文衍一"阬"字。《庄子·天运》："在谷满谷，在阬满阬。"陆德明《释文》："在阬，苦庚反。《尔雅》云：'虚也。'"慧琳《一切经音义》卷20："沟坑，下客庚反。《尔雅》云：'阬，墟也。'《苍颉篇》：'坑，壑也，陷也，壟也。'"《古今正字》从

[①] 文例甚多，兹不备举。可参见高其良：《〈诗经〉"有·形"结构和形容词的重言》，《驻马店师专学报》1992 年第 2 期。

阜亢声。"皆独举一阬字而不言"阬阬",知《尔雅》衍一阬字。

《释诂》1.159:"鬱陶、繇,喜也。"

"鬱陶""繇繇"均系联绵词且同义,若漏一"繇"字,不但字数上不平衡,词性也显示出不同,且不符合《释诂》的编排体例。

郭璞注:"《孟子》曰:'鬱陶思君。'《礼记》曰:'人喜则斯陶,陶斯咏,咏斯犹。'犹即繇也。古今字耳。"郝懿行《尔雅义疏》:"《檀弓》云:'人喜则斯陶',郑注:'陶,鬱陶也。'鬱陶连文,本《尔雅》为训也。……繇者,谣之叚音也。《说文》云:'嗂,喜也。'……古读陶、繇声同。《书》之'皋陶'古作'咎繇',是其证。繇即鬱陶之合声也。"笔者按郝懿行所谓"繇即鬱陶之合声也",无根据。"鬱陶"之"陶"音"繇","鬱陶"为双声,论其为"合声",只是为"繇"独用找个理由,"合声"不可随意推演。《诗·王风·君子阳阳》:"君子陶陶。"《毛传》:"陶陶,和乐貌也。"《释文》:"陶音遥。"《广雅·释言》:"陶,喜也。""繇""嗂""陶"相通假,俱训"喜",但有一点须指出,这三个字作"喜"或"和乐貌"讲均须连言,不可独用。开成石经《尔雅》、唐写本《尔雅》白文残卷(P.3719)[1]、宋刊十行本《尔雅》、南宋监本《尔雅》、宋大字本《尔雅》、宋刻宋元明初递修公文纸印本《尔雅疏》、元雪䆫本《尔雅》均脱漏一"繇"字。

复可从"䍃"之谐声系列诸字的用法规则来证明《释诂》1.159脱漏一"繇"字。从"䍃"得声之字(包括一级谐声和二级谐声),作动植物或人名用字的名词,可独用。如:䔄《玉篇·艸部》:"蒲叶也。"鷂《说文·鸟部》:"鸷鸟也。从鸟,䍃声。"榣《说文·木部》:"昆崘河隅之长木也。从木,䍃声。"猺《广韵·宵韵》:"兽名。"瑶《说文·玉部》:"玉之美者。从玉,䍃声。"䁂《说文·瓜

---

[1] 唐写本《尔雅》白文残卷(P.3719),据《法藏敦煌西域文献》,第 27 册,上海古籍出版社 2002 年版。

部》:"瓜也。从瓜,繇省声。"㒥《字汇补·人部》:"人名,应㒥,昌国人,宋理宗时参知政事。"从"䍃"得声之字(包括一级谐声和二级谐声),凡古代注家训为"某某貌"①者均系联绵词,不可独用。陶陶(和乐貌。详上说);蘨蘨《说文·艸部》:"草盛貌。从草,繇声。"要媱《说文·女部》:"媱,曲肩行貌。从女,䍃声。"歋歋《说文·欠部》:"歋歋,气出貌。从欠,䍃声。"䁱䁱《集韵·小韵》:"䁱,䁱䁱,视貌。"跳蹈《广韵·宵韵》:"蹈,跳蹈,行步貌。"以上"䍃"声诸字,凡训"某某貌"者,均为联绵词,无有例外,不可分别独释。因此,训"和乐貌"或"喜"的"繇"自然当作"繇繇"了。《释诂》1.159当作:"鬰陶、繇繇,喜也。"传统字书、韵书以"字"为基本单位,所以才有"䁱,䁱䁱"这样的训释样式,可视为韵书联绵词训释的常用公式。编撰者明了此处"䁱"独用是无意义的,但拘于韵书的体例,不得不如此。

《释诂》1.184:"貉缩,纶也。"

郑樵《尔雅注》:"纶,绳约也。貉,未详。"按郑樵的理解,此处须句读,作"貉、缩,纶也。郝懿行《尔雅义疏》:"'貉'读为'貊其德音'之'貊'。'貉缩',谓以缩牵连绵络之也。声转为'莫缩'。《檀弓》云:'今一日而三斩板。'郑注:'斩板谓莫缩也。'莫缩即貉缩,谓斩束板之绳耳。"《礼记·檀弓上》:"今一日而三斩板。"郑玄注:"板,盖广二尺长六尺,斩板谓断其缩也。"笔者按郑注言"斩板谓断其缩也",郝懿行所引有误,谓"斩板谓断莫缩也",增一"莫"字,增字为训不可信。《尔雅校笺》:"原本《玉篇》系部'络'下引《尔雅》:'络,纶也。'……又'缩'下亦引《尔雅》,注文'貉'亦作'络'。……作'貉'者,盖因下文'貉,定也'而

---

① 《尔雅》无"某某貌"的训释样式。《毛传》"陶陶"训"和乐貌也",《尔雅》训"喜也",这是《毛传》随文训释的训诂样式与《尔雅》训诂样式的不同。仅从词义角度而言,此处"和乐貌"即是"喜"。

误。"① 关于此条，历代注家有三种意见。其一，当读作"貈、缩，纶也"。郑樵以为当如此句读。其二，当读作"貈缩，纶也"。郝懿行主此说。其三，当作"络、缩，纶也"。周祖谟先生持此说。《释诂》1.184："貈缩，纶也。"《释诂》1.185："貈、嘆、安，定也。"笔者以为周祖谟先生意见可信，1.184 乏"貈"当作"络"，盖因 1.185 之"貈"而误，也符合本文所定《释诂》的编撰体例。

检校《释诂》全部词条，可知我们定下的两则编排体例可信。不符合体例的只有《释诂》1.001 和 1.140，这两个例外双音节词一个位于词条末尾，一个位于词条起首，均不夹杂在单音节词中间。

二、结论

《尔雅·释诂》1.191："崩、薨、无禄、卒、徂落、殪，死也。"当作"崩、薨、卒、无禄、徂落、殪，死也"。经文"无禄""卒"倒置。

《尔雅·释诂》1.072"壑、阬阬、滕、徵、隍、漮，虚也"。当作"壑、阬、滕、徵、隍、漮，虚也"。经文衍一"阬"字。

《尔雅·释诂》1.159："鬱陶、繇，喜也。"当作"鬱陶、繇繇，喜也"。经文脱漏一字。

《尔雅·释诂》1.184："貈缩，纶也。"当作"络、缩，纶也"。

笔者所校四条，众本皆误，疑此四条经文之倒、衍、脱、伪早在抄本时代。

（原载《语言研究》2019 年第 2 期）

---

① 周祖谟：《尔雅校笺》，云南人民出版社 2004 年版。

论日本奈良平城京对唐代"长安都城文化"的吸收和继承

一、日本平城京吸收与传承"长安都城文化"的渊源

公元618年,大唐代隋而立且国势渐趋强盛,政治、经济、军事及文化等方面呈勃然之势。大唐以前所未有的大一统格局雄踞于东亚,继而逐渐促成以大唐文化为核心的"东亚文化圈",其中呈现出聚合共性趋势特征的,是以唐长安城为模仿和参照对象渐趋兴盛的"东亚都城文化"。然而,"东亚都城文化"的形成并非一日之功,而是东亚诸国历经了近乎三个世纪的取舍和融合逐渐成型的。

日本著名学者木宫泰彦有言:"日本中古之文化,全系由唐移植之文化,无论何人绝无异议。"[①]那么,大唐"长安都城文化"自然也是日本中古文化舶来之一端,从而也成为学界关于中日文化交流研究方面不可或缺的关键版块。就大唐"长安都城文化"给予日本建筑文化影响方面的研究,形成学界所谓的"都城之学",时至今日,中外学者的研究成果斐然卓著。

如众所知,隋朝兴而后大兴城作,为中国历史上承续汉代长安城的另一座规模宏大建制完备的封建皇城。李氏王朝延隋血脉,继其

---

① 〔日〕木宫泰彦:《中日佛教交通史》,陈捷译,华宇出版社1986年版,第1页。

衣钵，成就当时世界上传国近乎三百年、最为强大、高度统一的大唐帝国，同时铸就了第一座具有国际化性质的世界大都市——长安城，为东亚诸国都城建兴之滥觞。

古云"自古崤函帝王宅"，便是指长安城乃久为帝王都之意。长安，作为唐代核心区域文明最为持久和最为集中的建筑物质载体，是唐代政治、经济、文化最为集约的综合体现，是地形地貌、人口结构、语言习俗、宗教人文、经济模式、政治形态等多维复杂因素相互结合、交互影响的文明产物。长安，不仅仅是中国历史上诸多王朝定为都城的一座城市，更是中华文明的恒久象征，故此，日本学者妹尾达彦先生将长安称为"融合各种地域文化的世界都市"[1]，的确是对大唐长安实至名归的精当定位。

而公元7—8世纪，堪称东亚都城文化从肇始至鼎盛的百年传奇时代。居于东北亚一隅的新罗、百济、高丽，以及后起之渤海、与大唐隔海相望的日本，在此时均成为模仿和复制唐长安城的实验者和践行者。日本飞鸟时代的藤原京、难波京，奈良时代的平城京（包括圣武天皇短暂迁入的恭仁京），平安时代的平安京，基本为复制和照搬唐代长安城一脉相承的建筑产物这一认识，已大致成为学界共识。中外研究者如王仲殊、王维坤、李孝聪、田久川、妹尾达彦、木宫泰彦、佐藤武敏等诸位先学在此方面多有卓见，但诸学观点多从宏观角度出发概而言之，分析较为笼统，并未提供深入细致的文献依托和实证。[2] 其他研究者亦曾就奈良平城京之成因、布局、功能等做过概略

---

[1] 〔日〕妹尾达彦：《长安的都市规划》，高兵兵译，三秦出版社2012年版，第51页。
[2] 王仲殊：《关于日本古代都城制度的源流》，《考古》1983年第4期；王维坤：《隋唐长安城与日本平城京的比较研究——中日古代都城研究之一》，《西北大学学报》1990年第1期；李孝聪：《中国区域历史地理——地缘政治、区域经济开发和文化景观》，北京大学出版社2004年版，第461页；田久川：《古代中日关系史》，大连工学院出版社1987年版，第156—157页；〔日〕佐藤武敏：《长安》，高兵兵译，三秦出版社2013年版，第190—298页。

或粗浅分析，如徐怡涛、罗雪琳等认为日本奈良都城建制是在唐文化直接影响激发下的产物。[①] 冯玮认为奈良朝统治者出于强化集权意图而迁都于象征其集中王权的平城京。[②] 当然，诸位先学的研究的确令人茅塞顿开，但又未能提供史料实证，深有空说玄理之感。

截至目前，从中日典籍史料入手，就日本都城吸收、模仿与传承长安城的具体动因、建筑模式、建筑风格、都城寺庙构建、政治意图等方面所展开的"文献史料性质"研究数量甚少，而泛理论性探讨为数不少，故易流于主观，仅具骨瘦未显丰腴，令读者只知其然，不知其所以然。因此，如果从奈良平城京都城平面布局、宫殿园艺、市政建设，或者街区坊舍、佛寺塔庙、道路屋宇，甚至名号称谓、尺化比例、民众生活、节日风俗等最能体现长安都城文化特质的中日史料文献入手，做以详细深入分类性梳理，毫无疑问，将更清晰地呈现出奈良平城京与长安城一脉相承的血缘关系和内在文化的机理性关联。

笔者认为，飞鸟时代末期，日本朝廷整体从藤原京迁入新都平城京的动机，不仅出于奈良时代特殊的政治、经济及文化等社会物质系统的整体需求；同时，更出于日本统治者对唐都长安文化的向往和崇尚，对大唐雄踞亚洲、国富民强、傲视四极的那种中华核心地位的膜拜和追随。在模仿复制长安都城文化的背后，其主要推动力是日本皇室希冀建立如大唐一样恢弘强盛的封建大一统国家的深远政治意图和权力野心，仿照唐都长安构建奈良平城京的耗时耗力之举，无疑是这种政治意图得以实现的重大举措。对于"平城迁都"，不妨做此设想，即：如果没有以唐都长安为核心的大唐文化对日本国全方位的影响，那么，日本国绝无可能形成奈良朝前所未有的大唐文化因子，亦

[①] 徐怡涛：《从公元七至十六世纪扶壁拱形制演变看中日建筑渊源》，《故宫博物院院刊》2009年第1期；罗雪琳：《从古代时期日本对外交流中的中国影响看日本文化》，《西安文理学院学报（社会科学版）》2010年第4期。
[②] 冯玮：《日本通史》，上海社会科学院出版社2012年版，第95—96页。

不可能空发奇想，建造出规模宏大、功能完备、地位尊崇的封建制都城平城京。

在当时，日本遣唐使节不惜冒着葬身鱼腹的巨大危险，历尽万难渡波跨海，之后，还要历经夜以继日翻山越岭的陆路艰辛，方能抵达唐都长安，其中的艰险可想而知。但他们热情难歇，不畏风浪侵袭，山高水远，如此多次奔赴长安，这种举动，不仅仅是服从于日本朝廷的行政命令，更多的应是出于唐都长安对他们构成的如"圣城麦加"般的巨大吸引力。唐都长安成为那个时代日本国从皇室到贵族、从僧侣到信徒、从学生到平民等上上下下一心向往的"朝圣之都"。大唐文化，对于日本奈良，可以说是其所有文化形态的母型；平城京，更应被视为唐代长安都城文化在奈良盆地的复制和再造。

二、日本奈良平城京吸收长安都城文化的具体呈现

（一）奈良平城京选址动机源于长安城的堪舆思想

古语云：国强则邦兴，邦兴则民壮，民壮则兵威。而实现此种治国愿景的前提之一就是建立一座地势优越、军事强大、经济领先、文化发达、象征国威，能够代表封建统治者天之骄子身份和承载其至高无上皇权威仪的封建制都城。因此，中国封建统治者在王朝初兴国家治稳之时，大多不惜投入巨大的人力物力，展开一场旷日持久、规模宏大的都城兴建工程，打造出一座能够承载皇权国威的中央城池，此举往往成为新王朝统治者执掌权柄后最最重要的任务之一。

隋王朝结束多年分裂局面，建国兴业，基本沿袭周秦汉之遗制，仍定都于长安。但隋朝命数多舛，公元618年被李氏王朝取而代之。李唐统治者对于帝国都城的选择，起初并未表现出甚于前代的浓厚

热情。但在都城定址、建设规模乃至建制设施等方面，却经过慎重权衡，缜密思考，最终决定继续袭用隋都大兴城，仅在隋都原有规模上有所创制，打造出大唐帝国近三个世纪的政治、经济和文化核心——长安城。

但日本古代是否已表现出类似于中华诸多王朝统治者建国伊始打造帝都的意识或倾向，目前尚无确切史料可资明证。飞鸟时代，甚至更早时期，日本史书仅载有零星散乱的宫城记录，甚至有多次迁"都"的文字纪录，但彼时的"都"似乎仅仅承担"宫城"职能，即使是飞鸟时代后期，被认为是模仿长安城所建的藤原京（仅作为皇城十四年就被朝廷放弃[①]），也无法被视为象征封建集权国家的"都城"。

实际上，日本早期所谓的"都"，无论城市规模，还是政治意义及文化功能等方面，均远逊于真正意义上的帝国"都城"，充其量是统治者不定期外出巡游往来居住的别宫或行宫，甚至驿站。飞鸟时代末期，天武天皇曾有过建造新都的宏伟计划，但其主体飞鸟净御原宫与计划中的"新都"，实质仍是行宫，不具有代表封建国家政治、经济、文化核心的都城性质。即使在选址方面要举行隆重的敬神祭社、风水勘察、占卜安宅等原始宗教仪式，也只能说明来自大陆的风水堪舆思维很早就存在于日本建筑设计规划的朦胧意识之中。如《日本书纪》卷29曾载天武天皇堪舆宫地的记录：

> （天武）十三年（685）二月庚辰，遣净广肆广濑王、小锦中大伴连安麻吕及判官、录事、阴阳师、工匠等于畿内，令视占应都之地。是日，遣三野王、小锦下采女臣筑罗等于信浓，

[①] 〔日〕井上清：《日本历史》，天津市历史研究所译校，天津人民出版社1974年版，第67页。

令看地形，将都是地屿。……三月辛卯，天皇巡行于京师，而定官室之地。①

但日本在进入奈良时代之后，打造皇都的意识跃然而出，遂成为统治者治国经世的要务之一，奈良平城京，就是这样一座体现出浓郁封建皇都性质，发挥帝都皇城功能的都城。因此，从建筑史角度考量，平城京才应被视为日本第一座集中体现统治阶级意志，呈现日本小中华意识，完全发挥日本作为封建国家，从政令、军事、经济及文化等诸多方面施之于邦内，号之于域外的"首都之城"功能的都城。

究其原因，其一，从社会发展意识层次上看，飞鸟及其前代，日本尚处于奴隶社会向封建社会形态逐渐过渡的初始阶段，封建意识尚处于朦胧状态，故而统治者尚未形成明确的国家意识。其二，从经济发展水平衡量，日本国亦不具备建造大规模皇城帝都的物质条件和经济实力。其三，从统治者政治及文化意识层面看，尚无完全模仿和因袭大陆文明，尤其是隋唐都城文化，构筑自身统治亟需，且彰显天皇权力的核心城市，即皇城帝都的文化意识和政治需求。

据史书载录，奈良时代，日本发生过四次较大规模的迁"京"之举：从藤原京至平城京，从平城京到恭仁京，从恭仁京到难波京，再从难波京重返平城京②，但相较于其他三座所谓的"京"城，平城京作为都城的时间为84年，因此，仅从定都时间跨度上考量，就应被视为日本国第一座真正意义上的固定都城，再之后又从平城京迁往平安京，终于稳居千年之久不曾移步，故而，日本都城时代序幕开启的象征非平城京莫属。

再言之，迁都之举，实非儿戏。那么，奈良时代日本国如此频

---

① 《日本书纪》卷29，日本经济杂志社1897年版，第531—532页。
② 冯玮：《日本通史》，上海社会科学院出版社2012年版，第99—100页。

繁的迁都之举，反映出什么问题？如此兴师动众的做法，也许不仅仅是其史书中所概言的"自然灾害（地震）"侵扰所致；可能还有其他更为特殊和深远的因素，譬如政治意图、经济权衡或是文化考量。

自然灾害频发而促使日本统治者迁都平城，笔者认为应作为频繁迁都的次要因素予以考虑。据《续日本纪》卷16"圣武天皇"条载：

> （天平）十七年……甲寅……是日，通夜地震，三日三夜。美浓国櫓馆正仓，佛寺堂塔，百姓庐舍触处崩坏。……五月戊午朔，地震。己未，地震。令京师诸寺，限一七日转读《最胜王经》。……是日，太政官召诸司官人等问：以何处为京？皆言：可都平城。庚申，地震。……辛酉，地震。遣大膳大夫正四位下栗栖王于平城药师寺，请集四大寺众僧，问以何处为京。佥曰，可以平城为都。壬戌，地震，日夜不止。……癸亥，地震。……甲子，地震。遣右大辨从四位下纪朝臣饭麻吕，扫除平城宫。时诸寺众僧率净人童子等，争来会集。百姓亦尽出，里无居人，以时当农要，慰劳而还。乙丑，地震。于大安、药师、元兴、兴福四寺，限三七日令读《大集经》。……丙寅，地震。发近江国民一千人令灭甲贺宫边山火。丁卯，地震。读《大般若经》于平城宫。是日，恭仁京市人徙于平城，晓夜争行相接无绝。①

自然灾害促使天皇、官贵及僧众等流露出"群体性"迁都的强烈欲求，应被视为迁都平城京的一种可能；但这并不能被视为促使统治者频繁迁都的主要驱动因素。因为，处于岛国的日本，地震灾害当属常见现象。其史书中有多次地震等自然灾害方面的文字纪录，迁都

---

① 《续日本纪》卷16，日本经济杂志社1897年版，第258—259页。

于任何他处，都会再次出现地震灾害现象，不足以让统治者采取逃避灾害而大举迁都的做法。因此，欲考察日本奈良朝廷迁都平城的动因，政治因素的权重应大于自然灾害因素。

奈良朝定都平城京，最根本的动因当来自于大唐都城文化的逐渐浸入和影响，之后直接效法和复制唐长安城所成。故此，其选址动机，自然亦是隋唐长安城风水堪舆理念的衍生物。日本著名都城学专家妹尾达彦先生认为日本建国的标志是"都城建造"①，此说是否意味着日本建立真正意义上的封建集权制国家始于奈良时代？本文重点不在于此，故而略去不言。但由此也许可以说明兴建平城京对于日本真正"立国"的象征意义。

再谈谈长安城选址始末。唐初统治者未重新选择他处营建新都，而是沿用隋大兴城，原因之一，笔者认为，隋都大兴城大致满足唐初统治者兴建都城的意图和要求。

《旧唐书》卷38载：

> 京师，秦之咸阳，汉之长安也。隋开皇二年，自汉长安故城东南移二十里置新都，今京师是也。

《唐两京城坊考》载：

> 唐西京初曰京城。隋之新都也。开皇二年所筑。按周汉皆都隋唐之都城。文王作丰，在今西安府户县。武王宅镐京，在今咸阳县西南。汉都城在唐城西北十三里。自刘聪、刘曜、石勒、苻建、苻坚、姚苌所据，皆汉城也。隋开皇二年始移于

---

① 〔日〕妹尾达彦：《东亚都城时代的诞生》，载杜文玉编：《唐史论丛（第14辑）》，陕西师范大学出版总社有限公司2012年版，第297页。

龙首原。唐天宝元年曰西京……宫城东西四里,南北二里二百七十步。周十三里,一百八十步,其崇三丈五尺,南即皇城。北抵苑东为东宫,西为掖庭宫……宫城亦曰西内,其正身曰太极殿。……若元正冬,至陈乐设宴会,赦宥罪除旧布新,当万国朝贡,使者四夷宾客则御承天门以听政。①

《雍录》载:

> 汉、隋、唐皆都渭南,虽位置稍有迁改而相去不逾二三十里……汉都长安,其城在渭之南而咸阳之东也。隋都亦在长安,实汉城东南十三里,隋文名之为大兴城。唐高祖因之,遂以为都,凡其宫朝城市,悉用隋旧第,稍更易故名而已。②

一般而言,中国历代封建王朝,执掌国家政权伊始,大多非常忌讳沿用旧朝宫室城池、宗庙神社等建筑,故而会破坏甚至彻底拆毁旧朝都城。之后不惜一切手段,搜刮民脂民膏,投入巨大民财国资,发动更夫役力,耗费年岁时日,发起一场营造新都的浩繁工程,目的之一,消除旧朝遗痕或晦气,其二,彰显新朝帝王之气势和威仪。

但唐代立国之初,并未兴师动众劳民伤财打造本朝都城,而是袭用隋之旧都,将其原有宫殿城隅、道观寺庙、街市衢衙等仅改易名号而已。究其原因,笔者认为,一方面,唐初天下方定,国力尚微,物质条件、财力储备、人力资源等尚不允许朝廷兴举如此浩繁、耗力费资、骚劳民众的全新建都工事。另一方面,也许是更为重要的原因,在于隋朝营造的大兴城,无论从地理位置的优越性,还是宫室规

---

① 《续修四库全书·唐两京城坊考》卷1,上海古籍出版社2013年版,第383页。
② (宋)程大昌撰,黄永年点校:《雍录》,中华书局2002年版,第1页。

制的合理性，以及兼顾前代为都的功能延续性，包括军事、风水、天象、五行、水利、运输、供给等综合指标，均比较契合唐初统治者的定都要求和意愿。《管子·乘马》有言："凡立国都，非于大山之下，必于广川之上；高毋近旱，而水用足；下毋近水，而沟防省；因天材，就地利，故城郭不必中规矩，道路不必中准绳。"唐代长安、洛阳两京，似乎均有此地形地因的综合考虑，仅作为陪都的洛阳，即因占据水利军事之便而成为唐代多数皇帝频繁巡幸和居住的城池，地位仅次于长安都，据《旧唐书》卷38载：

> 东都……北据邙山，南对伊阙，洛水贯都，有河汉之象。[1]

那么，处于国家心脏位置的帝都长安，其建都动机之一，于风水、地理、军事等因素的考虑则更毋庸置疑。

王维坤先生认为，唐长安之所以成为帝都，无疑是唐统治者综合吸收前代如曹魏洛阳的宫城建制、街市里坊等多重因素的结果。[2]因此，唐长安都城的最终成型是吸收和延续前代都城建制的成果，何况都城文化并不发达的平城京，绝不会凭空而成。那么，平城京的选址动机源于何处？成书于日本平安时代的官修史书《续日本纪》载录了平城京营造始末：

> （和铜）二年二月戊寅诏曰，朕祇奉上玄，君临宇内，以菲薄之德，处紫宫之尊。常以为，作之者劳，居之者逸，迁都之事，未必遑也。
>
> 平城之地，四禽叶图，三山作镇，龟筮并从，宜建都邑。

---

[1] 《旧唐书》，中华书局1975年版，第1420—1421页。
[2] 王维坤：《隋唐长安城与日本平城京的比较研究——中日古代都城研究之一》，《西北大学学报》1990年第1期。

宜其营构，资须随事条奏。

戊寅，巡幸平城，观其地形。

十二月癸巳，镇祭平城宫地。

辛亥，车驾幸平城宫。

九月乙卯，车驾巡抚新京百姓。

戊午，车驾至自平城。

癸巳，敕造平城宫司，若彼坟垅见发掘者，随即埋殡，勿使露弃。普加祭酹，以慰灵魂。

十二月丁亥，车驾幸平城宫。

辛酉，始迁都于平城。[①]

日本迁都平城的文字记录，虽然比较简略，但可以看出天皇迁都之举，是事关千秋、皇基永固之业，因此，从天皇到诸臣均给予极高的重视。同时亦可证明平城京建都之由的措辞和基调，与隋大兴城兴建因由如出一辙。《隋书·高祖纪》载录了隋之大兴城兴建之由：

丙申，诏曰："朕祗奉上玄，君临万国，属生人之敝，处前代之宫。常以为作之者劳，居之者逸，改创之事，心未遑也。……此城从汉，凋残日久，屡为战场，旧经丧乱。今之宫室，事近权宜，又非谋筮从龟，瞻星揆日，不足建皇王之邑，合大众所聚。……然则京师百官之府，四海归向，非朕一人之所独有。苟利于物，其可违乎！……龙首山川原秀丽，卉物滋阜，卜食相土，宜建都邑，定鼎之基永固，无穷之业在斯。公私府宅，规模远近，营构资费，随事条奏。"仍诏左仆射高颎、将作大匠刘龙、钜鹿郡公贺娄子于、太府少卿高龙叉等创造新

[①] 《续日本纪》卷4，日本经济杂志社1897年版，第52—76页。

都。……丙子，名新都曰大兴城。……三年春正月庚子，将入新都，大赦天下。[1]

从中国易经风水角度分析，平城京兴建于"四禽叶图"之地，意指选址定都之地有四种庇护国家的神兽，即青龙、白虎、朱雀和玄武。此四神兽分别居于都城之东西南北，象征着皇权乃天授神佑，显而易见完全袭用中国易经五行及儒家君权神授等思想。而这种思想从最初渗透于都城设计理念，继而延伸到其他方面，比如兵器设计也是以五行之色为核心设计理念。据《续日本纪》卷 24 "废帝（淳仁天皇）"条载：

（天平宝字）六年（762）春正月丁未，造东海、南海、西海等道节度使料绵、袄、胄各二万二百五十具于太宰府，其制一如唐国新样，仍象五行之色，皆画甲板之形。碧地者以朱，赤地者以黄，黄地者以朱，白地者以黑，黑地者以白，每四千五十具成一行之色。[2]

而"三山作镇，龟筮并从"所言何意？奈良平城京与飞鸟藤原京同处于奈良盆地，一南一北，间距不过二十余公里。藤原京北有耳成山，东有香久山，西有亩傍山，向南遥望吉野群山[3]，呈三山围合之势。从风水上而言，三面山峦聚合，呈抱拢之势，似聚宝之盆，意喻可收纳天地四时之气，达至"聚天财、敛紫气、佑皇权"的目的，从而传递出日本统治者欲建立恒久之都，实现王者天下，众心所归的政治愿望。

---

[1] 《隋书》，中华书局 1973 年版，第 17—18 页。
[2] 《续日本纪》卷 24，日本经济杂志社 1897 年版，第 399—400 页。
[3] 王仲殊：《关于日本古代都城制度的源流》，《考古》1983 年第 4 期。

从元明天皇发出的迁都诏书便可窥见其建立皇都的强烈愿望，据《续日本纪》卷 4"元明天皇"条载：

> 诏曰：朕祗奉上玄，君临宇内，以菲薄之德，处紫宫之尊。常以为，作之者劳，居之者逸，迁都之事，未必遑也。而王公大臣咸言："往古已将，至于近代，揆日瞻星，起宫室之基；卜世相土，建帝皇之邑。定鼎之基永固，无穷之业斯在。"众议难忍，词情深切。然则京师者，百官之府，四海所归。唯朕一人独逸豫，苟利于物，岂可远乎？昔殷王五迁，受中兴之号，周后三定，致太平之称。安以迁其久安宅。①

但奈良时代之前，日本并未表现出如此强烈兴建帝都的意识，据《续日本纪》卷 9"元正天皇"条载：

> 神龟元年（724）十一月甲子，太政官奏曰：上古淳朴，冬穴夏巢。后世圣人，代以宫室，亦有京师，帝王为居，万国所朝，非是壮丽，何以表德。其板屋草舍，中古遗制，难营易破，空殚民财。请仰有司，令五位以上及庶人堪营者构立瓦舍，涂为赤白，奏可之。②

日本上古时代缈远难知，所谓"冬穴夏巢"，仍然处于茹毛饮血、荒蛮蒙昧尚未开化的原始社会阶段。中古时代的"板屋草舍"以茅草树皮搭建而成。至"后代圣人"时代，也许为圣德太子吸收大陆文化的伊始阶段，此时，日本统治者已意识到"京师"乃"帝王为

---

① 《续日本纪》卷 4，日本经济杂志社 1897 年版，第 52 页。
② 同上书，第 152—153 页。

居，万国所朝"的独特意义，但并未真正开始大力兴建仿大陆都城体系建制的举动。

齐明天皇（655—661）治下，意图采用大陆木构瓦制的方法打造天皇宫阙，但因木材朽烂无法提供建造宫殿所需的大量木材而作罢。据《日本书纪》卷26"齐明天皇"条载：

冬十月丁酉朔己酉十三，于小垦田造起宫阙，拟将瓦覆。又于深山广谷，拟造宫殿之材，朽溢者多，遂止弗作。①

《扶桑略记》第五"天智天皇"条载：

七年（668）戊辰正月十七日，于近江国志贺郡建崇福寺。始令平地，堀出奇异宝铎一口，高五尺五寸。又堀出奇好白石，长五寸，夜放光明。天皇杀左手无名指，纳灯炉下唐石臼内，奉为二恩，掌中捧灯。恒供弥勒佛及十方佛焉。自而以还，灵验如在，天下之人无不归依。同寺缘起云：金堂一基，五间桧皮树葺，奉造坐弥勒丈六一躯，并胁侍二菩萨像；讲堂一基，五间桧皮葺，奉造座阿弥陀佛一躯，并胁侍二菩萨像；三重宝塔一基，桧皮葺，奉造坐四方佛，胁侍二菩萨像；灯炉一基，构居唐石臼上；钟一口，高六尺；十三间僧房一宇，七间僧房一宇，印藏一宇，炊屋一宇，五间桧皮葺；汤屋一宇，三间桧皮葺；竈（灶）屋一宇，三间板葺；净屋一宇，五间桧皮葺。②

至持统天皇朝（686—697），"官舍始以瓦葺之"③。摈弃"结草茅

---

① 《日本书纪》卷6，日本经济杂志社1897年版，第457—458页。
② 《扶桑略记》第五，日本经济杂志社1897年版，第520页。
③ 《扶桑略记》第五，日本经济杂志社1897年版，第530页。

为舍,以板木覆顶"的传统屋宇遗制的倾向更为突出,而朝向既坚固耐用又彰显帝王气派的大型瓦制建筑风格大幅度过渡。

至于奈良时代,则完全承袭类似唐都长安那样瓦舍构立、主色红白的帝都之制,流露出"君四海,王兆民,邦国家",建立更加稳固且规模宏伟的瓦舍宫殿,以作为帝王恒久之都,承载封建君主"王天下"的儒家核心统治思想。

从选址的神谕"河洛祥瑞"意义上,也可以肯定是出自大唐河洛神符天授君权的统治思想。从军事角度予以分析,亦可看出其目的与唐长安城的军事意图如出一辙。众所周知,唐长安城地处关中盆地,左据崤函,右合褒陇,北依邙山,南望终南诸峰,有八水环绕,可谓占尽天地山河军事交通诸种便利和优势。依此不难看出,深受唐长安都城文化熏染的奈良朝廷,自然会沿袭唐长安城类似的选址理念和思路,来兴造平城京的深远动机。

从重视程度来看,天皇视兴建新京为重大之举,不仅委派官高位重的大臣亲自监理,还专设造京官职,并组织结构庞大分工详细造新京团队,其重要成员包括"正四位上阿倍朝臣宿奈麻吕、从四位下多治比真人池守,为造平城宫司长官,从五位下中臣朝臣人足、小野朝臣广人、小野朝臣马养为次官,从五位下坂上忌寸忍熊为大匠,判官七人,主典四人"[①],并给每位封爵赐物,以为督率;而且要奉上币帛,将营造平城京的情况祈告于"神";还要在选址动工之地,祀天祭地;另外,"若彼坟垅见发掘者,随即埋殓,勿使露弃。普加祭酹,以慰灵魂"[②]。发现有坟冢尸骸,一定要深为埋殓,足见其敬神示天、尊重亡灵态度之庄严和肃穆,表现出极为浓郁的端仁孝悌的中国传统儒家思想。

---

① 《续日本纪》卷 4,日本经济杂志社 1897 年版,第 57—58 页。
② 同上书,第 62 页。

再者，从经济方面，因建都迁城对百姓造成侵扰，天皇特发诏书："比者，迁都易邑，摇动百姓，虽加镇抚，未能安堵，每念于此，朕甚愍焉，宜当年调租，并悉免之。"①免除百姓当年调租，给予一定的经济补偿，体现出仁厚宽达的儒家治国思想。以上诸种做法均与隋唐王朝在选址营造新都城时的意图和做法极为相似。

故此可知，平城京选址也绝非草率之举，同样经过详细的现场勘察和缜密的论证分析，而且天皇亲自出马，"巡幸平城，观其地形"②，最终确定将新都选建在三山包围、神兽庇护、宜建都邑的奈良盆地。其选址无疑充分考虑到奈良盆地的自然地理——三山作镇，占尽军事优势；"龟筮并从"——象征风水意义，此种思维绝非凭空而生，应该离不开唐都长安城所承载的风水堪舆思维的直接影响和导向作用。

正如汉、隋、唐均都于龙首山上，自有其无与伦比的地理优势：

> 汉长安城在龙首山上……龙首山来自樊川……张衡《西京赋》曰：疏龙首以抗殿。抗者，引而高之之谓也。……汉世既据其上立未央宫矣……亦皆高出平地，唐大明宫又遂据其趋东之陇，以为之址，故正殿之名含元者，高于平地至四十尺也。……若夫此山方发樊川而未及折东也，其北行之势，垂坡东下，以为平原，是为龙首原也。原有六坡，隐起平地。隋文帝包据六坡，以为都城……唐高祖、太宗建都，因隋之旧，无所改创，特取宫基故名而易之耳。③

能被选为国都的地域，必须具备独特的政治、军事、文化等

---

① 《续日本纪》卷4，日本经济杂志社1897年版，第62—63页。
② 同上书，第52页。
③ （宋）程大昌撰，黄永年点校：《雍录》，中华书局2002年版，第20—21页。

方面的综合优势,其重要性受到李孝聪的特别强调:"国都,是国家权力中心,都城的选址在政治、礼制上的意义远远超出了其他因素。……都城位置的优劣,也会对整个国家政治、军事、经济和文化能否持续发展产生很大影响。"[1]

以此看来,仅平城京的选址一项,就显示出日本深受大唐风水堪舆、五行思想综合影响的一面,更毋庸谈及平城京的基本布局了。实际上,平城京的城规格局也是以唐长安城的规制和建构为依托的。

(二)奈良平城京整体建制因袭长安城规制设计理念

英国学者肯尼斯·韩歇尔认为日本首都的建设动机,是大和国家中央集权体系真正核心的需要,"若没首都,其中央集权体系将没有真正的核心"[2]。这种认识精练而准确,但并未体现出日本都城建设动机产生的历史端由。因此,如果要对日本奈良朝廷欲求建立永久都城的心理予以溯源,则应对都城文化所诞生的历史背景做简要梳理。

如前所述,处于"东亚文化圈"内的东亚诸国,其"都城时代"是以大唐都城建设的成功范例作为标志而肇始的。7—8世纪,长期浸淫于大唐文化强力影响下的周边诸国,逐渐意识到建设长久而稳定的都城在政治、经济、文化以及军事等方面的重要意义,方才将目光转向如日中天的大唐文化,将视角首先投注于象征封建君主天授皇权,且设计合理、规制完备、威震四夷的帝都长安城,并逐次以其作为参照母体和模板,复制移植于各自国内。类似情形同样发生于受唐册封,或向唐纳贡的高丽、百济和新罗,以及高丽亡国后继之而起的

---

[1] 李孝聪:《中国区域历史地理——地缘政治、区域经济开发和文化景观》,北京大学出版社 2004 年版,第 199 页。
[2] 〔英〕肯尼斯·韩歇尔:《日本小史:从石器时代到超级强权的崛起(第 2 版)》,李忠晋、马昕译,世界图书出版公司 2007 年版,第 35 页。

渤海国的都城建制上。

因此，三韩之国与东瀛日本此起彼涨，竞相角逐的都城兴建之风，成就了虽各具特色但又一脉承续的"东亚都城体系"。大唐宗主国与周边册封国（纳贡国）之间的文化流动性、迁移性、向心性及模仿性综合作用的结果是其后驱主动因。毫无疑问，奈良平城京，无疑是在此种文化驱动和因袭的前提下，在这股比肩竞逐的都城文化追从风气中崛地而起的。

举例而言，从册封体制考量，渤海国与灭掉高丽和百济而独存于朝鲜半岛的新罗，均处于向唐纳贡的类似藩国地位，受封于唐国，多次遣使入唐，源源不断地将大唐长安文化引入国内；与此同时，渤海国亦将日本视为睦邻，遣使修好。据此，奈良时代，大唐文化与朝鲜半岛的渤海国、日本国三者之间的文化传递、游离和渲染从未中断。《续日本纪》卷10"圣武天皇"条载渤海与日本通好的细节：

（神龟）四年（727）……八月庚寅，渤海郡使首领高齐德等八人，来著出羽国。遣使存问，兼赐时服。十二月丁丑，渤海郡王使高齐德等八人入京。丙申，遣使赐高齐德等衣服冠履。五年春庚子，天皇御大极殿，王臣百寮及渤海使等朝贺。甲寅，天皇御中宫。高齐德等上其王书并方物。其词曰：武艺启，山河异域，国土不同，延听风猷，但增倾仰，伏惟大王，天朝受命，日本开基。奕叶重光，本枝百世。武艺忝当列国，滥总诸蕃，复高丽之旧居，有扶余之遗俗。但以天涯路阻，海汉悠悠，音耗未通，吉凶绝问。亲仁结援，庶叶前经，通使聘邻，始乎今日。谨遣宁远将军郎将高仁义，游将军果毅都尉德周，别将舍那娄二十四人，赍状并附貂皮三百张奉送。土宜虽贱，用表献芹之诚；皮弊非珍，还惭掩口之诮。主理有限，披膳未期，时嗣音徽，永敦邻好。于是，高齐德等八人并授正六位上，赐当色服。仍宴五位以上及高齐德等,给大射及雅乐寮之乐,宴讫赐禄有差。二月,以从六位下引田朝臣虫麻吕为送渤海使。……夏四月壬午,齐德等八人,各赐彩绵绫锦有差。仍赐其王玺书曰:天皇敬问渤海郡王,省启俱知,恢复旧怀,聿修曩好,朕以嘉之。宜佩义怀仁,监抚有境,沧波难隔,不断往来。便因首领高齐德等还次,付书并信物彩帛一十匹,绫一十匹,絁二十匹,丝一百絇,绵二百屯,仍差使发遣。归乡渐热,想平安好。①

因此,交游于大唐与日本之间的渤海国,深受中日两国同源且同质文化的交互影响,构筑出与唐长安城规模布局基本相同的都城宫室。这种做法均体现出唐长安都城文化给予渤海国,以及将渤海国视为番邦、自居于小中华文化核心地位之上的日本国的交互传递影响作用。"在保持高丽山城传统的基础上,渤海国更多地向唐朝学习与模仿。渤海建立起以五京制为核心的城市体系:上京龙泉府,东京龙原府,中京显德府,西京鸭绿府,南京南海府。渤海上京龙泉府的考古发掘表明,渤海的都城形制完全仿照唐长安城的布局而设计,只是规模略小而已。"② 奈良平城京自然隶属于类似册封体制影响之下的长安都城文化的直接产物。

一直接受唐政府册封的新罗也不例外:"新罗都城金城(今庆州)的街道也是仿照唐朝的里坊制而规划。"③

以此判断,文化制度高度发达的唐朝,作为其权威象征的都城长安,在当时东亚文化圈中,毫无疑问地成为高丽、百济、新罗、渤

---

① 《续日本纪》卷10,日本经济杂志社1897年版,第161—165页。
② 李孝聪:《中国区域历史地理——地缘政治、区域经济开发和文化景观》,北京大学出版社2004年版,第426页。
③ 同上书,第461页。

海和日本等周边诸国相继学习和模仿的对象。

而日本为何要引进唐长安城构建模式打造平城京而非闭门自造城呢？

对于古代国家，尤其是新立的封建王朝，在文化制度尚不健全，经济实力尚不具备，国势尚不稳固的时期，学习和模仿前代或他国先进文化制度也毫不为奇。汉代长安城，亦是在模仿和因袭前代譬如秦代之咸阳城、周代之丰镐两京等都城建制的基础之上营造而成的。隋朝立国之初，其都城大兴城的建设也必然沿袭汉代长安城的建制而成。继之唐兴，其都城营造理念、动机等与前代基本近似或趋同。

关于长安城的总体规模，《旧唐书》卷38载：

> 城东西十八里一百五十步，南北十五里一百七十五步。皇城在西北隅，谓之西内。正门曰承天，正殿曰太极。太极之后殿曰两仪。内别殿、亭、观三十五所。京师西有大明、兴庆二宫，谓之三内。有东西两市。都内，南北十四街，东西十一街。街分一百八坊。坊之广长，皆三百余步。皇城之南大街曰朱雀之街，东五十四坊，万年县领之。街西五十四坊，长安县领之。京兆尹总其事。东内曰大明宫，在西内之东北，高宗龙朔二年置。正门曰丹凤，正殿曰含元，含元之后曰宣政。宣政左右，有中书门下二省、弘文史二馆。高宗已后，天子常居东内，别殿、亭、观三十余所。南内曰兴庆宫，在东内之南隆庆坊，本玄宗在藩时宅也。自东内达南内，有夹城复道，经通化门达南内。人主往来两宫，人莫知之。宫之西南隅，有花萼相辉、勤政务本之楼。禁苑，在皇城之北。苑城东西二十七里，南北三十里，东至灞水，西连故长安城，南连京城，北枕渭水。苑内离宫、亭、观二十四所。汉长安故城东西十三里，亦隶入苑中。苑置西南监及总监，以掌种植。

但奈良平城京总体规模，中日史籍均无具体数据载录。因此，多数研究者对于平城京规模的文字表述仅依赖于日方考古发掘初步采集的非完全数据，但这些数据基本可以说明长安城方正整饬的规划理念与平城京大致规制之间的内在关联性。

有一组研究数据可以为证："平城京基本呈正方形，总体面积大致为长安城的四分之一，东西宽约4.2公里（32町），南北长约4.7公里（36町），中轴线为朱雀大街，左右为东西两京。各宽约24米的两条南北大道和九条东西大道把城市切割成72个正方形街坊。……京城内有9大寺院，分别为兴福寺、元兴寺、纪寺、大安寺、药师寺、唐招提寺、西大寺、法华寺、西隆寺。"[①] 此组数字精确地呈现了平城京城规格局和官寺略览，可以说与唐长安城格局高度吻合，仅比例不同而已，可谓一座"迷你长安城"。

更为详细的相似及吻合之处尚可做深入细致解读，试析如下。

1. 对称条坊之制

如众所知，中国古代王朝在兴建都城时多数会将风水堪舆因素作为规划设计的重要部分予以考虑，如周朝之沣镐两京，汉之长安城，魏之洛阳城，隋之大兴城，唐之长安城。风水堪舆思想其实是融合了地理、地质、星象、气象、景观、建筑、生态、军事等多种学科的一种学说，至唐代已成为一门显学，造诣高深者名辈杰出，笃信者上自帝王将相，下至平民百姓，其核心思想源自中国传统哲学所谓的天人合一、阴阳相衡的说法。而左右对称条坊制即为古代城市设计中体现阴阳平衡、天地合音、天圆地方、整饬划一、规范集中等复杂风水堪舆思想的具体表现，同时也是美学意识的具体产物，因此多为中国封建王朝采用，成为都城建设基本通用格局。在"东亚都城文化"

---

① 冯玮：《日本通史》，上海社会科学院出版社2012年版，第96页。

最为鼎盛的时期,长安城这种对称平衡的条坊格局多为彼时周边诸国兴建各自都城时所普遍袭用和复制。

日本著名学者木宫泰彦先生亦持此观点,认为自奈良时代起,日本的寝宫、邸宅、寺观、官衙等建筑,皆仿中国人的传统建筑趣味,即左右均齐对称结构。[①]张鹏一先生亦对奈良平城京及平安京此种相同布局做了大致比较:"中宗景龙三年元明和铜二年西元七〇九年,日本迁都奈良即平城,仿唐长安京城,区分左右,定坊条,如长安城之有宫城,有京城,坊市之别,是为日本有正式京城之始。……七代七十余年,皆都此,至桓武延历十三年,当唐贞元十年,复迁都平安。其京城、宫城、街衢、宫殿,仍仿唐京长安街市。自一条至九条城内分四坊,坊分十六町。十四年,于朱雀门南罗生门之东西,建东寺西寺,仿长安朱雀门街东荐福兴善寺,朱雀门街西之南明总持寺,较之平城京城,规模宏大矣。"[②]

日本史料亦对这种都城格局有不少文字载录,据《扶桑略记》第六"元明天皇"条载,奈良朝迁都平城京伊始便袭用唐长安城设左右京条坊:

和铜三年(710)庚戌三月辛酉日,始迁都于平城,从难波宫移御奈良京,定左右京条坊。[③]

《续日本纪》卷14"圣武天皇"条载:

天平十三年(741),九月辛亥,免左右京百姓调租,四畿

---

① 〔日〕木宫泰彦:《中日佛教交通史》,陈捷译,华宇出版社1986年版,第38页。
② 张鹏一:《唐代日人来往长安考》,山西人民出版社2014年版,第15页。
③ 《扶桑略记》第六,日本经济杂志社1897年版,第541页。

内田租,缘迁都也。……己未,班给京都百姓宅地。从贺世山西道以东为左京,以西为右京。[1]

具体而言,平城京如长安城一样,被划分为两大基本区域,即宫城区和京城区。宫城区居于平城京北侧高地上,俯瞰京城区,名为"内里",功能类似于唐长安城之皇城;京城区以朱雀大街为中轴线,分为左京和右京,两京均被分为整齐划一的条坊,各有4条,南北走向,呈规整棋盘状;与坊垂直交错的为路,共有9条。每坊的规模为边长约553米的正方形,坊内有东西、南北各3条小路,将坊进一步细分成16个小正方形,即16个坪(町)。[2] "坊"制设置目的与长安城"坊"制别无二致,既有方便税收的作用,又有加强对坊内居民予以有效管理和互相监督[3]的目的。同时,平城京坊内还分布有随迁入京的9大寺院,包括东大寺、法华寺、唐招提寺、西大寺、法隆寺等著名仿唐寺院。政府各级行政机构根据各自功能分布坊间四处。左、右京各设有仿长安城的东西市。

当然,平城京的条坊制或许并不如唐长安城108坊那样严格遵循方正中矩的谨严格局,每坊的实际面积亦无法与长安城各坊严格一致,整体综合功能上更不如长安城坊那般多元和丰富,如同萤火虫和白炽灯之间的相似性,这一点实属事实。但平城京条坊制在基本形制上和大体功能上乃完全模仿唐长安城当毫无争议。具体原因也许是受制于自然地理位置的限制,或是平城京建造时间的仓促性以及当时日本国经济实力、技术水平、人力物力等综合因素掣肘所限。而事实上,唐代长安城的建成,也并非仅凭一代之功骤然建成,

---

[1] 《续日本纪》卷14,日本经济杂志社1897年版,第236—237页。
[2] 王海燕:《古代日本的都城空间与礼仪》,浙江大学出版社2006年版,第64页。
[3] Mark Edward Lewis, *China's Cosmopolitan Empire: The Tang Dynasty*, The Belknap Press of Harvard University, 2009, p. 90.

而是历经前几代王朝百十年的心思和财力渐聚而成,这一点不得不予以考虑。

平城京各坊内所居官员贵族及普通百姓,最初均由奈良朝廷统一班赐宅地,获准后方能自建屋舍。房舍格局亦同于唐长安城模式,即官阶越高,其宅基越靠近皇城或商业区域。平民百姓住宅区则远离皇城,愈向城坊外围甚至坊外延伸。奈良朝廷对于贵族官员在京城建宅有严格的规定,《续日本纪》卷11"圣武天皇"条载:

> 天平三年(731)九月戊申,左右京职言:三位已上宅门,建于大路,先已听许,未审身薨,宅门若为处分。敕:亡者宅门不在建例。①

官员冠阶三位以上者宅门可开向大路,三位以下当不可开向大路,那么平民百姓宅门应同于长安城,各向坊内开有小门,以供出行之用;同时,各坊之间有土墙予以分隔,以便限制百姓随意聚众或串联,不利于政府的控制和管理。

至奈良后期,这种审批制度随着官员官阶的升陟和权势的与日俱增而逐渐弱化,遂出现官员私占宅地,广建宏宇的不良现象。比较突出的实例有太师藤原惠美押胜(藤原仲麻吕)私建豪宅的情况,被载录于《续日本纪》卷34"光仁天皇"条:

> 宝龟七年(776)丙寅,太师押胜起宅于杨梅宫南,东西构楼,高临内里,南面之门,便以为橹,人士侧目,稍有不臣之议。②

---

① 《续日本纪》卷11,日本经济杂志社1897年版,第184页。
② 《续日本纪》卷34,日本经济杂志社1897年版,第607页。

可见身居高位的藤原惠美押胜，将其宅第建于天皇内宫杨梅宫之毗邻，规模宏大，引人非议，被视为"不臣"之为；像藤原惠美押胜一样，将豪宅建于皇宫毗邻的现象当不在少数。此种风气与安史之乱后，唐长安城各坊内及京城南郊韦曲、杜曲等近畿之地，由贵族、高官、皇亲贵戚以及节度使等广占土地、遍建豪宅、营构庄园的现象非常类似，似乎成为一个王朝帝王权力与贵族权势此消彼长的政治产物和物质见证。

前述随迁入京的九大官寺亦建于皇城周围毗邻的坊内，浅层目的当然是出于天皇及贵族礼佛祭神，佛寺召开法会、讲经、斋戒，祭期拜祈去世天皇或皇族成员等一系列佛事活动便捷之利；但深层则可见奈良朝官办寺院与朝廷之间，佛教信仰与政治权势之间极为紧密甚至政教逐渐融合的历史倾向。

另一个明显的特点是平城京各坊还仿效唐代长安城设有"条坊官"，即"坊令"一职。考日本史书，关于"坊"及"坊令"设置等方面的记载，最早可见于《日本书纪》孝德天皇（645—654）"大化改新"第二条难波新京制度方面的内容：

二年（646）春正月甲子朔……即宣改新之诏……其二曰：初修京师，置畿内国司、郡司、关塞、斥候、防人、驿马、传马，及造铃契，定山河。凡京每坊置长人，四坊置令一人，掌按检户口，督查奸非。其坊令，取坊内明廉强直堪时务者充。里坊长，并取里坊百姓清正强干者充。若当里坊无人，听于比里坊简用。①

难波京设"坊长""坊令"及"里坊长"官位，不妨看作平城京

---

① 《日本书纪》卷25，日本经济杂志社1897年版，第431—432页。

"坊令"一职的先期范例。两京"坊令"工作内容有许多相同之处,但平城京坊令权力更大,职能更为细化,统管各坊所有民俗户籍事务,督促和征收庸调赋税,按时以令开关坊门,批准或禁止坊内一切商业经营活动,监管货币流通使用情况等。

而且,平城京"坊令"享有阶位,具备"着朝服把笏"的规格和级别,有上朝议政或参举事务等正式官员的资格,这也体现出奈良朝仿大唐官职、官制的进一步完备。据《续日本纪》卷9"元正天皇"条:

> 神龟三年(726)……九月丁丑,令京官史生及坊令,始着朝服把笏。①

"把笏"制度最早始于养老三年(719),应该为养老二年遣唐使多治比真人县守从唐归朝后,引入大唐律令制度,天皇令右大臣藤原不比等等朝臣一道撰定律令,在拜朝仪式上所做的一种仪规尝试。又据《扶桑略记》载:"养老三年二月壬戌日,百官适令把笏,五位以上牙笏,六位已下木笏。"② 因此坊令官品应低于六位,且开始把笏的时间迟于养老三年;亦可以印证"坊令"一职的设置时间较晚,条坊制度尚处于逐渐摸索和完善的阶段。但京城条坊制不仅确立了奈良平城京都城建制的一种空间格局,而且成为奈良朝廷新官职"坊令"初设之端。条坊制在奈良后期逐渐配设有其他官职,如左京亮、右京亮,官品当为四位上下。

虽然"坊令"制度逐渐成为奈良都城建制不可分割的官职设置,但在更为具体的坊令职能方面,平城京仍然未能达到如唐长安城"坊

---

① 《续日本纪》卷9,日本经济杂志社1897年版,第158页。
② 《扶桑略记》第6,日本经济杂志社1897年版,第547页。

令"所拥有的权力和担负的职责。但无论如何,"条坊制"为唐代东亚都城格局最基本的设置,此种设置从奈良时代开始,继续为平安时代的平安京布局所袭用,大致延续了一千余年。

可见唐代对称结构的都城格局,跟随大唐文化一起落户于日本,开始扎根于日本国此时的都城设计理念之中。也许其科学合理、易于管理、便于安民、顺应风水的思路,深得日本统治者的认可和垂青,故而无论迁都何处,均会照搬沿用而不会轻易改弦易辙。

2. 城垣之制

城垣在冷兵器时代当具有军事防御保障治安的功能,因此成为中国古代都城极为重要的组成部分。平城京在初建时,是否亦有类似于长安城由城垣相隔的内、外城之分,有学者认为日本都城在此点上有别于长安城,即平城京并未建有城墙,仅在都城南端建筑一面单墙,即罗城,中央开设唯一的罗城门;而且平城京的罗城门并非用于防御目的,而是朝廷举行迎接外国使节的礼仪性建筑,是平城京律令制国家政治中枢的建筑物[①],这种看法也许尚有进一步确证的必要。

"罗城"最早见于日本官方史书《日本书纪》,即天武天皇八年(680)在难波京筑罗城之片言只语,具体功能只字未提。难波京曾为孝德天皇朝廷所在地,而此时天武天皇居于飞鸟净御原宫,难波宫仅为行宫之用,因此迎接外国使臣活动应不会发生于此,故而,罗城非为此用而建。试想,一座象征天皇无上皇威震慑八方的京城,建造一面仅用于接待外国使节的礼仪性单墙,这种做法也许有些匪夷所思。另有学者认为日本都城时代不设城墙的原因,在于日本没有像大唐帝国所面临的四夷外患之忧,故而无须建筑城垣,此种认识亦当斟酌。

日本史书关于"城垣"之制的载录最早应始于齐明天皇朝。齐

[①] 王海燕:《古代日本的都城空间和礼仪》,浙江大学出版社 2006 年版,第 67 页。

明天皇元年（655）夏，因原先所居之飞鸟板盖宫遇灾而迁居飞鸟川原宫，次年再迁往飞鸟冈本宫，城垣随冈本宫一并兴建。

  （齐明天皇）二年（656）……于飞鸟冈本更定宫地。时高丽、百济、新罗并遣使进调，为张绀幕于此宫地而飨焉。遂起宫室，天皇乃迁，号曰后飞鸟冈本宫，于田身岭冠以周垣。复于岭上两槻树边起观，号为两槻宫，亦曰天宫。时好兴事，乃使水工穿渠，自香山西至石上山，以舟二百只载石上山石，顺流控引于宫东山，累石为垣。时人谤曰：狂心渠损费功夫三万余矣，费损造垣功夫七万余矣。①

  从其城垣建造载石船只及耗费人力的数量来看，冈本宫城垣规模一定不小，因此才会引起民众的极大怨情。所以，学界一概否认日本都城城垣之制，实为不妥。那么，规模和布局远超于冈本宫的平城京，设有城垣的可能性极大，毕竟朱雀门的存在也许可以证明平城京照搬照抄长安城建制而设有城垣。

  不过，平城京朱雀门作为礼仪用途亦应为事实。据《续日本纪》卷11"圣武天皇"条载：

  天平六年二月癸巳朔，天皇御朱雀门览歌垣。男女二百四十余人，物品已上有风流者皆交杂其中。正四位下长田王，从四位下栗栖王、门部王，从五位下野中王等为头。以本末唱和，为难波曲、倭部曲、浅茅原曲、广濑曲、八裳刺曲之音。令都中士女，纵览极欢而罢。赐奉歌垣男女等禄有差。②

---

① 《日本书纪》卷26，日本经济杂志社1897年版，第458—459页。
② 《续日本纪》卷11，日本经济杂志社1897年版，第193页。

"歌垣"作为日本引自大唐的重要民俗，一般在农桑丰收或国家太平的情况下，或者逢重大时令节日，多由官方统一组织，官民一体，同庆同乐，而朱雀门（罗城门）即作为天皇观览歌垣的仪式性建筑和皇恩施予的重要场所，如同唐大明宫之丹凤门。

当然，目前，有不少学者认为"罗城""罗城门"等称谓始于中国隋唐东西两京，那么，日本难波京、平城京同样的称谓，应该模仿中国隋唐长安与洛阳城的称谓[①]就毫无疑问了，笔者对此种观点比较认同。设想一下，平城京如未建有军事防御功能和治安保障目的的城墙，那么如何保证城内天皇、皇亲、贵族，以及百姓的人身安全和财产安全。

那么，要证明平城京的城垣之设，深入爬梳记录奈良朝廷各项活动的史书就显得尤为必要。据《续日本纪》卷5"元明天皇"条载：

（和铜）四年（711）……丙子敕：倾闻，诸国役民，劳于造都，奔亡犹多，虽禁不止。今宫垣未成，防守不备，宜权立军营，禁守兵库。……（和铜）五年壬辰，废河内国高安烽，始置高见烽及大倭国春日烽，以通平城也。[②]

同书卷12"圣武天皇"条载：

天平九年（737）四月……然则城墩易守，人民永安者也。……其唯营造城墩，一朝可成，而守城以人，存人以食，耕种失候，将何取给。且夫兵者，见利则为，无利则止，所以

[①] 王仲殊：《关于日本古代都城制度的源流》，《考古》1983年第4期。
[②] 《续日本纪》卷5，日本经济杂志社1897年版，第68—71页。

引军而旋，方待后年，始作城墩。①

同书卷16"圣武天皇"条载：

（天平）十七年（745）春正月己未朔，废朝，乍迁新京，伐山开地以造宫室，墙垣未成，绕以帷帐。②

以上几条载录提及"城垣""烽""宫垣""城墩"（类似于烽火台），应该可以说明此类设施具有保护民众，防敌入侵的军事功能。又据"宫垣未成，防守不备""墙垣未成""营造城墩"等措辞亦可以推知，元明天皇虽于710年迁入平城新京，但当时仅陆续建成主体宫殿部分，而城墙尚未建筑完毕，因此，无法起到军事防备作用，故而要求兵士禁守兵库，防止出现意外情况。另外，天平十二年（740）始，圣武天皇因贵戚藤原氏家族权力日炽，甚至有凌驾于天皇之上、干预朝政的趋势而果断采取疏离贵族、稳固政局的策略，将都城从平城京先迁入恭仁宫，再迁入难波宫，意图削弱贵族权力，稳固天皇地位。但此两宫并非真正意义上的都城，仅起到行宫作用，此不赘言。后因洪水、地震等自然灾害及瘟疫频频暴发，圣武天皇被迫又于天平十七年（745）迁回平城京，故言"乍迁新京……墙垣未成"，可见如此频繁的迁出迁入，要建造完整坚固的城墙，似乎不太可能。

同时，奈良朝廷对于事关民生的农业，在非有外敌侵入的情况下，给予的热度和关注明显要高于军事防备需求，因此，为了不失农时，先待耕种结束之后，"始作城墩"。

基于以上史料载录，我们不妨作此推断，即日本奈良前时代诸

---

① 《续日本纪》卷12，日本经济杂志社1897年版，第208页。
② 《续日本纪》卷16，日本经济杂志社1897年版，第256页。

多行宫周围所建的"罗城",应为奈良平城京城墙之雏形,而正式迁入平城京之后,天皇必然会下令修筑发挥军事防御作用的城墙和用于军事通讯目的的城墩(烽火台)。

另据日本史载,平城京城门及道路名称,如"朱雀门""朱雀路""罗城门""南闱""南苑""中门""阁门""重阁门"等称谓,应该可以证明平城京极有可能亦仿照长安城,筑有绕城一周的城墙,"有门有路而四围无墙",似乎并不符合冷兵器时代都城军事防御及民众安保的目的。即使对于奈良时代的日本,来自域外异族入侵的可能性不大,但宫廷内乱,贵族反叛,京畿稍近区域夷狄侵扰的现象仍屡见不鲜。基于此,平城京在营造之时,如果不考虑城墙防御之备,似乎不符合护佑天皇及族亲人身安全,消除贵族叛乱可能引发军事危机的最基本安保需求;更不符合日本统治者当时意欲建立体制完备,众夷归顺,八方朝贡的"小中华"封建国家的政治愿望。

3. 东西市之制

东西市作为唐代长安城极为重要的组成部分,是大唐帝国经济发展水平的一种体现,承载着唐代丝绸之路沿线各国商品流通、物资交互,甚至文化交流等重要功能,亦是都城居民日常生活、娱乐休闲、节日庆典等活动得以进行的重要场所。东西市里,活跃着操不同语言、穿各色服装的西域胡商,以及承担着不同外交任务的各国使节,他们在这里热情兜售着自己国家的风情物产,或沿街串铺,精心选购着店铺里或摊位上琳琅满目、珍稀罕见的物产和商品。

与日本遣唐使节一同前往长安城的大批学问僧、留学生自然也是东西市的常客。他们不仅肩负着在长安城内广搜书籍、绘画、书法等文化物品的任务,同时也担负着前往东西市选购各种奇珍异玩、美酒茗茶、地方特产等非官方任务;居唐日久的留学生们,亦会将从日本国内所携物资于东西市出售以换取生活必需品。[①] 东西市俨然成为当时亚洲各国物资互换、商品互通、文化互传的集散地和中转站。因此，东西市如此活跃的商业文化气息，给大批入唐学问僧、留学生们势必留下深刻印象。在他们学成归国后，自然会将这种浓郁的商业文化和理念一同引入日本，将大唐长安城活跃的经济态势呈报于天皇。由此，日本难波京、平城京的诞生，相伴而生的便是初具商业雏形的东西市，毫无疑问，没有唐长安东西市浓郁商业文化气息的影响，何来日本此两京的"东西市"之设？当然，有学者认为，难波、平城两京的东西市，除具备物资互市和商业流通的初级经济职能之外，还应被视为"与神相通的空间，具有仪式性功能"[②]，此不在本文的讨论范围，恕不赘言。

日本"东西市"最早于文武天皇朝大宝三年（703）在难波京开始设立。据《扶桑略记》"文武天皇"条载：

大宝三年（703）四月，立东西市。[③]

随后，元明天皇于710年将都城从难波京迁往平城京，东西市亦随之迁入。甚至天平十三年（741），圣武天皇短暂迁离平城京而移都于恭仁京时，东西市亦一并随迁，可见东西市之设对于日本当时的都城而言，有一种"都迁则东西市迁"的必然趋势。东西市因此成为奈良时代日本都城商业经济模式发展壮大，京城民众、商贩、外国使节等群体日常生活及商品经济活动得以开展的重要场所。

平城京东西市亦仿照长安城分别设立于左、右京，东市在左京八条三坊，西市在右京八条二坊，实际并非如长安城东西市那样严格

---

① 〔日〕木宫泰彦：《中日佛教交通史》，陈捷译，华宇出版社1986年版，第34—35页。
② 王海燕：《古代日本的都城空间与礼仪》，浙江大学出版社2006年版，第98页。
③ 《扶桑略记》第五，日本经济杂志社1897年版，第537页。

意义上的左右对称。平城京东西市各占地4坪，各坪之间有围墙相隔，以区分各自不同的商业及其他功能。两市均有用于运输物资的漕河，东市有南北贯通的东堀河，西市有西堀河（秋篠川）的水路。[①]唐长安城亦同样设有与东西市相贯通的水路系统，据《旧唐书》卷9载："天宝元年……命陕郡太守韦坚引浐水开广运潭于望春亭之东，以通河、渭；京兆尹韩朝宗又分渭水入自金光门，置潭于西市之西街，以贮材木。"由此，平城京仿长安东西市之漕运，亦是当时其都城发展必备的物资运输系统。

平城京东西市亦设有类似于长安城"市头"一样的官职，称为"市司"，对市人的商业活动予以监管，监督商品价格及质量。但在职能方面，长安城因商品交易发达程度远超平城京，其"市头"的职能则更为完备和细化，如负责东西市待沽物品价位、度量及流通货币符合法令规定，填报交易记录，防止市人串通及价格垄断等非常细则的职能。[②]但日本史料对于平城京东西市"市头"的职能载录比较粗疏，其原因也许在于平城京当时的商业活动尚不如长安东西市那般发达，基本以物物交换为主要流通方式，甚至货币的使用也不如长安城那样高度活跃，故而其职能未能也不必像长安城市头那般复杂。

与平城京东西市直接关联的还有一个尤为重要的创设点，即货币开始出现并逐渐应用于商业流通环节中。"货币"流通往往被视为商业化较为成熟的标志之一，平城京东西市货币的流通，也是其商业活动进程进一步推动的产物，意味着日本都城以货币流通为载体的商品经济的初步显山露水。

日本史书对于"货币"的发行、流通、材质、新旧钱换算比、钱币铸造令、货币流通模式等均有较为详细的载录，而货币流通活动

---

① 王海燕：《古代日本的都城空间与礼仪》，浙江大学出版社2006年版，第66页。
② Mark Edwad Lewis, *China's Cosmopolitan Empire: The Tang Dynasty*, The Belknap Press of Harvard University, 2009, pp. 96-97.

最集中的区域则为东西市。

日本历史上第一种货币为"和铜开弥"：

> 和铜元年春正月乙巳，武藏国秩父郡献"和铜"……故改庆云五年而和铜元年（708）。……二月，始置催铸钱司。……五月，始行银钱。……八月，始行铜钱。（和铜）二年三月甲申制：凡交关杂物，其物价，银钱四文已上，即用银钱；其价三文已下，皆用铜钱。①

但铜钱似乎并未成为主要的通行货币，从朝廷发布敕诏令新旧钱币并行即可看出，民众对于钱币的使用存在一定的混乱，所以政府不得不制定新旧钱币的换算比例，而且不再限制钱币仅为铜制，亦开始允许银币和金币的流通。

> 天平宝字四年（760）三月丁丑敕：钱之为用，行之已久，公私要便，莫甚于斯。顷者，私铸稍多，伪滥既半，顿将禁断，恐有骚扰。宜造新样与旧并行，庶使无损于民，有益于国。其新钱文曰：万年通宝，以一当旧钱之十。银钱文曰：大平元宝。以一当新钱之十。金钱文曰：开基胜宝，以一当银钱之十。②

为了鼓励民众使用铜钱，对钱币的铸造、流通等予以正规化和合法化，朝廷专门制定了极为严格的钱币铸造令，凡违反者一并归入不得赦免的八种重罪之列，处以极刑。元明朝廷于和铜四年（711）冬十月制定了鼓励民众使用钱币的《蓄钱叙位法》：

---

① 《续日本纪》卷4，日本经济杂志社1897年版，第51—59页。
② 《续日本纪》卷22，日本经济杂志社1897年版，第380页。

夫钱之为用，所以通财货易有无也。当今百姓，尚迷习俗，未解其理，仅虽买卖，犹无蓄钱者。随其多少，节级授位。……夫申蓄钱状者，今年十二月内，录状并钱申送讫，太政官议奏令出蓄钱。敕：有进位阶，家存蓄钱之心，人成逐禨之趣，恐望利百姓或多盗铸。于律，私铸犹轻罪法，故权立重刑，禁断未然。凡私铸钱者斩，从者没官，家口皆流。五保知而不告者与同罪，不知情者减五等罪之。其钱虽用，悔过自首，减罪一等。或未用自首，免罪。虽容隐人，知之不告者与同罪。或告者同前首法。……十一月蓄钱人等始叙位焉。……十二月庚申，又制蓄钱叙位之法，无位七贯，白丁十贯，并为入限，以外如前。①

《蓄钱叙位法》是日本商业经济发展到一定阶段，需要有律令制度与之相配套的必然产物，同时说明此时的商业活动的活跃性和成熟度已远远超过前代那种缺乏法律约束无序混乱的经济模式，也许意味着以东西市为商业核心区域经济模式的确立和进一步的完善化、制度化。蓄钱者可得节级授位；私铸钱者斩，共犯没官，家口处流放，钱币铸造流通及蓄积等经济行为与官阶和刑罚产生直接关联。由此可见，东西市作为平城京商业雏形，不仅奠定了京畿区域商品经济发展的初步模式，而且对于与经济相关律令法条的诞生，官阶官位的授褫均起到了积极促进甚至直接相关作用，这也是日本律令制度体系之下都城文化得以形成的重要而必然的组成因素和制约因素。

实际上，平城京东西市除基本的商品流通物资交换等初具商业雏形的作用外，还承担着惩罚囚徒以警示民众的法律惩戒责罚功能，

---

① 《续日本纪》卷5，日本经济杂志社1897年版，第69—70页。

以及承担着农桑遭灾时,朝廷派专司高价籴米,贱价粜米,以赈济百姓的社会福利救济功能。

奈良朝廷对于东西两市的商业活动、货币流通、物资价位、交易种类、交易时间等均有明确的法令规章,如若违反,将会受到不同程度的惩罚。可见,平城京东西市不仅从经济微观层面融入到京城百姓的日常生活当中,而且从宏观角度亦渗入政府官员的考绩以及日本整体律令制体系之中。

当然,平城京除以上所述几个方面沿袭唐长安城规制而设之外,城市环境也基本模仿唐长安城,将从唐引入的果树植于道路两旁,既起到道路绿化的作用,又可为路人提供解饥之用,此不赘言。

> 神龟二年(725)十一月,赐灵寿杖并絁绵,中务少丞从六位上佐味朝臣虫麻吕,典铸正六位上播磨直弟兄,并授从五位下。弟兄初赍甘子从唐国来,虫麻吕先殖其种结子,故有此授焉。[1]
>
> 天平宝字三年(759)六月二日,官符云:东大寺普照法师奏状称,道路百姓,来去不绝,树在其傍,足息疲足。夏则就荫避热,饥则摘子啖之,伏愿,城外道路两边,栽种果子树木者,奉敕依奏。[2]

唐长安城也是如此。据《旧唐书》卷9《玄宗本纪下》载:

> (开元)二十八年(740)春正月,两京路及城中苑内种果树。[3]

---

[1] 《续日本纪》卷9,日本经济杂志社1897年版,第155页。
[2] 《扶桑略记·拔萃》,日本经济杂志社1897年版,第573页。
[3] 《旧唐书》,中华书局1975年版,第212页。

三、余论

  唐代长安之风由日本遣唐使、学问僧、留学生等大量地引入日本，尤其是奈良朝，以前所未有的热情和激情，像久旱的文化荒漠适逢文化甘霖般地汲取着来自大唐的文化养分，从而，对日本奈良朝产生了前所未有的积极影响，造就了之后平安时代更具有日本民族特色的平安文化和国风文化。所以有学者说："奈良时代和平安时代前期，日本唐风盛行……无论政治制度、伦理道德、学术思想等各方面，都是以中国唐文化为骨子。"[1]

  而奈良平城京对长安都城文化的继承和吸收自然成为日本受容大唐文化尤为重要的环节。本文所讨论的正是奈良平城京直接吸收和承继唐长安都城文化的具体表现。实际上，奈良平城京对"长安都城文化"的吸收与传承，不仅表现在以上几个方面，其他比如平城京佛寺建制、军事设施、祭祀设施、民俗设施等都可反映出长安城都城文化与平城京都城建制之间的内在关联，均有待于做深入梳理和分析。

（原载《人文论丛》2019 年第 1 辑）

---

[1] 刘银红：《隋唐时期中国典籍在日本的流传与影响》，《图书与情报》2001 年第 3 期。

论意思、意义与意象
——兼论"诗本体"

一、意思、意义与语言游戏

意义是语言学和哲学的核心问题,语言学家看重意义问题的语言内部机制,哲学以语言为纽带,其研讨对象不限于语言内部,更强调语言与世界的关联。在语言的使用中,意义的最小单元是语言游戏,独出的词没有意义,意义是语言系统和生活世界的桥梁,意义的产生离不开语言系统和世界,语言符号内部不能产生意义。

罗素认为:"语词是代表不同于他们自身的某种东西的符号,在这种简单的意义上,语词全都具有意义。"[1] 这种"意义指称论"认为词的意义在于它们代表了指称对象。罗素主张的语言与世界的同构映射关系是古老的反映—符合论的翻版,"差不多可说是应用在语言研究上的反映论"[2],类似于语言学中的"分类命名集"观念,"在有些人看来,语言,归结到它的基本原则,不外是一种分类命名集,即一份跟同样多的事物相当的名词术语表"[3]。后来,连罗素本人也不再坚

---

[1] Bertrand Russell, *The Principles of Mathematics*, Cambridge: Cambridge University Press, 1992, p.47.
[2] 陈嘉映:《简明语言哲学》,中国人民大学出版社 2013 年版,第 41 页。
[3] 〔瑞士〕费尔迪南·德·索绪尔:《普通语言学教程》,高名凯译,商务印书馆 2009 年版,第 93 页。

持这种粗浅的语言反映论了。显然，词的意义不在于此。

我们在此引入"意思"的概念与"意义"概念相区别，词自身谈不上意义，但词有意思，存在物雪的概念就是词语"雪"的意思，也是词语"雪"的指称对象。没有被人知觉的存在物和独出的语言符号均无意义，意义连接语言系统和生活世界，意思则仅仅从属于语言系统内部。实词的使用可以没有意义，但不能没有意思。语言游戏中词的意思是意义生成的基础。实词无意思的用法，语言系统排斥；有意思无完整意义的用法，语言系统容忍；有意思且有完整意义，语言系统接受；有完整意义并产出高价值语言事实，语言系统吸收，作为语言遗产保留。于句子层面而言也是如此。虚词和实词作为语言符号的差别，表现在虚词所指的缺位，即虚词不产出概念，没有意思，虚词虽然没有意思，但其在语言形式上构建了句子的意思，句子完整意思的构建离不开虚词。虚词所指的缺位不影响其作为语言符号的使用。虚词在能指上具有纯粹价值，即虚词在音响形象上与实词形成了价值差异和对立。

独出的词没有意义。单独的句子是否有意义呢？维特根斯坦早期认为独出的词没有意义，只有在句子中词才有意义，他的这种看法取自弗雷格，"不能孤立地解释一个词的意谓，而必须在一个句子的联系中解释它"①。弗雷格对句子的重视点醒了维特根斯坦。他们认为词虽然是语言使用的基本单位，但句子才是意义的基本单位。"和一个符号（名称、词组、表达式）相联系的，不仅有该符号意指的对象，它也可以称为该符号的指称对象，而且还有我所谓的这个符号的意义，其中包含了该符号的呈现样式。"在弗雷格看来，语言符号的意义包含了这个符号的呈现样式，即语言符号的意义包含了语言形式。弗雷格所谓的"意义"与语言的形式相关，和本文的意义概念大

---

① 〔德〕G. 弗雷格：《算术基础》，王路译，商务印书馆2001年版，第120页。

相径庭，若依弗雷格这样使用"意义"概念，则又须区分语言系统内部意义和外部意义，造成不必要的烦琐和混淆。我们从语言系统内部看符号的"呈现样式"，就能理解此处弗雷格所说的"意义"，语言符号的"意义"在于其在语言系统中的"呈现样式"，符号本身并没有什么"意义"，符号的排列组合呈现了"意义"，所以，没有语言符号的"呈现样式"，何来"意义"？弗雷格的"意义"概念囿于语言系统内部，其视角来自语言系统的内部呈现机制。反之，若从语言系统认知外部世界的角度来看，哲学家或许会说，语言的最大功用在于认知世界，因而语言符号的"意义"通过认知外部世界得以体现，若无助于认知世界和真理，词就失去了它的"意义"。以上述两种方式使用"意义"概念均有不当之处，意义不在语言系统内部，单独的语言符号与意义非直接关联，语言符号只能通过语言游戏获得意义。意义连接的是语言系统和生活世界。单独的句子也不具备完整意义。

如果一个词的呈现样式不符合语言系统的规则——语法（语法绝不是僵死的法则），则这个表达式无意义，且其意思的呈现样式亦存在问题。如果一个词既符合语法规则，又试图描绘或解释世界，那么我们能说这个独出的词一定有意义吗？孤零零的概念有意义吗？刨除语境，我们说出词语"雪"，其他人怎么知道我要表达的是什么呢？是句子将一些独出的词联络起来，使它们能够表达完整的意思。词必须在更大的单位上呈现自己，词在句子中构成了一个相对完整的单元，词因而更为明晰了，好像离意义更近了。同样，单独的句子也不具备完整意义。在未知的语境中，我说"下雪了"，显然这比独出词"雪"包含了更多的意思，因为词语"雪"的呈现方式更为明确了，但在语境缺失条件下，这句话也没有完整的意义，虽然这句话有明确的意思。说话者的动机、目的、情绪、场景、时间，一切都是未知的，都有待填充，甚至这句话的意谓都不明确。在不同的语言情境中，可能意谓降温了，需要添衣服；可能是一句无心的独语；可能是言语者欣赏雪的美景；或抱怨下雪有碍出行；可能是雪勾起了怅然的回忆；可能是雪带来了悲伤的情绪。总之，孤独的句子没有明确的、完整的意义。意义的最小单位不是句子，更不是词，意义的最小单位是语言游戏，只有语言游戏才能构建意义整体。

什么是"语言游戏"呢？维特根斯坦用这个经典概念沟通了语言系统和生活世界。"我还将把语言和活动——那些和语言编织成一片的活动——所组成的整体称作为语言游戏。"[1]"这里我用语言游戏一语意在强调：讲一种语言是一种活动或者一种'生活形式'的一部分。"[2] 维特根斯坦的表述读者须注意如下两点：其一，语言游戏作为整体构建了意义。"整体"包含了语言系统和语言游戏所涉及的人类活动，独出的词和句子没有意义，因为它们没有构建整体，没有整体也就谈不上意义。其二，语言作为桥梁。语言命名和辨认存在物，没有语言人类沟通世界的方式将极有限、极粗浅。没有语言我们无法理解世界，无从认知真理。语言游戏将语言和人类活动织成一片，将人类和世界融为一体，语言深深嵌入生活，和生活相互依存，有时语言比庸常的生活更真实。语言游戏本质上要求践行，绝非仅仅停留在语言系统内部，其必与生活世界发生关联，二者相互影响。语言游戏是一种实践活动，受制于生活形式。"那种必须接受的东西，给定的东西——可以说——是生活形式。"[3] 这样说来，似乎生活形式决定了语言游戏。"我们的概念好像受到事实框架的制约"[4]，但与此同时，语言游戏产出的语言事实不断形成新的概念，产出新的语言价值，影

---

[1] 〔英〕维特根斯坦：《哲学研究》，陈嘉映译，上海人民出版社2005年版，第7页。
[2] Ludwig Wittgenstein, *Philosophical Investigations*, trans. by G. E. M. Anscombe & P. M. S. Hacker, NewYork: Wiley-Blackwell, 2009, p.15.
[3] 〔英〕维特根斯坦：《哲学研究》，陈嘉映译，上海人民出版社2005年版，第272页。
[4] 同上书，第202页。

响、丰富、改变、形成新的生活形式，改变了生活世界，而生活形式本身又包含着人生的意义。

二、词语"雪"的分析

当我们在心中唤醒"雪"这个词的时候，不是存在物雪来到了我们眼前，也不是我们的意识里映射出雪的固定概念，而是出现了词语"雪"带来的浮动印象，我们称之为雪的"心象"。"心象"不稳定、未定型，是浮动的表象，是带有潜在情境因素的有待构建完整意义的感性印象。心象是由符号引出的知觉意向的不稳定状态，是一种初步的有待指引、展开、完成的模糊辨认，这种辨认需要意向持续、深入地聚焦语言构造的范畴对象。心象由词语引出，包含图像性质，因为意向活动的最初阶段就是模糊的、不确定的、有待辨认的，而图像本身就包含着杂多。胡塞尔认为："图像表象的构造表明自己要比单纯的感知表象的构造更为复杂。许多本质上不同的立义看起来是相互叠加、相互蕴含地被建造起来，与此相符的是多重的对象性，它们贯穿在图像意识之中，随注意力的变化而显露给偏好性的意向。"[①] 心象的这种模糊性，在语言游戏中由词语来导引。

我们不会记住一片无意义的雪，这雪必然出现在某种情境之中，与我们的生命密切相关，因而我们记住了此情此景中的雪，雪的心象存储在我们脑海中，是昔日整体意义的一个重要组成成分，现在词语"雪"唤醒了潜在的昔日的整体情境，唤醒了记忆中的生命状态。词语"雪"不仅仅是音响形象和概念的结合，它还必须与世界发生关联来获得意义，要有时间、空间、人、物、情绪、事件，要在综合的整

---

① 转自倪梁康：《图像意识的现象学》，《南京大学学报（哲学社会科学版）》2001年第1期。

体中得到它的意义。

  雅各布森区分了"一般意义"和"语境意义",一般意义即符号本身具有的共性意义,语境意义指由整个语境、话语域所给定的意义。布龙菲尔德区分了"一般或核心意义"和"边缘或转换意义"。他们的观点本质上是相同的,但我们认为他们的区分是没有道理的,好像词是随语境变动的概念。没有具体所指,难以捉摸。我们认为,词没有什么意义,但词有意思,将词的意思和语言游戏的意义区分开来极重要。共时态同一言语社团里,词的意思相对恒定,词只是语言游戏中语言使用的基本单位,语言游戏才是意义的载体。词语"雪"出现在诗句中总是带着强烈的情感,给读者的错觉是"雪"的意思在不断变化,其实并非如此,词语"雪"的意思不变,指称对象也没变,是词语"雪"的呈现样式变化了,词语"雪"出现的意境变化了,雪在不同的意境中带有不同情绪的心象,在意境中,心象有所指向,通达意义。诗歌语言与日常语言的不同之处是诗歌的语言符号在理智和感情上都得到了最大程度的展开,即诗歌产出的是高价值的语言事实。

  我们无法全然理解存在物雪和雪背后的存在世界,以及雪与其他存在物的完全关系;我们用词语"雪"指称存在物雪,只是试图命名一种存在物,是对存在世界的一次辨认;存在物雪的本质和词语"雪"的本质具有非等同关系,存在物雪的本质科学的认知是晶体,词语"雪"的物质外壳是声音或字形;我们用词语"雪"描写和解释,做语言游戏;语言游戏中词语"雪"的意思不变,使用和意义各异;词语"雪"不是意义的最小单元,独出的作为语言符号的词语"雪"无意义;词语"雪"的意义来自语言游戏,其根本在于使用,于语言符号而言,使用才是超越性法则。

三、纯粹价值先于意义

索绪尔的著名论断:"语言是一个纯粹的价值系统,除它的各项要素的暂时状态以外并不决定于任何东西。"[1]"如果不能理解索绪尔'语言是一个纯粹的价值系统'的思想,就不能真正理解索绪尔的符号观,以及能指—所指、消极—积极等一系列二元对立概念,也不能真正理解索绪尔所批判的传统语言观的实质。"[2]因此,索绪尔的"纯粹价值"概念非常重要。前文已述,意义是语言系统和世界的桥梁,纯粹价值则是从属于语言系统内部的概念,无关外部世界,其与世界和真理没有直接关联,因而,索绪尔称之为"纯粹价值"。"纯粹价值系统"概念的提出受当时经济学的启发[3],强调语言符号之间的对立与差异。"对于一个词来说,重要的不是其音响形象本身,而是使这个词区别于其他所有词的音响差异,因为正是这些差异承载着词的意指。"[4]"文字的价值只靠它们在某一个由一定数目的字母构成的系统中互相对立而起作用。"[5]"语言像任何符号系统一样,使一个符号区别于其他符号的一切,构成了该符号。"[6]"在语言状态中,一切都是以关系为基础的。"[7]当我们谈到索绪尔的纯粹价值时,不能忘记纯粹价值的体现对象——符号。正是符号之间的差异和对立形成

---

[1] 〔瑞士〕费尔迪南·德·索绪尔:《普通语言学教程》,高名凯译,商务印书馆2009年版,第111页。
[2] 肖娅曼:《索绪尔符号"价值"系统理论在21世纪的发掘与超越——纪念〈普通语言学教程〉发表100周年》,《四川大学学报(哲学社会科学版)》2015年第6期。
[3] 参见夏登山、蓝纯:《索绪尔语言价值理论源考》,《外语教学与研究》2015年第3期。
[4] 〔瑞士〕费尔迪南·德·索绪尔:《普通语言学教程》,高名凯译,商务印书馆2009年版,第158页。
[5] 同上书,第161页。
[6] 同上书,第163页。
[7] 同上书,第165页。

了价值。能指的差异形成了音响形象的差别,所指的差异造就了概念的区别。须注意,同级单位才能形成价值,能指和语言符号不能形成价值,语言符号和句子不能形成价值,它们的差异不是同级单位的差异,算不上纯粹差异,无法形成区别性特征。索绪尔纯粹价值概念的实质是语言系统中符号的差异和对立所形成的相对价值。如中古36字母中唇音"帮"母和"滂"母,因吐气和非吐气形成了"帮"母和"滂"母的相对价值。唇音和舌音因发音部位不同形成了相对价值。索绪尔强调"纯粹价值"形成的基础是语言系统,没有系统谈不上价值,"纯粹价值"不可能脱离系统而存在。汉语无时态,英语有时态差别,这种差异绝非"纯粹价值",因为英语和汉语非同一语言系统,须在同一系统中比较符号的相对差异,否则,这种比较是无意义的。"明白意义如何取决于价值而又有别于价值,这也许是语言学中进行的最为微妙的活动。"① 对词而言,纯粹价值先于意义。作为语言使用的基本单位,语言符号是语言游戏产出的语言价值的基础,语言价值则是语言游戏意义的体现。"不言而喻,这概念没有什么初始的东西,它不过是由它与其他类似的价值的关系决定的价值;没有这些价值,意义就不会存在。"② 纯粹价值只存在于语言系统内部,意义则关联了语言系统和生活世界。

我们区分三种价值:"语言价值""语言学价值""纯粹价值"。这三者的差别在于:第一,语言价值指语言游戏产出的语言事实的存在价值。语言价值和生活世界密切相关,也是语言游戏的重要标准。语言游戏产出的语言事实是语言学研究的对象,语言事实有不等的语言价值,这类价值是一种绝对价值,不同于纯粹价值是一种相对价值。比方说《诗经》的语言价值高于流行歌曲,语言价值是语言事实

---

① 〔瑞士〕费尔迪南·德·索绪尔:《普通语言学教程》,高名凯译,商务印书馆2009年版,第154页。
② 同上书,第158页。

存留的根本标准,其价值的高低决定了语言事实的存活时间,经典有高绝的语言价值,这是经典长存的理由。高价值语言事实的价值范围远大于语言学,经典诗歌不仅有语言学研究的价值,更重要的是它的语言价值。低价值的语言事实会自然地消亡,语言系统不停地演变,不断地产出新的语言价值。第二,语言学价值指作为语言研究对象的价值,这类价值的受众有限,往往局限于语言学研究者。现代汉语方言和《诗经》的语言同样具有语言学价值,在这一点上不分贵贱。第三,纯粹价值是语言系统的内部概念,不同于上述两种价值。

四、意象、意思与意义

"符号的指称和意义都必须和与之相联系的意象区分开来。如果一个符号的指称是感觉的对象,则我关于它的意象是一种内心图像,这种内心图像来自对于我的内部或外部的感觉印象与活动的记忆。意象往往充满感情;它的各个部分变化不定。即使对于一个人来说,同一种意义也并不总是伴随着同一意象。意象是主观的;一个人的意象不是另一个人的意象。所以,和同一个意义相联系的意象之间也是有各种差异的。画家、骑手、动物学家对于名称'亚历山大大帝的战马'可能会有各种各样非常不同的意象。因此,意象在本质上不同于符号的意义。"弗雷格在此区分了"意义""指称"和"意象",指出"意象往往充满了感情"。诚然,意象充满感情,这是其与意思的重要差别,意思具有客观性和明晰性,意象是主观的联想。"亚历山大大帝的战马"的指称对象是确定的,即这个词的意思是确定的,虽然它的意义有待补充,但由它所引出的个体的意象却各不相同。同样是词语"雪",有相同的意思,却呈现出迥异的意象,因为意象是主观的,意象的理解本身包含了诗歌文本对读者的要求。同一首诗,读者的阅读背景、知识结构、生活阅历不同,理解起来相差就很大。是否如弗雷格所言,意象是内心图像?来自对于我的内部或外部的感觉印象与活动的记忆?我们认为意象比内心图像丰富得多,若意象仅仅是内心图像,诗歌就是远低于绘画的艺术,诗歌则从属于绘画,语言符号的最高价值也将低于视觉图像了,何况有些意象所呈现的是逻辑世界不存在的内心图像。意象是内心图像的叠加组合吗?在柳宗元《江雪》这首诗里,意象是不是由如下图像叠加而成:"无鸟的山""无人的路""孤舟""蓑笠翁""江"和"雪",这种叠加确实产生了奇特的语言效果,然而意象在此呈现的不仅仅是视觉图像,也不仅仅是视觉图像的叠加,意象始终是语言符号产生的综合整体,因为我们无法用视觉形象或视觉形象的叠加所呈现出的效果等同于这首诗的意象。读者还须注意这首诗的韵尾"绝""灭""雪",均属"薛"韵,绝句入声韵少见,但此诗恰适合入声韵,入声短促,此诗意境清冷,入声韵和全诗的意境融为一体,在音乐性上极相称,不能想象这样的意境用后鼻音韵,所以,意象不仅仅是内心图像,意象也与语音相关,好诗的韵律和意象紧密联系在一起,不可剥离。可惜的是律诗的音乐性只能在部分方言中有些许体现,我们也只能从语音知识的角度来想象它们的音乐性。韵律不仅形成了语音的美感,也增强了诗歌的感染效果。弗雷格将意象视为内心图像虽有助于对诗歌本质的分析,但也有肢解整体的危险倾向,诗歌以整体显示于人。意象不是图像,意象由语言符号直接呈现,不需要图像作中介,这一点尤为重要。

分析了意思和意象的区别,那么意象和意义有什么关系呢?读者会问《江雪》的意义是什么?在此先引入弗雷格的论断:"句子的意义是句子的思想,句子的指称是句子的真值。"诗有思想吗?如果有,这首诗的思想是什么?是此诗所体现的一种高绝的人生境界吗?是对存在世界的一种领悟吗?是一种清冷的理智吗?按弗雷格的说法,《江雪》的思想就是这首诗的意义。弗雷格又说:"为什么仅仅有思想是不充分的呢？回答是这样的：因为我们关心的是真值。"弗雷格最终关心的还是真理问题。既然"句子的意义是句子的思想"，且仅有思想无真理也是不够的，那么，读者会继续问，《江雪》包蕴了真理吗？我们倒是有把握说《江雪》是有意义的，甚至也有信心说《江雪》包蕴了真理。弗雷格又说："听一首史诗的时候，我们被语言的和谐悦耳、语句的含义以及被唤起的想象和热情强烈地吸引住。至于真理问题，我们就不会考虑艺术欣赏而要探求科学见解。"但我们依然要追问，诗歌难道没有本质和真理吗？我们在阅读的体验中暂时忽略了它，但它确实存在，不可略过不谈，诗歌有点像康德的"本体"，我们能体验却不能认知。

我们认为意象包蕴着感情和理智的缠绕，对意象的理解包含了感情和理智的双重感知。"意象"这个术语也不过是我们试图解释诗歌之神秘时的一种必然有失的言说尝试罢了，诗虽由人创造但其秘密却拒绝给予人类，因为人没有智性直观的能力。语言符号感性直观是阅读者得以感受诗歌的前提，知性分析是探索诗歌真理的重要方法，但知性先天固有的界限限制自身不能突破界限达到智性直观，所以我们永远不可能全然洞悉诗歌的秘密和语言的秘密。"我们的本性导致了，直观永远只能是感性的，也就是只包含我们为对象所刺激的那种方式。相反，对感性直观对象进行思维的能力就是知性。"[①] 阅读诗歌是一种感性直观，语言符号以一种特殊的为它所独有的刺激方式作用于阅读者的感官，这种作用方式带来的是不同于绘画之图像直观的语言符号的感性直观。弗雷格认为意象是内心图像的误解，显然是由于没有区分图像直观和语言符号直观所致。读者想领悟《江雪》的魅力，只能以感性直观的方式，不可能用分析一首诗来代替"读"一首诗，因为"读"首先就是一种感性直观，先于知性分析而存在。可以

---

① 〔德〕康德：《纯粹理性批判》，邓晓芒译，杨祖陶校，人民出版社2017年版，第41页。

有感性直观而拒绝知性分析，但不可能用知性分析来替代"读"的感性直观。不过，当我们通过感性直观体悟到《江雪》的境界之后，再试图用知性分析解读这首诗，会发现依然无法穷尽其中的道理，甚至恍惚觉察到有时我们的分析和诗歌的本质与真理越走越远，不得不接受的一种无奈是我们不能完全理解人类创造的作为最高语言价值的诗歌，我们没有智性直观，无法认知"本体"。"智性直观是一种'本源的'、能动创造性的直观，如果有一种'原始存在者'如上帝，他就不需要由外在的客体给他提供杂多的材料，能够仅仅凭着自身的'自发性'而由自己的知性直接把对象提供出来。换言之，由于他'想到'一个对象，该对象就直观地被给予出来了。"[①] 这其实就类似于诗歌创造，"上帝"创造了人和万物而人类无法完全理解；人类创造了语言和诗歌，人也无法完全理解。因为，诗人正是能动地创造了客体，被创造的客体存在于诗歌文本之中，连创作者本人也不知道客体的真正本质，诗歌就是康德所谓"本体"之一种，我们能感知本体，但不能认知本体，诗人能创造"诗本体"，却不能全然认知"诗本体"，这是一种奇怪的悖论。回过头来，我要说《江雪》的意义在于它作为诗歌的语言价值，在于词语构筑的语言游戏，在于《江雪》联络了人与生活世界，在于《江雪》所呈现的境界。

（原载《江汉论坛》2020年第3期）

---

① 邓晓芒：《康德的"智性直观"探微》，《文史哲》2006年第1期。

清代茶叶贸易视野下的中英关系
—— 以贸易博弈为中心的考察

休谟在 1752 年出版的《政治论丛》中收录了《论贸易的猜忌》一文，首次提出了"贸易猜忌"的概念。二十世纪八九十年代，该概念又被剑桥学派的伊斯特凡·洪特阐发为贸易猜忌理论，为在政治学视角下解读国际贸易竞争问题提供了有效的理论工具。然而，随着现代学科的发展和研究领域的细化，政治学与经济学分道扬镳，当今学界对国际贸易问题的探讨往往忽视政治外交因素，在国际关系的研究中也鲜见出于贸易角度的考虑。这就导致目前将国际贸易与外交关系结合起来进行讨论的研究成果较少，形成了一定的学术盲区。

推及历史学领域，能够从政治经济学角度考察中外贸易交往史的研究成果就少之又少了。具体到清朝时期中英茶叶贸易问题，尽管学界的探讨已经较为深入，但其讨论方向或偏重于经济交往，或在政治经济学的运用上囿于"殖民""掠夺"等传统话语，很少有研究者将中英作为对等的贸易博弈双方来考察。

基于此，本文试图梳理清朝时期中英茶叶贸易的发展历程，并以贸易博弈为切入点，采用政治学与经济学相结合的分析方法，考察茶叶贸易对中英关系的影响以及双方在博弈过程中的得失。根据中英茶叶贸易发展的阶段性特点，本文将研究对象划分为以下三个时期：茶叶贸易垄断时期、茶叶自由贸易繁荣时期、茶叶贸易衰落时期，并对这三个时期分别讨论,以探明发展趋势。

休谟在《论贸易的猜忌》中抨击了国家间的贸易猜忌现象,并对各国通过发展自由贸易互惠互利、共同繁荣的前景做出了展望。在如今全球范围内保护主义抬头、国际贸易体制受到"贸易战"冲击的时代背景下,回顾大宗商品的国际贸易史,总结贸易政策得失,吸取历史上的经验与教训,不仅是一种学术上的探索,也尤有现实意义。

一、茶叶贸易垄断时期

中英茶叶贸易始于 17 世纪,早在 1637 年已有英国人在广州购买茶叶[1],但当时从荷兰或印尼购入仍是主流渠道。[2] 18 世纪,中英茶叶直接贸易迅速发展,贸易规模扩大[3],到该世纪末英国东印度公司取得了华茶出口贸易垄断权,中英茶叶贸易进入了鸦片战争前的高峰期。1834 年东印度公司垄断权被取消前,中英茶叶贸易已经达到每年 3000 万磅的规模,成为该公司的主营业务。[4]

从事中英茶叶贸易的英方势力主要是东印度公司,中方势力则是行商。行商产生于"以官制商,以商制夷"的"天朝体制",因此除商人身份外,他们还负责管理外贸事务,是中英茶叶贸易中的重要角色。[5] 无论是东印度公司还是行商,在本国内都属于垄断势力,因此鸦片战争前可称为中英茶叶贸易垄断时期。

---

[1] 邹瑚:《英国早期的饮茶史料——英国人饮茶始于何时?》,《农业考古》1992 年第 2 期。
[2] 庄国土:《十八世纪中国与西欧的茶叶贸易》,《中国社会经济史研究》1992 年第 3 期。
[3] 1664 年输入英国的茶叶仅为 2 磅 2 盎司,1783 年则增加到 5857822 磅,数据详见〔英〕格林堡:《鸦片战争前中英通商史》,康成译,商务印书馆 1961 年版,第 2 页。
[4] 〔英〕格林堡:《鸦片战争前中英通商史》,康成译,商务印书馆 1961 年版,第 2—4 页。
[5] 曹英:《近代中外贸易冲突及中国应对举措研究》,湖南师范大学出版社 2013 年版,第 77 页。

（一）此阶段的茶叶贸易

这一阶段的茶叶贸易呈现出极端失衡的状态，体现在以下几个方面。

一是英国市场对中国茶叶的强烈需求。受葡萄牙与荷兰的影响，17世纪末饮茶风尚在英国宫廷和贵族间流传开来。[①]饮茶在社会上的流行是在18世纪20年代以后，当时饮茶用具成为英国中产阶级家庭财产的组成部分，下层社会也开始将茶叶当作日常饮料。[②]最晚到18世纪下半叶，茶叶作为一种大众消费品已经渗透到英国各阶层。而当时的中国仍是茶叶唯一产地，饮茶风尚的流行使得英国对中国茶的需求异常强烈。

二是英国商品未能成功打开中国市场。如格林堡所说："英国对茶叶的要求虽然已经增长，可是中国酬答这种要求的愿望却没有跟着发展起来。事实是中国向来没有打算同欧洲人接触，但是却拥有吸引它们的货物。"[③]自然经济形态导致中国社会缺乏消费英国工业品的需求，于是茶叶成为中英贸易中最重要的商品，有学者据此将"丝绸之路"改称"茶叶之路"[④]，中英茶叶贸易呈现一边倒的不平衡态势。

三是英国货币体系难以消化中英茶叶贸易带来的巨大逆差。英国市场对中国茶叶的强烈需求和中国市场对英国工业制成品的排斥，造成了中英贸易间的巨额逆差。仅以1730年为例，英国东印度公司派往广州的四艘货船进口华茶货值超过37万两白银，在全部货物贸易额中所占比例高达79.8%；与此同时，英船带到中国的货物（铅、

[①] 刘章才：《十八世纪英国关于饮茶的争论》，《世界历史》2015年第1期。
[②] 刘章才：《十八世纪中英茶叶贸易及其对英国社会的影响》，首都师范大学2008年博士学位论文，第53—57页。
[③] 〔英〕格林堡：《鸦片战争前中英通商史》，康ela译，商务印书馆1961年版，第4页。
[④] 庄国土：《从丝绸之路到茶叶之路》，《海交史研究》1996年第1期。

长厄尔绒)仅值1.37万两,其余皆为银元。[①]随着茶叶贸易额的不断增长,中英贸易逆差也居高不下,茶叶贸易成为18世纪白银流入中国的主要途径。[②]

白银的流失迫使英国寻找能够维系中英茶叶贸易的支付手段,鸦片正是在这一背景下登上中英贸易舞台的。而鸦片的出现虽然很快逆转了中英贸易的不对称局面,使白银开始回流[③],但却严重损害了中英关系,引发了中国的禁烟行动。

(二)此阶段茶叶贸易对中英关系的影响

垄断时期,中英茶叶贸易对两国关系产生了深刻的影响。

一方面,茶叶贸易的不平衡使英国处于被动地位,因此该时期中英关系也呈现出英弱中强的局面。对于英国的贸易诉求,清政府认为"大乖仰体天朝加惠远人抚育四夷之道","岂能曲徇所请"[④],尽管这种傲慢态度受到后人的一再批评,但在当时看来不失为一种现实主义策略。从喀塞卡特到马戛尔尼再到阿美士德,英国屡次派遣使团来华,这种外交行为本身就暗含着软弱性;而东印度公司和一些英使的态度也足以为这种软弱提供明证,如"一些谨慎的东印度公司董事们……深怕使节因过早地为他们的困难申诉或要求更多的利益会引

---

① 据〔美〕马士《东印度公司对华贸易编年史:1635—1834(第一、二卷)》(中国海关史研究中心组、区宗华译,中山大学出版社1991年版)第199—200页计算;船员的私人贸易数额较少,未被计入。另,1730年英船来华携带的58万两银元(其中购买货物花费46万两)包括碑柱银元、墨西哥银元、窦吉吞银元、法国皇冠银元四种,显然系多方拼凑而来,侧面证明了英国在茶叶贸易支付上的困境。
② 庄国土:《十八世纪中国与西欧的茶叶贸易》,《中国社会经济史研究》1992年第3期。该文作者估算,整个18世纪从西欧国家输入中国的白银多达1.2亿至1.3亿两,绝大部分用于购茶。
③ 〔英〕格林堡:《鸦片战争前中英通商史》,康成译,商务印书馆1961年版,第7—8页。
④ 〔法〕佩雷菲特:《停滞的帝国:两个世界的撞击》,王国卿等译,生活·读书·新知三联书店2013年版,第261页。

起中国方面的惊骇，以致中国政府完全禁绝对外贸易"①。外交上的英弱中强，根源在于英国社会对茶叶的需求已经到了依赖的地步，"突然停止这种大量的消耗品而又无其他代替品，将会在广大人民当中发生很大困难"②，而中国也确如乾隆帝所说"不借外夷货物以通有无"。英国人认为他们在中国政府面前"低三下四"，除了"屈辱和不体面"以外，"什么也没有得到"③。

另一方面，日益强大的英国不可能永远容忍茶叶垄断贸易下的中英关系，这导致东印度公司最终突破国际贸易底线向中国输出鸦片，进而引发了中英鸦片战争。茶叶贸易与鸦片战争的这种因果关系，学界研究已较完备④，这里不再赘述。

（三）英国的贸易政策失误

如上所述，该时期英国在中英茶叶贸易中处于弱势地位，因此不得不靠违禁品来维系贸易，乃至最终使用战争手段解决贸易问题。英国后来的军事胜利不能掩盖它在这一阶段的贸易失策，这种失策主要表现在两个方面。

一是在进口商品可替代性较差的情况下，贸然通过减税压低进口商品价格，扩大贸易规模。英国压低茶价是在欧华茶叶贸易的大背景下发生的，18世纪20年代以后，随着荷兰东印度公司、哈布斯堡王朝奥斯坦公司等竞争对手的崛起，英国东印度公司的茶叶面临严峻

---

① 〔英〕斯当东：《英使谒见乾隆纪实》，叶笃义译，上海书店出版社2005年版，第13页。
② 同上书，第10页。
③ 汪敬虞：《十九世纪西方资本主义对中国的经济侵略》，人民出版社1983年版，第51页。
④ 详见仲伟民：《茶叶与鸦片：十九世纪经济全球化中的中国》，生活·读书·新知三联书店2010年版，第158页；庄国土：《茶叶、白银和鸦片：1750—1840年中西贸易结构》，《中国经济史研究》1995年第3期；徐晓望：《鸦片战争前后中英茶叶贸易的口岸之争》，《福建论坛（人文社会科学版）》2015年第8期；成林萍：《从茶叶贸易探第一次鸦片战争的缘起》，《马克思主义学刊》2016年第2期。

的价格战；同时，激烈竞争也导致欧洲买方市场的形成，茶叶价格进一步下跌。① 这种情况愈演愈烈，到 1784 年，英国终于将茶叶关税从 100% 以上减少到 12.5%，于是次年茶叶贸易量迅速超过了 1500 万磅②，此后的 50 年内，由东印度公司输入英国的茶叶量增加到了 1784 年的 4 倍。③

除了国际竞争外，维护国内资本利益也是英国扩大茶叶贸易规模的原因。对于茶叶的流行原因，格林堡认为"茶叶是唯一能够成为普遍消费品而又不与本国制造品竞争的一种合用的货物"④。能够成为普遍消费品意味着能够适应工业化兴起后的消费模式；而不与本国制造品竞争又不至于损害工厂主阶层的利益。有学者指出，茶叶在英国的流行固然是一种社会文化现象，但也受到价格因素的影响⑤，廉价茶叶的输入刺激了茶叶消费，为商人带来了巨额利润。

二是未积极寻找替代产品。尽管 18 世纪 80 年代就有人试图在印度培育中国茶树苗，但当时茶树主要是作为观赏植物被引进；1788 年自然学家班克斯倡导大规模种植茶树，又因损害东印度公司的茶叶专卖利益而作罢。⑥ 总体来说，当时英国人并不重视茶叶种植技术，直接购买茶叶的诉求则大得多。⑦ 英国积极谋求茶叶替代始于 19 世

---

① 详见庄国土：《十八世纪中国与西欧的茶叶贸易》，《中国社会经济史研究》1992 年第 3 期。
② 〔英〕格林堡：《鸦片战争前中英通商史》，康成译，商务印书馆 1961 年版，第 2—3 页。
③ 严中平等编：《中国近代经济史统计资料选辑》，科学出版社 2016 年版，第 9—15 页。
④ 〔英〕格林堡：《鸦片战争前中英通商史》，康成译，商务印书馆 1961 年版，第 2 页。
⑤ 仲伟民：《茶叶与鸦片：十九世纪经济全球化中的中国》，生活·读书·新知三联书店 2010 年版，第 44 页。
⑥ 〔美〕威廉·乌克斯：《茶叶全书》，侬佳、刘涛、姜海蒂译，东方出版社 2011 年版，第 153—154 页。
⑦ 比如 1685 年英国东印度公司董事会写信给一位总督，称应重视对华茶叶贸易。详见庄国土：《十八世纪中国与西欧的茶叶贸易》，《中国社会经济史研究》1992 年第 3 期。再如 1787 年英国政府给第一次遣华使臣喀塞卡特（Lt. Col. Cathcart，途中病故，未到中国）的指令中提到茶叶："在这项贸易中，我们所得到的，除其他货物外，为两千万磅的一种中国植物。"同时，英国人希望中国皇帝能够划给他们一处固定的贸易地点，并要求"靠近上等华茶的出产地"。详见姚贤镐编：《中国近代对外贸易史资料：1840—1895》（第一册），科学出版社 2016 年版，第 149 页。

纪 30 年代，此时中英茶叶贸易经过一百多年的发展，大量白银早已流入中国。总而言之，一方面盲目扩大贸易规模，另一方面对替代产品的研发重视不足，这样的贸易策略导致英国在中英茶叶贸易中陷入了困境。

（四）中国的贸易体制问题

尽管中国暂时占据主动，但这一阶段的贸易方式也暴露出了中国贸易体制的严重问题；而这些问题没能得到有效的解决，导致 19 世纪下半叶中国在茶叶贸易中逐渐走向弱势。问题集中在三个方面。

一是对茶叶贸易重视程度不够，没有意识到茶叶贸易对增加财政收入和"驭边"的重要意义。正常的贸易往来多是双赢，如英国人所说，"中英贸易对于两国均有利益"[1]。但清政府却没有把茶叶贸易当作一项有利可图的事业，因此在关税征收上极为敷衍，鸦片战争前粤海关征收茶税，出口细土茶每百斤税二钱，粗土茶每百斤税一钱[2]，税率极低。

相比财政考虑，古人很早就认识到了茶叶贸易的"驭边"作用。古代中国对外茶叶贸易多与马匹贸易相结合，称为"茶马互市"，这种贸易模式盛行于唐、宋、明，至清逐渐衰落。茶马贸易不仅对于获取战马、保障国防安全有重要意义，也是中原王朝控制邻近异族的重要手段，所谓"禁之而使彼有所畏，酬之而使彼有所慕"[3]。但由于能够轻易获得西北地区的马匹资源，清廷对茶马贸易的依赖性较小，重

---

[1] 见 1787 年英国政府给第一次遣华使臣喀塞卡特的指令。姚贤镐编：《中国近代对外贸易史资料：1840—1895》（第一册），科学出版社 2016 年版，第 149 页。

[2] 姚贤镐编：《中国近代对外贸易史资料：1840—1895》（第一册），科学出版社 2016 年版，第 202 页。相比之下，粤海关对出口丝绸每百斤税一两至五两四钱不等，远高于茶叶关税。

[3] 陈祖椝、朱自振编：《中国茶叶历史资料选辑》，农业出版社 1981 年版，第 556 页。

视程度较低;加之政府刻意消弭族群边界,民间贸易得到发展,也冲击了官方垄断的茶马贸易。[1] 于是从康熙朝起,管理茶马贸易的机构逐渐被裁撤[2],这导致相关人才和管理经验缺乏,当海上茶叶贸易兴起时,官僚系统也就难以作出应对。因此,中国在垄断时期的茶叶贸易优势仅仅停留在经贸层面,未能转化为相应的国家利益。

二是制度建设滞后,沟通渠道壅塞。尽管关税早在 1684 年就已有之[3],但清政府在鸦片战争前始终未能建立起完善的外贸和关税管理体系。而作为关贸管理机构,江、浙、闽、粤四大海关上受地方督抚节制,下受行商欺瞒,比如粤海关监督分别在 1782 年和 1830 年奏报行商的进出口货物交税迟滞问题[4],说明几十年间都无法解决这一弊政。在开展贸易的过程中,英国人显然也注意到了这些弊端,所以积极谋求"在北京设立公司或政府方面的一位欧洲人驻外使节",但这一提议却"为地方当局全体及他们在北京的关系人所憎恶"[5],未能实现。

三是中央政府对地方政府和外贸机构约束力低下,导致腐败大量滋生。东印度公司资料中有大量描述,如"该官员不愿失去任何勒索钱财的机会,下令将该船的买办和两名通事扣押","由于受贿而偏袒当时在广州的美国船只"[6],等等;中国官方史料亦然,如"雍正之初,又议增收规礼银两,乃于七年合词控于大府,得稍稍裁减。未

---

[1] 李三谋:《明清茶马互市探析》,《农业考古》1997 年第 4 期。
[2] 《清朝文献通考》卷 82,浙江古籍出版社 1988 年影印本,第 5604 页。
[3] 姚贤镐编:《中国近代对外贸易史资料:1840—1895》(第一册),科学出版社 2016 年版,第 6 页。该年的谕旨称"福建、广东新设关差,止将海上出入船载贸易货物,其海口内桥津地方贸易船车等物,停其抽分;并将各关征税则例,给发监督,酌量增减定例。"
[4] 姚贤镐编:《中国近代对外贸易史资料:1840—1895》(第一册),科学出版社 2016 年版,第 203—205 页。
[5] 详见 1816 年秘密商务委员会致特使阿美士德勋爵函。〔美〕马士:《东印度公司对华贸易编年史(1635—1834 年)》第三卷,中国海关史研究中心组、区宗华译,中山大学出版社 1991 年版,第 287 页。
[6] 〔美〕马士:《东印度公司对华贸易编年史(1635—1834 年)》第三卷,中国海关史研究中心组、区宗华译,中山大学出版社 1991 年版,第 183、282 页。

几官吏又增出口之税"[①]。中央政府的漠视、制度与沟通渠道的缺乏又加剧了这种腐败。由于英商深受海关贪腐之害，因此战争胜利后专门在条约中提出要求，杜绝中国海关的"左右勒索，额外苛求"[②]。

二、茶叶自由贸易的繁荣时期

（一）鸦片战争前后茶叶贸易的变化

鸦片战争前后中英茶叶贸易经历了深刻变化，表现为以下两点。

一是贸易规模扩大。1868 年英国华茶进口比 1838 年增加约 100 万担[③]；1835 年华茶出口总量为 26 万担，1871 年增长到 175 万担，1880 年为 200 万担。[④] 当然，在此期间中英茶叶贸易也有波折，比如受战争影响，1834 年至 1840 年间华茶输英规模曾从 3200 多万磅缩减到 2200 多万磅[⑤]；但在 40 年代开埠之后，中英茶叶贸易又迅速恢复并达到新高，1845 年超过 5000 万磅，1853 年超过 6000 万磅。[⑥]

贸易量不断增长的同时，中英仍互为最大茶叶交易方，中国茶叶与英国市场的联系更加紧密。在华茶出口结构中，输英茶叶占据

---

① 姚贤镐编：《中国近代对外贸易史资料：1840—1895》（第一册），科学出版社 2016 年版，第 142—143 页。
② 曹英：《近代中外贸易冲突及中国应对举措研究》，湖南师范大学出版社 2013 年版，第 79 页。
③ 仲伟民：《茶叶与鸦片：十九世纪经济全球化中的中国》，生活·读书·新知三联书店 2010 年版，第 60 页。
④ 姚贤镐编：《中国近代对外贸易史资料：1840—1895》（第三册），科学出版社 2016 年版，第 1462 页。
⑤ 姚贤镐编：《中国近代对外贸易史资料：1840—1895》（第一册），科学出版社 2016 年版，第 282—284 页。
⑥ 中共中央马克思列宁恩格斯斯大林著作编译局编：《马克思恩格斯论中国》，人民出版社 1997 年版，第 4 页。

最大份额,以广州出口华茶为例,1844—1858 年间,输英茶叶占出口茶叶总量的 60%—80%。① 而在英国进口方面,华茶进口数量也远远高于印度、锡兰茶,例如 1865 年华茶占据英国茶叶市场 97% 的份额,到 1870 年时虽已下降,但所占比例仍然高达 89%。② 此外,鸦片战争后中英茶叶贸易也开始深入中国内地。据统计,当时上海著名的 22 家茶行,英商有 18 家;福州洋行 12 家,英商 9 家,另与德国合办 1 家;作为内陆腹地和俄势力范围的汉口也设立了 3 家英商洋行。③ 中英双方在茶叶贸易中的紧密关系可见一斑。

二是茶叶贸易自由化,东印度公司和广州十三行贸易垄断权的废除是其显著标志。1834 年东印度公司对华贸易垄断权被废除的原因是多方面的,既有英国国内自由贸易商人的推动,也有国外竞争尤其是美国商人竞争的影响。④ 英国自由贸易商人("港脚商人")是东印度公司垄断权废止的最大受益者,他们在 19 世纪 30 年代就已经占据了英商自华输出贸易总值近 40% 的份额⑤,由此成为能够与东印度公司抗衡的力量。随着垄断的结束,自由贸易规模扩大,大量散商开始涌入中国,英国在华行号从 1833 年的 66 家增加到了 1837 年的 156 家⑥,

---

① 据姚贤镐编:《中国近代对外贸易史资料:1840—1895》(第一册),科学出版社 2016 年版,第 527 页计算。资料中 1843 年和 1849—1860 年间的广州出口茶叶总量数据"近似而不完整",有些年份甚至按照输英茶叶来估算出口茶叶总量。其他一些统计来源如彭泽益编:《中国近代手工业史资料(1840—1949)》第一卷,生活·读书·新知三联书店 1957 年版,第 490 页显示,1849—1860 年的广州出口华茶总量直接就是广州输英茶叶量。数据虽不全备,但由此可见中英茶叶贸易在华茶出口结构中的地位。
② 姚贤镐编:《中国近代对外贸易史资料:1840—1895》(第二册),科学出版社 2016 年版,第 1194 页。
③ 王加生:《中英茶叶贸易史话》,《茶叶》1983 年第 3 期。
④ 详见徐方平:《东印度公司对华贸易垄断权废止的原因和影响》,《湖北大学学报(哲学社会科学版)》1997 年第 2 期;兰日旭:《英国东印度公司从事华茶出口贸易发展的阶段与特点》,《农业考古》2006 年第 2 期。
⑤ 严中平等编:《中国近代经济史统计资料选辑》,科学出版社 2016 年版,第 8 页。
⑥ 〔英〕格林堡:《鸦片战争前中英通商史》,康成译,商务印书馆 1961 年版,第 170 页。

因此这一变化被称为是"自由商人的胜利"①。

行商垄断权的废除则是在鸦片战争之后。尽管此前已有一些英国散商绕过行商直接与中国茶商交易，但属于走私，受到政府的限制和打击。而行商制度在当时的中国具有经济上的合理性②，并且服务于政府外交政策③，因此其最终废除是借由《南京条约》"凡有英商等赴各该口贸易者，勿论与何商交易，均听其便"④的强制条款。随着中英两大垄断势力先后败落，茶叶进入自由贸易时代。

19世纪30—70年代是中英茶叶贸易史上一个重大转折的时代。尽管这一时期的中英茶叶贸易表面上延续了前一阶段的特征，双方的贸易规模甚至在战后进一步扩大，但由垄断贸易转向自由贸易，深层次的贸易机制已经发生变化。这些变化包括茶叶贸易口岸的由一变多、茶叶产地的增加、政策限制的解绑以及关税的下降，它们在贸易博弈中形成，深刻影响了当时的中英关系，并导致了此后半个多世纪里中英茶叶贸易的逐渐衰落。

（二）此阶段的茶叶贸易博弈

中英直接博弈主要是在英商居留设栈、开放贸易口岸、贸易许可与关税政策等方面。

（1）英商在贸易口岸居留、设栈等问题自五口通商便困扰清政府，直到20世纪初仍时有发生。最初的口岸居留问题是由《南京条约》中英文本中的"城市"概念差异引起的，主要表现为英商及领事

---

① 〔英〕格林堡：《鸦片战争前中英通商史》，康成译，商务印书馆1961年版，第161页。
② 王明前：《鸦片战争前后中国外贸体制演变研究（1820—1850年）》，《福建论坛（人文社会科学版）》2013年第10期。
③ 曹英：《近代中外贸易冲突及中国应对举措研究》，湖南师范大学出版社2013年版，第205页。
④ 陈帼培主编：《中外旧约章大全》第1分卷，中国海关出版社2004年版，第71页。

是否能够进城。① 此后，进城、居留、设栈一再引起英人与地方政府和士绅百姓的冲突，进而造成外交事件乃至成为战争导火索。英商居留设栈问题严重损害了这一时期的中英关系，并且因其与清朝体制的结构性冲突，一直未能妥善解决。

（2）开放贸易口岸的博弈在鸦片战争之前就已经存在，马戛尔尼等英国使节来华时就曾多次要求开放更多的通商口岸。可以说，这一时期关于是否开放更多贸易口岸的博弈其实是上一阶段的延伸，只不过英国此时得遂所愿，在博弈中使中国陆续开放了福州、上海等地。

（3）相对上述两个问题，贸易许可与关税政策的博弈是核心内容。

贸易许可方面，由于行商废除，清政府原有的贸易许可制度被打破，于是在两广总督徐广缙推动下，1850 年茶栈和茶叶贸易执照制度建立起来。② 与同期的生丝和肉桂贸易执照制度一样，茶叶贸易执照制度一经推出便激起英国的强烈反弹，从 1850 年起，港督文翰多次就此事与徐广缙、叶名琛等人磋商；但与生丝贸易执照制度的流产和肉桂贸易执照制度的迅速取消不同，中国地方政府在茶叶贸易执照制度上并未退让，这场博弈直到第二次鸦片战争后方才结束。③ 这反映出中国在中英茶叶贸易中仍握有一定的主动权。

关税政策方面，五口通商初期中英博弈中有合作，《五口通商章程》《五口通商附粘善后条款》都规定了英国领事有严查走私和担保英商完纳关税的职责。④ 这是因为走私会"迅速削弱和摧毁一切合法

---

① 曹英：《近代中外贸易冲突及中国应对举措研究》，湖南师范大学出版社 2013 年版，第 7—11 页。
② 姚贤镐编：《中国近代对外贸易史资料：1840—1895》（第一册），科学出版社 2016 年版，第 538 页。
③ 曹英：《近代中外贸易冲突及中国应对举措研究》，湖南师范大学出版社 2013 年版，第 212—220 页。
④ 陈帼培主编：《中外旧约章大全》第 1 分卷，中国海关出版社 2004 年版，第 81、89 页。

贸易的现有基础"①，双方在遏制非法贸易上存在共同利益。但总体来说，19世纪30—70年代的中英关税博弈大于合作。首先是由于缉私努力的失败，1851年英国废除了领事担保关税的制度，1858年中英《天津条约》则确立了洋人帮办税务的制度，中国关税主权被侵害。其次，在厘金与子口税的冲突上，由于厘金成为英国在中国内地开展贸易的障碍②，《天津条约》提出了子口税制度，并且在此后"原用于对子口税设防的藩篱一一拆除，子口税制度日渐扩展"③，中国在税制上的博弈也逐渐走向失败。

（三）英国为扭转茶叶贸易局面所做的努力

从上文所述贸易博弈可以看出，与上一阶段的被动不同，英国在19世纪30—70年代的贸易博弈较为成功。这主要得益于以下几点。

一是扩大商品来源。作为扩大商品来源的重要手段，开辟通商口岸因《南京条约》得以实现。有学者指出，英国要求中国开放口岸，一方面是为了降低茶叶运输成本；另一方面也是为了打破行商垄断，降低茶叶价格。④多口岸开放后，清政府和行商已经无法像以前那样控制茶叶贸易，议价权渐渐转移到英国手中。

在印度试种茶树是英国扩大商品来源的另一项举措。这一具有"出口替代"性质的行为完全由英国政府和印度殖民当局主导，1834年时任印度总督班庭克专门成立了一个"茶业委员会"来推动这项工

---

① 〔英〕莱特：《中国关税沿革史》，姚曾廙译，生活·读书·新知三联书店1958年版，第30页。
② 同上书，第42页。
③ 戴一峰：《论晚清的子口税与厘金》，《中国社会经济史研究》1993年第4期。
④ 徐晓望：《鸦片战争前后中英茶叶贸易的口岸之争》，《福建论坛（人文社会科学版）》2015年第8期。

作。①尽管在印度种茶并非中英茶叶贸易中的直接博弈行为，但其目的和结果都与中英茶叶贸易紧密相关。1837 年英国在印度制成了一些茶叶样品，并于次年送往伦敦；到 1839 年印度生产出了 32 磅茶叶。②此后印度茶缓慢起步，1865 年在英国茶叶消费中只占 3% 的份额，1875 年则上升到 16%。③

二是积极通过外交手段解除茶叶贸易的政策限制，这些政策限制集中表现为贸易许可和关税问题。仅就茶叶贸易执照制度来说，港督文翰在 1850 年 7 月至 1852 年 1 月间四次致函徐广缙④，展开了密集的谈判，尽管最终结果并不理想，但足见其积极态度，这与清政府过于重视居留权等问题形成对比。

三是主动下调茶叶关税，刺激贸易发展。从 1853—1865 年，英国政府曾多次降低茶叶进口税，使得华茶进口大幅增长。⑤实施减税政策的直接原因是为了满足英国国内市场对茶叶的巨大需求，但其长远影响不容忽视。与上一阶段的减税不同，由于商品来源的扩大，该时期的低关税刺激了华茶出口量的过度增长，华茶价格被逐渐压低，市场主动权转移到英国一方。正如 1866 年左宗棠等人指出的那样："每年春间新茶初到省垣，洋商昂价收买，以广招徕。迨茶船拥至，则价值顿减，茶商往往亏折资本……故闽茶必专恃洋商，而洋商不专恃闽茶。"⑥

当然，英国在这一阶段所推行的贸易政策绝非完美，如 1834 年

---

① 〔美〕威廉·乌克斯：《茶叶全书》，侬佳、刘涛、姜海蒂译，东方出版社 2011 年版，第 157 页。
② 同上书，第 164—170 页。
③ 姚贤镐编：《中国近代对外贸易史资料：1840—1895》（第二册），科学出版社 2016 年版，第 1194 页。
④ 曹英：《近代中外贸易冲突及中国应对举措研究》，湖南师范大学出版社 2013 年版，第 215—218 页。
⑤ 仲伟民：《茶叶与鸦片：十九世纪经济全球化中的中国》，生活·读书·新知三联书店 2010 年版，第 60 页。
⑥ 姚贤镐编：《中国近代对外贸易史资料：1840—1895》（第二册），科学出版社 2016 年版，第 973 页。

东印度公司对华贸易垄断权的废除就过于激进,引发了恶性竞争。垄断的结束表面上看使中英茶叶贸易规模迅速增长,"在公司垄断权废止后第一个季度运到英国的茶叶比前一季度多百分之四十","凡是看到整箱茶叶的商人和船主立刻把注意力转向中国"[①];然而事实上这一举措也带来了长达数年的贸易混乱,散商在中国哄抢"自由茶叶",加上中间商对市场的操控,导致茶叶贸易规模在1834年后出现了萎缩,英国人甚至发出了"几乎盼望公司垄断权的恢复"的感慨。[②] 不过自由贸易的趋势不会改变,这一问题最终随着战后中国行商制度的废除而得以解决。

客观地说,尽管以军事手段作为辅助,但英国在19世纪30—70年代为贸易博弈所做出的种种努力,总体上是卓有成效的。然而清政府没有正视其贸易体制缺陷,反而在外商居留、设栈等问题上反复纠缠,导致贸易博弈局面反转,为中英茶叶贸易的衰落埋下了伏笔。

(四)茶叶贸易博弈下的中英关系

在这一时期,茶叶贸易依然是中英贸易的重点,也是影响中英关系的重要因素。与上一阶段相比,19世纪30—70年代茶叶贸易博弈之下的中英关系呈现出以下几个新特点。

一是中强英弱的外交模式得到改变。随着鸦片战争的取胜,英方在中英关系中表现得越来越强势,希望占据主导权,并且在大多数领域都得偿所愿;但由于茶叶贸易的不平衡局面尚未被扭转,中国仍是英国最大的茶叶供应者,加上"天朝体制"的根深蒂固,英国在中英关系上也无法完全忽视中国的诉求。

---

① 〔英〕格林堡:《鸦片战争前中英通商史》,康成译,商务印书馆1961年版,第171页。
② 同上书,第171—175页。

二是中英之间的官方交涉增多，贸易摩擦更加表面化。在进行贸易博弈的过程中，英方港督、领事，与中方两广督抚以及上海道等地方官员频繁交涉，这在鸦片战争以前是较为罕见的场景。以双方官员的直接交涉为标志，中英之间的茶叶贸易摩擦比鸦片战争前更加表面化，清政府固守的华夷大防也有所松动。

三是茶叶贸易在中英关系中仍居于中心地位，但影响力有所下降。鸦片战争前，茶叶是中英贸易最大宗的商品，茶叶贸易是中英交往的最大议题。即便是"鸦片战争"，战后谈判"约内绝不提烟土一字"①；而对于双方贸易问题，在《南京条约》等一系列条约中却有诸多规定，《五口通商章程》在商定海关验货方式时还专门将茶叶作为代表性商品提出。②不过，尽管茶叶贸易在鸦片战争及其后的二三十年里依然十分重要，但由于《南京条约》引入了通商口岸和领事居留等问题，中英之间的外交议题日渐增多，茶叶贸易的中心地位开始动摇。

三、茶叶贸易衰落时期

19 世纪 70 年代至清末，中英茶叶贸易在总体上呈现不断衰落的趋势。汪敬虞将 19 世纪 70 年代以后称为"中国对外贸易市场的进一步开放和买办商业剥削网的初步形成"时期③，这种划分是非常精准的。在这样的大背景下，19 世纪 70 年代以后的中英茶叶贸易也发生了重大变化，华茶对英出口出现衰减趋势，直至被印度茶和锡兰

---

① 夏燮：《中西纪事》，文海出版社 1967 年影印版，第 91 页。
② 陈帼培主编：《中外旧约章大全》第 1 分卷，中国海关出版社 2004 年版，第 80 页。
③ 汪敬虞：《十九世纪西方资本主义对中国的经济侵略》，人民出版社 1983 年版，第 98 页。

茶取代。①

（一）该阶段茶叶贸易的衰落趋势

中英茶叶贸易的衰落主要体现在以下几个方面。

一是从英国茶叶消费市场来看，随着印茶比例上升，华茶比重迅速下降。1880年印茶、华茶所占英国市场的比例还是28%和72%，1886年已演变为41%和59%②；到1889年二者攻守易势，中国不再是英国茶叶市场的最大供应方。③而从贸易金额来看，华茶的衰落就更为明显：华茶单价低于印茶，十九世纪七八十年代单价比始终维持在1∶1.3左右，因此到1887年，尽管华茶输英数量仍超过印茶输英数量，但其460万英镑的总价已经低于印茶的496万英镑。④

二是从华茶出口的国别比重来看，英国也从中国茶叶最大买家的位置上逐渐跌落：1868年，70.26%的中国出口茶叶输送到了英国；1894年，这一比例下降到15.88%，分别低于美国的20.79%和俄国的43.01%；1913年甚至下降到了6.03%。⑤

三是从中国商品出口结构来看，1871—1873年间，茶叶仍然是

---

① 关于中国茶叶对外出口开始衰落的时间点，学界主流观点是划定在19世纪80年代，尤其持1886年论的学者较多，详见陈宗懋主编：《中国茶经》，上海文化出版社1992年版，第39页；陶德臣：《简论华茶贸易衰落的原因》，《镇江师专学报（社会科学版）》1994年第1期。但实际上19世纪80年代华茶出口贸易整体上的繁荣局面与俄国茶叶市场的扩大有关，仅就中英茶叶贸易来说，70年代中期是其由盛而衰的转折点，详见林齐模：《近代中国茶叶国际贸易的衰减——以对英国出口为中心》，《历史研究》2003年第6期。

② 姚贤镐编：《中国近代对外贸易史资料：1840—1895》（第二册），科学出版社2016年版，第1194页。

③ 林齐模：《近代中国茶叶国际贸易的衰减——以对英国出口为中心》，《历史研究》2003年第6期。

④ 陈慈玉：《近代中国茶业之发展》，中国人民大学出版社2013年版，第238—239页。

⑤ 上海社会科学院经济研究所编：《上海对外贸易》，上海社会科学院出版社1989年版，第51、248页。

中国出口的最大宗货物，占出口总值的 52.7%；1901—1903 年间却下降到 11.3%，在丝绸之下。①

中英茶叶贸易的衰落是以中国出口贸易的整体衰落为背景的。1871—1873 年间，中国对英国贸易出超 2000 万元；1881—1883 年间出超 500 万元；1891—1893 年间入超 2700 万元，此后直到 20 世纪上半叶中国对英国的贸易都处于入超状态。②从出超到入超的贸易状态不仅存在于中英贸易之间，也存在于中美、中日、中俄（苏）贸易之间，1871—1873 年中国进出口贸易共出超 400 万元，十年后变为入超 1800 万元，此后入超不断扩大。③

（二）英国的茶叶贸易博弈策略

由于印度茶叶（因其从生产到贸易再到消费完全掌握在英国人手中，因此可以被视为英国国产茶叶；不仅历史现实如此，在当时的英国人观念中也是如此④）的崛起，英国开始拥有在茶叶贸易博弈中获胜的利器。英国具体实施的贸易博弈策略主要有以下几点。

一是推动茶叶生产技术升级。十九世纪七八十年代，揉捻机、干燥机等制茶工具的出现和改良，使得茶业生产效率大大提高，生产成本显著下降⑤，印度茶叶因而在国际市场上具有了较强的竞争力。

---

① 严中平等编：《中国近代经济史统计资料选辑》，科学出版社 2016 年版，第 76 页。
② 同上书，第 66 页。
③ 同上书，第 64 页。
④ 当时的英国人完全将印度茶视为"国货"，这从 1838 年阿萨姆茶叶第一次运入英国时的情形就可以看出："阿萨姆专员詹科斯于 5 月 6 日开始装运时，就感到非常自豪"；运到伦敦后，茶叶经过激烈的拍卖竞价，最终以每磅 34 先令的高价卖出，买主皮丁上尉"不惜花费巨大的代价购买阿萨姆茶，无非是一种爱国精神的驱使"。详见〔美〕威廉·乌克斯：《茶叶全书》，侬佳、刘涛、姜海蒂译，东方出版社 2011 年版，第 169—170 页。
⑤ 〔美〕威廉·乌克斯：《茶叶全书》，侬佳、刘涛、姜海蒂译，东方出版社 2011 年版，第 184—188 页。

有学者指出，茶叶生产具有高度商业化的特点，但中国的茶叶生产仍是一家一户为主，这是其在19世纪贸易竞争中败于印度、锡兰茶的重要原因。①

二是实行"国产保护"的贸易政策。印度和锡兰茶叶试制成功后，英国对其减免税赋，对华茶则提高关税。②英国的茶叶贸易保护政策并不限于关税手段，十九世纪八九十年代，"许多伦敦茶商承认他们现在已不经售华茶，伦敦杂货店里已买不到华茶。假若买主指名要买华茶，他们就把自称为华茶的茶叶卖给他，实际上根本不是华茶"③。这已是商业欺诈行为，但在尚无规则约束的当时，诸如此类的贸易保护主义手段被肆无忌惮地使用，有效打击了华茶对英国的出口。

三是发动舆论宣传，贬低中国茶叶。英国不仅赴美为印茶制作广告，还过度夸耀印茶，反过来贬低华茶营养价值低、含有鞣酸，损害肠胃。④但实际上印茶咖啡因含量更高，远不及华茶健康，但舆论宣传的效果却使华茶在英国消费市场的占有量越来越小。

（三）中国对茶叶贸易政策的反思

如前文所述，在上一阶段清政府对暴露出来的贸易问题未能及时反思，更没有推动贸易体制的变革，导致逐渐丧失了主动权。19世纪70年代以后，清政府终于认识到这一问题，并做出了种种努力，形成了19世纪末挽救华茶的热潮。如左宗棠曾在同治年间多次向中

---

① 仲伟民：《茶叶与鸦片：十九世纪经济全球化中的中国》，生活·读书·新知三联书店2010年版，第162页。
② 陶德臣：《简论华茶贸易衰落的原因》，《镇江师专学报（社会科学版）》1994年第1期。
③ 姚贤镐编：《中国近代对外贸易史资料：1840—1895》（第二册），科学出版社2016年版，第1193页。
④ 陶德臣：《简论华茶贸易衰落的原因》，《镇江师专学报（社会科学版）》1994年第1期。

央奏报英商赴茶叶产地购茶等事项①，张之洞更是多次出台政策推动对外茶叶贸易的发展，这与五口通商初期地方督抚疏于奏报的情形迥然相异。清政府对茶叶贸易政策的反思主要集中在以下几个方面。

一是反思商品质量问题。刘坤一认为，华茶对外贸易之所以出现颓势，其原因就在于"采制不精，商情致伪"②。这也是当时挽救华茶人士的共识，于是便有人从采摘、拣筛、堆焙、装箱四个环节分析了采制茶叶的弊病，主张去除这四种弊病以整顿茶业。③

二是反思贸易秩序问题。张之洞曾指出，"茶市之坏，正因小贩过多，开庄抢售之故"，致使中国茶商因恶性竞争而丧失贸易主动权，"洋商渐知其弊，于是买茶率多挑剔，故抑其价"④。针对这一问题，曾有人倡议设立专门的茶政管理机构，来避免茶叶贸易中的弊端，整顿茶叶贸易秩序。⑤

三是反思关税问题。晚清时期，不合理的关税制度已经严重削弱了华茶的竞争力。1880年以后，由于印度、日本等茶叶产地的兴起，茶叶生产扩大，茶价在世界范围内呈现降低趋势；但与此同时中国政府的茶税并未减少，关税初订之时每担茶可值50两，茶税为每担2.5两，19世纪80年代后期每担茶价格降至10两，茶税却仍为2.5两，税率高达25%。时人也意识到了这一问题，比如崔国因就曾指出"各国之例，出口货物，本国向不收税，则成本较轻。以较中国，则价为贱，故皆舍中国而趋印度、日本。中国出口之茶遂减于

---

① 姚贤镐：《中国近代对外贸易史资料：1840—1895》（第二册），科学出版社2016年版，第969—973页。
② 《苏松太关道蔡咨上海商务局总办严饬整顿茶务移文（蔡钧）》，载《强学报·时务报》，中华书局1991年版，第3129—3130页。
③ 《振兴茶业刍言》，《申报》第46册，上海书店1984年影印版，第637页。
④ 姚贤镐：《中国近代对外贸易史资料：1840—1895》（第二册），科学出版社2016年影印版，第976页。
⑤ 《议覆刘中书陈员外条陈茶政疏》，载于宝轩编辑《皇朝蓄艾文编》卷30，台湾学生书局1965年版，第2458页。

昔，而种茶之地渐就荒芜矣"①。但由于清政府对茶厘的依赖，这一积弊始终难以消除。②

四是反思贸易宣传问题。相对而言，中国在这方面觉悟较晚。1906 年，《商务官报》将广告归结为印度茶叶挤占华茶市场份额的三大原因之一③，在这种意识的推动下，中国茶商终于开始关注文书广告和茶叶包装等问题。

从上述几点可以看出，这一阶段中国人对茶叶贸易政策的反思与英国采取的几项博弈策略几乎针锋相对，说明中国已经正确认识到茶叶贸易暴露出来的弊病。然而与早已行动并开始收获贸易博弈成果的英国相比，中国实际上错失了 19 世纪 30—70 年代这一扭转茶叶贸易局势的最佳时机；另外，贸易体制的种种弊端导致挽救华茶的措施难以真正施行，正如有学者指出的，在当时的大环境下，"各种挽救华茶的设想，并不都带来制度创新，也不一定能够付诸实践"，很多措施即便实行也都是浅尝辄止。④因此，自 19 世纪 70 年代直至清朝灭亡，中英茶叶贸易的衰落终究未能避免。

（四）茶叶贸易衰落对中英关系的影响

茶叶贸易的衰落导致其在 19 世纪 70 年代以后的中英关系中已经不再占据中心地位，这一时期的中英关系史料中，直接涉及茶叶贸易纠纷的很少，远不及前一阶段。1881 年福州海关称"中国恐怕要变成一个次等的产茶国家了"⑤；1887 年英国人也指出："茶叶虽然迅速

---

① 崔国因：《出使美日秘国日记》，岳麓书社 2016 年版，第 102 页。
② 陈慈玉：《近代中国茶业之发展》，中国人民大学出版社 2013 年版，第 260—263 页。
③ 详见《商务官报》，"国立"故宫博物院 1982 年影印版，1906 年第 29 期。
④ 详见朱从兵：《设想与努力：1890 年代挽救华茶之制度建构》，《中国农史》2009 年第 1 期。
⑤ 姚贤镐编：《中国近代对外贸易史资料：1840—1895》（第二册），科学出版社 2016 年版，第 1192 页。

地倾入市场，但销售得很慢。买主以市场主人的安闲态度对待着茶市。"① 这反映出英国官方和商人在获取茶叶方面已经不再抱有依赖中国的心态，其对中英茶叶贸易的冷淡态度势必影响到中英关系。

在上一阶段，即中英茶叶贸易较为繁荣的时期里，"1860年英法侵华战争之后，直到1876年，对中国的压力暂时停止了"②，中英关系出现了一个平稳期，甚至一度（1868—1869年间）出现了修约的可能。然而1876年英国又提出一系列要求，逼迫中国签订了《烟台条约》，导致这一条约签订的导火线是马嘉理事件，但一些教案的发生早至1868年③，却并未引起如此严重的后果，可见教案不过是借口；同时，与两次鸦片战争后签订的不平等条约不同，《烟台条约》是在英国未动用武力的情况下签订的，说明此时英中的外交实力、国际话语权差距比战争时期更加明显。此外，在1874年日本侵略台湾的过程中，英国的外交活动也偏袒日本，不惜损害中国利益。④ 可见19世纪70年代以后，中国的外交地位已经大不如前。发生这样的变化，其原因固然复杂多样，但中英茶叶贸易的由盛转衰与外交关系的转冷表现出如此的同步，不能否认其中包含一定的关联。

四、结语

回顾清朝两百多年间的中英茶叶贸易博弈与中英关系，我们可

---

① 姚贤镐编：《中国近代对外贸易史资料：1840—1895》（第二册），科学出版社2016年版，第975页。
② 〔英〕季南：《英国对华外交》，许步曾译，商务印书馆1984年版，第7页。
③ 关于1868年教案，详见高鸿志：《近代中英关系史》，四川人民出版社2001年版，第220—222页。
④ 《1874年日本侵占台湾和英国的外交活动》，载王绳祖：《中英关系史论丛》，人民出版社1981年版，第40—64页。

以总结出以下几点结论。

第一，贸易博弈与国家间的外交关系密切相关，贸易平衡的打破往往会引发外交关系的变动。如前所述，鸦片战争爆发的根源很大程度上是中英茶叶贸易的极端不平衡，当英国在贸易政策上一再失误、茶叶贸易难以为继时，走私违禁品乃至发动战争就不可避免；同样，19世纪70年代，随着中英茶叶贸易的衰落，第二次鸦片战争后短暂的"友好"局面也就无法维持，双方再次发生外交冲突，签订了不平等条约。

第二，大宗商品贸易的控制权与国际话语权息息相关。17世纪中叶至19世纪30年代，由于茶叶贸易的不平衡，英国在外交关系上处于有求于中国的状态，因此屡次派遣使节来华；五口通商初期，尽管英国已经取得军事上的胜利，但由于茶叶贸易的局势未发生根本变化，英国在对华关系上尤其是在涉及茶叶贸易的问题上难以占据上风；到了19世纪70年代以后，随着印茶崛起和华茶衰落，尽管中英贸易总体规模扩大，但由于中国以茶叶和丝绸为代表的手工业产品不再为英国所必需，中英经贸关系出现了逆转，这一阶段英国即使不借助军事力量也足以逼迫中国签订不平等条约，在国际话语权上进一步实现了对中国的压制。

第三，成功的贸易博弈需要前瞻性的政策指引。表面上，从东印度公司对华贸易垄断权的被废除，到鸦片战争后中国通商口岸的开放，英国在茶叶贸易博弈中的胜利似乎源于自由贸易者的推动；但实际上，无论是进行贸易谈判、调整关税，还是在印度培植茶叶，都是英国的官方行为，是国家力量介入的结果。而从中国方面来看，中央政府对地方政府和茶叶商人过于微弱的约束力始终是其在贸易博弈中的弱点；而这样的弱点又造成了政府具有前瞻性的政策难以战胜茶商的盲目和短视，晚清时期茶叶质量下降和贸易秩序混乱等问题即是这一弱点的后果。

第四，国际贸易的顺利开展离不开强大的军事保障。当常规的贸易博弈手段无法化解贸易冲突时，在国际关系的"丛林法则"下，强国往往会诉诸军事手段，鸦片战争便是如此。因此，一个国家想要保护自己在国际贸易中获得的利益，就必须具备足够的军事力量，否则就只能如19世纪中叶的清政府那样，赢了"贸易战"，却输掉了真正的战争。

（原载《人文论丛》2020年第1辑）

中华茶文化的源流、概念界定与主要特质

茶作为一种文化，已经深深融入华夏文明的血液之中，不断滋养着中国人的体魄和精神。盛传中国科技史专家李约瑟（Joseph Needham）将茶叶列为继四大发明之后，中国对人类的第五大贡献[1]，这一暂无法查证到原出处的说法，在国内受到广泛认同，客观说明人们对中华茶文化在世界影响力的高度认可。世界各地丰富多彩的茶文化，其源头最终都可追溯至中华茶文化，这是毋庸置疑的。改革开放以来，茶文化复兴已呈现燎原之势，高校、政府、商业和社会团体，都在"茶文化热"的大潮中各有其话语指向。但何为茶文化，却众说纷纭，缺乏源流梳理、科学界定，大有无所不包之势，成为"无边之筐"[2]。因此，本文试图梳理茶文化的概念缘起与内涵，并分析中华茶文化的主要特质，以厘清其起源、廓清其边界、呈现其面貌。

---

[1] 冯骥才主编：《符号中国（精编版）》，译林出版社2015年版，第210页。
[2] 茶文化概念等方面已经有了一定研究，但彼此之间，有较大出入，可参见王金水、陶德臣：《茶文化发展现状及主要趋势分析》，《农业考古》2004年第2期；余悦：《中国茶文化研究的当代历程和未来走向》，《江西社会科学》2005年第7期；姜天喜：《论中国茶文化的形成与发展》，《西北大学学报（哲学社会科学版）》2006年第6期。

一、概念源流与认同肇始

中国茶叶的起源,向来有"神农尝百草,日遇七十毒,得荼而解之"[①]的说法。这一说法有不少的拥趸,一些产茶区把神农炎帝视为中国"茶祖",陆羽在《茶经》中也说茶作为饮料,是从神农开始的。2015年,浙江省文物考古研究所、中国农业科学院茶叶研究所(杭州)也曾发布消息,认为浙江余姚田螺山遗址所发现的距今六千年左右的古树根是茶树根,并宣布这是我国境内考古发现的最早的人工种植茶树的遗存。但对于这两种观点,学术界向来有很大争议,前者更多被视为美好的神话传说,后者则有太多疑点。中国茶叶的开发利用历史,目前可追溯至西汉,应是可信的。这既有陕西西安汉阳陵出土的2100年前、西藏阿里故如甲木墓地遗址1800年前的茶叶为实物证据[②],也有西汉王褒《僮约》"烹茶尽具""武都买茶"的文献印证,从二重证据法的角度解读,可信度相对较高一些。

尽管中国人开发利用茶叶的时间存在争议,但茶文化的确立时期则相对统一,一般都认为是在唐代。[③] 但当今"茶文化"这一耳熟能详的名词和概念,出现和被广泛接受却是在当代,确切地说,是20世纪80年代及以后的事情。也就是说,茶文化概念的出现是比较晚近的事件。但该概念一经提出,便获得了各界的广泛认同,已融入我们日常语言之中。在此之前,人们用"茶礼""茶风""茶俗"等相关词汇来表达与茶文化相关的观念。按照索绪尔的结构语言理论观之,"茶文化"这一能指性语言符号的所指对象和意义是唐代以来便长期

---

① (清)陈元龙:《格致镜原》卷21,文渊阁四库全书本。
② Lu H.Y. et al, "Earliest Tea as Evidence for One Branch of the Silk Road across the Tibetan Plateau," *Scientific Reports*, 2016-1-07, no. 18955.
③ 宋时磊:《唐代茶史研究》,中国社会科学出版社2017年版,第32—47页。

存在的，中华茶文化是源远流长的。

最早将"茶"与"文化"连在一起使用的应是日本学者，1937年诸冈存在东京大东出版社出版了《茶とその文化》（茶与文化）。20世纪40年代，中国也有类似表述。1941年《贸易月刊》发表《茶与文化》一文，扼要分析了茶树的起源地问题，认为茶叶经汉人几千年的栽培改良而发展成世界性的饮料。作者的潜台词是，茶之所以成为文化，主要是因与人类社会的结合。1948年5月20日，《申报（上海版）》刊登《泡茶与文化》一文，篇首简要提到了不同时期茶文化的变迁。进入20世纪80年代，再次掀起了茶与文化的议题。以日本国立民族学博物馆为中心，日本成立"茶的文化"研究会，其活动成果之一是1981年日本学者守屋毅编的《茶之文化及其综合研究》（茶の文化とその総合的研究）。

中国茶文化的自觉始于台湾地区，又迅速拓展到了大陆。1973年，刘汉介主编的科普性读物《中国茶艺》在台湾地区晓群出版社出版。1977年，台北市仁爱路出现了第一家"茶艺馆"。"茶艺"一词，有建立与日本茶道范式相区别的茶文化的自觉意识。[①] 1978年，台北、高雄等地成立了地方性的茶文化组织"茶艺协会"。1980年，台湾天仁集团成立陆羽茶艺中心，并出版《茶艺月刊》。1982年台湾全省性质的茶艺社团"中华茶艺协会"在台北成立，创办中华茶艺杂志社，举办中华茶艺选拔赛，推动茶文化交流。1982年，娄子匡教授在为许明华、许明显的《中国茶艺》作的序里，使用了"茶文化"一词。[②] 之后，茶文化的概念逐渐普及开来，1987年张宏庸在《茶的历

---

① 娄子匡：《代序》，载许明华、许明显：《中国茶艺》，中国广播公司1983年版。
② 据台湾中华民俗学会理事长娄子匡教授称，当时有一批茶叶爱好者提出弘扬茶文化的倡议，有人提出"茶道"一词。但有人认为"茶道"虽然建立于中国，但日本使用该词历史已久，如果此时提出"茶道"容易引起误会，以为是把日本茶道搬到中国来；另一个顾虑是，怕提出"茶道"过于严肃，怕人们很难在短时间内普遍接受，于是提出了"茶艺"一词。见范增平：《台湾茶业发展史》，碧山岩出版社1992年版，第277页。

史》一书中,多次提到茶文化,他旗帜鲜明地提出"中国茶文化是世界茶文化的嚆矢"[①]。1988年范增平在台湾省发起成立了"中华茶文化学会"。与此同时,大陆茶文化研究也发展起来。1983年,杭州召开了"茶叶与健康、茶叶与文化研究讨论会",开启了茶文化的全国性交流探讨的序幕。1984年5月,陈椽在其专著《茶业通史》第10章中,论述了茶与文化的关系。同年7月,庄晚芳在《中国茶文化的传播》一文中,首次提倡"中国茶文化",并指出"茶的传播也就是中国文化的传播"[②]。

"茶文化"概念的普遍接受和被使用是在20世纪80年代末到90年代初。论文发表方面,1989年茶文化的论文已经比较集中出现,如吕维新的《继承和发扬我国茶叶文化——兼评〈大观茶论〉》,郭泮溪的《唐代饮茶习俗与中国茶文化之始》,邱永生、赖云川的《茶文化——中国传统文化的瑰宝》,丛中笑的《中国茶文化散论》等。论著出版方面,1991年,王冰泉、余悦主编的《茶文化论》出版,书中的《中国茶文化学论纲》一文系统探讨了中国茶文化学的理论体系;姚国坤等编著的《中国茶文化》。1992年陈宗懋等主编的《中国茶经》、朱世英主编的《中国茶文化辞典》等带有索引和百科全书性质的茶文化著作出版;茶文化学者王玲出版了《中国茶文化》;在湖南常德举办的第二届"国际茶文化研讨会"的会议论文也由王家扬编选为《茶文化的传播及其社会影响》出版。期刊编辑方面,江西省社会科学院主办的《农业考古》期刊,1991年开始推出"中国茶文化专号",成为中国茶文化研究的特色代表期刊。会议和学术组织方面,1989在北京民族文化宫举办首届"茶与中国文化展示周";1990年10月,首届"国际茶文化研讨会"在杭州召开,成立了"国际茶

[①] 张宏庸编纂:《茶的历史》,茶学文学出版社1987年版,第41页。
[②] 庄晚芳:《中国茶文化的传播》,《中国农史》1984年第2期。

文化研讨会常设委员会"，在此基础上，1993年正式成立了"中国国际茶文化研究会"；1991年中国农业科学院茶叶研究所、中华茶人联谊会等15家单位举办"中华茶文化学术研讨会"；1994年，上海举办首届"上海国际茶文化节"，同年11月，在陕西法门寺召开"唐代茶文化国际学术讨论会"。文化场馆建设方面，1990年位于浙江省杭州市西湖西南面龙井路旁双峰村的中国茶叶博物馆建成开馆，这是茶文化专题博物馆。影视文学作品方面，1993年10月，中央电视台播出8集电视专题片《中华茶文化》；1995年，中央电视台播出18集电视系列片《话说茶文化》；1995年，王旭烽长篇小说"茶人三部曲"之一《南方有嘉木》出版，1998年"茶人三部曲"之二《不夜之侯》出版，1999年三部曲之三《筑草为城》出版。

至此，经过各方面的努力，茶文化作为一个概念，已经得到广泛的认同。其中，中国农业科学院陈宗懋教授（2003年当选为中国工程院院士）主编的《中国茶经》，受到各方面好评，1998年获"国家科技进步奖"三等奖；王旭烽的"茶人三部曲"前两部2000年获得"第五届茅盾文学奖"。这些主流奖项的获得，既标志着茶文化的概念已被普遍接受，也标志着茶文化的研究和传播进入了新的阶段。

二、概念的界定与概说

如前文所述，我国种茶、饮茶的历史可追溯至西汉。但种植和品饮不等于茶文化，只能说是茶文化形成的前提条件，这些活动中必须有人的广泛参与，且要上升到精神层面，才能说已经形成了茶文化。茶与文化紧密相连，所呈现的茶事文化，与中国传统文化相融。陆羽的《茶经》开篇即言："茶者，南方之嘉木也。"此语提纲挈领，道出了茶之物质与精神水乳交融的复合形态：茶者，生长于南部的嘉木,已经深深融入人类社会,具有君子般的风范。茶与文化结合,呈现出茶文化思想。

文化有广义和狭义之分。广义的文化,一般包括三种类型:器物性文化、制度性文化和精神性文化。狭义的文化,主要指精神性文化,正如费孝通所言:"包括着各种知识,包括着道德上、精神上及经济上的价值体系,包括着社会组织的方式,及最后,并非最次要的,包括着语言。"[1] 同样地,茶文化作为文化的一个具体分支,也有广义和狭义之分。较早尝试对茶文化概念做出界定的是王玲《中国茶文化》一书,书中说:"研究茶文化,不是研究茶的生长、培植、制作、化学成分、药学原理、卫生保健作用等自然现象,这是自然科学家的工作。也不是简单把茶叶学加上考古和茶的发展史。我们的任务,是研究茶在被应用过程中所产生的文化和社会现象。"[2] 其实,该定义略有同义重复,实际上没有正面界定。1999年,陈文华在《何为茶文化》一文中称,广义的茶文化是指整个茶叶发展历程中有关物质和精神财富的总和;狭义的茶文化则是专指其"精神财富"[3]。这种分类方法,是文化分析常用的分析方法,即将文化分为技术和价值两个体系:技术是人类加工自然生成的技术的、器物的、非人格的、客观的东西;价值体系是指人类在加工自然、塑造自我的过程中形成的规范的、精神的、人格的、主观的东西。这两个体系经由语言和社会结构组成统一体,也就是广义的文化。在这个逻辑框架和体系之下,又将文化分为物态文化、制度文化、行为文化、心态文化四个方面。陈文华便是从这四个角度对茶文化的领域进行了分析,但这种常见的分类法,在一定程度上,缺乏学术内核,失之于笼统和泛化。

可见,下一个定义是困难的。阮浩耕深知此苦,他在下定义时

---

[1] 费孝通:《文化与文化自觉》,群言出版社2005年版,第20页。
[2] 王玲:《中国茶文化》,中国书店1992年版,第12页。
[3] 陈文华编著:《中华茶文化基础知识》,中国农业出版社1999年版,第96—99页。

显得颇为踌躇："如果试着给茶文化下一定义，是否可以是：以茶叶为载体，以茶的品饮活动为中心内容，展示民俗风情、审美情趣、道德精神和价值观念的大众生活文化。"① 丁以寿也面临着同样的困惑，他认为广义上的茶文化，林林总总、包罗万象，还有与茶学重复之嫌，内涵太宽泛；狭义的茶文化又显得内涵狭隘，两者都难圆满。为此，他提出了"中义"的茶文化概念，主要包括精神文化层、行为文化层的全部，以及物质文化层的部分，不包括制度文化层。② 即茶文化是茶学的一部分，茶文化、茶经贸、茶科技三足鼎立，共同构成了茶学。相对而言，这种界定方式比较清晰，给茶文化确立了边界，这一定义确定了茶文化的外延，说明了茶文化包括哪些领域，而没有对内涵做出说明。内涵是事物的特有属性的反映，从这一定义上，我们看不出茶文化的本质属性表现在什么方面。其实，这些定义本质上都可溯源到英国人类学家爱德华·泰勒1871年的《原始文化》一书中给出的"文化"的经典性定义："文化或文明，从其宽泛的民族志意义上来理解，是指一个复合整体，它包含知识、信仰、艺术、道德、法律、习俗以及作为社会一个成员的人所习得的其他一切能力和习惯。"③ 因此，借用泰勒的话语体系，似乎可以如此定义：茶文化是茶叶研究的重要组成部分，是与茶叶有关的道德思想、宗教信仰、文学艺术、制度规则、知识体系、风俗习惯等，是特定社会成员所承传的与茶有关的能力和素养。茶文化从内涵上包括思想哲理（茶道）、茶艺、茶文学、茶功用、茶俗、茶礼、茶馆、茶具等方面及其中所体现的发展史。从外延方面看，茶文化与作为自然科学的茶学、作为商品经营管理的茶业相并立，以人文层面为核心，兼及自然科学和社会科学。茶文化的学术研究范围和理论观照视野，要始终坚持人文的学术

---

① 阮浩耕：《茶馆风景》，浙江摄影出版社2003年版，第2页。
② 丁以寿主编：《中国茶文化概论》，科学出版社2018年版，第2—3页。
③ Edward Tylor, *Primitive Culture*, London: John Murray, 1913, [1871], Vol. 1, p. 1.

品格和本质特征,要紧紧围绕这个核心,同时充分吸纳茶叶的自然科学和社会科学两大领域的成果。

本文使用了"中华茶文化",而不是"中国茶文化"。之所以没有使用"中国"而使用"中华"作为茶文化的限定语,一方面是因为在中国文明发源早期,"中国"是地理意义上的概念。"中国"一词最早见于西周初年青铜何尊铭文"兹宅中国"之语,表达是"天下之中"的意思。春秋战国的诸子著述中,中国的称呼已经比较常见,表达的是"中原"之意,主要包括今天的山西、山东、河南、河北一带。随着疆域的不断扩大,"中国"指涉的地域也相应扩大。另一方面,随着近代民族国家政权的建立,"中国"一词也有了主权国家的含义。与"中国"相比,"中华"一词出现时间要晚,见于《三国志·诸葛亮传》,原文为"若使游步中华"[①]。但"华"的概念出现很早,在《尚书·周书·武成》中,便将"华"作为族群之称,是圣王后代的意思。《尚书》中多次出现"华夏",是文明礼仪的代称,与野蛮的外族对举。随着时间的推移和民族的不断融合,"华"被赋予的含义也被拓宽,代指所有中国人。因此,中华不仅指文化意义上的中国,在更广的范围内,还包括当今世界上的华人文化,即便不是生活在中国,只要是华人,喜欢饮茶品茗,那么,他们也归属于中华茶文化的范畴。

三、中华茶文化的特质

要对中华茶文化的特质进行分析,就要确定茶文化的维度。茶

[①] (晋)陈寿撰,(南朝宋)裴松之注:《三国志》(下),上海古籍出版社 2011 年版,第 842 页。

文化的维度分析包括两项基本的分析内容,即茶文化的主维度分析与茶文化的次维度分析。任何一种文化,都离不开三个维度,族群、时间和空间。族群是文化最核心和最基础的部分,没有族群则文化无法附着、依存,更无法发展演化。希腊半岛南端、爱琴海克里特岛的米诺斯文化曾经盛极一时,公元前1500年后被火山喷发所吞噬,该文化就此销声匿迹。族群繁衍生息,有了物质生产、制度设计和精神文明的创造,而这一过程就是文化发展的历史和时间。在长期的实践中,族群不断发展和创造,文化才能不断继承和更新。但时间的延续并不是文化发展的唯一条件,文化还需要不断拓展空间。由于缺乏专利和知识产权的制度设计,中国有很多家族代代传承制墨、锻造等技艺,只在家族内部或者区域内部传承,导致其所代表的文化样态最终在时间长河中消失。所以,文化要发展还需不断扩大空间,向更远更广大的区域传播。中国创造的造纸术、指南针、火药等技术之所以至今仍有生命力,最主要的是其传播到世界的每一个角落,在当地落地生根,创造了新的文化,这也赋予了古老文化更高更强的生命力。

茶是中华文明的绿色徽标,是华人日常生活不可或缺的一部分,正如陈正祥所言:"饮茶是汉文化圈日常生活的一部分。"[①] 在茶香的氤氲之中,在茶礼的交往之中,在香茗的品啜之中,中国人达到心驰神醉、物我两忘的境界,体现出中华民族尤其是文人君子们独特的世界观、生命价值观、处世哲学以及由此形成的"冲淡"的审美情趣。[②] 概而言之,中华茶文化主要有下面几个特点:

第一,历史传承的悠久性。唐陆羽的《茶经》中讲"茶之为饮,发乎神农氏,闻于鲁周公",将茶的开发利用追溯到了神农时代。据此,有不少论者为了凸显中华茶文化的历史悠久,提出中华茶文化有

---

① 陈正祥:《中国文化地理》,生活·读书·新知三联书店1983年版,第7页。
② 丛中笑:《中国茶文化散论》,《山东师范大学学报(社会科学版)》1989年第5期。

五千年的历史，同中华文化的发展史是同步同轨展开的。陆羽所说饮茶发端于神农氏，从严谨的学术视角来看，应视为茶的传说故事。实际上，根据目前可靠的资料，中华饮茶史的展开是在汉代。即便如此，我们仍旧可以说中华茶文化有两千年的悠久历史。日本、韩国等较早饮茶的东亚国家，其饮茶史和成熟的茶文化史，比中国晚了将近一千年；而英国、俄罗斯等欧洲国家饮茶是近三百年的事情，更多国家饮茶是近一两百年的事情。

第二，统一而多元的整体性。中国是一个多民族的统一国家，虽经历了多次长时间的分裂，但最终还能够实现统一；经历了数轮民族融合，最终汇入了中华民族的大家庭。不同民族或族群的茶俗和茶文化都有一定的特色，如藏族的酥油茶、蒙古的奶茶、客家的擂茶、佤族的盐茶、苗族和侗族的油茶等，呈现多元化的特征。但这些茶文化大多起源于中原，是中土茶文化在边疆族群中的遗存；这些族群所饮用或使用的茶叶，绝大多数来自内地茶叶主产区。在历史上，中原茶文化不断向新疆、西藏等边疆塞外传播，加速了汉民族与少数民族的融合与发展、认同与归流。① 不仅如此，身在美国、加拿大、澳大利亚、日本、新加坡等国家的华人，不论国籍如何，只要是认同中华茶文化的基本范式，按此从事茶事活动，都可算作是中华茶文化圈中的一分子。可以说，茶叶是中华民族族群认同的重要"琼浆玉液"。茶文化的统一性还表现在，不同族群之间用茶交流，都表达了好客重礼的待人之道。茶是平等交往的途径，是无障碍沟通的共同的语言。王国维云："凡一代有一代之文学，楚之骚、汉之赋、六代之骈语、唐之诗、宋之词、元之曲，皆所谓一代之文学，而后世莫能继焉者也。"② 茶文化同样如此：唐之煎茶，宋之点茶，明清以来之泡茶，缤纷多彩，

---

① 宋时磊：《唐代茶叶及茶文化向边疆塞外的传播》，《人文论丛》2016年第2辑。
② 王国维：《宋元戏曲考·序》，载《王国维戏曲论文集》，中国戏剧出版社1984年版，第3页。

但在其背后共同彰显的是中华茶文化的精神和中国人的品格。

第三，生产和消费的区域性。名茶、名山、名水、名人、名胜，孕育出各具特色的地区茶文化。从其地域性来说"千里不同风，百里不同俗"。由于地理环境、物质资源、气候条件、经济水平、生活层次、历史文化、社会风情等多方面的影响，中国茶文化呈现出明显的地区性的特点。如茶叶的生产带有浓厚的区域色彩：云南产普洱茶、滇红，福建产武夷岩茶、铁观音、白茶，浙江、安徽多绿茶。在每一个省份下面，不同的地区茶叶品类又有区别，如安徽有黄山毛峰、六安瓜片、太平猴魁、祁门红茶、屯溪绿茶、霍山黄芽、岳西翠兰、泾县特尖、涌溪火青、桐城小花等名茶。人们对茶叶的需求也呈现很强的地域性，在一定区域内是相对一致的：福建的大部分地区以及与其临界的广东的潮汕一带，喜欢功夫茶，无论是政和功夫、坦洋功夫，还是潮汕功夫，都讲究小盏、浅斟、慢饮、细品，尚清饮，喝茶用功夫，喝茶也喝出了功夫；北方人崇尚花茶，明朝《茶谱》云"木樨、茉莉、玫瑰、蔷薇、兰蕙、菊花、栀子、木香、梅花皆可作茶"①，而今天的北方尤其崇尚茉莉花茶。茶事艺文亦呈现地域性：采茶戏起源于劳动妇女上山采茶，一边采茶，一边唱曲，被人称为"采茶歌"，又演化成"采茶戏"，流行于江西、湖北、湖南、安徽、福建、广东、广西等省、自治区。但各地唱腔和表演形式不同。江西采茶戏的剧种有萍乡采茶戏、赣南采茶戏、抚州采茶戏、南昌采茶戏、吉安采茶戏等。② 这些都是茶文化区域性的表现。

第四，茶文化发展的时代性。物质文明和精神文明建设的发展，给茶文化注入了新的内涵和活力，在这一新时期，茶文化的内涵及表

---

① （明）顾元庆校，（明）钱椿年辑：《茶谱》，载郑培凯、朱自振主编：《中国历代茶书汇编》，香港商务印书馆2007年版，第180页。
② 冯新悦、宋时磊：《中国茶歌的历史演变与传播特征探析》，《广西职业技术学院学报（人文社会版）》2020年第2期。

现形式不断扩大、延伸、创新和发展。以我国茶叶的饮用方法为例，其在不同时期先后经历了煮茶法（粥饮法、痷茶法）、煎茶法、点茶法和泡茶法（瀹茶法）。这四种饮茶法是不同茶文化发展阶段的产物，体现了鲜明的时代特征，分别对应魏晋南北朝、唐代、宋代、明清四个时期。[1] 从茶叶的制作方法来看，茶文化的时代性也十分明显，在唐代以前茶叶的加工制作十分原始，唐代开始出现蒸青团茶和蒸青散茶，此外还有粗茶、末茶等；宋代盛行团茶是产生于宋代的一种小茶饼，茶饼上印有龙、凤花纹，福建北苑贡茶院生产的"龙凤团茶"名噪一时，其"龙团胜雪"更是身价不菲，体现了宋代奢华的茶文化风气。明代以来，废团茶，釜炒散茶盛行，茶人更加注重茶的自然清香、色泽和形状。日本冈仓天心在《茶之书》中，对中国茶文化的时代性有十分精准的解读："关于茶的不同理想标志着东方文化各个时期独有的情调。煮的团茶、搅的抹茶、沏的叶茶表现了唐朝、宋朝和明朝各自的感情方式，借用最近被滥用的艺术分类，我们大体上可以把它们称作：茶的古典派、茶的浪漫派和茶的自然派。"[2] 故一时代有一时代之文化，特别是时代的文化背景，对茶文化品格的形成具有基础性作用。

第五，茶文化传播的国际性。在全球消费领域中，有三大宗成瘾性消费品，分别是酒、烟草和咖啡因。[3] 酒中含有酒精，过度饮用会对人的身体健康造成危害，甚至会中毒；烟草中含有尼古丁，长时期吸食则会对人的呼吸系统造成重大威胁。尽管在日常生活中，烟酒十分受欢迎，但全球最受欢迎的瘾品是咖啡因。人类学家安德森

---

[1] 刘礼堂、宋时磊：《基于需求视角的中华茶技艺保护传承研究》，《武汉大学学报（人文科学版）》2016年第2期。

[2] 〔日〕冈仓天心、九鬼周造：《茶之书·"粹"的构造》，江川澜、杨光译，上海人民出版社2016年版，第15页。

[3] 仲伟民：《全球化、成瘾性消费品与近代世界的形成》，《学术界》2019年第3期。

(Eugene Anderson)指出,咖啡、茶、可可、可乐等四种含有咖啡因的饮料是世界上流行最广的名词。[1]茶作为一种取自自然、健康安全的饮料,受到各个国家的欢迎。为了取得足够消费的茶叶,18世纪上半叶的英国人不惜冒着被判处绞刑的风险从事茶叶走私贸易。让他们甘愿冒如此巨大风险的茶叶,在一个世纪前还完全不为英国人所知。[2]由此可见茶叶这一消费饮品的巨大魅力。更重要的是,茶还与各国的文化特色相适应,融入异国的文化之中,形成了各具特色的茶文化。这一方面扩大了中国茶文化的世界影响力,另一方面又丰富了茶文化的形式和样态,共同构成了世界茶文化的大观园。在唐代,日本就开始接受中国茶文化的影响,宋代的点茶法传入日本后,受到上层社会的喜爱,在能阿弥、村田珠光、武野绍鸥、千利休等人的不懈传承和努力下,流派并作、摇曳多姿,融入了侘び(WABI)与寂び(SABI)"侘寂(Wabi-Sabi)"的精神内核,呈现出规则化、严肃化和艺术化的特征,最终形成了日本式的茶道。此外,英国的下午茶文化、俄罗斯的茶炊文化、美国的冰茶文化、泰国的腌茶文化等,都是与中国茶文化不同的新型茶文化。

(原载《农业考古》2020年第5期)

---

[1] 〔美〕戴维·考特莱特:《上瘾五百年:瘾品与现代世界的形成》,薛绚译,上海人民出版社2005年版,第14页。
[2] 〔英〕罗伊·莫克塞姆:《茶:嗜好、开拓与帝国》,毕情译,生活·读书·新知三联书店2010年版,第8—15页。

下编 民俗类

唐代长江上中游地区的岁时节令

岁时节令作为民众日常生活的重要内容，直接或间接地反映着人们的衣食住行、人际交往、人生礼仪、家族生活、闲暇娱乐、民间信仰等多方面的内容。它所体现出的民众意识，在一定程度上制约着当时人们的行为方式。因此，岁时节令作为民俗文化的重要内容之一，很值得关注和研究。

一、元旦节

"元旦"即每年的正月初一，作为一年之始，非常隆重，持续数日之久。新岁之首，万物复生，人们认为此时是"人道报本返始之始"，对祖先祭祀十分看重，或行家祭，或行墓祭。拜祭祖先的过程，就是家族人伦关系维系强化的过程，元旦在当时的长江流域民间备受重视，人们燃放爆竹驱邪恶。荆楚地区元旦大致有以下较有特色的活动。一是爆竹驱邪和门神逐鬼。据《荆楚岁时记》载：

> 正月一日，是三元之日也。《春秋》谓之端日。鸡鸣而起。

先于庭前爆竹，以避山臊恶鬼。①

相传山臊是一种四角怪兽，每隔365天就跑出来伤害人畜，但它怕光亮、红色和爆炸声，所以每到这天，家家户户都争相燃放爆竹，来吓退山臊和恶鬼。为了祈求平安，人们在门户贴门神或插桃符来驱逐鬼怪。《荆楚岁时记》又云："帖画鸡户上，悬苇索于其上，插桃符其傍，百鬼畏之。"②后世之"桃符"驱鬼的民俗当由此而来。二是祈求吉祥。元旦通常是从除夕之夜子时算起的，方志记载人们在元旦开始活动的时间，一般写作"晨起""五鼓初""早起""鸡鸣超""夙兴""五鼓后"等，多是五更起来，然后准备一系列的活动。三是互相祝贺新年。《荆楚岁时记》载："长幼悉正衣冠，以次拜贺。"③拜年，是元旦的一项重要事项。人们拜祭祖先后，全家长幼依次拜长辈，此今也如此。四是饮椒柏酒，喝桃汤。《荆楚岁时记》又载：

（正月一日）进椒柏酒，饮桃汤。进屠苏酒，胶牙饧。下五辛盘。④

据此，当时荆楚一带已形成一系列以除疫、延寿为目的的饮食习俗，主要为饮椒柏酒、屠苏酒、桃汤、吃五辛盘、胶牙饧等。据说屠苏是一种药剂，《天中记》卷4"屠苏条"引《岁华记丽》云：

屠苏乃草庵之名。有人居草庵之中，每岁除夕遗闾里一药贴，令囊浸井中，至元日取水，置于酒尊，合家饮之，不病瘟

---

① （南朝梁）宗懔：《荆楚岁时记》，谭麟译注，湖北人民出版社1999年版，第15页。
② 同上书，第26页。
③ 同上书，第18页。
④ 同上书，第18页。

疫。今人有得其方，而不识其名，但名屠苏而已。①

显然，最早的屠苏酒是预防瘟疫的一种中药配剂，在元旦取浸过屠苏药剂的井水饮用，含有新水崇拜的意味。晋人葛洪曾用细辛、干姜等泡制屠苏酒，还演化为用一些中药来泡制酒，以起治病、防病的作用。吃五辛盘也是为了健身，魏晋时将大蒜、小蒜、韭菜、芸苔、胡荽称为五辛，在元旦时，人们将这五种辛香之物拼在一起吃，意在散发五脏之气。明代朱义《普济方》卷151引唐人孙思邈《食忌》中说："正月之节，食五辛以避疠气。"按现代科学观点，元旦之际，寒尽春来，正是易患感冒的时候。用五辛来疏通脏气，发散表汗，对于预防瘟疫流感，无疑具有一定的作用。吃五辛盘反映了长江流域的先民把新年健康的追求，寄托在元旦这一天。五辛盘是后世春盘、春饼的雏形，唐时，人们对五辛盘做了改进，增加了一些时令蔬菜，汇为一盘，号为春盘，取其生发迎春之义，在元旦至立春期间食之。明代彭大翼《山堂肆考》卷8"荐生菜"条引唐《四时宝鉴》中言："立春日荐春饼生菜，号春盘。"② 随着时间的推移，春盘、春饼、春卷的名称相继更新，其制作也越来越精美了。

元旦中还有一些固定的食物，也多寓吉祥之意，以表达人们对新年美好生活的向往，如饺子、年糕等。据《酉阳杂俎》前集卷7《酒食》载有所谓"汤中牢丸"③。这里所说的"牢丸"恐即当时人们吃的"水饺"之类。

---

① 参见《文渊阁四库全书》（电子版），上海人民出版社、迪志文化出版有限公司1998年版，第25页。
② 同上书，第51页。
③ （唐）段成式：《酉阳杂俎》，中华书局1981年版，第69页。

二、上元节

所谓"上元"即正月十五。古代称夜为"宵",故此日之夜称之"元宵"。我们知道,正月十五、七月十五、十月十五分别为春季、秋季、冬季的第一个月圆之夜,故又有"三元"之称。即所谓上元、中元、下元。正月十五为上元,有张灯结彩之俗,故又名之为"灯节"。《册府元龟》卷53《帝王部·尚黄老一》开元二十二年(734)十月敕:

> 道家三元诚有科诫。……自今以后,两京及天下诸州每年正月、七月、十月元日起,十三至十五兼宜禁断(宰杀渔猎)。

另据《旧唐书》卷18上《武宗纪》会昌四年(844)正月敕:"仍准开元二十二年敕,三元日各断三日,余日不禁。"知唐尊道家"三元日"已成惯例,有"断屠"之举。就"上元"节即元宵节而言,隋唐间人们的庆贺活动实已超过了宗教的范围。元宵节的节俗活动首先是观灯。《隋书》卷15《音乐下》隋炀帝大业二年(606)条下载:

> 每岁正月,万国来朝,留至十五日,于端门外,建国门内,绵亘八里,列为戏场。百官起棚夹路,从昏达旦,以纵观之。至晦而罢。

同卷下文又云,此种为庆贺节日的"百戏",规模惊人,所谓"金石匏革之声,闻数十里外",各类演奏乐工达18000人,"大放炬火,光烛天地,百戏之盛,振古无比,自是每年以为常焉"。这是有关元宵节或以"百戏"歌舞,或以"炬火"等大加庆贺的较早记载,所说当然是京师一带,但在各地似同样存在。唐长江流域民间亦有上元日张灯以贺的习俗。据《全唐诗》段成式《观山灯献徐尚书》诗序称：

> （襄阳）上元日，百姓请事山灯……亦天下一绝也。[1]

又《全唐诗》熊孺登《正月十五日江陵过夜》诗曰"楚郭明灯几处张"[2]。李郢诗中也提到上元日"恋别山灯忆水灯，山光水焰百千层"[3]。所写均为元宵灯节盛况。其次，元宵节的节俗活动之一为迎"紫姑"。《荆楚岁时记》载："其夕，迎紫姑，以卜将来蚕事，并占众事。"[4]紫姑，何许人也，荆楚民众为什么要在正月十五日晚迎紫姑神，这里似语焉不详。但据隋人杜公赡为该书所作之注可知一二。公赡在为《荆楚岁时记》作注时曾援引刘敬叔《异苑》中有关紫姑的佚闻：

> 紫姑本人家妾，为大妇所妒，正月十五日感激而死，故世人作其形迎之。咒云："子胥不在，曹夫人已行，小姑可出。"于厕边或猪栏边迎之，捉之觉重，是神来也。平昌孟氏尝以此日迎之，遂穿屋而去。自尔，着以败衣，盖为此也。[5]

据此，知"紫姑"原是一个受虐待而早逝的劳苦妇女，人们视之为"厕神"，在其亡日"迎之"，这一方面是给不幸者的亡灵以慰藉，另一方面是借此机会就年成、婚姻大事卜问神灵，以祈平安和丰年。《荆楚岁时记》又载：

> 正月十五日，作豆糜，加油膏其上，以祠门户。先以杨枝

---

[1] （清）彭定求：《全唐诗》，中华书局1960年版，卷584。
[2] 同上书，卷476。
[3] 同上书，卷590。
[4] （南朝梁）宗懔：《荆楚岁时记》，谭麟译注，湖北人民出版社1999年版，第43页。
[5] 同上书，第43页。

插门,随杨枝所指,仍以酒脯饮食及豆粥插箸而祭之。[①]

知元宵节以豆粥祭门户和迎紫姑都是为了祝愿桑蚕丰收。宗懔记述荆楚民众迎紫姑神、占卜农桑的风俗,既从一个侧面表现了广大民众对年成和富裕生活的祈望,也反映出农妇们对紫姑的敬仰和笃信。

有关唐代上元日的食俗记载不甚明确。似乎当时尚无元宵节吃"汤圆"之俗。我们知道,六朝时荆楚之地的人们习于此日喝一种豆制品。上揭《荆楚岁时记》云:"正月十五日,作豆糜。"所谓"豆糜"或即豆粥之类。

而在当时的巴蜀一带,人们喜食一种粉果和焦䭔,焦䭔似是一种油炸的带馅的面点。据《太平广记》卷234"尚食令"条引《卢氏杂说》载一尚食局之造䭔子能手曾表演过此类制作方法,称此油炸之面点"其味脆美,不可名状"。知此期长江上、中游之间在元宵节的饮食民俗上也是不尽相同的。

三、寒食与清明节

寒食与清明是农历三月的两个节日。寒食与清明时间相近,庆祝活动也颇近似,因此将二者合并起来加以讨论。

寒食节禁火,相传始于先秦时晋文公与介子推的故事。至迟在魏晋时期,长江流域的荆楚地区已盛行寒食节。据《荆楚岁时记》载:

> 去冬一百五日,即有疾风甚雨,谓之寒食。禁火三日,造

---

① (南朝梁)宗懔:《荆楚岁时记》,谭麟译注,湖北人民出版社1999年版,第40页。

饧大麦粥。据历合在清明前二日，亦有去冬至一百六日者。[①]

知寒食禁火在六朝时乃至以前已成风俗。至唐，长江流域更广泛存在此俗。《全唐诗》孟云卿《寒食》云："二月江南花满枝，他乡寒食远堪悲。贫居往往无烟火，不独明朝为子推。"[②]从此诗看，江南贫民"往往无烟火"，似乎并非是因寒食禁火之故。

有资料表明，唐代长江流域清明节与寒食节已融为一体，体现出综合性的节日特征，其主要的习俗约有以下数端。

其一为扫墓。寒食扫墓历史悠久，但唐玄宗以前似一度禁止，可能是制止民间上墓时纵乐的行为。《唐会要》卷23《寒食拜扫》录玄宗开元二十年（732）敕有云：

> 寒食上墓，礼经无文。近世相传，浸以成俗……宜许上墓，用拜扫礼……不得作乐，仍编入礼典，永为例程。

朝廷允许"寒食上墓"，但不得"作乐"，想必此后寒食扫墓得成为"例程"。日僧圆仁《入唐求法巡礼行记》卷3会昌二年（842）二月条记："寒食节。前后一日，都三日暇，家家拜墓。"又《大唐六典》卷6"都官郎中员外郎"条："官户、奴婢，元日、冬至、寒食放三日假。"知唐代寒食日不仅官民有假，而且官户、奴婢等官贱民也有假日。寒食之俗王建《寒食行》[③]诗说得十分具体，诗称：

> 寒食家家出古城，老人看屋少年行。……牧儿驱牛下冢头，畏有家人来洒扫。……三日无火烧纸钱，纸钱那得到黄泉。但

[①] （南朝梁）宗懔：《荆楚岁时记》，谭麟译注，湖北人民出版社1999年版，第56页。
[②] （清）彭定求：《全唐诗》，中华书局1960年版，卷157。
[③] 同上书，卷298。

看垄上无新土，此中白骨应无主。

当时长江流域乡村民间寒食的节日情况如何呢？《全唐诗》徐凝《嘉兴寒食》诗云：

嘉兴郭里逢寒食，落日家家拜扫回。唯有县前苏小小，无人送与纸钱来。①

嘉兴唐时属苏州，地处长江下游。但"家家拜扫"、为逝去的亲人送纸钱之俗当不仅限于此地。《全唐诗》所录宋之问《寒食江州满塘驿》《途中寒食题黄梅临江驿寄崔融》②、张说《襄阳路逢寒食》③、窦常《之任武陵寒食日途次松滋渡先寄刘员外禹锡》④、窦巩《襄阳寒食寄宇文籍》⑤、杜甫《寒食》《清明二首》⑥、刘禹锡《酬窦员外使君寒食日途次松滋渡先寄示四韵》⑦、于鹄《襄阳寒食》⑧以及王建《江陵使至汝州》⑨等均言及长江上中游一带的寒食或清明节。

如上揭刘禹锡诗云"楚乡寒食橘花时，野渡临风驻彩旗"；张说《襄阳路逢寒食》诗言"去年寒食洞庭波，今年寒食襄阳路"；王建《江陵使至汝州》诗云"回看巴路在云间，寒食离家麦熟还"。知寒食、清明节日在广大的长江上中游地区普遍存在。

其二为"踏青"。清明正值春光明媚，是踏青的好时节。长江流

---

① （清）彭定求：《全唐诗》，中华书局1960年版，卷474。
② 同上书，卷51、52。
③ 同上书，卷89。
④ 同上书，卷271。
⑤ 同上书，卷271。
⑥ 同上书，卷226、233。
⑦ 同上书，卷361。
⑧ 同上书，卷310。
⑨ 同上书，卷301。

域各地多有此举。《全唐诗》来鹄《清明日与友人游玉粒塘庄》诗曰:

> 几宿春山逐陆郎,清明时节好烟光。归穿细荇船头滑,醉踏残花屐齿香。风急岭云飘迥野,雨馀田水落方塘。不堪吟罢东回首,满耳蛙声正夕阳。①

来鹄,为晚唐著名诗人,曾长期游历于长江流域诸州郡,留下不少有关荆楚风俗的诗篇,如《鄂渚除夜书怀》《鄂渚清明日与乡友登头陀山》《洞庭隐》等。前述其《清明日》诗未言作于何地,从其游历所及和诗中所提到的"岭云""方塘"等判断,应在江南。知在当时,江南一带民间在清明节前后踏青之俗与北方并无大别。

其三为文体活动。唐代寒食、清明节盛行各种文体活动,甚至出现了"五人为火"的戏班子。据《酉阳杂俎》续集卷3载:"(满川等)五人为火……监军院宴,满川等为戏,以求衣粮,少师李相怒,各杖十五,递出界。"这种演艺活动当即民间艺人利用此节日以谋生即所谓"以求衣粮"的一种手段。

此外,本区的巴蜀一带还有一种称之为"蹩融"的棋类游戏。据《资暇集》卷中载:"今有弈局,取一道人行五棋,谓之蹩融。"②又据《酉阳杂俎》续集卷4载:"小戏中,于奕局为一枰,各布五子角迟速,名蹩融。"③当然,这两种棋类,今已失传,其棋盘及着法已不可考。

此外,唐荆楚地区在寒食、清明节还流行斗鸡、打秋千和施钩等游戏。具见《荆楚岁时记》。④角抵这一节日体育运动在荆楚地区

---

① (清)彭定求:《全唐诗》,中华书局1960年版,卷642。
② (唐)李匡乂:《资暇集》,中华书局1985年版,第65页。
③ (唐)段成式:《酉阳杂俎》,中华书局1981年版,第60页。
④ (南朝梁)宗懔:《荆楚岁时记》,谭麟译注,湖北人民出版社1999年版,第61、64页。

也可看到。据《酉阳杂俎》续集卷 4 载:"荆州百姓郝惟谅,性粗率,勇于私斗。武宗会昌二年(842)寒食日,与其徒游于郊外,蹴鞠、角力。"① 不知这种"蹴鞠、角力"在本区是否已成风俗。

当时寒食节之食俗似主要有饧大麦粥。前引《荆楚岁时记》云:"(寒食节)禁火三日,造饧大麦粥。"② 从其制法看,可能是将大麦熬成麦浆,煮熟后再将捣碎的杏仁拌入,冷凝后切成块状,食时浇上糖稀,如《玉烛宝典》卷 2 云:"今世悉作大麦粥,研杏仁为酪,别者一锡(疑为'饧'字)沃之也。"③ 此或许即后世所说之"麦糕",其中的原料大麦改以粳米代替。

四、端午节

五月初五是端午节,又称端五、端阳、重午、天中节。端午是长江流域荆楚地区除春节外最隆重的节日之一。

历史上的荆楚文化区一直是介于北方诸文化区和南方吴越、巴蜀等文化区之间的一个中间型文化区,这种特殊的地理位置有利于兼收并蓄多种文化因素包括风俗习尚,并通过为历史传说人物立祠奉享,或围绕一个传统的小型节会活动聚会多种习俗因子等途径,渲染、升华和组合出一个又一个大规模的节庆来。端午节的形成途径便是这样。④

我们认为,端午节的由来,大体是荆楚之地的人们将中原民族以祈雨拜龙为主要内容的夏至节和南方水居民族传承已久的龙舟竞渡

---

① (唐)段成式:《酉阳杂俎》,中华书局 1981 年版,第 56 页。
② (南朝梁)宗懔:《荆楚岁时记》,谭麟译注,湖北人民出版社 1999 年版,第 36 页。
③ (隋)杜台卿等:《玉烛宝典》,中华书局 1985 年版,第 84 页。
④ 张正明、刘玉堂:《荆楚文化志》,上海人民出版社 1998 年版,第 418—419 页。

风俗，以及先秦楚人口角黍类熟食投獬豸神兽的习俗，纳为五月五日（或五月十五日）吊享屈原的节日活动内容，并赋予竞渡活动以拯救屈原和为屈原招魂的新的含义。①

端午的节俗很多，各地也不尽一致，以荆楚地区而言，则主要有以下几种习俗。

一是所谓"龙舟竞渡"。《荆楚岁时记》云："五月五日竞渡，俗为屈原投汨罗日，伤其死，故并命舟楫以拯之，舸舟取其轻利，谓下之凫，一自以为水军，一自以为水马，州将及土人悉临水而观之。"②《隋书·地理志下》也说："屈原以五月望日赴汨罗，土人追至洞庭不见，湖大船小，莫得济者，乃歌曰：'何由得渡湖！'因而鼓棹争归，竞会亭上，习以相传，为竞渡之戏。其迅楫齐驰，棹歌乱响，喧振水陆，观者如云，诸郡率然，而南郡、襄阳尤甚。"《隋唐嘉话》卷下也说："俗五月五日为竞渡戏，自襄州已南，所向相传云：屈原初沉江之时，其乡人乘舟求之，意急而争前。后因为此戏。"③

我们注意到，唐代长江流域赛龙舟一般是由水乡人民自发进行的。元稹的《竞舟》诗描写了民间竞渡风俗和竞渡之前的准备工作。诗中写道：

> 楚俗不爱力，费力为竞舟。买舟俟一竞，竞敛贫者赇。年年四五月，蚕实麦小秋。积水堰堤坏，拔秧蒲稗稠。此时集丁壮，习竞南亩头。朝饮村社酒，暮椎邻舍牛。祭船如祭祖，习竞如习仇。连延数十日，作业不复忧。君侯馔良吉，会客陈膳羞。画鹢来四合，大竞长江流。建标明取舍，胜负死生求。一

---

① 宋公文、张君：《楚国风俗志》，湖北教育出版社1995年版，第87页。
② （南朝梁）宗懔：《荆楚岁时记》，谭麟译注，湖北人民出版社1999年版，第8页。
③ （唐）刘𡗓：《隋唐嘉话》，中华书局1979年版，第73页。

时欢呼罢,三月农事休。①

这首诗虽然是以讽喻的手法,告诫人们不要为竞渡而妨农害时,但它给我们留下了很珍贵的江南水乡竞渡的民俗史料。

端午节的食品之一是精制"角黍"。这是荆楚地区普遍盛行的一种风俗,其意在祭奠屈原。对此,梁吴均《续齐谐记》②言之甚明,称:

屈原五月五日投汨罗而死,楚人哀之,每至此日竹筒贮米,投水祭之。汉建武中,长沙欧回,白日忽见一人,自称三闾大夫,谓曰:"君当见祭,甚善。但常所遗,苦蛟龙所窃,今若有惠,可以楝树叶塞其上,以五彩丝缚之。此二物蛟龙所惮也。"回依其言。世人作粽并带五色丝及楝叶,皆汨罗之遗风也。

吴均这里讲述了筒粽改楝叶粽的由来和投粽于水的目的。那么,粽子为什么又称作"角黍"呢?据陈元靓《岁时广记》卷21"裹黏米"条引《岁时杂记》说:"端午因古人筒米,而以菰叶裹黏米,名曰角黍相遗,俗作粽。或加之以枣,或以糖,近年又加松栗、胡桃、姜桂、麝香之类,近代多烧艾灰淋汁煮之,其色如金。古词云:'角黍包金,香蒲切玉。'"③这种粽子的由来或称谓可参李时珍《本草纲目》卷25《谷部四·粽》④,无须详说。

有资料表明,荆楚地区端午精制的粽子除了投入水中以祭奠屈原外,还有其他用途,诸如节日自食,馈赠亲朋,祭祀祖先,小儿佩戴避邪和送斋僧道等。这似乎从一个侧面又证实了民间信仰的多功能

---

① (唐)元稹:《元稹集》卷3,中华书局1982年版。
② (唐)欧阳询:《艺文类聚》卷4,上海古籍出版社1982年版。
③ (宋)陈元靓:《岁时广记》,中华书局1985年版,第43页。
④ (明)李时珍:《本草纲目》,安徽科学技术出版社2001年版,第78页。

的特色。

端午时期的又一民俗活动是采药、悬艾和饮菖蒲、雄黄酒。悬艾之习在荆楚地区较为普遍,《荆楚岁时记》云:"五月五日,……采艾以为人,悬门户上,以禳毒气。"又云:"以五彩丝系臂,名曰辟兵,令人不病瘟。"有资料表明,这种习俗以后仍存在。唐代虽缺乏此类记载,但结合以后的事例,可以判断其是早有渊源的。

我们认为,端午节俗体现了唐人的民俗观念及对时间的理解。端午的节俗很多,无论是悬艾、佩彩丝、食粽,还是竞渡、采药,都脱离不了其避灾除祸的原始意义。

五、中秋节

农历八月十五日正值三秋各半之时,故称"中秋"。中古时期民间逐渐形成以赏月、拜月以及后世吃月饼等为主要内容的节日。唐代诗人欧阳詹《玩月》诗序曰:

> 八月于秋,季始孟终,十五于夜,又月之中,稽于天道,则寒暑均,取于月数,则蟾兔圆。况埃墲不流,大空悠悠,婵娟裴回,桂华上浮,升东林,入西楼,肌骨与之疏凉,神气与之清冷。[①]

中国古代神话传说中有关月亮的记述甚多,以嫦娥奔月的故事最为著名。月亮神话传说在民间演变为中秋赏月之俗。不过这种风俗在唐以后南北地域内均普遍存在,这里可略而不论。

[①] 彭定求:《全唐诗》卷274,中华书局1960年版。

六、重阳节

"重阳节"即夏历的九月九日。《易经》将九定为阳数,两九相重故称"重九",又因日月逢九,两九相重,故称"重阳"。民间于是日久有庆贺之俗。主要活动有登高、佩插茱萸、赏菊、食糕等。

登高之俗始于西汉。

佩插茱萸作为重阳节的另一项重要习俗也早见于汉代[1],知六朝江南多处有此俗。

至唐代,此风更盛。王维《九月九日忆山东兄弟》[2]诗早脍炙人口,所说正是重阳登高、插茱萸事。而唐代帝王们在重阳节既要登高游宴,又要赏菊赋诗,还想射箭游猎,很显然一天时间是不够用的。因此重阳节不是一天,而是两天或三天。重九后一日宴赏,号"小重阳"。李白居湖北安陆时作《九月十日即事》诗曰:"昨日登高罢,今朝更举觞。菊花何太苦,遭此两重阳。"[3]正谓此。《御定佩文斋广群方谱》卷5"登高条"引孙思邈《千金方·月令》,视重阳登高为一项重要活动,称:

重阳日,必以肴酒登高远眺,为时宴之游赏,以畅秋志。酒必采茱萸、甘菊以泛之,既醉而归。[4]

---

[1] (宋)李昉等:《太平御览》卷32,中华书局1960年版。
[2] (清)彭定求:《全唐诗》卷275,中华书局1960年版。
[3] (唐)李白:《李太白集》卷20,中华书局1977年版。
[4] 《文渊阁四库全书》(电子版),上海人民出版社、迪志文化出版有限公司1998年版,第104页。

参据王维《奉和重阳节上寿应制》[1]、王缙《九日作》[2]、李颀《九月九日刘十八东堂集》[3]、皇甫冉《重阳酬李观》[4]诗可知唐代重阳前后登高、佩茱萸、饮菊花酒之风是十分普遍的。如王缙《九日作》云："今日登高樽酒里,不知能有菊花无。"李颀《九月九日刘十八东堂集》:"风俗尚九日,此情安可忘。菊花辟恶酒,汤饼茱萸香。"均可见唐人几乎是无菊无酒不重阳。

七、除夕节

除夕作为一岁的最后一日,也是新年的前一日,是世俗间相沿已久的重要节日,除旧迎新是除夕节的主旨。除夕有一系列的节俗活动。可简述如下。

首先除夕要更换桃符、春联、门神,并有一些其他门饰。应劭《风俗通义·祀典》引《黄帝书》称有神仙兄弟二人,一名神荼,一名郁垒,居于风景秀丽的度朔山下,他们把祸害人间的恶鬼都用苇索捆起来让虎吃掉。这个传说在当时广泛流行于民间。因此为防止恶鬼进家,削桃木梗制成神荼、郁垒两人形象,立于门上。于是便产生了中国门神的雏形。至魏晋南北朝,时人认为刻木为人形太麻烦,于是削成一块桃木板写上神荼、郁垒两人的名字。把这块桃木板挂在门上,称之为"仙木"或"桃符"。此已见前引《荆楚岁时记》。宋人王安石《元日》诗所写:"爆竹声中一岁除,春风送暖入屠苏。千门万户瞳瞳日,总把新桃换旧符。"这里的"新桃"和"旧符",都是

---

[1] (清)彭定求:《全唐诗》卷127,中华书局1960年版。
[2] 同上书,卷129。
[3] 同上书,卷132。
[4] 同上书,卷250。

指辟鬼祛邪的"桃符"。与此相关联的是举行驱鬼除瘟疫的仪式——逐傩。关于逐傩,前文已述。此再略加补充。《太平御览》卷 17 引《荆楚岁时记》云:"卒岁大傩,殴除辟厉……桃弧棘矢,所发无臬,飞碟雨散,则瘴必毙。"①据《酉阳杂俎》续集卷 4《贬误》载"俗好于门上画虎头,书渐字,谓阴刀鬼名,可息疟疠也。予读《汉旧仪》,说傩逐疫鬼,又立桃人、苇索、沧耳、虎等,渐为合沧耳也"②。前为六朝时事,后者为唐代。宋代及以后亦然。③

其次是所谓"守岁"。除日象征着一年即将过完,新岁快要来临,人们甚至通宵不寐,坐而守岁,至少在南北朝时期,长江流域的荆楚地区即出现此俗。据《荆楚岁时记》载:"岁暮(除夕之夜)家家具肴蔌诣宿岁之位,以迎新年。相聚酣饮。"④此类事例又见《玉台新咏》卷 8 徐君倩《守岁》诗。唐诗中也屡见此类记述,如《全唐诗》卷 509 卢仝《守岁》诗、《全唐诗》卷 659 罗隐《除夜》诗等。

宿岁也是当时民间除夕习俗之一。《荆楚岁时记》前条接云:"岁暮……留宿岁饭,到新年十二日。则弃之街衢,以为去故纳新也。"这种"宿岁饭"大体是表示家庭富足和希望来年丰收之意。又有吃团年饭之俗。"中守岁"条注中《风土记》云:"除夜祭先竣事,长幼聚饮,祝颂而散,谓之分岁。"⑤与上引《荆楚岁时记》云"岁暮……相聚酣饮",记述大体一致,是说在除夕之夜祭与流行至今的春节习俗已是非常接近。

---

① (南朝梁)宗懔:《荆楚岁时记》,谭麟译注,湖北人民出版社 1999 年版,第 103 页。
② (唐)段成式:《酉阳杂俎》,中华书局 1981 年版,第 126 页。
③ (南宋)赵彦卫:《云麓漫钞》,中华书局 1985 年版,第 105 页。
④ (南朝梁)宗懔:《荆楚岁时记》,谭麟译注,湖北人民出版社 1999 年版,第 126 页。
⑤ 《文渊阁四库全书》(电子版),上海人民出版社、迪志文化出版有限公司 1998 年版,第 115 页。

说明：

（1）文中所据方志中关于元旦、中秋等习俗，皆参见《湖北省志·民俗》（湖北省地方志编纂委员会编：《湖北省志·民俗》，湖北人民出版社1996年版）。

（2）《唐大诏令集》卷113、《全唐文》卷35录同《断屠诏》相对完整，据补（参见宋代宋敏求编《唐大诏令集》，商务印书馆1959年版卷113。清代董诰等编《全唐文》，中华书局1983年版卷35）。

（3）于上元观灯活动参见《隋书》卷62《柳彧传》、《资治通鉴》陈纪九长城公至德元年（583）。唐代魏徵：《隋书》卷62，中华书局1973年版。宋代司马光编著：《资治通鉴》卷175，上海古籍出版社1987年版。

（4）关于端午的来历众说纷纭，闻一多在《端午考》《端午的历史教育》（参见闻一多：《闻一多全集》第1册，生活·读书·新知三联书店1982年版，第221—243页）等文中，援引《战国策·越策》《说苑·奉使》等书，认为起源于龙图腾祭。

（原载《武汉大学学报（人文科学版）》2008年第6期）

唐代长江上中游地区服饰文化考

中国服饰文化源远流长。大量考古资料证明,中国早在新石器时代中期已有丰富多彩的服饰文化,而至商周时期,大体形成了以天子冕服为中心的章服制度。在春秋战国和以后的历史时段中,服饰用料、服装结构、服装色彩等均有发展变化,特别是服饰的等级性、阶层性、民族性和地区性都表现得十分明显。对此,前人已多有研究,无须多说。这里仅在学者已有研究基础上,参据相关文献记载和考古研究成果,就唐代长江上中游地区民间服饰的大致情形加以述论。

一、唐代服饰的本质特点:等级性

公元598年,隋文帝杨坚统一中国后,厉行节约,衣着方面崇尚简朴。后来,隋炀帝即位,崇尚奢华铺张,恢复了秦汉章服制度。隋唐五代的服饰在中国古代服饰中起着承前启后的作用。它将魏晋以来特别是北朝的服饰特色发展固定了下来,形成法令制度,影响直至宋代并延续至明朝。总之,隋唐时期的服饰在中国服饰史上具有十分明显的阶段性特点。

隋唐五代的男子服饰从大的方面可以分为两部分,即礼服和便服。礼服亦称冠服,包括朝服、公服、祭服等。便服也叫常服,曾称为"襦服"和"褎服"。冠服主要是高冠革履，褎衣博带；常服则由幞头、袍衫、靴带组成。由于传统礼仪影响，当时主要是冠服制度，常服也逐渐在社会中占有一定的地位。[1]

从冠服服饰制度的演变情况来看，隋唐五代的冠服沿袭了汉魏服饰制度而又有所减略。虽被详细规定在法律上的地位，除少数几种场合外一般并不常用。

隋朝初建，隋文帝杨坚舍弃了北朝的周服制，取北齐服制制定了《衣服令》，规定皇帝服饰有衮、冕、通天冠、白纱帽等数种。皇太子、百官的服饰也各有规定。这一套服制是十分简陋的。开皇十年（590）杨坚平陈后正式统一天下。杨坚又采用了南朝陈的部分服制重新制定了相关制度，在皇帝服饰上增加了大裘冕、毳冕等项。但这一套礼制大多"皆藏御府，弗服用焉"[2]。到隋炀帝大业元年（605），杨广命牛弘等人依据古制，参照实际，增删旧令，再次制定了一套服制。定皇帝服饰有大裘冕等，对皇太子、百官服饰制度也做了整理，废除了前代已有但实际已不实用的"鹖冠、委貌、樊哙、却敌、巧士、术民"等冠服。这套新服制自大业二年（606）开始实行。

唐代初年，高祖李渊也下令制定《衣服令》，参照隋制于武德七年（624）颁行新制。后历太宗、武后特别是玄宗时期的些微修改。但冠服制度大体不出武德令的范围。当然在实际社会生活中，这些规定往往徒有虚名。下面我们分析一下唐代服制在实际中的情况。

唐代时期服饰的本质特点，当然与其他的朝代略同，即鲜明而严格的等级性问题。这一等级性即指以服饰来标示不同阶层人们的等级差别。不过，据学术界研究，与以往的时代稍有不同的是，官员冠服之外的常服（即平常穿着的便装）日益受到重视，并在大多数场

---

[1] 李斌城的《隋唐五代社会生活史》对隋唐五代服饰制度有详细介绍（中国社会科学出版社1998年版）。
[2] 《隋书·礼仪七》，中华书局1973年版。

合取代了冠服的地位。于是，统治阶级就面临着一个十分紧迫的问题——如何将常服等级化或者说如何以常服来标示等级？经过隋以及唐初几位皇帝的不懈努力，这个等级化的过程大体上是在玄宗朝前后完成了。[1]

早自玄宗时代开始，随着方镇节度使权力的膨胀，在服饰上出现了所谓"逾礼"的现象，因而对"礼"的变革或整顿成为中晚唐政治生活中的一个重要内容。其实质就是通过包括"衣服令"或服礼在内的"礼"的重建或整顿，遏制武人政治的问题。当然朝廷的这一努力并没有获得成功。对这一问题，姜伯勤先生已有详细研究[2]，此可不论。

另据研究，在隋代初年，服饰制度并不算十分严格，上自帝王下至庶民都穿黄袍，官员只是束九环带与庶民区别开来。大业六年（610）隋炀帝整顿服饰制度，才初次在常服中划分等级，规定官员五品以上穿紫袍，六品以下穿绯或绿袍，胥吏穿青袍，庶民穿白袍，屠夫商人穿黑袍，士卒穿黄袍。这一举措使常服的等级化成为制度。唐贞观年间（627—649）进一步强化了这一制度，贞观四年（630）颁布《定服色诏》，正式"详定""寻常服饰"的"差等"[3]，规定了各色人等穿着的紫、绯、绿、青服色等级。[4]至于各级官员各个阶层所着服饰的具体规定，我们不拟详说，仅就长江上中游一带民间服饰的一般情况试加列述。

---

[1] 黄正建：《唐代衣食住行研究》，首都师范大学出版社1998年版，第2章。
[2] 姜伯勤的《王涯与中唐时期的令与礼》和《唐贞元元和间礼的变迁》对此有详细阐述（参见姜伯勤：《中国古代社会研究》，厦门大学出版社1998年版；姜伯勤：《敦煌艺术宗教与礼乐文明》，中国社会科学出版社1996年版）。
[3] 董诰等：《全唐文》卷5，太宗《定服色诏》，中华书局1983年版。
[4] 李文澜：《湖北通史·隋唐五代卷》，华中师范大学出版社1999年版，第9章第1节。

二、唐代南北方服饰的差异

毫无疑问，唐代长江流域诸州郡居民在服饰上基本遵用朝廷关于"服色"的一般规定或制度，不过这种强制性的规定在某种程度上有所松弛，同时民间服饰也有着不同于北方的若干特点。上已提到，隋唐时代对普通百姓的服色有着严格限制。大业六年（610）规定庶人服白，屠商服皂，所谓"庶人"是指州县编户，与商贾和官府手工业者有别。这一规定是试图在普通百姓中将"庶人"与工商业者区别开来，以显示商贾和手工业者的地位要低于一般编户。唐代百姓可以服黄、白二色，但从实际上看，以服白色者居多，时人有"白衣举人"之称，意思是庶民应举者。平民有时也穿皂、褐色衣，故此有"解褐"之说，指庶民脱去表示身份的布衣而穿上官服。唐代商人按规定穿黄、白色衣，但因其经济实力雄厚，常常"不依令式"，屡遭朝廷"禁断"，却又禁而不止，唐后期他们竟托名军籍，穿起了紫衣，这种情况沿至五代，后唐明宗曾下诏不许百姓商人服紫、皂，只许他们服白衣，以区别于官员和军人。[①]商人服色的这些变化，从一个侧面反映了僵化的等级"令式"与现实的矛盾。处于社会最底层的奴婢，奴多通服黄、白、皂，婢通服青、碧，故时人又称婢女为"青衣"。此期各色人等的服色之别，表明了社会的严格等级区别，在这一点上，南方与北方并没有太大的区别。

然而，由于南北方不同的自然条件，民间服饰从某种意义而言，还是有明显差异的。

其一，在衣服的用料上，据称蜀地女性所服甚为讲究。《太平广记》卷 31 "许老翁"条引《仙传拾遗》载唐天宝年间益州士曹柳某妻李氏，容色绝代，"着黄罗银泥裙，五晕罗银泥衫子，单丝罗红地

---

① 《旧五代史》卷 38，中华书局 1976 年版。

银泥帔子",被视为"益都之盛服"。时人感慨,称"世间之服,华丽止此耳"。本条当然不尽可信,但也从一个侧面说明当时成都女性服饰用料与他地有别。

其二,在服饰的颜色上,由于本区的气候等因素,易使各类衣服变色。元稹贬谪江陵后,曾致书白居易提到荆州"度梅衣色渍"的问题,自注称:"南方衣服,经夏谓之度梅,颜色尽飘。"[1] 这或许是本区特有的现象,即因每年梅雨季节,气候潮湿,衣服常生霉渍以致变成黄黑色。元稹在另一首诗中也提到"南方物候饮食与北土异"[2],也特别指出梅雨季节衣服受潮而生黑色的斑点。元稹身为官员,却也为此事烦恼。可见在讲究以服色辨身份、别等级的社会背景下,不同的地区却因气候等原因导致"度梅衣色渍""颜色尽飘"的问题,而这一问题对于各阶层来说却是无有例外的。[3] 这似乎也从一个角度说明服饰在不同地区间的差异。

其三,在服装样式上,长江中游地区也有别于其他区域。据称荆楚之地人们所穿的裙称为"不缝裙",蜀人所穿的谓之"袜头裤"[4],之所以有此类称谓,显然是有地方特色的。

不仅如此,唐代南方服装样式的地方特点还表现为衣衫大袖,曳地长裙。连长江上驾船的人也着"宽袖衫",被时人视为"吴、楚之制"[5]。不过,这种式样唐后期似有所变化,唐文宗开成四年(839)淮南观察使李德裕上奏,提及对其所辖范围内衣袖裙尺寸的规定:"衣袖先阔四尺,今令阔一尺五寸;裙先曳地四五寸,今令减五寸。"[6] 此奏所说当然主要是淮南一带,本区是否也将原"宽袖衫"改

---

[1] (唐)元稹:《元稹集》卷10《酬翰林白学士代书一百韵》,中华书局1975年版。
[2] 同上书,卷11《送崔侍御之岭南二十韵》。
[3] 李文澜:《湖北通史·隋唐五代卷》,华中师范大学出版社1999年版,第9章第1节。
[4] 同上。
[5] 《旧唐书》卷105《韦坚传》,中华书局1975年版。
[6] (宋)王溥:《唐会要》卷31《舆服上》,中华书局1955年版。

成窄袖短裙则未可知。实际上，南方民间所服的"宽袖衫"与当地的气候特点也是相关的。长江上中游地区整年气候温和，而夏季炎热潮湿，相对宽敞的袖衫更可适应这种气候特点，也便于劳作，因此虽有改宽为窄的规定，民间却是很难遵用的。

其四，在帽子和鞋袜上，唐代的南北差异也十分明显。如帽子，北方以毡制作，南方却未必如此，有人认为南方人所戴席帽以丝制成，较为轻便，与其气候相关①，这是很有道理的。

而在鞋袜上，我们知道北方是以靴最为重要，而南方则是以穿鞋为多。其中最具特色的是草鞋。据载："江南有芒草，贫民采之织屦。缘地土卑湿，此草耐水。"②这种以芒草织成的"屦"即草鞋。③又《旧唐书》卷45《舆服志》载刘子玄上疏，曾言及江南的草鞋，称："芒履，出于水乡，非京华所有。"这是说所谓"芒履"主要是在江南水乡流行。这种"芒履"在不少文献中有所记载，如上举《旧唐书》卷105《韦坚传》即提到驾船人所着"芒履"。而且由于江南人穿草鞋者甚多，又讲究工艺，编制华丽，以至在唐文宗时期曾下诏予以禁断，要求取缔过于奢侈的"高头草履"，只允许穿寻常平头小花草履。④其实，那种"高头草履"，在江南的广大地区是否带有普遍性是有疑问的。我们认为朝廷之所以禁止，并不在于制止奢侈之风，而是忌讳民间的"逾礼"行为。我们看到更多的江南水乡的农人特别是贫困农民多穿芒履。此外，元稹在江陵有诗句称"蹑屦看秧稻"⑤，知荆州很多人穿屦。⑥若参照唐民间诗人王梵志《贫穷田舍汉》诗，更可知无须衣服令或"礼"的限制，一般贫人几乎没有可以遮体的衣

---

① 黄正建：《唐代衣食住行研究》，首都师范大学出版社1998年版，第2章。
② （宋）李昉等：《太平广记》卷55引《玉堂闲话》，中华书局1961年版。
③ 《全唐诗》卷861伊用昌《题茶陵县门》诗自注。按芒草，即芭茅，其秆皮可造纸、编草鞋。
④ 《新唐书》卷24，中华书局1975年版。
⑤ （唐）元稹：《元稹集》卷11，中华书局1975年版。
⑥ 李文澜：《湖北通史·隋唐五代卷》，华中师范大学出版社1999年版，第9章第1节。

服，诗称："贫穷田舍汉……今世作夫妻……幞头巾子露，衫破肚皮开。体上无裤袴，足下复无鞋。"[1]王梵志诗中所写当然并非是指长江流域的贫人，但本区贫困劳动者的境况想必也不会相去太远。

三、结语

综上所述，唐代长江上中游地区的服饰特点，与其他的朝代略同，有着鲜明的等级性问题，这就是不同阶层人们之间的等级差别。但在唐代后期这种强制性等级制度有所松弛。同时，唐代对民间普通百姓的服饰也有着严格的规定，南北之间差异不大。不过由于南北不同的自然环境，民间服饰在衣服的用料、服饰的颜色、鞋帽的种类等方面有着丰富的地方特色。这也可以窥探出，一个民族聚居在什么地方，就会有什么样的服饰风俗，产生什么样的服饰风格，形成什么样的着装形象。而要认识一个民族，研究其历史和现状，探索其文化衍变，都不能忽视对这个民族服饰文化的关注和了解。中华各民族不同的生活方式、民族意识、民族性格和文化传统的影响，形成了各民族在服饰上不同的审美观念、审美风格、审美情趣和审美标准，从而产生出各具特色的民族服饰。

（原载《武汉大学学报（人文科学版）》2009 年第 3 期）

---

[1] 项楚：《王梵志诗校注》卷 5，上海古籍出版社 1991 年版。

唐代长江上中游地区的饮食文化
——以民间饮食中的主、副食为例

一

饮食在民众生活中是最基本的也是最主要的内容。饮食结构带有地区性、民族性的特点，同时也与不同的社会阶层及其物质条件相关联。而且，这种饮食结构和饮食方式也并非一成不变，它是随着生产力的发展，随着该地物产的变化而逐步演进，尽管这种演进相对缓慢。

我们讨论唐代长江上中游地区的饮食，仅着重考察其主副食结构的特点，同时对上述饮食文化的基本特点也将视情况加以关注。但由于此类资料的零碎和缺乏，这里只能略述一二。

我们在讨论节日习俗问题时还将就本区饮食有所涉及，一些饮食虽属节日食品，但也应与当地物产和民间的日常饮食生活有关。如春节食饺子、年糕，人日之菜羹，元宵之"豆糜"、粉果、面食，寒食之大麦粥，端午之粽子，重阳吃糕或汤饼，腊月之腊八粥等。这些特定节日的饮食与当地的物产自有一定关系，与日常生活的饮食特点也应有某种关联，但却非日常饮食的具体情状。比如，长江中游水乡食鱼、山居之民食肉的情况却未能反映出来。

二

一般说来，唐代长江上中游地区民间的主食大体以稻米为主，而麦子和其他杂粮也占一定比例。

如巴蜀一带，早在汉代即"土地肥美，有江水沃野，山林竹木疏食果实之饶……民食稻鱼，亡凶年忧"①。《华阳国志·蜀志》对汉晋间该地经济盛况有详细记述，可以参见。唐代更有"扬一益二"之称，这是说其富裕程度可与扬州相侔。陈子昂称："蜀为西南一都会，国家之宝库，天下珍货聚出其中。又人富粟多，顺江而下，可以兼济中国。"②唐宣宗大中年间（847—860）卢求所撰《成都记序》也说益州"人物繁盛，悉皆土著，江山之秀，罗锦之丽……其地腴以善熟，较其要妙，扬不足以侔其半"③。这些记述或有夸大之嫌，但其物产丰富当无疑问。

蜀地产粮以稻米居多，《全唐诗》卷219杜甫《赠蜀僧闾丘师兄》诗及同书卷694韦庄《稻田》诗均有生动描述，不具引。而在稻田之外，旱作生产也同样存在。杜甫诗又写道："西蜀冬不雪，……敢辞茅苇漏，已喜黍豆高"；又其《为农》诗云："锦里烟尘外，江村八九家。圆荷浮小叶，细麦落轻花。"④另外，在蜀川之资州，据薛逢《芙蓉溪送前资州裴使君归京宁拜户部裴侍郎》诗称"桑柘林枯荞麦干"；又撰《题独孤处士村居》诗："江上园庐荆作扉，男驱耕犊妇鸣机。……桑柘绕村姜芋肥。几亩稻田还谓业，两间茅舍亦言归。"⑤

---

① 《汉书》卷28下《地理志》。
② 《旧唐书》卷190中《陈子昂传》。
③ 《全唐文》卷744，卢求：《成都记序》。
④ 《全唐诗》卷219《大雨》、卷266《为农》。
⑤ 《全唐诗》卷548《题独孤处士村居》。

可知这一带种植业至少有稻、麦、桑、麻、姜、芋等。

巴地，据载汉代巴郡"江州（巴郡治所，今重庆）以东，滨江山险，其人半楚，精敏轻疾。垫江以西，土地平敞……敢欲分为二郡……各有桑麻丹漆，布帛鱼池。盐铁足相供给"①。可知这一区域物产也是十分丰富的。唐夔州一带即约当今川峡地区有不少稻田，杜甫诗中曾多处描写，如诗称"东屯大江北，百顷平若案。六月青稻多，千畦碧泉乱。插秧适云已，引溜加溉灌"②。又云"东屯稻畦一百顷，北有涧水通青苗"③，这是指的平原地带，而在山地，则以旱作为主。杜甫说夔州"山田麦无垅"④，又说"徼麦早向熟"⑤，还多次提到当地的畲田⑥，他解释"楚俗，烧榛种田曰畲"⑦。可证夔州一带因地近荆楚，故种畲之俗也基本相同。而与夔州相去不远的忠州，据白居易在任忠州刺史时所说："畲田涩米不耕锄，旱地荒园少菜蔬。……衣缝纰颣黄丝绢，饭下腥咸小白鱼。"⑧其他山区的事例应与此相近，不一一列举。

至于长江中游地区的物产与开发情况，学术界已多有探讨⑨，不具论。简而言之，自秦汉以来这一区域的种植业以水稻为主，但各地并不平衡。如荆州一带主要是水稻生产，但也存在旱作，《全唐

---

① 《华阳国志》卷1《巴志》引汉巴郡太守但望疏。
② 《全唐诗》卷221《行官张望补稻畦水归》。
③ 《全唐诗》卷229《夔州歌十绝句》。
④ 《全唐诗》卷221《晚登瀼上堂》。
⑤ 《全唐诗》卷221《客堂》。
⑥ 《唐诗纪事》卷39《白居易》、《旧唐书》卷166《白居易传》等对此都有详细描述。
⑦ 《全唐诗》卷230《秋日夔府咏怀奉寄郑监李宾客一百韵》自注。
⑧ 《全唐诗》卷441《即事寄微之》。
⑨ 参见张泽咸：《试论汉唐间的水稻生产》，《文史》第18辑；李伯重：《我国稻麦复种制产生于唐代长江流域考》，《农业考古》1982年第2期；郑学檬：《试论五代长江中游经济发展的动向》，胡戟：《李皋与江陵创造的唐代粮食单产记录》，以上均收于《古代长江中游的经济开发》，武汉出版社1988年版；李启淮：《唐五代时期湖南地区社会经济的发展》，《中国社会经济史研究》1985年第4期；李文澜：《湖北通史·隋唐五代卷》，华中师范大学出版社1999年版，对此也有深入研究。此类论著甚丰，本文不拟详举。

诗》卷298王建《荆门行》诗称："看炊红米煮白鱼，夜向鸡鸣店家宿。……人家烧竹种山田。"① 同书卷26李白《荆州乐》诗称："荆州麦熟茧成蛾。"② 并可知这里稻作、旱作生产是同样存在的。当然，除了主要的粮食作物之外，其他的特产也是十分丰富的。

早在南朝梁时，据《艺文类聚》卷26《人部·言志》引梁元帝《玄览赋》即说："渚宫也，夹江带阡，布濩井田……家给火耕之田……尔乃树之榛栗，椅桐梓漆，三巴黄甘，千户朱橘。"其他属于本区的州郡当然更是如此。所谓"布濩井田"当指水田，"火耕之田"是指旱作，此外便是各类经济作物的种植。唐代想必更应如此。

上述唐代长江上中游地区的农作物既主要以稻麦为主，则当地居民的主食也应基本上是米饭、面食及粥类。上引王建《荆门行》诗"看炊红米煮白鱼"，知其为红米煮饭，配以鱼类。不知这是否为当地民间生活的真实写照。又上引白居易在忠州所见"旱地荒园少菜蔬……饭下腥咸小白鱼"，是说当地生活之贫苦，除以腌制的小鱼为副食之外，是谈不上其他"菜蔬"的，或许这是对当地民间饮食情况的具体描述。

据黄正建先生研究，唐五代时期的主食种类甚多，大致可分为饼、饭、粥、糕等，而从史籍中出现的频率看，饼最多，饭、粥次之，糕较少。至于副食及其原料名目更是不胜枚举。③ 黄氏对这一论题的许多方面考订甚详，给我们以重要启发。但认为各类主食中"饼最多，饭、粥次之，糕较少"这一判断至少对南方而言，是不尽妥帖的。

我们认为在唐代江南主要是长江上中游地区，民众日常生活中，主食应以饭、粥为多，饼类当然也有，但恐非是主要的。比如，我们也注意到，唐五代巴蜀一带的人们除了习食稻米之外，对饼类也有一

---

① 《全唐诗》卷298《荆门行》。
② 《全唐诗》卷26《荆州乐》。
③ 黄正建：《唐代衣食住行研究》，首都师范大学出版社1998年版。

定的喜好。《北梦琐言》逸文卷 2 载五代前蜀时成都人赵雄武号"赵大饼",据称,"能造大饼,每三斗面擀一枚,大于数间屋。或大内宴聚,或豪家有广筵,多于众宾内献一枚,裁剖用之,皆有余矣"[1]。这种大饼当然并非一般百姓家食用,似主要在贵族豪门筵席时所需,但普通百姓家庭是否也将这种饼类当作是主食的基本内容是有疑问的。

不过,当时在长江流域主要是上中游地区人们的主食中,一种所谓"汤饼"似乎是较常见到的。如重阳吃糕或汤饼即是一例。又如杜甫大历年间(766—779)在成都草堂所作《槐叶冷淘》诗称:"青青高槐叶,采掇付中厨。新面来近市,汁滓宛相俱。入鼎资过熟,加餐愁欲无。碧鲜俱照箸,香饭兼苞芦。经齿冷于雪,劝人投此珠。"[2]这或许是一种冷面或凉面,当即巴蜀一带人们所吃的面食之一。

在南方的主要副食中,如上所说鱼类占有很大比例,肉食似是次要的。其实,这一点崔融在《断屠议》中已说得很明白,他提到:

及如江南诸州,乃以鱼为命;河西诸国,以肉为斋。[3]

这是自然条件和物产及历史传统等所导致的不同地域间饮食文化和饮食内容的差异。

南方食鱼特别是食鲙之习历见六朝至唐诸种文献记载,不待多说。《明皇杂录》曾记载宰相房琯因食鲙病死于阆州[4],或许即因房琯因北人,不习食鲙之故,也可能是鲙的制作不卫生所致,但从一个方面表明地处剑南、山南间的阆州一带也有食鲙之习。《云仙杂记》卷 1 "笼桶衫柿

---

[1] 《中国野史集成》编委会编:《中国野史集成》第 4 册,巴蜀书社 1993 年版,第 96、12 页。
[2] 《全唐诗》卷 221《槐叶冷淘》。
[3] 《全唐文》卷 219 崔融《断屠议》。
[4] (唐)郑处诲:《明皇杂录》,中华书局 1994 年版。

油巾"条载杜甫在蜀,"日以七金买黄儿米半篮,细子鱼一串"[1]。并称此"细子鱼"是"蜀人奉养之粗者"。杜甫日食米饭及"细子鱼",可能是因其久居蜀川,在饮食生活上与当地人已无太大的区别。唐代僧人兼书法家怀素在《食鱼帖》中说道:"老僧在长沙食鱼,及来长安城中,多吃肉。"[2] 这里既说明了南北不同地域内饮食的差异,也说明当时长沙一带的副食类是以鱼为主的。不过在本区西部,如川西一带,饮食习惯又有所不同。《北梦琐言》卷3记崔安潜"镇西川三年,唯多蔬食,宴诸司,以面及蒟蒻之类染作颜色,用象豚肩、羊臑臁、脍炙之属,皆逼真也"[3]。这是因为崔氏崇奉佛教,不食荤,而将面食、蔬菜等染色做成荤食的形状。可以判断西川之地除"鲙炙"(或即烤鱼)之外,多食肉类。

当然,南北饮食的差异随着南北交往和人口流动也是在不断地变化着的。如五代十国时之吴越,有孙承祐者,"常馈客,指其盘曰:'今日,南之蟛蜞、北之红羊、东之虾鱼、西之嘉粟,无不毕备,可云富有小四海矣。'"[4] 似表明南北饮食生活已逐渐出现交流和融合的倾向。

(原载《江汉论坛》2009 年第 6 期)

---

[1] 丛书集成初编本《云仙杂记》,中华书局 1985 年版。
[2] 《全唐文》卷 912 怀素《食鱼帖》。
[3] 《中国野史集成》编委会编:《中国野史集成》第 4 册,巴蜀书社 1993 年版,第 96、12 页。
[4] 《十国春秋》卷 87《孙承祐传》。

人文重镇形成的文化生态
——以明代黄州府为考察中心

清代道光朝著名文臣、两江总督、湖南人陶澍说:"汉魏以来,襄、郑一带衣冠极盛,近则文风首推武、汉、黄三属,而安陆、荆州、德安、沔阳次之,襄阳远不逮矣。"①陶公目光犀利,所论湖北人文的发展大势不差,只不过他所说的"近"不够明确,是宋、元,还是明、清?尤其是把"武昌府""汉阳府"排在"黄州府"之前,不知出自何种标准?若论朱明王朝,则黄州府的人口数、进士人数、书院数以及《湖北艺文志》及其《补遗》中的著作人数等各项指标均居湖北省第一位,尤其是明代黄州府弦歌不绝,一流大师云集,思想学术领一时之风骚。黄州府并非湖北的中心城市,在明代却成为湖北的人文重镇,对这种人文气象形成的文化生态的探讨,无论是对区域文化史的研究还是对当下的文化建设都意义重大。

一、明代黄州府的人文气象略探

明代的湖北是继先秦、两汉、三国之后人文历史的又一高峰,

---

① 陶澍:《蜀輶日记》卷4,文渊阁四库全书本。

故汉阳徐澄宇为《湖北诗征征诗启》云:"朱明代兴,文风大振。诗言四派,楚居其三。"① 荆州、襄阳和黄州府曾经是湖北人文发展史上的三大重镇。具体而言:"春秋战国时代湖北的政治、经济、文化重心在荆州附近的郢。……从汉代开始,襄阳渐有取代荆州成为湖北重心之势。……从明代开始,湖北的经济和文化就进入了'以东南言之,则重在武昌'的时代。武汉周围的黄州府、武昌府、汉阳府,无论就学校数、科举考试中式人数,还是所出文化名人数,都高于省内其他地区;荆州府、襄阳府在省内仍属发达地区,但其领先和重心的地位已经丧失,退居到次要地位。"② 据张建民研究,"有明一代,湖北各府州县科举进士总计达 1119 人。全省八个府中,以黄州府中进士人数最多,达 321 人;其次为武昌府 232 人;荆州府 190 人;承天府 147 人;德安府 108 人;襄阳府 68 人;汉阳府 43 人;郧阳府 10 人"③。

如果说科举最高级别的进士还不能完全代表人才的话,那么作为文化化石的古籍和文化结晶体的著作是有说服力的。据《湖北艺文志》及其《补遗》中的《湖北古代著述人物表》统计,有明一代可考的湖北各州府的著作人物数量为:黄州府 406 人,武昌府 185 人,荆州府 164 人,德安府 90 人,直隶安陆州 75 人,直隶沔阳州 51 人,汉阳府 42 人,襄阳府 33 人,郧阳府 7 人。故嘉靖乙未进士王廷瞻在《黄州府志后序》中说:"夫黄,在楚称巨郡。而文献尤甲诸郡。"又说:"黄既为楚巨郡,声名文物,又与海内大区相比数。"④ 声名文物之盛又以思想学术为标高,"在中国古代,哲学思想、政治思想、道德伦理思想、文艺思想、科技思想以及社会风尚等精神文化的诸多侧

---

① 王葆心:《再续汉口丛谈》,湖北教育出版社 2002 年版,第 292 页。
② 罗福惠:《湖北近三百年学术文化》,武汉出版社 1994 年版,第 4—6 页。
③ 张建民:《湖北通史》(明清卷),华中师范大学出版社 1999 年版,第 613 页。
④ 湖北省人民政府文史研究馆等:《湖北文征》第 2 卷,湖北人民出版社 2000 年版,第 299—300 页。

面，往往杂糅于学术著作之中，因此，我们把思想学术史作为狭义文化史的主干看待"[1]。而哲学又执思想学术之牛耳，"宋明哲学有三个里程碑，分别以'天理'、'良知'、'童心'为最高范畴，而以'童心'为最高范畴的哲学体系，正是李贽的创造"[2]。而成就李贽的正是黄州府的山水与人文，"黄州，山水清远，土风厚善。其民寡求而不争，其士静而文，朴而不陋。虽闾巷小民，知尊爱贤者"[3]。一个外乡人客居黄安、麻城达十七八年之久，其间以开风气之先"必自楚人始"自信的公安三袁、状元焦竑、汪可受、周柳塘等纷纷前往麻城，砥砺学问，激扬文字，黄州府成为人文荟萃之中心，李贽与耿定向的每一次论争，均使朝野侧目。李时珍的《本草纲目》与李贽在黄安、麻城的惊世骇俗之论是明代科技与人文的双子星座。

二、黄州府成为湖北人文重镇的文化生态根基

（一）湖广行省地缘政治结构的流变

"湖广之形胜在武昌乎？在襄阳乎？抑在荆州乎？曰：以天下言之则重在襄阳，以东南言之则重在武昌，以湖广言之则重在荆州。"[4]这是清人顾祖禹从政治军事的角度论述湖广之形胜，但巧合的是荆州、襄阳、武昌历史上都曾经是湖北的政治、经济、文化中心，这种中心地位的形成与地缘政治结构关系紧密，"对于古代中国社会来说，

---

[1] 冯天瑜：《明清文化史札记》，上海人民出版社2006年版，第2—3页。
[2] 许苏民等：《李贽、耿氏兄弟和公安三袁》，《江汉论坛》2009年第7期。
[3] （宋）苏轼：《书韩魏公黄州诗后》，《东坡全集》卷93，文渊阁四库全书本第1108册，上海古籍出版社1987年版。
[4] （清）顾祖禹：《读史方舆纪要》，上海书店出版社1998年版，第502页。

地缘政治结构是受地方行政制度与自然环境双重约束下所形成的区域空间结构"[1]。从地缘政治的角度来看，从西周到北宋，中国的中央政府主要建在北方，都城主要在西安—洛阳—开封一线，荆州和襄阳得此地缘之利，"盖天下之形势视建都者为推移，藩屏之疏密视建都之向背何如耳"[2]。故江陵和襄阳在元代以前曾是湖北的行政中心，宋代以后鄂州（今武昌）地位上升，成为湖北的重心，但其行政中心的地位并未确立。到了元代鄂州成为湖广行省的治所，鄂州才全面确立大区域中心城市的地位。1281年，原来迁移至湖南潭州的湖广行省治所又迁回鄂州。于是鄂州正式成为湖北的行政中心，成宗大德五年（1301）改鄂州路为武昌路，后又改为武昌府。这样自楚昭王十一年冬（前505）起，郢（大约在战国中晚期之际被称为江陵）作为楚国都城，在近一千八百年的时间里，湖北的行政中心在江陵和襄阳，黄州府远离湖北的行政中心。宋元之世，蕲、黄二州分治，宋代蕲州、黄州属淮南西路，其治所在寿州，今安徽凤台；元代蕲州路、黄州路属河南江北行省，其治所在汴梁，今河南开封，宋元二世蕲、黄均处于所在省的偏远地带，远离其行政中心，故王葆心说："宋、元之交，吾蕲黄以边徼，文化榛芜。"[3]

朱明代兴，湖广进入了"以东南言之，则重在武昌"的时代，武昌成为区域内的政治经济文化中心，黄州府毗邻武昌，一变其两千年来的不利地位，获得区位优势。洪武十一年（1378）明政府将蕲州归属黄州府，实现了"蕲黄合一"，标志着自东晋、南北朝、隋、唐、宋、元以来近千年两州分治局面的结束。受此地缘政治和行政区划变动的影响，黄州府文化勃兴。从先秦至清康熙之世，黄州府古籍见之于《四库全书》的有40人的著作，其中最早的在唐代，乃贞元

---

[1] 李孝聪：《中国区域历史地理》，北京大学出版社2004年版，第5页。
[2] （清）顾祖禹：《读史方舆纪要》，上海书店出版社1998年版，第503页。
[3] 王葆心：《再续汉口丛谈》，湖北教育出版社2002年版，第317页。

间蕲州人卢储，绝句两首；宋代有 7 人；其余均为明清之人，且有明一代共 23 人，尤其是出现了享誉全国的一流大学者，如医药学家李时珍，理学家顾问、顾阙，竟陵派代表作家刘侗等。哲学大师黄冈人熊十力在《问津学会启》中总结道："有明心学之兴，黄冈郭氏、黄安耿氏、蕲春顾氏，并为荆楚大师。"① 又据《湖北历史人物词典》记载，宋元之世，黄州府人物占全省 12%，而明、清、民国之世则分别占 30%、36%、34%。足见地缘政治与行政区划的产生对区域文化的发展作用巨大。

（二）历史积淀是文化复兴的基石

王葆心在总结明代黄州府麻城县的科举之盛时说："大抵人文科目、衣冠之兴衰，存乎一时之风气，如齐、鲁，如洛、闽，皆以地望表学术；次则搢绅科第，亦乘地望。"又说："故风气之开，必积久乃成，成后亦可积久不灭；其灭也，必有种种摧败之方。"② 这说明人文重镇的形成非一日之功，必积久乃成，是一个由量变到质变的过程。实事求是地说，黄州府历史上的居民多为少数民族。远古时期，三苗是也；夏商周时期，越楚争锋；汉魏两晋南北朝时期，五水蛮强大滋生。③ 相对而言，蛮民文明进化较迟，故鄂东地域民风彪悍，而学风稀薄。晚唐大诗人杜牧为黄州刺史时尚感叹："黄境邻蔡，治出武夫，近五十年，令行一切，后有文吏，未尽削除。"④ 蕲、黄二州为隋伐陈的主战场，对结束天下分裂的局面起了重大作用。伴随着隋文帝平定南陈，居住在蕲、黄二州地域的五水蛮同化进程加快，"其与夏

---

① 熊十力：《新唯识论》，中华书局 1985 年版，第 19 页。
② 王葆心：《再续汉口丛谈》，湖北教育出版社 2002 年版，第 105 页。
③ 刘礼堂等：《鄂东文化的人类学考察》，《武汉大学学报》2012 年第 1 期。
④ （唐）杜牧：《祭城隍神祈雨文二首》，《文苑英华》卷 996，文渊阁四库全书本。

人杂居者，则与诸华不别。其僻处山谷者，则言语不通，嗜好居处全异，颇与巴、渝同俗"①。在同化的过程中，蕲、黄二州地域的民情风俗在悄悄发生改变，蕲春"人性并躁劲，风气果决，包藏祸害，视死如归，战而贵诈，此则其旧风也。自平陈之后，其俗颇变，尚淳质，好俭约，丧纪婚姻，率渐于礼。其俗之敝者，稍愈于古焉。"②以平陈为界，蕲、黄二州风俗大变，实乃文治教化之功。隋唐之世，天下重归一统，强大的中央集权，高度发达的文化，至杜牧为黄州刺史时，蕲、黄二州地域已没有汉、蛮之别了，"黄州在大江之侧，云梦泽南。古有遗风，今尽华俗"③。自杜牧守黄州，天地灵气，气节文章开始照临本邦，诚如陆游云："然自牧之、王元之出守，又东坡先生、张文潜谪居，遂为名邦。"④自唐历宋而至明，名儒硕彦，文采风流。道光癸卯举人，刑部郎中邓琛在《光绪黄州府志序》中总结道："自宋王元之、苏子瞻二公气节文章照临此邦，山川亦勃发其清淑之气，笃生俊哲。自是以还，理学名儒，文采经济，史不绝书。见于明史者五十三人，文物声名，遂为楚中之冠。"⑤由此可见，杜牧、王禹偁和苏东坡三位客籍名宦是黄州文化的播种者、传承者和奠基者。

会昌二年（842）四月二十三日，杜牧从京城由比部员外郎外放黄州，直至会昌四年（844）九月离任。明弘治十四年《黄州府志》卷5载："杜牧，大和间为黄州刺史。有才名，多奇节，吏民怀服之。有诗见艺文。"杜牧守黄州乃黄州之幸，人民之福。当时的黄州还只是一个"户不满三万，税钱才三万贯"⑥的下等州。杜牧出生于关中

---

① 《隋书》卷31《地理志》。
② 同上。
③ （唐）杜牧：《樊川文集》，上海古籍出版社2009年版，第217页。
④ （宋）陆游：《入蜀记》卷3，文渊阁四库全书本。
⑤ 湖北省人民政府文史研究馆等：《湖北文征》第10卷，湖北人民出版社2000年版，第324页。
⑥ （唐）杜牧：《樊川文集》，上海古籍出版社2009年版，第217页。

大族、文化世家,其远祖杜预是西晋著名政治家和学者,祖父杜佑是中唐著名政治家和历史学家,先后任三朝宰相,作为文化世家的传人,杜牧曾自豪地说道:"旧第开朱门,长安城中央。第中无一物,万卷书满堂。家集二百编,上下驰皇王。"①杜牧本人才华横溢,其诗与李商隐并称为"小李杜",尤以"七绝"见长。其作于黄州任上的怀古咏史诗《赤壁》:"折戟沉沙铁未销,自将磨洗认前朝。东风不与周郎便,铜雀春深锁二乔。"不仅开创了咏黄州赤壁之先河,而且给黄州赤壁注入了金石之声,堂堂剑气,一扫晚唐诗风的靡靡之音,绮靡之气,在俊拔峭健之中,不失风华流美之致,其豪情与才气挥洒在黄州的山水之间。让黄州吏民怀服的不仅仅是诗文,而且还有一个为政者的人格魅力,"今者蒙恩,擢授刺史,专断刑罚,施行诏条。政之善恶,唯臣所系"②。作为一个文化巨子,杜牧对推行文治教化表现了高度的自信与自觉,"止一县宰,独能不徇时俗,自行教化,唯德是务,爱人如子,废鞭笞责削之文,用忠恕抚字之道。百里之内,勃生古风"③。在某种意义上,杜牧是黄州文化的播种者,因为"区域社会经济文化的发展,是多种因素共同作用的结果,但人的因素是最重要的因素之一,落后地区的发展则更加与某些杰出人物密切相关。唐代江南、岭南等一些文化后发地区,其文化发展主要依靠先进文化的持续输入。文化输入的途径,除了民间的渠道之外,官方教化则更为重要"④。

如果说杜牧来黄州是自我放逐的话,王禹偁则是被动选择,所幸的是他"不以谪为患"⑤,而是把自己融进黄州雄奇的山川之中:

---

① (唐)杜牧:《杜牧寄兄子诗》,《诫子通录》卷4,文渊阁四库全书本。
② (唐)杜牧:《樊川文集》,上海古籍出版社2009年版,第217页。
③ 同上。
④ 张卫东等:《论唐代刺史的教化职能》,《江海学刊》2010年第5期。
⑤ (宋)苏辙:《黄州快哉亭记》,《唐宋八大家文钞》卷163,文渊阁四库全书本。

"江山之外，第见风帆沙鸟、烟云竹树而已。待其酒力醒，茶烟歇，送夕阳，迎素月，亦谪居之胜概也。"（《黄州新建小竹楼记》）从而开创了中国贬谪文学的新纪元，一种"忘却忧患得失的超迈人生态度"，表现出"劲健高旷"的旷达情怀[1]，诚如作者自己所说："平生诗句多山水，谪宦谁知是胜游。"（《听泉》）这种"不以物喜不以己悲"的旷达情怀，屡遭贬谪却愈挫愈奋的刚健有为的人生态度对黄州士人的精神世界影响巨大。

王禹偁可以说是黄州文化的传承者，作为宋初散文革新的先导者，他在《送孙何序》中说："咸通以来，斯文不竞。革弊复古，宜其有闻。"[2]主张文章："传道而明心。远师六经，近师吏部。使句之易道，义之易晓。又辅之以学，助之以气。"[3]明确提出要以韩愈为师，强调以学问入文，文章以气为助，这是宋代诗文革新理论的先声。这些文章革新理论，直到咸平二年（999）三月二十七日赴黄州就任刺史以后，通过自己的诗文创作得以实现，尤以《黄州新建小竹楼记》传诵千古，既有古文的畅达疏朗之美，又不失骈体的对称与铿锵。从文学史的角度看，《黄州新建小竹楼记》对范仲淹的《岳阳楼记》、欧阳修的《醉翁亭记》、苏轼的《赤壁赋》影响巨大。从对黄州学子的影响来看，更是不可估量，王禹偁不仅把当时最新的诗文革新理论带到黄州，而且通过诗文创作为黄州学子提供了学习的样板。不仅如此，王禹偁冒着触犯神灵的风险，重修文宣王庙，在黄州人民的心中重建精神的殿堂，黄州学子终于有了自己学习的场所，对推动黄州的文教事业功德无量。然天妒英才，咸平四年（1001）王禹偁改任蕲州刺史月余就"托体同山阿"，卒年48岁。"子规啼月小楼西"，

---

[1] 赵鲲：《贬谪文学的转折——以〈黄州新建小竹楼记〉为中心》，《解放军艺术学院学报》2010年第1期。
[2] （宋）王禹偁：《小畜集》卷19，文渊阁四库全书本。
[3] （宋）王禹偁：《小畜集》卷18，文渊阁四库全书本。

他的精魂与功业永远留在黄州，他也赢得"王黄州"之誉，个中缘由，诚如苏轼所说"夫贤人君子，天之所以遗斯民，天下之所共有，而黄人独私以为宠，岂其尊德乐道，独异于他邦也欤？抑二公与此州之人，有宿昔之契，不可知也？元之为郡守，有德于民，民怀之不忘也固宜"①。

陈寅恪先生在《邓广铭〈宋史职官志考证〉序》中说："华夏民族之文化历数千载之演进，造极于赵宋之世。"②而苏东坡正是赵宋文化的集中代表者，正如林语堂先生所说："苏东坡的人品，具有一个多才多艺的天才的深厚、广博、诙谐，有高度的智力，有天真浪漫的赤子之心——正如耶稣所说具有蟒蛇的智慧，兼有鸽子的温柔敦厚，在苏东坡这些方面，其他诗人是不能望其项背的。这些品质之荟萃于一身，是天地间的凤毛麟角，不可能多见的。"③苏东坡是黄州文化的奠基者，他对黄州人文的影响全面而深刻，具体而言，一是自苏子瞻谪居黄州，宋代一流文人和学者云集黄州，如唐宋八大家之一的苏辙，江西诗派鼻祖的黄庭坚，苏门四学士之一的柯山张耒。二是黄州本土文人学者第一次崛起，"近世以诗得名，自言傅衣江西，尝作宗派图。自豫章以降，列陈师道、潘大临……合二十五人以为法嗣，谓其源流皆出豫章也"④。就籍贯而言，江西籍十一人，居第一；湖北籍六人，居第二，而这六人中五人是黄州府，即潘大临、潘大观、夏倪、林敏功、林敏修。三是大大普及了儒佛道三教文化，黄州下层人士之中创造性人才井喷。东坡是文化的化身，佛心道骨，兼儒家济世之志，在黄州的山水间一路行来一路歌，与各色人等交朋友，尤其是

---

① （宋）苏轼：《书韩魏公黄州诗后》，《东坡全集》卷93，文渊阁四库全书本第1108册，上海古籍出版社1987年版。
② 陈寅恪：《金明馆丛刊二编》，生活·读书·新知三联书店2001年版，第277页。
③ 林语堂：《苏东坡传》，陕西师范大学出版社2005年版，第6页。
④ （元）马端临：《文献通考》卷249，文渊阁四库全书本。

与黄州下层人士的交往，大大触发了这些"身为下贱"之人的创造之光，"余闻光黄间多异人，往往阳狂垢污，不可得而见"①。名医庞安常就是其中之人。庞安常不仅医术高明，而且文化修养极高，颖悟异常，据《东坡志林》记载："黄州东南三十里为沙湖，亦曰螺师店。予买田其间，因往相田得疾。闻麻桥人庞安常善医而聋，遂往求疗。安常虽聋，而颖悟绝人，以纸画字，不书数字，辄深了人意。予戏之曰：'予以手为口，君以眼为耳，皆一时异人也。'疾愈，与之同游清泉寺。"②又如江西诗派骨干成员、黄州诗人潘大临，隐居武昌樊口，沽酒为生。东坡居黄，收为门人，与东坡诗酒唱和，一日诗人谢无逸寄信潘大临，索其新作，大临回复道："秋来景物，件件是佳句。恨为俗气所蔽翳。昨日闲卧，闻搅林风雨声，欣然起，题其壁曰：'满城风雨近重阳。'忽催租人至，遂败意，止此一句奉寄。闻者笑其迂阔。"③异人并不一定是身居高位之人，但往往是创造性人才，是人间难得之士。四是创造了精彩纷呈的"黄州赤壁文化"，正如鄂东文史专家余彦文先生在《黄州赤壁文化》序言中所说的那样："黄州赤壁文化是中国文化的重要组成部分，是中国雅文化的典范，是中国士大夫文化的精华。"自东坡以后，黄州赤壁由"周郎赤壁"向"东坡赤壁"的转变，实现了"周郎事功"向"东坡文章"的飞跃。

经历唐宋元三世之积淀，至朱明之世，黄州府文化世家大兴，这是历史积淀的必然结果，也是文化大兴之标志。据《中国文化世家·荆楚卷》统计，湖北湖南有74家"文化世家"，其中湖北省有32家，而黄州府有15家，居第一，而这15家中，除了黄冈潘氏世家是宋代以外，其余14家均为明清以后。明代黄州府著名的文化世家有蕲州的顾（顾问、顾阙）、冯（冯天驭）、郝（郝守正）、李（李

---

① （宋）苏轼：《方山子传》，《东坡全集》卷39，文渊阁四库全书本。
② （宋）苏轼：《东坡志林》卷9，文渊阁四库全书本。
③ （宋）惠洪：《冷斋夜话》卷4，文渊阁四库全书本。

时珍）蕲州四大家和黄安—麻城的耿、梅、刘、李、田五大名门望族。关于文化世家对学术文化的促进作用，陈寅恪先生曾在《崔浩与寇谦之》一文中有过精辟的论述："东汉以后学术文化，其重心不在政治中心之首都，而分散于各地之名都大邑。是以地方大族盛门乃为学术文化之所寄托。中原经五胡之乱，而学术文化尚能保持不坠者，固由地方大族之力，而汉族之学术文化变为地方化及家门化矣。故论学术，只有家学之可言，而学术文化与大族盛门常不可分离也。"[1] 诚哉，斯言！李时珍在医学上所取得伟大成就，个中原因多多，但家学传承是其中最重要的原因之一。蕲州李时珍家族四代行医，其父李言闻自幼饱读诗书，文化功底深厚，中过秀才。李时珍本来按照家族意愿走科举仕途之路，自幼发奋苦读，"读书十年，不出户庭，博学无所弗窥"[2]。然两次举人考试败北，"诗人不幸医家幸"，从此"李言闻的诊所是李时珍的课堂和实习基地；李言闻的药园是李时珍的实验室；李言闻的著作是李时珍的必备教材；李言闻藏书、与李言闻友善的其他书香门第藏书，是李时珍的图书馆；李言闻、与李言闻相知的饱学之士（如顾问、王世贞）是李时珍的老师和益友。天才成长的这种环境，是李言闻一手营造的"[3]。

（三）经济勃兴是人文重镇形成的基础

"东南财富地，江浙人文薮"描述的是宋元时期长江下游之江、浙两省成为国家经济与文化的中心，同时也揭示了经济是文化的基础。正如恩格斯所说："每一个时代的社会经济结构形成现实基础，

---

[1] 陈寅恪：《崔浩与寇谦之》，《岭南学报》1950 年第 11 卷第 1 期，转引自舒怀等：《中国文化世家·荆楚卷·总论》，湖北教育出版社 2004 年版，第 12 页。
[2] 顾景星：《白茅堂集》卷 38《李时珍传》。
[3] 舒怀等：《中国文化世家·荆楚卷》，湖北教育出版社 2004 年版，第 199 页。

每一个历史时期由法律设施和政治设施以及宗教的哲学的和其他的观点所构成的全部上层建筑，归根到底都是由这个基础来说明的。"[1] 宋元之世，东南之长江下游平原关乎国家命脉，"粮安则天下安"，故有"苏湖熟，天下足"之谣，及至明清之世，则有"湖广熟，天下足"之说。由"苏湖熟，天下足"到"湖广熟，天下足"，虽不能说长江中游的湖北湖南在经济地位上超过了长江下游的江苏浙江，但至少可以说明两湖平原在明清之世取代太湖平原成为国家粮食主产区和国家商品粮基地，顺利接过江浙的产业转移，湖北自春秋战国的楚国之后进入了经济社会发展的第二个战略机遇期，"通常的看法认为，战国以后的两湖平原——江汉平原和洞庭湖平原在中国社会经济天平上无足轻重，唐人即有'扬一益二'之说。这种陈陈相因的观念，导致后人对湖区平原社会经济研究的误区：偏重于长江下游太湖平原和长江上游成都平原，而对长江中游两湖平原则相对冷落"[2]。

地缘政治和交通条件也是影响两湖经济在全国地位的重要因素。湖北承北启南，联东袂西，处天下之要冲，境内交通线路纵横交错，其中全国性交通大动脉有两条，其一是经荆州襄阳纵贯南北，其二是沿长江横通东西，故东晋习凿齿说："楚有二津：谓从襄阳渡沔，自南阳界出方城关是也，通周、郑、晋、卫之道；其东则从汉津渡江夏，出皋关是也，通陈、蔡、齐、宋之道。"[3] 自春秋战国至六朝，湖北境内的南北交通干线居主导地位，隋唐以后，大运河成为南北交通最重要的干线，宋元之世，长江下游之江浙两省成为全国富裕之地，京师供给主要通过大运河，湖北被甩在这条大动脉之外。湖北经济社会发展沉睡千年之后，到明中叶而大放异彩，其标志是"湖广熟，天下足"和汉口的兴盛，这两者之间又互为因果：

---

[1]《马克思恩格斯全集》第20卷，人民出版社1971年版，第29页。
[2] 刘玉堂：《〈两湖平原开发探源〉评介》，《江汉论坛》1996年第5期。
[3]《太平寰宇记》卷145，文渊阁四库全书本。

中国之地，四通八达，莫若楚也。楚固泽国，耕稼甚饶，一岁再获，柴桑吴郡多仰给焉。谚曰："湖广熟，天下足"，言其土地广沃，而长江转输便易。①

这里透露了几个重要信息，诸如两湖土地广袤而肥沃，湖泊众多，双季稻盛行，大量商品粮外输，交通便利等，但其中最为重要的是大量粮食的剩余和交通便利。而交通之便利得益于汉口码头的兴盛：

明成化初，水通前道，故河遂淤，于是汉口有兴机矣。盖汉口初一芦洲耳，洪武间，未有民居。至天顺间，始有民人张添爵等祖父在此筑基盖屋，嘉靖四年丈量，上岸有张添爵房屋六百三十间，下岸有徐文高等屋六百五十一间。汉口渐盛，因有小河水通，商贾可以泊船，故今为天下名区。②

巧合的是"湖广熟，天下足"这一民谣最早见于弘治年间进士湖南郴州人何孟春的《余冬序录》："今两畿外，郡县分隶于十三省，而湖藩辖府十四、州十七、县一百四，其地视诸省为最巨，其郡县赋额，视江南、西诸郡所入差不及。而'湖广熟，天下足'之谣，天下信之。盖地有余利也。"③又据张国雄的研究，"'湖广熟，天下足'之'湖广'主要由江汉—洞庭平原、鄂东沿江平原（即鄂东南、鄂东北）、湘中丘陵盆地组成。它们不单是几个自然地理区，而且也是两湖粮食生产最发达的农业经济区"④。而黄州府之黄冈、蕲水、蕲州、

---

① 吴学俨：《地图综要》内卷《湖广总志》，顺治二年刊本。
② （清）范锴著，江浦等校释：《汉口丛谈校释》，湖北人民出版社1999年版，第37页。
③ 何孟春：《余冬序录》卷59《职官》，光绪六年刊本。
④ 张国雄：《"湖广熟，天下足"的经济地理特征》，《湖北大学学报（哲学社会科学版）》1993年第4期。

广济、黄梅、黄陂之沿江平原均在此经济发达之域。

地处鄂东的黄州府,北倚大别,南带长江,东吐鄱阳,西吞云梦,中由"五水"水系把东北部山区、中部丘陵、西南部平原分割成众多条块,数以千计的天然湖泊人工湖点缀其间。且四季分明,雨量充沛,气候温湿,雨热同期,物产丰富。万历《黄冈县志》云:"黄邑南介薮泽,有鱼稻之利;东凭高埠以利麻桑;西临平川以利棉花。俯视仰给,喜喜自足。"明中期的黄州府不仅水稻种植业发达,经济作物麻桑和棉花种植甚广,渔业、纺织业发达。

根据梁方仲先生的研究,无论《大明一统志》还是《读史方舆纪要》,明中叶时,黄州府的人口为湖广之冠。[①] 肇始于北宋,历南宋和元末的两个小高潮,至明洪武年间形成高峰的"江西填湖广"移民潮大大促进了黄州府的开发,随着水利的兴修和垸田技术的推广,至万历年间,黄州府"野无遗土"了。在赋税方面,早在明朝初年的洪武六年(1373),朝廷根据税粮的多少,将全国的府分为上、中、下三等,其中20担以上者为上府,黄州府为上等州府,可见黄州府在明朝初年就处于全国经济发展的前列。这种经济的发展体现在文化上就是黄州府进士的人数在湖北的所有州府中居第一位,达321人;就时间而言,明朝前期进士人数45人,后期276人,这种变化也与黄州府前后期经济发展程度相颉颃。现根据张建民《湖北通史》(明清卷)的统计列表如下:

表1 明代前后期黄州府进士人数分州县统计表

州县	洪武—成化 (1368—1487)	弘治—崇祯	合计
黄冈	10	77	87
蕲水	4	30	34

---

① 梁方仲:《中国历代户口、田地、田赋统计》,中华书局2008年版,第309—313页。

续表

州县	洪武—成化（1368—1487）	弘治—崇祯	合计
蕲州	10	28	38
广济	1	10	11
黄梅	2	18	20
罗田		7	7
麻城	17	83	100
黄安		7	7
黄陂	1	16	17
小计	45	276	321

资料来源：张建民：《湖北通史》（明清卷），华中师范大学出版社1999年版，第614页。

（四）丰厚的教育文化资源是人文重镇形成最直接的原因

明末崇祯年间陶晋英居武昌有年，长期在湖南湖北间寻山问水，探寻古迹，其所著《楚书》云："蕲黄之间，近日人文飙升泉涌。然士风与古渐远，好习传奇，以旷达为高，绳墨为耻，盖有东晋之风焉。盖其一段精光，亦自铲埋不得。勿论士大夫，即女郎多能诗文者，如周元孚、董夫人辈。"[1] 明代的黄州府人文飙升泉涌，这种人文气象的出现与黄州府教育的普及与提高息息相关，正如宋人胡瑗在《松滋县学记》中所说："成天下之才者在教化，教化之所本者在学校。"明代黄州府的学校教育包括官学和私学，且明初政府大力加强中央集权，强化思想控制，推行以官学为主的文教政策。早在洪武二年十月，朱元璋就谕中书省臣："古昔帝王育人材，正风俗，莫先于学校。"[2] 明政府立国子监于南北两处，又令郡县皆立学校，在各府、

---

[1] （明）陶晋英著，温显贵点校：《楚书》，湖北教育出版社2002年版，第11页。
[2] 《钦定续文献通考》卷50，文渊阁四库全书本。

州、县、卫、所皆建儒学，以至出现"明代学校之盛，唐宋以来所不及也。生员虽定数于国初，未几即命增广，不拘额数"[1]。朱元璋还大力提倡兴办社学，将社学纳入官学体系，"昔成周之世，家有塾，党有庠，故民无不知学，是以教化行而风俗美，今京师及郡县皆有学而乡社之民未睹教化，宜令有司更置社学，延师儒以教民间子弟，庶可导民善俗也"[2]。自杜牧王禹偁守黄州，黄州府历代政绩卓著之官员无不与办教育相关联，正如明代《黄冈重修学记》载："学校之兴有资于守令，旧矣。文翁之在蜀郡，范纯仁之在襄邑，皆以能兴学校，崇教化，致民俗，丕变故，声誉显于当时，名闻昭于后世，有不可及也。盖学校风化之源，三纲五常之道，由是而后明；诗书礼乐之教，由是而后行；风俗由是而变；人才由是而出。"[3]地方官员以兴教育为己任，也是黄州府教育发达之原因。在最高统治者的鼓励和地方官员的推动下，明初黄州府官学发达。

私学的主要形式是私塾，在黄州府广大的农村私塾占有绝对地位，是黄州府教育的根基。从私塾的设塾方式来看，有族塾（族馆）、公延馆、专延馆、门馆等；从学生的程度而言，又可分为蒙馆和经馆。但无论哪一种形式，教育经费是发展教育的前提条件。明代黄州府的私塾教育经费主要是通过兴办义庄（义学）和士绅商人捐赠来筹措。明代黄州府的各宗族大多是移民家族，各宗族为了自身的生存与发展，都积极鼓励子弟读书出仕，许多族谱中明确规定，凡不读书、不习礼者，不得参与祭祖；凡科考中试者则给予丰厚的奖励。如蕲春童家畈《童氏宗谱·奖贤》中就规定："欲振家庭，端培士气，如有入泮给花红三十两。"为了确保教育经费，有的家族甚至把庙产收益也作为兴学之资，如黄冈《谢氏宗谱》卷首下《能跃公传》："助

---

[1] 《明史》卷69，文渊阁四库全书本。
[2] 《钦定续文献通考》卷50，文渊阁四库全书本。
[3] （明）李时勉：《古廉文集》卷2，文渊阁四库全书本。

理宗从，重新古灵梵刹，虽重在供佛，而实则为阖族弟子读书计，故其规模皆校塾也。"在明清时代，皇权不下县，县下靠宗族，宗族之义学对于普及农村教育，确保寒门俊秀之士子完成学业，进而进入社会精英阶层，实现社会的正常流动，维护社会稳定发挥了巨大作用。

  无论是官学还是私学，明代的学校教育均沦为科举的附庸，科举这种曾经的先进文官选拔制度日渐成为笼牢人才的桎梏，"举天下而为十八房之读。读之三五年而一幸登第，则无知之童子，俨然与公卿相揖让，而文武之道弃如弁髦。嗟乎！八股盛而六经危，十八房兴而二十一史废"。进而愤然曰："八股之害等于焚坑，而败坏人才有盛于咸阳之郊之所坑者。"① 面对科举的腐败，而官学和私学又成为科举的附庸，一批有识之士为天下计，纷纷恢复或创建书院，重新倡导讲学之风，首倡者乃著名学者王阳明。明正德年间（1506—1521）王阳明主讲白鹿洞书院，黄冈郭氏宗族七世孙郭庆从王阳明学，据《黄冈县志》卷8《人物志·儒林》载："闻王守仁讲学，徒步往从之三年，得其说。"耿定向亦称赞郭庆说："为举人时，从文成王（即王阳明）游最久，文成念其笃实，常延为馆师，其所提训者甚悉，具录文成集中。"② 黄州府毗邻江西九江郡，王学浸染颇深，受此影响，明中叶后书院大兴，其书院总数居湖北全省之冠，现根据蔡志荣《明清湖北书院研究》列表如下：

表2 明代湖北分府新建、修复书院一览表

地区	新建书院	修复书院	总计	占全省的百分比	名次
武昌府	22	3	25	22	2
汉阳府	1		1	1	8
黄州府	35	2	37	33	1

---

① （清）顾炎武：《日知录》卷16《拟题》。
② （明）耿定向：《郭善甫先生里表》，光绪《黄冈县志》卷2《地理志·古迹》。

续表

地区	新建书院	修复书院	总计	占全省的百分比	名次
德安府	11		11	10	5
承天府	13		13	12	4
襄阳府	7	1	8	7	6
郧阳府	4		4	4	7
荆州府	13	2	18	13	3

资料来源:《明清湖北书院研究》,华中师范大学博士论文,2008年5月,第64页。

从上表可知,黄州府的书院数在湖北省占第一位与黄州府的进士数居湖北省首位一致,也与黄州府在明代前后期进士数同步调,以此观之,教育对人才的重要性不言而喻。

明正德(1506—1521)以后,黄州府的名儒硕彦以书院为阵地,大兴讲学之风。著名理学家、户部尚书黄安人耿定向辞官归隐后,在家乡黄安筑天台书院,主讲程朱理学,名动一时,状元焦竑在《天台书院记》中说:"天台先生崛起楚之黄安,推明孔、颜、周、陆之学,与乡人肆习之,从游者履恒满户外。"① 耿定向与其弟定力、定理以及周思久、周思敬二人在黄安—麻城一带形成黄州府西北部讲学中心。与此同时,以蕲州人理学家顾问、顾阙两兄弟和黄梅人瞿九思,以崇正书院、阳明书院、江汉书院为中心开展活动,形成了以蕲春—黄梅—广济为中心的东南部讲学中心。这两大学术中心的形成,促进了各个学派之间相互砥砺学问,问难答辩,也吸引了全国一流学者、文人加入其中。《西游记》作者吴承恩曾任职于蕲州荆王府,其职务为"荆府纪善",细细品读《西游记》,就会发现《西游记》中的有些城池物象、地名风俗、方言俚语与蕲州风土人情有相似之处,特别是"《西游记》第八十八回、第八十九回关于玉华王府的章节,则是

---

① 光绪《黄安县志》卷9《艺文·天台书院记》。

以荆王府为原型进行创造的"①。著名通俗文学家冯梦龙应黄安、麻城名士之邀先后于万历四十四年至四十五年、万历四十八年至天启元年两次到黄安、麻城讲学,主讲《春秋》,深得学子欢迎。此外罗贯中的《三国演义》与黄州赤壁、麻城藏书家刘承禧与《金瓶梅》的传播与刊刻、李贽在黄安和麻城对《水浒传》的评点及其《李卓吾评点忠义水浒全卷》传世,足见明代黄州府人文气象峥嵘。

在这些客籍文化名人中,影响最大的莫过于李贽。李贽于万历九年(1581)卸任云南姚安知府投奔黄安三耿,直至万历二十八年(1600)被迫离开麻城,在这长达十七八年的时间里专心在黄安、麻城讲学著述,其《焚书》《藏书》均在麻城完成。而李贽与耿定向的每一次论争,朝野侧目,天下耸动。关于李贽与耿定向的论争,黄宗羲在《明儒学案》中有精彩的记述:"卓吾寓周柳塘湖上。一日论学,柳塘谓:'天台重名教,卓吾识真机。'楚倥诮柳塘曰:'拆篱放犬。'"②一般的观点认为,耿定向重名教而与主流社会思想相合,而李贽重性情而与主流社会相悖。其实李贽与耿定向思想的差异与冲突原因不止如此,先哲与时贤著述颇丰,本文不再赘述。但李贽作为一个"未能超脱传统的反传统"的晚明思想家,与"维护纲常却对嘉靖以后'世风日偷'持批评而欲'陈先进懿行以救时弊'"的理学家耿定向的争论,对黄州府的学风与文风甚至对中国思想史与中国哲学史影响巨大,正如湖北宿儒甘鹏云所说:

> 有明一代,讲学之风最盛,大都宗主白沙、甘泉、阳明三家。就湖北言之,李承箕、李承芳、吴廷举、朱伯骥、曹璘,源于白沙者也。何迁、余胤绪、袁国臣源于甘泉,则白沙之再

---

① 史志鹏等:《黄州简史》,华中师范大学出版社2010年版,第144页。
② (明)黄宗羲:《明儒学案》卷35,文渊阁四库全书本。

传也。蕲州二顾、黄安三耿,源于阳明者也。唐希皋师事钱德洪,张绪师事邹守益,刘承烈师事耿天台,则阳明之再传也。李若愚师事张甄山,则阳明之三传也。①

这段话充分揭示了黄州学术思想与阳明学派之渊源,黄州学术思想在湖北的地位。而学术思想的传承、传播与兴盛,讲学之风功莫大焉!哲学大师熊十力在《问津学会启》中深刻阐述道:"尚考先贤学术,宗趣互殊,各有独到,如五音辐辏,异曲同工;八宝庄严,仙佛齐现,亦可谓大观矣。今夫天,日月星辰昼夜迭运,大地山川草木,众象森罗,唯其并育并行,所以不相悖害。学派之纷歧,亦若是焉已耳。自清房严讲学结社之禁,而学术式微,楚士又好为一意孤行,不近标榜。蕲黄尤甚,故先哲流风,亦以莫为显扬,而日就澌灭。前贤之遗泽既斩,后嗣之趋向益迷。"②熊先生此论,大气磅礴,目光如炬,深刻揭示了"百花齐放,百家争鸣"对繁荣学术思想的巨大作用,一旦思想禁锢,讲学之风禁,则学术榛芜,同时也揭示了清代蕲黄乃至湖北学者无闻的原因。今天读来,犹有"振聋发聩"之感和"如芒在背"之痛。

(原载《江汉论坛》2013 年第 3 期)

---

① 湖北省人民政府文史研究馆等:《湖北文征》"例言",湖北人民出版社 2000 年版,第 4 页。
② 熊十力:《新唯识论》,中华书局 1985 年版,第 20 页。

宋代笔记及类书中的岁时民俗研究

岁时民俗文献是指记录民众在一年四季中特定节气和约定俗成的节日中的民俗生活的文字，以及学者对各种岁时民俗的研究和评议。早在先秦、汉代，已有多种时令文献问世，如《夏小正》《诗经·邶风·七月》《山海经·大荒经》中的有关部分、《尚书·尧典》关于四仲星的部分、《逸周书·时训解》《管子·四时》《管子·五行》《管子·幼官》《吕氏春秋·十二纪》《礼记·月令》《淮南子·时则训》《四民月令》等，这类岁时书籍一般记述一年四季的物候天文的变化以及与此相关的社会禁忌和倡导。汉代以后，岁时民俗著作几乎在每个朝代都有出现。因岁时文献与节气和农事紧密相关，最初将时令之书归入子部农家类。自隋唐开始岁时文献数量日渐增多，官修类书如《艺文类聚》《初学记》等都专设岁时部。

在宋代这样一个文化高度发达的朝代，有关岁时民俗的记录及著作的数量也大量增加，且日益受到学者重视，这一点从书目中也可以看出。北宋真宗景德二年（1005）杜镐《龙图阁书目》在史传大类中专门列出岁时，北宋仁宗庆历元年（1041）王尧臣等修成《崇文总目》，史部专列"岁时类"，这标志着岁时文献日渐成熟并在书志中取得独立地位。陈振孙《直斋书录解题》卷6云："前史时令之书，皆入子部农家类。今案，诸书上自国家典礼，下及里间风俗悉载之，不专农事也。故《中兴馆阁书目》别为一类，列之史部，是矣。

今从之。"[1] 指明了统治者意识到岁时民俗文献所包含的社会内容日渐丰富,已经不局限于农事活动,这是将岁时文献列入史部的原因。这也是宋代岁时民俗文献研究的意义所在,与唐宋之前的岁时民俗文献相比,宋代的岁时民俗文献体例日渐完善且所包含的社会内容极大丰富,上至国家典礼,下及里间风俗,节日生活都市化、娱乐化甚至完全脱离了农事,极富时代特色。

有宋一代,除去岁时民俗专著,有关岁时民俗的记录多收集在私人撰写的笔记体散文和类书中,如《东京梦华录》(卷6至卷10)、《梦粱录》(卷1至卷6)、《武林旧事》(卷1至卷3)、《太平御览》(卷16至卷35)、《事类赋注》(卷4)《事物纪原》(卷8)等。但宋代笔记和类书中的岁时民俗部分尚未得到学者的充分关注,此处,我们对宋代岁时民俗专著或文献中的岁时民俗部分的内容、记录方法做一些简要介绍,总结出宋代岁时民俗文献的一些书写特点,为以后宋代岁时民俗文献的深入研究抛砖引玉。

一、笔记中的岁时民俗

笔记作为一个文体概念,概称一切用散文所写、零星琐碎的随笔、杂录。北宋宋祁有《笔记》3卷,后又陆续出现了《仇池笔记》《芥隐笔记》《卢浦笔记》《老学庵笔记》《密斋笔记》等,这些"笔记"都是信笔记录的意思。美国学者包弼德(Peter Bol),通过张耒的《明道杂志》考察了宋代文人的笔记写作,试图探究在宋代流行"笔记"这一文体本身的意义所在。他认为笔记是缺乏统一性的写作形式,它展示出与宋代道学所呈现的系统、统一、普遍的世界观相

---

[1] (宋)陈振孙:《直斋书录解题》第6卷,上海古籍出版社1987年版,第189页。

对立的多样性，以及宋代文人强调实际经验与现象之特殊性的思维特征。[1]

刘叶秋按笔记的内容将其分为三类，即小说故事类、历史琐闻类、考据辨证类。[2] 他认为宋代小说故事类笔记的特点在于就见闻所及来记叙本朝的轶事和掌故，内容较为真实。历史琐闻类笔记则多为追述前代旧闻、名臣言行，记叙汴京政局、民情风俗，或者专门记叙当时都市生活与风俗习惯。总体而言，宋代笔记内容大都与实际生活紧密联系。吕叔湘先生言："随笔之体肇始魏晋，而宋人最擅长，……或写人情，或述物理，或记一时之谐谑，或叙一地之风土，多半是和实际人生直接打交道的文字。"[3] 桃源居士云："唯宋则出士大夫手，非公余录，即林下闲谈。所述皆生平父兄师友相与谈说，或履历见闻、疑误考证，故一语一笑，想见先辈风流。其事可补正史之亡，裨掌故之阙。"[4]

宋代历史琐闻类笔记中包含有大量岁时民俗内容，如孟元老的《东京梦华录》10卷、灌圃耐得翁的《都城纪胜》1卷、西湖老人的《西湖老人繁胜录》1卷、吴自牧的《梦粱录》10卷、周密的《武林旧事》1卷，除去《东京梦华录》追述北宋都城汴梁的情况，其他四部书描述的都是南宋都城临安的风俗。此处简单介绍这几部笔记中的岁时民俗部分，并总结其特点。

1.《东京梦华录》：该书版本除《四库全书》本及《丛书集成》本之外，尚有《津逮秘书》本，见第10集；《学津讨原》本，见第7集；《秘册汇函》本及《三怡堂丛书》本，均10卷。《唐宋丛书》本，

---

[1] Peter Bol（包弼德），"A Literati Miscellany and Sung Intellectual History: The Case of Chang Lei's Ming-tao tsa-chih," *Journal of Sung-Yuan Studies*, vol. 25, 1995.
[2] 刘叶秋：《历代笔记概述》，北京出版社2003年版，第4页。
[3] 吕叔湘选注：《笔记文选读·序》，古典文学出版社1957年版，第6页。
[4] 《五朝小说》中《宋人百家小说》桃源居士序。

见别史；《说郛》本，见卷68，均1卷。《东京梦华录》在宋代笔记中以难读著称，戴望舒称之为"一部极可爱又极不易读的书"[①]。首先迎难而上的是邓之诚先生。邓之诚先生的《东京梦华录注》（商务印书馆1959年版）是《东京梦华录》问世以来第一个注本。此后入矢羲高、梅原郁訳注《东京梦华录：宋代の都市と生活》（岩波书店1983年版）、严文儒《新译东京梦华录》（三民书局2004年版）、伊永文《东京梦华录笺注（上、下）》（中华书局2006年版）陆续出版。学者们对《东京梦华录》的研究主要集中在对其作者、版本、文体、语言、文化这几个方面，对其岁时民俗部分的深入探讨比较少。

《东京梦华录》的岁时民俗部分集中在卷6至卷10，这一部分以四季时间为序，叙述了北宋皇室及东京民众一年四时的岁时节庆，既有传统节庆节日如元旦朝会、元宵灯会、清明游赏、四月浴佛、五月端午、七夕乞巧、中元祭鬼、中秋玩月、重阳赏菊、冬至郊祀、除夕大傩等，也对北宋皇室在特定时间的祭祀、赏游活动的仪式、场景作了较为细致的描绘。这部分内容大致可分为以下几类：（1）皇室游赏类。如"十四日车驾幸五岳观""驾幸临水殿观争标锡宴""驾幸琼林苑""驾幸宝津楼宴殿""驾幸射殿射弓""驾诣青城斋宫""驾还择日诣诸宫行谢"，描述皇室在不同季节的大型游赏活动，及出行仪式。（2）祭祀活动。如"六月六日崔府君生日，二十四日神保观神生日""驾宿太庙奉神主出室""驾诣郊坛行礼""郊毕驾回"，描述皇室祭祀的各种仪式内容。（3）皇室生日。如"天宁节""宰执亲王宗室百官入内上寿"，以皇室成员尤其是皇帝、太上皇、太后、皇后等生日规定为节日，朝廷都要举行大型仪式庆贺。（4）传统节气节日。如"立春""元宵""清明节""端午""七夕""中秋""除夕"则主要描写了都城民众过节的种种景象，如戏耍、饮食、集市，皇室也都参

[①] 王文彬、金石主：《戴望舒全集·散文卷》，中国青年出版社1999年版，第320页。

与这些节气节日活动。卷6至卷10共有43条目，其中以"驾"字开头或包含"驾"字的标目如"十四日车驾幸五岳观""驾幸临水殿观争标锡宴"就有15条之多，此外还有官方主办或参与的一些活动如"六月六日崔府君生日，二十四日神保观神生日""下赦"。在这一部分，北宋皇室的活动占了三分之一强。也许在作者的意识中，皇室与民间并不是完全脱离，有些节日甚至就是由皇室发起，与民同乐。这些内容对后人了解研究北宋京城的岁时风俗、皇室礼仪有重要的史料价值。该书语言方面，孟元老在《东京梦华录·序》中说："古人有梦游华胥之国，其乐无涯者，仆今追念，回首怅然，岂非华胥之梦觉哉。目之曰梦华录。……此录语言鄙俚，不以文饰者，盖欲上下通晓尔，观者幸详焉。"① 指明这部著作是追念往事，且语言不以文饰。

2.《武林旧事》：凡10卷，亦有6卷本。宋周密撰。作者在自序中称："乾道、淳熙间，三朝授受，两宫奉亲，古昔所无。一时声名文物之盛，号小元祐。丰亨豫大，至宝祐、景定，则几于政、宣矣。予曩于故家遗老得其梗概；及客修门闲，闻退珰老监谈先朝旧事，辄耳谛听，如小儿观优，终日夕不少倦。……每欲萃为一编，如吕荥阳《杂记》而加详，孟元老《梦华》而近雅，病忘慵惰，未能成书。世故纷来，惧终于不暇记载，因撮大概，杂然书之。"② 从中可略知其著书的宗旨。《四库提要》云："今考所载，体例虽仿孟书，而词华典赡，南宋人遗篇剩句，颇赖以存，近雅之言不谬。吕希哲《岁时杂记》今虽不传，然周必大《平园集》尚载其序，称其上元一门，多至五十余条，不为不富，然密犹以为未详，则是书之赅备可知矣。"③

该书卷1至卷3描述了南宋杭州人在岁时节日中的一系列活动。这一部分按其内容可分为：（1）游赏玩乐类。如"元夕""舞队""灯

---

① （宋）孟元老：《东京梦华录》（外四种），上海古典文学出版社1956年版，第1页。
② （宋）周密：《武林旧事·序》，浙江人民出版社1984年版。
③ 《景印文渊阁四库全书》第59册，台湾商务印书馆1983—1988年版，第173页。

品"描绘了各式各样的灯笼以及游人赏灯的热闹景象。"赏花""西湖游幸""禁中纳凉""观潮"则描绘了宫廷官府及杭州时人春季赏花、夏季纳凉、秋季观潮等赏游活动。(2)饮食服饰类。如"挑菜"描述春季宫中排办挑菜御宴。"进茶"是春季地方向朝廷进贡新茶。"开炉"是秋冬季朝廷"授衣"之礼。"迎新"是民间品尝新酒的活动。(3)官府祭祀仪式。如"四孟驾出""登门肆赦""恭谢"描绘了官府祭祀的一系列仪式。(4)军事方面。"御教"主要描绘皇帝阅兵的过程。"御教仪卫次第"描述阅兵时各种人员的出场情况。"燕射"则是皇室射箭的一系列仪式。(5)皇室生日。"庆寿册宝""圣节",皇室成员生日时宫廷的祝寿仪式以及百姓同乐的盛况。(6)科举。"唱名"宣布科举考试结果的过程及仪式。(7)民众在传统节庆节日中的活动情况。《武林旧事》卷1至卷3岁时民俗部分共有条目38条,其中描述皇室官府的活动占15条,将皇室官府节日活动与民众生活更为自然的糅合在一起。

该书文本的整理主要有:李小龙、赵锐评注《武林旧事》(中华书局2007年版);钱之江校注《武林旧事》(浙江古籍出版社2011年版)。

3.《梦粱录》:凡20卷,宋吴自牧撰。本书自序云:"昔人卧一炊顷,而平生事业扬历皆遍,及觉,则依然故吾,始知其为梦也,因谓之'黄粱梦'。矧时异事殊,域池苑囿之富,风俗人物之盛,焉保其常如畴昔哉!缅怀往事,殆犹梦也。名曰《梦粱录》云。倘有遗阙,识者幸改正之,毋哂。"[①]由此可略明作书之旨意。《四库全书总目提要》云:"是书全仿《东京梦华录》之体,所记南宋郊庙宫殿,下至百工杂戏之事,委曲琐屑,无不备载。然详于叙述而拙于文采,俚词俗字,展笺纷如,又出《梦华录》之下。"[②]该书的版本除《四库

[①] (宋)吴自牧著,傅林祥注:《梦粱录·序》,山东友谊出版社2001年版。
[②] 《景印文渊阁四库全书》第59册,台湾商务印书馆1983—1988年版,第13页。

全书》本与《丛书集成》本外，尚有《知不足斋丛书》本，见第28集；《学津讨原》本，见第7集；《学海类编》本，见集余8；《武林掌故丛编》本，见第14集；《笔记小说大观》本，见第4辑等。复有《香艳丛书》本，凡1卷，见第12集。

该书卷1至卷6按照岁时节气的排列顺序，记录皇家及民众的节日生活。这一部分按照内容可分为以下几个方面：（1）宫廷祭祀。如"元旦大朝会""车驾诣景灵宫孟飨""八日祠山圣诞""驾出宿斋殿""五辂仪式""差官皓祭及清道"都描绘了皇室在特定日子祭祀的一系列仪式活动。（2）科举方面。"诸州府得解士人赴省闱""荫补未仕官人赴铨""解闱"几乎按照时间顺序将南宋科举考试的整个过程展现出来。（3）宗教节日。"二十八日东岳圣帝诞辰""僧寺结制""解制日"。（4）官府制定的节日。"州府节制诸军春教""皇太后圣节""宰执亲王南班百官入内上寿赐宴""皇帝初九日圣节"。（5）民众在传统节气节日中的日常生活。如"正月""元宵""清明""五月重五""七夕""中秋""重阳""立冬""除夜"描绘了都城人的节日生活。简单统计，卷1至卷6的岁时民俗部分共有48条，其中记录皇室朝廷活动如祭祀、科举考试、皇室生日方面的内容有25条，祭祀、科举所占篇幅尤大。这也说明南宋政府对祭祀及科举的重视。

《梦粱录》文本整理主要有：傅林祥校注《梦粱录》（山东友谊出版社2001年版）；张社国、符均校注《梦粱录》（三秦出版社2004年版）等。

根据上文所述，宋代笔记中的岁时民俗部分有以下几个特点：一是现实性。文本主要是对现实节日活动以及具有重大社会意义活动的描绘，即使有追忆北宋汴京部分，也都非常真实，没有虚构、神话的内容。二是凸显出宋代的时代特色。宋代尤其是南宋是一个注重经济发展的时代，普通民众的节日生活都表现出明显的娱乐、消费色彩。此外文中还包含大量的宋代官方设定的节日，以及官方的祭祀、科举、军事方面的仪式和内容。《梦粱录》几乎将科举的考试、阅卷、放榜的整个过程都展现出来，说明南宋官府对科举考试的重视。通过这部分内容可以更为全面的了解宋代社会政治文化情况。三是语言通俗直白少文饰，表现手法多为直接描述，少修辞。

二、类书中的岁时民俗

钟敬文先生曾将中国传统的民俗著述分为两大类型，其一是编者自己对民俗的记录；其二是类书性质的，即汇辑别人的记录而成的。后一类形式较为多见。[1]

类书被称为中国古代的百科全书。四库馆臣对类书评价说："类事之书，兼收四部，而非经、非史、非子、非集，四部之内，乃无类可归。"[2] 它既可供查找有关历史地理、文学艺术、掌故制度、风俗民情等各方面的资料，又可利用来校勘古籍，辑录佚文，是取之不尽、用之不竭的文献"宝山"和资料"渊薮"。胡道静在《中国古代类书》中，将类书与百科全书比较，认为类书性质的特点是"兼'百科全书'与'资料汇编'两者而有之"[3]。

王应麟在《玉海》中说："类事之书，始于《皇览》。"后人谈到中国类书的起点时，大都认同和沿用这一说法。经过隋代的《北堂书钞》、唐高祖时的《艺文类聚》、唐太宗时的《文思博要》、武则天时的《海内珠英》等，逐渐形成一个编纂类书的传统。宋代社会经济形态更趋成熟，随着雕版印刷的发明普及，文化教育的兴盛发达，

---

[1] 钟敬文：《〈北平风俗类征〉重刊序言》，《钟敬文文集》（民俗学卷），安徽教育出版社2002年版，第493页。
[2] 《四库全书总目》卷135《类书类》，中华书局1997年版，第1769页。
[3] 胡道静：《中国古代类书》，中华书局1982年版，第1页。

类书的编纂有了巨大的发展，出现了《太平御览》《太平广记》《文苑英华》《册府元龟》四大类书。宋太宗时的《太平御览》达近1000卷，480万字，引书1690种。宋真宗时的《册府元龟》也达1000卷，940万字，分类1104门，不但分类细密，辑录内容也更为扩大。据张涤华先生统计，从魏至十国时期，类书共70余部；而有宋一代，仅可考的类书就超过前代类书的总和。[1] 宋初，类书主要由官方组织编纂，含有某些政治目的。到了宋后期，类书则多由私人编纂。

宋代的一些类书也包含有大量的岁时民俗内容，如李昉等《太平御览》卷16至卷35为"时序部"；吴淑《事类赋》卷4"岁时部"；高承《事物纪原》卷8有"岁时风俗部"；叶庭珪《海录碎事》卷2"天部"；无名氏《锦绣万花谷》前集卷3、卷4记录岁时民俗典故；祝穆《事文类聚》前集卷6至卷12为"天时部"；谢维新《古今合璧事类备要》前集卷10为"岁时门"，前集卷11为"气候门"、前集卷13、卷14为"时令门"、卷15至卷18为"节序门"。其中，除了《太平御览》是官修外，其余类书都为私人撰写。

此处我们对《太平御览》《事类赋注》《事物纪原》中的岁时民俗部分简单介绍并分析其书写特点。

1. 《太平御览》：初名《太平总类》，又称《太平总览》《太平类编》《太平编类》。太宗太平兴国二年（977）三月同时下诏修撰《太平御览》和《太平广记》。参与其事的有翰林学士李昉、扈蒙、左补阙知诰李穆，太子少詹汤悦，以及徐铉、张洎、李克勤、宋白、阮思道等14人。成书后太宗赵灵日览3卷，一岁而读周，故赐名《太平御览》。太平兴国二年（977）受诏，至太平兴国八年（983）成书。

《太平御览》卷16至卷35为"时序部"，有条目45条，从体例上看，依照内容可分为天象物候类：律、历、五行、四时、闰、岁、

---

[1] 张涤华：《类书流别》，商务印书馆1985年版，第27页。

岁除；季节节气类：春上、春中、春下、立春、春分、夏上、夏中、夏下、立夏、夏至、秋上、秋下、立秋、秋分、冬上、冬下、立冬、冬至；人文节日类：元日、人日、正月十五、中和节、社、寒食、三月三、五月五、伏日、七月七、九月九、腊、小岁；农事类：热、寒、丰稔、凶荒、旱。

天象物候类中的几个标目：律、历、五行、四时、闰、岁，都是首先通过征引一系列文献说明概念、概念来源，以及与概念相关的事件。如标目"律"下，引用文献按其所引内容可分类为：A.指明"律"的来由及发展的文献；B.说明"律"的含义的文献；C.说明"律"的作用，凸显"律"的人文意义的文献；D.与"律"相关的人和事的文献。

标目"春上""春中""春下"中引用的都是与春相关的内容，大概只是因为内容繁多，限于篇幅，而分为上、中、下三部分，内容与春季的上、中、下旬并无关系。类似的，夏上、夏中、夏下，秋上、秋下、冬上、冬下的分类也是同样的道理。因涉及材料的容量过大而将其分为若干部分。引用文献并不是按照内容类型排列，而是按照时代先后顺序排列，对于人文节日的标目而言，这种文献排列方式有利于人们对节日的渊源发展有清晰的认识。如"正月十五日"："《史记乐书》曰：汉家祀太一，以昏时祠到明，今人正月望日，夜游观灯，是其遗事。"指出了正月十五夜游观灯习俗源于汉代的祭祀。

对某些节气节日活动内容的历史变迁也可从所引文献中找到清晰的线索。以"寒食"为例：《荆楚岁时记》曰："去冬节一百五日，即有疾风甚雨，谓之寒食。"陆羽《邺中记》曰："寒食三日作醴酪，又煮粳米及麦为酪，捣杏仁煮作粥。"案：《玉烛宝典》今日悉为大麦粥研杏仁为酪，引饧沃之。又孙叔祭子推文云："醴酪二盂"，是其事也。又并州俗冬至一百五日为介子推断火冷食三日作干粥，是今之糗也。魏武帝《刑罚令》曰："闻太原上党，西河雁门冬至后皆冱寒之地，老少羸弱，将有不堪之患，令人不得食寒，若犯者，家长半岁刑，主吏百日刑，令长罚一月俸。周裴《汝南先贤传》曰：太原旧俗，以介子推焚骸一月，寒食莫敢烟焚。"刘向《别录》曰："寒食蹋蹴，黄帝所作本兵势也，或云起于战国，与蹴鞠同。古人蹋蹴以为戏。"《古今艺术图》云："寒食鞦韆，本北方山戎之戏，以习轻巧者也。"又按周举《移书》及魏武《刑罚令》、陆羽《邺中记》并云：寒食断火起于子推琴操，所云子绥，绥即推也。又五月五日与今有异，皆因流俗所传，据《左传》及《史记》并无介子推被焚之事，按《周礼》司烜氏仲春以木铎修火禁于国中，注云：为季春将出火也，今寒食准节气是仲春之末，清明是三月之节，然则禁火盖周之旧制。《玉烛宝典》曰："寒食此节城市尤多斗鸡之戏。"《左传》有"季郈斗鸡"，其来远矣。《周书·时训》曰："清明之日，桐不华，岁有大寒，田鼠不化，国多贪残，虹不见，妇人乱色戴胜，不降桑，政教不平。"不仅指出寒食节人们食醴酪、干粥，在历史上还有蹋蹴、鞦韆、斗鸡等活动。指出寒食期间食冷食在寒冷地域带来的负面社会影响，受到了政府的关注，明确下令不得寒食，恐将有不堪之患。此外，还探讨了寒食的起源，周举《移书》及魏武帝《刑罚令》、陆羽《邺中记》都认为寒食断火起于子推琴操，但《左传》及《史记》并无介子推被焚之事，而《周礼》中有"司烜氏仲春以木铎修火禁于国中"。因此作者认为"季春将出火也，今寒食准节气是仲春之末，清明是三月之节，然则禁火盖周之旧制"。而为纪念子推被焚的寒食至少是在东汉以后出现的。

  这一部分引书多且完整。有很多整篇整段的文字。引用文献近400部之多，以引用次数来看，引用频率较高的是《汉书》19次、《淮南子》18次、《后汉书》17次、《白虎通》14次、《周礼》12次、《礼》12次、《管子》12次、《吕氏春秋》10次、《史记》10次、《风俗通》10次、《释名》10次、《风土记》9次、《世说新语》9次、《月令章句》8次、《西京杂记》8次、《续汉书》7次、《唐书》7次、《礼记》6次。所引用五代以前的文献、古籍，十之八九今已失传，因此《太平御览》作为循部依类检索古代资料的宝库，具有很高的史料价值。该书有上海涵芬楼本，为今存最佳版本，1960年中华书局用该本重印。

2.《事类赋注》：初名《一字题赋》，亦称《事类赋》，因其有注，故名《事类赋注》。明朝曾有擅改书名为《类书读》。宋吴淑撰并注。该书成书于宋淳化四年（993），初为20卷，后进书皇上，奉敕自注，增为30卷，定名《事类赋注》。吴淑说："伏以类书之作，相沿颇多，盖无纲条，率难记诵。今综而成赋，则焕焉可观。"道出了他为赋的目的。全书以事隶赋，一题为一赋，赋中每句之下，标明出处，并加以训释。全书分天、岁时、地、宝货、乐、服用、什物、饮食、禽、兽、草木、果、鳞介、虫等14部。下分100类，如天、日、月、星、风、云、春、夏、秋、冬、茶、酒、马、牛、羊、龙、蛇、蝉、蜂等，以一字标题，每题为赋一篇。

该书卷4为"岁时部"，分为春赋、夏赋、秋赋、冬赋四部分。其中赋和注是紧密结合在一起的，赋是以季节为单位，将节气节日典故浓缩连接，便于记诵，既显示了作者深厚的学识又富于文学审美价值。在"注"中作者引用大量文献对赋中的节气节日典故进行说明，并对一些问题做了审慎的考订和判断，体现出学者的理性思维。《四库总目·事类赋提要》曰："淑本徐铉之婿，学有渊源，又预修《太平御览》《文苑英华》两大书，见闻尤博。故赋既工雅，又注与赋出自一手，事无舛误，故传诵至今。观其《进书状》称'凡谶纬之书，及谢承《后汉书》、张璠《汉纪》、《续汉书》、《帝系谱》、徐整《长历》、《玄中记》、《物理论》，皆今所遗逸，而著述之家相承为用，不忍弃去，亦复存之'云云，则自此逸书数种外，皆采自本书，非辗转捃撦者比，其精审益为可贵，不得以习见忽之矣。"似乎认为，《事类赋注》中所引文献除谢承《后汉书》、张璠《汉纪》、《续汉书》、《帝系谱》、徐整《长历》、《玄中记》、《物理论》等当时已经亡佚的文献，其余引用文献都是依据原书抄录而来。据不完全统计，《事类赋注》"岁时部"所引用文献多达122种，因吴淑也参与了《太平御览》的编撰，现以《事类赋注》中对"寒食"的注解所引用的文献对比《太平御览》中"寒食"标目下所引用的文献，考察《事类赋注》时序部的注释与《太平御览》岁时部的重合度。《事类赋注》这一部分引用的文献为：《玉烛宝典》《别录》《礼》《时训》《邺中记》《后汉书》《刑罚令》；《太平御览》"寒食"下引用书目有：《荆楚岁时记》《邺中记》《玉烛宝典》《后汉书》《刑罚令》《汝南先贤传》《别录》《古今艺术图》《周书·时训》《嗣寒诗》《途中寒食诗》《岭表逢寒食诗》。引用内容见表1。

表1 《太平御览》《事类赋注》中有关"寒食"所引文献

引用书目	《太平御览》	《事类赋注》
《玉烛宝典》	《玉烛宝典》曰：寒食此节城市尤多斗鸡之戏。	斗鸡蹴鞠。《玉烛宝典》曰：寒食节城市尤多斗鸡卵之戏。
《别录》	《别录》曰：寒食蹴蹋，黄帝所作本兵势也，或云起于战国，与蹴鞠同。古人蹴蹋以为戏。	刘向《别录》曰：寒食蹴鞠，黄帝所造，本兵势也，或云起于战国。
《古今艺术图》	《古今艺术图》云：寒食鞦韆，本北方山戎之戏，以习轻巧者也。又按周举《移书》及魏武《刑罚令》、陆翙《邺中记》并云：寒食断火起于子推琴操，所云子绥，绥即推也。又五月五日与今有异，皆因流俗所传，据《左传》及《史记》并无介子推被焚之事，按《周礼》司烜氏仲春以木铎修火禁于国中，注云：为季春将出火也，今寒食准节气是仲春之末，清明是三月之节，然则禁火盖周之旧制。	佐以鞦韆。《古今艺术图》云：寒食鞦韆本北方山戎戏以习轻趫也。

续表

引用书目	《太平御览》	《事类赋注》
《时训》	《周书·时训》曰：清明之日，桐不华，岁有大寒，田鼠不化，国多贪残，虹不见，妇人乱色戴胜，不降桑，政教不平。	榆火将然。《时训》曰：春取榆柳之火。
《邺中记》	《邺中记》曰：寒食三日作醴酪，又煮粳米及麦为酪，捣杏仁煮作粥。	古有司烜之禁俗有介推之言。陆翙《邺中记》曰：寒食断火起于子推，据《左传》《史记》并无介推被焚之事，《周礼》司烜仲春以木铎修火禁于国中。注：季春将出火也。今寒食准节气是仲春之末，清明是三月之初，然则禁火盖周之旧制。
《后汉书》	《后汉书》曰：周举迁并州刺史，太原一郡旧俗以介子推焚骸有龙忌之禁，至其月成言神灵不乐举火，举移书于子推庙云：春中寒食一月，老小不堪，今则三日而已。	《后汉书》曰：周举迁并州刺史，太原旧俗以介推焚骸有龙忌之禁，乃移书子推之庙，于是众惑稍解。注：云龙星木之位也，春见东方心为大火，惧火之盛故为之禁火，俗传子推以此日被焚而禁火。
《刑罚令》	《刑罚令》曰：闻太原上党．西河雁门冬至后皆沍寒之地，老少羸弱，将有不堪之患，令人不得食寒，若犯者，家长半岁刑，主吏百日刑，令长罚一月俸。	《刑罚令》曰：闻太原上党西河雁门冬至后百有五日皆禁火，云为介推，且子胥沈江未有绝水之事，今沍寒之地老少羸弱将有不堪之患，令人不得寒食，若犯者家长半岁刑，主吏百日刑，令长夺一月俸。

从表1可看出，关于寒食这一部分，两书不仅引用书目百分之八十重合，而且引用内容也几乎完全相同，更值得注意的是关于寒食的起源问题的分析，所引用的论据都完全一致，因此，我们可以推论《事类赋注》的引用文献在很大程度上借鉴了《太平御览》。

《事类赋注》的版本主要有南宋绍兴年间刻本16册，为北京图书馆所藏，《皕宋楼藏书志》卷59还著录有元刊本，今未见；明刻本有嘉靖十一年无锡华麟祥崇正书院刻本及嘉靖十三年开封府南宫白坪刻本；清刻本中以清乾隆二十九年华希闵剑光阁刊本较流行；北京图书馆还藏有另一部南宋绍兴十六年两浙东路茶盐司刻本，惜已缺佚11

卷，原为黄丕烈礼居旧藏。所缺配以明抄本及黄氏士礼居抄本，虽非原貌，却也弥足珍贵，中华书局1989年将此本排印出版发行。

3.《事物纪原》：明刊本作《事物纪原集类》《新刻事物纪原》。宋高承辑，开封人。该书有庆元丁巳年（1197）刊本，成书当在此之前。全书10卷，分55部。《中兴书目》称此书凡217事，而《四库总目》称，此书所载凡1765事，可能为后人有所窜改。全书分天地生植、正朔历数、帝王后妃、嫔御命妇等部，既不泛泛罗列资料，也不作赋，而是刻意探寻事物之始，征引能够说明子目之始的材料。

《事物纪原》卷8的"岁时风俗部"是民俗色彩最为浓厚的一个部分，以事象为标题为我们展现了一年四季节庆节日的代表性活动，并考辨其源流。这一部分罗列了土牛、春幡、桃版、桃符、钟馗、画鸡、爆竹、观灯、放灯、放夜、紫姑、祓禊、教池、子推、寒食、秋千、禁火、拜扫、破散、纸鸢、竞渡、艾人、百索、遗扇、乞巧、穿针、盂兰、水陆、菊酒、登高、药市、赛神、设浴、驱傩、文身等事。每一条目都是以特定季节节日中具有代表性的活动、事物或人物为标题。正文对这些事象起源进行探讨。如条目"子推""禁火"驳斥了寒食禁火源于纪念子推被焚一说。"子推"条中说："相缘云：介子推逃禄，晋文公焚山求之，子推焚死，文公为之寒食断火，故民从此物祀之而名子推，相传之谬至于如此也。""禁火"云："按《周礼》司烜仲春以木铎修火禁于国中，注谓'春将出火，今寒食准节气是仲春末，清明是三月初，然则亦周人出火之事也。'后汉周举迁并州，太原旧俗以介子推焚骸一月断火，举移书朝云：寒食一月，老小不堪。今则三日而已，自汉以来讹谬已若此也。""乞巧"中通过《续齐谐记》《风土记》《岁时记》中对七夕乞巧的记录断定七夕乞巧始于成武丁。《事物纪原》的岁时民俗部分书写上的一个特点就是于条目的末尾都有一句总结性的话语，总结该事象起于哪个朝代，如"此天子观灯之始也""子推相传之谬至于此也""自汉以来讹谬已若此也""然则上坟之礼,疑自是以来民间视上所行,因习以为俗也",等等。大部分条目都是通过引用相关文献得出该事象始于何时的结论,结论不一定正确,但体现出作者追根溯源的思路,而不是单纯的罗列文献。

以上包含有岁时民俗部分的类书,除《太平御览》是官修类书,其余都是由私人撰写。

总体而言,宋代类书中的岁时民俗部分具有如下特点:其一,具有追溯历史源流的意识,不停留于对节日活动表象的描绘,而是旁征博引,考辨节日活动源流,所引文献极为丰富。从所引文献内容看,在月令、岁时风俗的记录中渗透着儒家传统的礼、仁、孝思想并在宋代特定的理学思潮的影响下,增加了一丝思辨色彩。其二,体例多有创新。《太平御览》直接以季节节气节日为标题展开说明论述,如"人日、正月十五、晦日、中和节、寒食"等,《事类赋注》则是以赋的形式将春夏秋冬四季中的节日活动罗列殆尽,附之以注,则更为清晰地考辨了节日活动。《事物纪原》则是以节日活动中具有代表性的事象为标题,正文则探索该事象出现的源流,具有辞书性质。

由上文分析可知,宋代笔记中的岁时民俗部分与类书中的岁时民俗部分不论在内容上还是在书写风格上都大不相同。前者注重节日生活的现实展现,后者注重通过各种历史文献对节日生活进行历史源流的考辨;前者回忆散文式的语言通俗直白,后者旁征博引历代文献渊博厚重;从而使得宋代岁时民俗文献呈现出色彩斑斓的特点。

(原载《江汉论坛》2014年第11期)

中国古代岁时民俗文献研究

中国岁时民俗文献早在先秦时期就已经出现萌芽，汉代以后，几乎每个朝代都相继有岁时民俗著作问世。因岁时文献的内容与节气和农事紧密相关，最初被归入子部农家类。自隋唐开始，岁时民俗文献数量增多，官修类书专设岁时部。北宋仁宗时期，《崇文总目》中"史部"专列"岁时类"，这是岁时文献在书志中取得独立地位的一个标志。长期以来，岁时民俗文献受到民俗学、民族学、社会学及文化人类学领域学者的关注和重视，本文试图从文献学角度探讨岁时民俗文献的研究现状以及未来的研究方向。

一、岁时民俗文献的概念界定

本文考察文献学视野下的岁时民俗文献研究，有必要对岁时、民俗、文献的概念进行简要界定，并简单介绍岁时民俗文献的分类。

1. 岁时："岁"字在甲骨文中已经出现，有很多学者对其概念进行过梳理、界定。如郭沫若、于省吾、容庚都认为古"岁"字的字形像一把石斧，是一种斧类砍削的工具，而《说文解字》对"年"的解释是，"年，谷孰也"①。因此，很多学者都认为岁与年有着极密切的关系，是一种收获作物的工具。在远古的黄河流域，谷大约是一年一熟，因此，岁被当作周期纪年单位。《说文解字》又是这样解释"岁"的，"岁，木星也。越历二十八宿，宣遍阴阳，十二月一次"②。木星每行一个星次为"岁"，一岁是两个冬至之间的时间长度，共365.2422日。不论是以物候还是以天文为依据，"岁"毫无疑问都是一个时间量度单位。

关于"时"，《论衡·难岁》曰："连月为时，纪时为岁。"③《说文解字》曰："时，四时也。从日，寺声。"④时从日，说明"时"是根据太阳一年的变化而形成的不同季节。据于省吾《岁、时起源初考》考证，原始人通过观察和经验的重复，借用某种自然现象的周而复始作为岁年或节候的标志。因社会生活的需要，从一岁中划分为春秋二时，再从二时划分为春秋冬夏四时。于省吾认为，"商代和西周只实行着二时制，四时制当发生于西周末叶"⑤。

简单地说，岁时就是指一年四季。

2. 民俗：民俗一词在我国先秦古籍中已经出现。如成书于公元前7世纪的《管子·正世》说："古之欲正世调天下者，必先观国政、料事物、察民俗。本治乱之所生，知得失之所在，然后从事。"⑥意思是说，古代先民欲从政以治理天下者，必须首先注意了解国政、事物和民俗。这体现出当时统治者注意到民俗在社会政治生活中的重要地位和作用。

---

① （汉）许慎：《说文解字》，中华书局1963年版，第146页。
② 同上书，第38页。
③ （汉）王充：《论衡》卷24《难岁篇》，四部丛刊景通津草堂本，第234页。
④ （汉）许慎：《说文解字》，中华书局1963年版，第137页。
⑤ 于省吾：《岁、时起源初考》，《历史研究》1961年第4期。
⑥ 黎翔凤：《管子校注》中册，中华书局2004年版，第919页。

关于民俗的含义，《说文解字》："民，众萌也"[①]，《尔雅·释训》："存存、萌萌，在也"[②]，释"萌"为存在的意思，所以"民"是以众多的形式存在的人群。《说文》人部云："俗，习也。"[③]《释名·释言语》："俗，欲也，俗人所欲也。"[④]《礼记·曲礼上》："入国而问俗。"注云："俗谓常所行与所恶也。"[⑤]《礼记·王制》云："修其教，不移其俗。"孔疏："俗谓民之风俗。"[⑥]民俗即为人民大众的风俗习惯。而最早给风俗下一个完整定义的是东汉的班固，其《汉书·地理志》："凡民函五常之性，而其刚柔缓急，音声不同，系水土之风气，故谓之风；好恶取舍，动静亡（无）常，随君上之情欲，故谓之俗。"[⑦]班固认为，因地域水土不同而形成的人的性格语气的不同谓之风，受上层统治阶级喜好的影响而形成的民众的各种好恶、习惯称之为俗。因此在远古中国，"民俗"与"风俗"意义相近，是指人民大众的生活习惯、好恶取舍，其形成与地域气候相关也与统治者的导向相关。

3．文献：据记载，在中国古籍中，"文献"一词，最早见于《论语》。《论语·八佾》中记载孔子的话："夏礼吾能言之，杞不足征也；殷礼吾能言之，宋不足征也。文献不足故也。足，则吾能征之矣。"[⑧]汉宋学者都将"文"解释为典籍，"献"解释为贤人。这种解释在后世广为流行。最早用"文献"二字自名其著述的是宋末元初的马端临，他在其著作《文献通考·自序》中说："凡叙事则本之经史，而参之以历代会要，以及百家传记之书，信而有证者从之，乖异传疑者不录，所谓'文'也；凡论事则先取当时臣僚之奏疏，次及近代诸

[①] （汉）许慎撰：《说文解字》，中华书局 1963 年版，第 165 页。
[②] （晋）郭璞：《尔雅》卷 3《释训》，中华书局 1998 年版，第 34 页。
[③] （汉）许慎：《说文解字》，中华书局 1963 年版，第 165 页。
[④] （汉）刘熙：《释名》卷 4《言语》，中华书局 1985 年版，第 57 页。
[⑤] 《礼记》卷 1《曲礼上》，四部丛刊景宋本，第 16 页。
[⑥] 《礼记》卷 4《王制》，四部丛刊景宋本，第 74 页。
[⑦] 《汉书·地理志》第六册，中华书局 1962 年版，第 1640 页。
[⑧] 《论语》，中华书局 2006 年版，第 28 页。

儒之评论，以至名流之燕谈，稗官之纪录，凡一话一言可以订典故之得失，证史传之是非者，则采而录之，所谓'献'也。"① 从文中可知马端临编写这部书的取材，有两个来源：一是书本的记载，二是学士名流的议论。张舜徽先生也对文献一词的概念进行溯源，他基本认同马端临关于"文献"的说法，认为不应将具有历史价值的古迹、古物、模型、绘画包含进文献概念中，但同时也认为古代实物上载有文字的，如龟甲、金石上面的刻辞，竹简、缯帛上面的文字，属于古代书籍，是研究、整理历史文献的重要内容，必须加以重视。②

由上文概念分析可知，岁时民俗文献是指记录民众在一年四季中特定节气和约定俗成的节日中的民俗生活的文字，以及学者对各种岁时民俗的研究和评议。岁时民俗文献不仅是民俗学研究的重要组成部分，是了解古代民俗的依据，也是历史文献学的重要组成部分，具有重要的文献学价值。早在先秦、汉代，已有多种时令文献问世，如《夏小正》《诗经·邶风·七月》《山海经·大荒经》中的有关部分、《尚书·尧典》关于四仲星的部分，《逸周书·时训解》、《管子·四时》、《管子·五行》、《管子·幼官》、《吕氏春秋·十二纪》纪首、《礼记·月令》、《淮南子·时则训》、《四民月令》等，这类岁时书籍一般记述一年四季的物候天文的变化以及与此相关的禁忌和倡导。汉代以后，岁时民俗著作几乎在每个朝代都出现。因岁时文献的内容与节气和农事紧密相关，最初将时令之书归入子部农家类。

自隋唐开始岁时文献数量日渐增多，官修类书如《艺文类聚》《初学记》《太平御览》等都专设岁时部，这标志着随着节日活动的日渐丰富，岁时民俗文献也日渐成熟，形成了独特的文体，在书志中取得独立地位。这一变化在书目中也有反映。真宗景德二年（1005）

---

① （元）马端临：《文献通考序》，中华书局 1986 年版，第 3 页。
② 张舜徽：《中国文献学》，华中师范大学出版社 2004 年版，第 3 页。

杜镐《龙图阁书目》在史传大类中专门列出岁时,北宋仁宗庆历元年（1041）,王尧臣等修成《崇文总目》,史部专列"岁时类",这是岁时文献在书志中取得独立地位的一个标志。陈振孙《直斋书录解题》卷6云:"前史时令之书,皆入子部农家类。今案,诸书上自国家典礼,下及里闾风俗悉载之,不专农事也。故《中兴馆阁书目》别为一类,列之史部,是矣。今从之。"[①]指明了将岁时文献列入史部的原因。

岁时民俗文献大致可分为三类:

第一类是时令类专著,据内容又可分为以四季节气事象为主或以记录节日习俗为主或两者兼而有之。如隋代杜台卿的《玉烛宝典》属于节气事象和节日习俗兼而有之；唐代韩鄂的《岁华纪丽》分春夏秋冬四大部分,记有岁时节日习俗,但以四季节气事象为主；南宋陈元靓的《岁时广记》分为春夏秋冬四季,先记述节气事象,宜忌之事,然后按照季节顺序记述节日习俗；清代秦嘉谟的《月令粹编》主要记录节日习俗；清代徐卓的《节序日考》则是节气事象和节日习俗兼而有之。

第二类是对某一区域岁时节日活动的专项记载,大部分也是以节日时间为序。南北朝时期宗懔的《荆楚岁时记》记录了我国古荆楚岁时节日,及民众在节日中的风俗习惯,也是我国最早系统记述岁时习俗的专著。唐朝李绰的《秦中岁时记》数则,记有"二月二日"曲江采菜、端午扇市、除夕傩舞以及与科考有关的习俗。阙名的《辇下岁时记》主要记录了唐都城长安春节前后祀灶、照虚耗、饮宴、歌舞、观灯等的岁时习俗。宋朝孟元老的《东京梦华录》、吴自牧的《梦粱录》、周密的《乾淳岁时记》记录了北宋及南宋都城汴梁和杭州民众的节日生活,元朝费著的《岁华纪丽谱》简单描述了成都的节日生活。明朝刘侗、于奕正的《帝京景物略》,其中卷二"春场"所

---

① （宋）陈振孙:《直斋书录解题》卷6,上海古籍出版社1987年版,第189页。

附的岁时部分详细描述了当时北京一年四季岁时节日的信仰、活动、娱乐等。清朝潘荣陛的《帝京岁时记胜》按一年十二个月的次序详细记录了清乾隆前北京岁时节日风俗,富察敦重《燕京岁时记》较为详细地记录了清末北京岁时节日,顾禄《清嘉录》、袁景澜《吴郡岁华纪丽》以十二月为序,记录苏州及附近地区的节令习俗,大量引证古今地志、诗文、经史,并逐条考订,是研究明清时代苏州地方史、社会史的重要资料。

第三类是类书中的岁时民俗部分。类书是采摭群书,辑录各门类或某一门类的资料,随类相从而加以编排,便于寻检、征引的一种工具书。张涤华先生关于类书的看法是"凡荟萃成言,裒次故实,兼收众籍,不主一家,而区以部类,条分件系,利寻检、资采掇,以待应时取给者,皆是也"①。

我国自隋唐开始官修类书就专设"岁时部",潘耒为《古今类传岁时部》所作的序中说:"自欧阳修率更有'艺文类聚',虞永兴有《北堂书钞》,而类书始行于世,其后踵而为者滋多,如聚百药于笼唯医师之所用,列五兵于库唯勇夫之所操,于纂言家固甚便也,无如编辑者难得通人罕能持择,谰言长语陈陈相因,令人易生厌倦,识者病之……此非家藏万卷之书,目有千行之敏,弃绝人事为之十数年而能精详若是乎?"②这说明类书的编写广博且繁杂,非学识渊博之人不能担此重任。

包含有岁时部分的中国古代类书主要有如下:唐宋时期欧阳询《艺文类聚》卷3至卷5,虞世南的《北堂书钞》卷153至卷156,徐坚的《初学记》卷3、卷4,白居易、孔传的《白孔六帖》卷3、卷4,吴淑《事类赋》卷4、卷5,李昉的《太平御览》卷16至卷35,

---

① 张涤华:《类书流别》,商务印书馆1985年版,第4页。
② 潘耒:《古今类传岁时部·序》,浙江巡抚采进本。

高承的《事物纪原》卷8，叶庭珪《海录碎事》卷2，不著撰人《锦绣万花谷》前集卷3，祝穆《事文类聚》前集卷6至卷12，谢维新《古今合璧事类备要》前集卷10至卷18，王应麟《玉海》卷12；明代陈耀文《天中记》，彭大翼《山堂肆考》卷7至卷14，王志庆《古俪府》卷2，董斯张《广博物志》卷4；清代张英等《渊鉴类函》卷12至卷22，姚之骃《元明事类钞》卷3，陈梦雷等《古今图书集成》卷1至卷116，董谷士、董炳文《古今类传岁时部》。①

二、岁时民俗文献研究的沿革

自隋唐开始，岁时文献数量日渐增多，官修类书如《艺文类聚》《初学记》《太平御览》等都专设"岁时部"。这一变化在书目中也有反映。真宗景德二年（1005），杜镐《龙图阁书目》在史传大类中专门列出"岁时"；北宋仁宗庆历元年（1041），王尧臣等修成《崇文总目》，史部专列"岁时类"，这是岁时文献在书志中取得独立地位的一个标志。

近代文献学者、民俗学者、民族学者、社会学者和文化文类学者非常重视对岁时民俗文献的研究，明确将岁时民俗文献作为研究对象。比较重要的研究成果有：张紫晨的《中国民俗学史》，这是一部对中国历史上出现的民俗文献和民俗观念进行系统梳理的学术史著作，书中对《东京梦华录》《梦粱录》《析津志》《宛署杂记》《长安客话》《帝京景物略》《广东新语》《粤东笔记》等著述及方志中关于岁时节日民俗的记述进行了较为恰当的评价，体现出鲜明的民俗学立场。

王文宝的《中国民俗学史》也从民俗学的角度探讨我国自远古

---

① 参考张勃：《明代岁时民俗文献研究·附录二》，商务印书馆2011年版，第321页。

直至当今的民俗文献和民俗文化现象,对我国历代民俗文献作了较为详细的梳理。书中的"下编"设六章探讨了先秦、汉魏两晋南北朝、隋唐、宋元、明清、民国时期的民俗文献。每一章都对这一时期出现的重要民俗文献进行简要的作者介绍及版本源流考,并对内容加以节选说明,为我们了解民俗文献提供了较为完备翔实的资料。

乔继堂、朱瑞平主编的《中国岁时节令辞典》是专门介绍中国岁时节令的辞典。这本书的综合部分,简单介绍了一些中国古代岁时民俗文献的作者、版本、内容,对岁时民俗文献的研究提供了线索和基本材料。

萧放的《〈荆楚岁时记〉研究——兼论传统中国民众生活的时间观念》是一部岁时民俗文献的专著,不仅从文献学的角度对《荆楚岁时记》的作者、注者及版本情况作系统的考订,探讨《荆楚岁时记》出现的时代背景与学术渊源,并对文本内容细致分析,发掘其时间叙述特点,并从源流上探讨中国的时间记述传统,勾勒出从王官之时到百姓日用之时这一时间叙述性质的重大变化过程。这部著作深入文本,对文本内容具体分析,发掘节日内涵且总结文本叙述特点,对于岁时民俗文献的研究具有开创性的意义。

李道和的《民俗文学与民俗文献研究》一书分为"民俗文学篇"和"民俗文献篇",民俗文献篇的第二部分即为"岁时节令文献",作者着重讨论了宗懔的《荆楚岁时记》、杜台卿的《玉烛宝典》、陈元靓的《岁时广记》(附《事林广记》),这几部岁时民俗文献的文献学价值、史料价值以及在民俗阐释方面作出的重要理论,并在"一般岁节文献"的题目下对董勋的《问礼俗》、韩鄂的《岁华纪丽》、李绰的《秦中岁时记》、徐锴的《岁时广记》、吕希哲的《岁时杂记》、费著的《岁华纪丽谱》、周密的《乾淳岁时记》等著述进行了简单的作者版本考证。

张勃的《明代岁时民俗文献研究》是民俗学视野下的一项专题性

历史民俗文献的断代研究,是继萧放教授《〈荆楚岁时记〉研究——兼论传统中国民众生活的时间观念》之后又一本岁时民俗文献研究的专著。该书不仅从民俗学角度高度评价了历史民俗文献研究的意义价值,而且对明代重要的岁时民俗文献如《宛署杂记》《帝京景物略》《酌中志·饮食好尚纪略》《北京岁华记》《松窗梦语·时序记》《西湖游览志余·熙潮乐事》《如梦录·节令礼仪纪》《武陵竞渡略》作了具体细致的研究,不仅考证每部文献的作者及版本源流,而且对每部文献的记述特征及其作为岁时民俗文献的价值都做了深入研究。

这些著作不同程度地分析了岁时民俗文献的文献学意义,但更多的是将中国古代岁时民俗文献作为历史民俗学的一部分,从具体文本内容入手,探讨我国古人对民俗的发生、发展、演变、地位、功能、风俗与社会控制,风俗与政治教化的关系等民俗学问题,或者从人类文化学角度,对中国节气、节日进行溯源,探讨其文化内涵。这都是岁时民俗文献研究的重要方向。关于文献学,张舜徽先生认为"我国古代无所谓文献学,而有从事于研究、整理历史文献的学者,在过去被称为校雠学家。所以校雠学成了文献学的别名。凡是有关整理、编纂、注释古典文献的工作,都由校雠学家担负了起来"[1]。从文献学角度对历史文献进行研究也就是"对那些保存下来了的和已经发现了的图书、资料进行整理、编纂、注释工作,使杂乱的资料条理化、系统化,古奥的文字通俗化、明朗化;并且进一步去粗取精,去伪存真,条别源流,甄论得失,替研究工作者们提供方便,节省时间,在研究整理历史文献方面,做出有益贡献,这是文献学的基本要求和任务"[2]。

以张舜徽先生的文献学观点为标准,李道和的《民俗文学与民

---

[1] 张舜徽:《中国文献学》,华中师范大学出版社 2004 年版,第 3 页。
[2] 同上。

俗文献研究》这部著作是较纯粹地从文献学角度对岁时民俗文献进行研究的成果。该书的"岁时节令文献"部分，作者着重讨论了宗懔的《荆楚岁时记》的写作时间、名称、文本散佚几个问题，探讨了杜台卿《玉烛宝典》的版本、内容、叙述特点、文献价值，认为该书在民俗阐释方面做出了重要理论贡献。李道和认为"《玉烛宝典》可以说是古代第一部也是少有的岁时民俗论说体学术著作"[①]。此书还探讨了陈元靓的《岁时广记》（附《事林广记》）中所引用的文献如《荆楚岁时记》《玉烛宝典》《东京梦华录》等，通过不同文献对同一部书中同一处引文对比以及引文与原文的对比，令人信服地佐证了亡佚之书的内容，发现存世文献中的"脱文""衍文""异文"等问题，更好地还原了这几部岁时民俗文献的原貌。

　　下面再以《东京梦华录》为例，谈谈文献学视野下单个岁时民俗文本的研究。《东京梦华录》第六卷到第十卷按照时间顺序，叙述了东京民众一年四时的岁时节庆，元旦朝会、元宵灯会、清明游赏、四月浴佛、五月端午、七夕乞巧、中元祭鬼、中秋玩月、重阳赏菊、冬至郊祀、除夕大傩等，相关节物风俗娓娓道来，对后人了解研究宋代京城的岁时风俗有重要的史料价值。文献学角度的《东京梦华录》研究在同类岁时民俗文献文本研究中算是比较充分的，其文本整理方面的成果主要有邓之诚《东京梦华录注》（1959）、伊永文《东京梦华录笺注》（2006）、严文儒《新译东京梦华录》（2004）。虽然学者们对《东京梦华录》的文本做了较为充分的校勘译注工作，但还是有一些学者对其中值得商榷的地方进行探讨。如刘益安的《对新版〈东京梦华录〉注本质疑》一文指出元至正本《东京梦华录》及邓之诚《东京梦华录注》中存在的问题，并以《岁时广记》中所引诸条与元至正本校勘，

[①] 李道和：《民俗文学与民俗文献研究》，巴蜀书社 2008 年版，第 248 页。

发现元至正本阙文讹误颇多,如卷十"除夕"后脱六字,卷九"十月一日"条脱二十三字,卷6"元宵"条脱四十字等。宋丽丽的《〈东京梦华录〉笺注〉疑误摭拾》一文认为,《笺注》"六月六"条引陈元靓《岁时广记》卷24《朝会·宜襻会》:"《道藏经》:六月六日,为清暑之日。崇宁真君降诞之辰,正一朝修图日。六月六日,真武灵应真君下降日,护国显应公诞生之日,大宜襻袷。"此处"正一朝修图日"应为"《正一朝修图》曰"。汪祎的《〈东京梦华录〉笺注〉注文拾误》一文指出了《东京梦华录笺注》中存在的标点误、字误、脱漏等问题。

此外,关于《东京梦华录》作者和版本源流的考证成果也非常丰硕。清代常茂徕在《读东京梦华录跋》中首次提出"孟元老即孟揆"。民国期间邓之诚先生则断然否定此说。孔宪易先生于1980年《历史研究》第4期发表的《孟元老其人》一文,也认为常氏"孟元老即孟揆"之说是无稽之谈。理由是孟揆与《东京梦华录》所记某些内容的身份不符。同时还提出自己的创见即孟元老乃孟昌龄及其诸子孟揆、孟持、孟扬、孟扩等的"有服"晚辈族人——孟钺,并作了考证。李致忠的《〈东京梦华录〉作者续考》一文则遵循孔宪易先生的思路,补充一些资料,略加续考,孟元老即孟钺,孟昌龄孙,孟扬、孟揆子辈。杨羽的《东京梦华录——北宋汴梁的琐闻杂记》和伊永文的《〈东京梦华录〉版本发微》都对《东京梦华录》的版本作了简单介绍,杨羽认为《东京梦华录》的版本"现在流通的有下列几种:一是日本静嘉堂文库影印黄丕烈旧藏的元刊本,二是秀水金氏梅花草堂影印的汲古阁景写宋本,三是明代胡震亨的秘册汇函本,四是清代张海鹏的《学津讨源》本,五是涵芬楼据明钞卷刊本《说郛》所引的刊本"[①]。伊永文认为《东京梦华录》的通行版本仍存在很多问

---

① 杨羽:《东京梦华录——北宋汴梁的琐闻杂记》,春风文艺出版社1992年版,第5页。

题,"我们可以开辟出一条这样的道路,即从不同的宋籍版本中找到宋《东京梦华录》本的踪迹,从而来校正元刻《东京梦华录》本"①。可以说学者们对《东京梦华录》文献整理方面的成果相较与其他同类文献诸如《梦粱录》《武林旧事》要丰富很多,但专注于《东京梦华录》的岁时民俗部分的研究却仍是屈指可数,更不用说将这些单个岁时民俗文本形成一个系统的整体进行研究了。

对单部岁时民俗文献,或某一部书中的岁时民俗部分进行整理、校勘仅仅只是开端,而不是落脚点,只是一种手段而不是目标,如张舜徽先生所说"我们最大的目的,便是要在对文献进行了整理、编纂、注释工作的基础上,去粗取精、删繁就简、创立新的体例,运用新的观点,编述为有系统、有剪裁的总结性的较全面、完整的《中华通史》"②。当然我们的目标不是编写《中华通史》,而是以断代或分类的方式对中国岁时民俗文献做系统的整理研究,既凸显岁时民俗文献的文献学和史料学价值,也为其他领域如民俗学或文化学领域的研究提供文本支持。

三、余论

岁时民俗文献是对经史文献的重要补充,是我们了解中国古代民众在特定时间生活习俗的重要途径,对于文献学、文化学等领域的研究都有重要意义。

---

① 伊永文:《〈东京梦华录〉版本发微》,《古典文学知识》2006年第4期。
② 张舜徽:《中国文献学》,华中师范大学出版社2004年版,第4页。

（一）有利于推动岁时民俗文献的整理、校勘

中国古代的民俗事象、民俗观念都以文献为载体，而文献是在历史发展过程中传播和演变的，通过文献梳理，可以理清民俗的传承演变。岁时民俗文献研究是以岁时民俗文献为基础的文本研究，因此首先必须对岁时民俗文献做细致的甄别、校勘、辨伪、注释、辑佚等工作。通过对岁时民俗文献的整理研究，以及不同岁时民俗文献之间的相互印证，发现单个岁时民俗文献中存在的脱字、衍字、误字等情况，为古代民俗文化研究提供更完善的文本依据。中国历代学者在研究民俗文化时，往往也通过对民俗文献的整理而进行民俗差异、演变的分析，如东汉应劭、晋郭璞、北齐颜之推、隋杜台卿、唐段成式、南宋洪迈与陈元靓、明胡应麟、清顾炎武等，都在文献考辨和民俗分析方面做出过突出成就。应劭的《风俗通义》中记载了大量民间传说和民间故事，其重要特点之一就是通过文献考证来判断俗传的真伪。如在卷二《正失》中，应劭引用多处文献反驳有关黄帝升天的俗传。他在文中说道："《传》曰：ّ五帝圣焉死，三王仁焉死，五佰智焉死。'其陨落崩薨之日，不能咸至百年。"[1] 又说："《诗》云：'三后在天。'《论语》曰：ّ古皆没。'《太史记》曰：ّ黄帝葬于桥山。'骑龙升天，岂不怪乎？"[2] 近代史学大家顾颉刚极为关注民俗问题，专注于孟姜女传说研究，他的古史辨伪首先是文献辨伪，在对文献本身去伪存真后，再讨论相关问题。闻一多所作的《伏羲考》也是广稽文献，《端午考》也是从文献梳理入手，才有所发现。

但是相对于经学、史学文献的整理，民俗文献的整理不太被学者重视，原因大致有二：一是民俗文献比较繁杂、零散，不如其他经

---

[1] 王利器：《风俗通义校注》上册，中华书局2010年版，第69页。
[2] 同上书，第69页。

史文献相对完整，难以形成有系统的研究；二是大部分民俗文献仅仅是民俗事象的载录，不是对学问的探讨，对其研究难以进入学界一贯推崇的"考据"的学术境界，研究者的学问和水平不能得到有效显现。但随着传统节日越来越受到当代人的关注与重视，记录传统节气、节日生活的岁时民俗文献也日渐受到学者的关注。将岁时民俗文献按照断代的方式或分类的方式进行研究，运用文献学方法对这些文本进行甄别、校勘、辨伪、注释、辑佚，探讨其文献价值和史料价值，阐述其产生的文化背景，这是古典文献学领域内庞大而有意义的一项工作。

（二）加深对具体民俗事象的诠释

岁时民俗文献是对已经逝去的历史民众生活的记录，记录民众在特定节气或节日中的饮食习惯、敬神祭祖仪式的民间信仰、亲友往来的社会礼俗、各种形式的娱乐活动，等等。这种生活内容世代传承之余也随着时代的变化发生变异。英国人类学派民俗学者认为民俗是古代文化的"遗留物"，这种"遗留物"大量存在于现代文明里，如果它们被从现在的处境里剔取出来，得到详尽的研究，那么，古代文化的一些旧观念就可以被再现出来。但民俗学者对于岁时民俗文献的研究主要采取事象研究的方法。事象研究是对排除了主体和过程的具体现象的研究，其主要依据是相关历史资料和文献，而并非现实生活中的第一手材料，所以事象研究也可以称之为一种抽象的文化研究，可以用来解释生活中的个别现象。但很多学者对这种研究方法颇有微词，如民俗学家高丙中就认为这种研究的不足在于：它只要民俗的文化构成，对民俗的发生情景弃之不顾，对民俗活动的主体悬而不论。[①]

---

① 高丙中：《文本和生活：民俗研究的两种学术取向》，《民族文学研究》1993年第2期。

我国的岁时节日在汉代已经基本定型，在宋代得到相当完备的发展。将岁时民俗文献中的一些具体民俗事象凸显出来，与前代相关的民俗事象进行对比关联，与传统历法关于四季、二十四节气的划分，民族传统、信仰、农耕生产习俗及所处的社会历史环境、政治经济制度关联起来研究，可以加深对这些民俗事象的理解，从繁杂的民俗事象中发掘出其中隐藏的意蕴与内涵，总结出文献所在时代的民众的生活特点及其深层原因。

（三）推动非物质文化遗产的科学保护

历史悠久、文化灿烂的中华民族，在经济、社会全面转型的今天，自己的文化资源正在大量、迅速地流失，而这些传统文化正是我们建立文化自信的重要精神基础。传统节日的形成是一个长期的历史文化形成过程，它承载着丰厚的历史文化内涵，是民众精神信仰、审美情趣、伦理关系与消费习惯的集中展示与传承的文化空间，是非物质文化遗产的重要内容。岁时民俗文献是对历史上不同时代节日风俗的记载，是我们了解不同时代岁时节日民俗、对传统节日追根溯源的重要途径。通过断代或分类的方式对岁时民俗文献进行整理，描述其产生的社会文化背景，并力求从繁杂的民俗事象中发掘出其中隐藏的意蕴与内涵，探讨其文化精神在当今节日风俗中的传承与延续，是推动非物质文化遗产科学保护的重要举措。

（原载《武汉大学学报（人文科学版）》2014年第3期）

云南丙中洛乡多元宗教的碰撞与融合
——以基督教为例

丙中洛乡，位于滇藏交界的怒江傈僳族自治州贡山独龙族怒族自治县。国土面积虽只有八百多平方公里，但却有十几个民族聚居于此，他们相处和睦，堪称典范。当地有怒、独龙、傈僳、藏等多个少数民族。丙中洛乡只有六千多人口，教堂寺院图腾神迹却遍布村寨，其中的文化多样性不容小觑。当地少数民族各自信奉藏传佛教、天主教、基督教及原始宗教等不同宗教，特色鲜明。在古代时期，丙中洛乡的民众同所有社会生产力较低的民族一样，主要信奉原始宗教，崇拜自然万物，相信鬼灵和神灵。到清雍正初年（1723），维西康普纳西族土司向西扩张，藏传佛教由此在丙中洛乡得到了极大发展。随后，接连有不少藏族的僧人和平民到来，丙中洛乡单一民族、单一宗教的传统格局逐渐改变。基督教和天主教在1913年传入怒江，1924年传入贡山县，之后不断发展并与当地原始宗教、藏传佛教等融合，最终占据了在百花齐放中独具一格的地位。

"基督教同当地民族的关系，是十分近切的。20世纪初，天主教和基督新教便由一些来自内地或缅甸的西方传教士传入了怒江地区……在有的傈僳族村庄，信奉基督教的人口甚至在村民总数的

70%以上。"① 因此,探究丙中洛乡的基督教传播历史与现状,有助于我们了解边陲地区少数民族的民风民俗,深入了解促进多样性文化传播和民族团结。

一、基督教在丙中洛乡的传播历史

基督教产生于公元1世纪中叶的巴勒斯坦,初时作为犹太教的一个异端派别出现,在犹太人的下层民众中流传。一般认为其创始人是耶稣。基督教虽在明朝就曾传入中国,但仅在台湾有过短暂的传教活动。基督教真正在云南的传播活动始于1877年。英国传教士戴德生于1865年创立了内地会,此后不断向中国派遣传教士,以解决少数民族地区教会"垦荒"活动的问题。许多传教士竭力想在西南众多的少数民族之中找到立足之地。其中,云南这块对于传教士来说几乎与世隔绝的土地,成了机遇与挑战并存的宝地。在当时的情况下,教会势力想要深入云南腹地,可以选择的入滇道路有下列几条:"通常的道路是从广州溯西江上达广西西方省界上的百色,再从这经山地运输进入云南。第二条路线是,经由安南东京,溯红河上达蒙自……第三条路线——或者是从暹罗的盘谷开始,或者是从下缅甸的仰光开始,经过普洱进入云南。"② 在当时英国已吞并了缅甸的情况下,打通由缅甸入滇的路线就成了英国殖民势力的首选路线。此外,还有一条是被称为"西南丝绸之路"的"蜀身毒道",由四川入滇,经昭通、腾冲而西出缅甸达印度。最终教会选择的是由川、黔、滇三省交界

---

① 沈坚、刘昱:《走近丙中洛》,《寻根》2013年第5期。
② 〔美〕马士:《中华帝国对外关系史》第2卷,张汇文等译,生活・读书・新知三联书店1957年版,第312页。

处，途经昭通入滇这一条最佳路径。①

1913 年后，基督教逐渐传入怒江，并经历了两次浪潮。1913 年世界著名基督教学生运动活动家穆德发出了呼吁："云南乃全国最黑暗最需要福音的省份。"由此掀起了第一次"垦荒"传教浪潮。一战结束后，基督教各教会组织活动机构又开始了第二次更大规模地对云南的入侵和扩张。1924 年基督教传入贡山县，其教派为美国基督会。当地的教堂以《圣经》为纲每周组织诵经活动数次，周日举行弥撒。和西方基督教徒一样，他们主要庆祝的节日有复活节、感恩节和圣诞节等。在丙中洛乡，基督教对教徒有诸多要求，例如禁烟禁酒、不搞迷信，以及注重卫生。在婚姻方面，他们认为基督徒只能与本教人通婚，有些人甚至还在与非教徒结婚后坚定地选择了离婚。此外，基督徒的亲友关系也主要维持在本教徒的小圈子内。在丙中洛乡，一些基督教家庭的孩子在学校绝不与非基督徒家庭的同学交友往来。

从清雍正八年（1730）到 20 世纪初的两百多年中，云南丙中洛乡由单一原始宗教演变为藏传佛教、基督教和天主教等多种宗教并存，从不同信仰相互碰撞直至和睦共存，可谓书写了一部宗教变迁史。而丙中洛乡的基督教发展，与其地理特征和周边民族的宗教文化状况密不可分。如果给丙中洛乡画一幅周边民族和宗教示意图，那么北面可以标注为西藏藏族与藏传佛教；东面是云南藏族与藏传佛教、天主教；南面是傈僳族与基督教；西面是独龙族与基督教、民间信仰。而丙中洛乡则是拥有所有这些民族与宗教信仰的存在，称得上是宗教大融合地区。② 丙中洛乡西部翻越高黎贡山即进入独龙江，民众为信仰基督教或仍持民间信仰的独龙族，再往西则进入缅甸，它曾是近现代史上怒江地区基督教传播的一个重要策源地。贡山南部的腊早

---

① 韩军学：《基督教与云南少数民族》，云南人民出版社 2000 年版，第 123 页。
② 何林、丁爱华：《丙中洛阿怒民歌》，云南人民出版社 2009 年版，第 5 页。

和普拉底北上的傈僳族在其原居地接触到基督教,而傈僳族的基督教教堂从普拉底向北,一直盖到茨开和永拉嘎,一路将传教的范围往北延伸。教堂北移使傈僳族居住地与丙中洛乡南边的怒族聚居区相邻,甚至两民族交错杂居。再往后傈僳族继续北上,就进入了丙中洛乡腹地。①

基督教因傈僳族与怒族、独龙族的地缘关系而传入丙中洛乡,是迄今最晚进入丙中洛乡的宗教。由于当地的其他宗教信仰已经非常丰富且信众很多,所以它一开始就面临着传播的困境。基督教不仅要和天主教等其他西方宗教竞争,还必然受到当地原始宗教信众的排斥。20世纪30年代,美国牧师莫尔斯及其妻最先将基督福音带到贡山县,但并未引起人们的广泛关注。直至1978年改革开放,国家落实宗教信仰自由政策并鼓励经济、社会开放式发展,基督教终于开始发挥其特有的优势。它较为系统的传教方式以及严格的宗教戒律正好与整个时代所追求的经济、社会发展的目标相一致,相对于早先存在的几种宗教具有一定的革新性,因而吸引了一些信徒,并在1990年至2000年出现了一个信徒高增长时期,直到2000年以后增长则开始趋于平稳。②

根据相关数据,我们可以看到不同年份丙中洛乡茶腊村的基督教人口比例变化:1950年到20世纪80年代初,基督教家庭还极少甚至没有。至2000年1月,基督教家庭比例飙升至约24%。再往后就一直平缓甚至下降。为什么20世纪末基督教在丙中洛乡如此盛行?从客观原因来看,自1994年双拉基督教堂落成后,基督教就以此为中心开始向丙中洛乡各区迅速传播,2000年后达到顶峰,全乡

---

① 高志英、王东蕾:《多视角下丙中洛多元宗教的并存与交融》,《西北民族研究》2013年第3期。
② 朱映占:《云南怒江丙中洛地区多种宗教并存现象的宗教经济学分析》,《宗教学研究》2013年第3期。

共建有 5 座基督教堂或简易聚会场所。[①] 这些客观原因都给基督教的传播、基督教徒的活动提供了很好的机会和便利。从主观原因来看，丙中洛乡经济落后，但却有很多民众沾染了吸烟、赌博、酗酒等恶习，导致很多家庭一贫如洗，连基本生活都无法保障。此时，基督教针对少数民族中的这些问题提出了禁烟、禁酒、禁赌的规定。传教士把这些列为宗教禁忌，所以许多少数民族群众在加入基督教会后改掉了先前的不良嗜好，既减轻了家庭的经济负担，也改善了自己的身体状况和精神面貌。当然，在选择信仰基督教的群众中，也会有一些自制力很差、不能严守教律的人后来选择了放弃。而新入教的许多人也是由于不良生活习惯危及到了健康或者家庭，因而想借助基督教来约束自己。当地民众表示，"信了教，不祭鬼、不喝酒、不吸烟，可以节省很多钱……不信教时包谷稀饭也吃不起，现在信教，日子是比以前好过多了"[②]。

但在 21 世纪以后，为什么基督教家庭又慢慢减少了呢？一方面，因为基督教对信徒禁止烟酒，但在丙中洛乡，烟、酒在日常生活中却是不能少的。在当地少数民族日常生活中，很多时候酒是一种必需的饮料，而烟也是日常交际的重要物品，基督教禁烟酒的规定某种程度上会成为基督徒和非基督徒在交往上的障碍，所以不少人选择了其他宗教或者迫于世俗压力放弃了信仰基督教。另一方面，21 世纪丙中洛乡已经进入了宗教大融合的时代，超过半数家庭都已经是不同宗教教徒的合体，一个家庭里可能父亲信仰藏传佛教或母亲信仰天主教，孩子却信仰基督教，并已成了正常现象而不奇怪。而基督教本身也无法扭转这样大融合的历史进程。

---

① 张跃、何明：《中国少数民族农村 30 年变迁》（下），民族出版社 2009 年版，第 628—629 页。
② 云南省编辑组：《中央访问团第二分团云南民族情况汇集》（上），云南民族出版社 1986 年版，第 44 页。

据相关资料考证，在丙中洛乡的茶腊（查腊）村，由于"一个自然村不能存在两个教堂"的宗教管理规定，信仰基督教的茶腊怒族村民一般到茶腊对面、怒江西岸的双拉自然村的基督教教堂进行宗教活动。双拉自然村最早的基督教教堂叫锡安教堂，建于1994年，教堂修建时，教徒有钱的出钱，有力的出力，一派繁荣景象。锡安教堂占地面积约100平方米，可容纳约150名教徒集会活动。不过后来由于锡安教堂房子低矮，规模小，双拉村的传教人员对教堂进行了改建，2006年1月22日，新建的双拉基督教教堂落成，基督教徒举行了隆重的落成竣工典礼，新建成的双拉基督教教堂，可容纳400多名教徒同时参加活动，成为双拉等地怒族村民宗教活动的又一主要场所。①

二、丙中洛乡基督教与其他宗教的碰撞融合

云南土著民族到1949年前尚有万物有灵及多神信仰的观念，他们普遍存在自然崇拜，由此形成的祭祀节日甚多，祭天、祭地、祭山、祭火、祭树神、祭寨神、祭地方神、祭水神等活动尤其突出。当地民众对日出日落、风雨雷电等诸种自然现象也无不赋以神灵，奉若神明，顶礼膜拜。丙中洛乡的少数民族也不例外。由于当地特殊的自然环境和经济情况，人们一直处在较为落后的生产水平上。少数民族生活较为贫苦，在大自然面前自古就处于比较被动的位置，加之天灾人祸时有发生，他们的潜意识中就产生了对大自然的强烈敬畏心理，表现在宗教信仰和内容上就是万物有灵论、自然崇拜等，表现在形式上就是遇到病灾时杀牲祭鬼等祭祀活动。

---

① 赵美：《流动的信仰：贡山县丙中洛乡查腊村怒族村民日记》，中国社会科学出版社2009年版，第19页。

在傈僳、怒、独龙等少数民族当中，原始宗教的影响尤其深。傈僳族认为，自然界的万物和人一样都是有灵魂的，日月星辰、森林河流和动植物都是神灵，都是人们所崇拜的对象。他们的祭祀活动，主要包括祭天驱鬼除病、祭山神求雨和祭其他鬼神治病三类。由于傈僳族长期居住在山区，因此凡遇自然灾害，就认为是山神"米斯尼"作祟的结果，就要举行求雨和避免风灾的宗教祭祀活动。平时若发生疾病或械斗时，也要祭山神。其他如家鬼、梦鬼和水鬼等都是使人经常发病的鬼灵，危害人的生命安全，也必须奉祭。[1]

怒族的原始宗教信仰基本上和傈僳族相近，贡山怒族信奉的鬼神主要有山鬼、水鬼、路鬼等十余种，还有统管各种鬼灵的神"恰不拉"，但没有图腾崇拜的痕迹。[2]

独龙族也有自己的原始宗教信仰，他们对于人世间的一切事物和难以解释的现象都认定为鬼神的主宰和支配。自然界中的河流、山川、大树和巨石等，都是他们崇拜的对象。此外，独龙族相信人死后有灵魂。独龙族的祭祀活动繁多，而其中祈求人畜平安和来年丰收的"剽牛祭天"活动最为隆重。

清乾隆初年（1736）藏传佛教传入丙中洛乡，此后100多年喇嘛寺成为贡山政教合一的统治机构。所以说藏传佛教的传入打破了丙中洛乡原始宗教"一统天下"的格局。清光绪十四年（1888）天主教也传入丙中洛乡。1913—1949年期间，从英、美、法、德等国家来怒江传教的外国基督教徒达100多人。为了各自国家的利益，外国传教士在怒江进行势力范围的划分，最终形成内地会、神召会、基督会

---

[1] 怒江州民族事务委员会、怒江州州志编纂委员会：《怒江傈僳族自治州民族志》，云南民族出版社1993年版，第59页。
[2] 国家民委《民族问题五种丛书》编委会：《当代中国民族问题资料·档案汇编——〈民族问题五种丛书〉及其档案集成》第4辑《中国少数民族自治地方概况丛书》第40卷，中央民族大学出版社2005年版，第65页。

和五旬会教派。基督教传入怒江以后,传教士专门创造了一套变体的拉丁字母文字,并用其大量印制《圣经》《圣诗》和傈僳文课本进行传播。同时,他们还通过兴办教会学校、医病送药等手段传播基督教。基督教制定的 10 条教规,客观上起到了一定的积极作用。① 但是,此时基督教只是在怒江州福贡县和原碧江县境内发展较快,而在丙中洛乡的发展却比较慢,这可能与其传入的时间较晚有关。

为什么即便传入较晚且发展缓慢,西方基督教还是逐渐被丙中洛乡的人们所接受了呢?这是因为当地的基督教有多方面的适应性变迁:一是用傈僳语、傈僳文传教,同时培养本民族的基督传教士,这就克服了语言障碍,让当地民众能用自己的语言参与宗教活动;二是在具体的传教方式方法上,基督教传教士愿意购买药材医治当地病人,在这个过程中让民众消除对死亡的畏惧心理,并自然而然地说服他们信奉上帝;三是基督教规定了极有针对性的 10 条教规,摒弃了祭鬼、结婚要重礼、抽烟、酗酒、抢婚等弊大于利的传统习俗。因此,较之颇为繁复的藏传佛教、相对保守的天主教,基督教在丙中洛乡满足了很多信众的精神需求,得以在丙中洛乡的各种宗教中后来居上。

从 20 世纪 80 年代至今,丙中洛乡一直是多元宗教并存的状态。截至 2012 年,丙中洛全乡有教徒 3808 人,占总人口的 61.37%。其中:天主教信奉者 864 人,占 13.92%,共有教堂 5 个;基督教信奉者 806 人,占 12.99%。此外,当地有基督教堂 2 个(拉打底基督教堂和拉打基督教堂),藏传佛教寺庙 1 座,活动点 2 个。同时同地,教堂赞美诗声声,喇嘛寺香火袅袅,怒族巫师"南木萨"、傈僳族巫师"尼扒"祭鬼跳神的身影仍旧可见。即便在同一家庭或者村落之内,其成员各自信仰各自的宗教也属于很正常的现象。在如今的丙中

---

① 林超民主编,纳溪子樱编著:《云南乡土文化丛书:怒江》,云南教育出版社 2003 年版,第 155 页。

洛乡，多元宗教碰撞融合，堪称宗教文化博物馆。

三、结语

  探究丙中洛乡基督教传入和发展的历史，我们可以发现这个过程是非常曲折的。在传播中，基督教传教士遇到的困难也很多。在云南少数民族中，大多数原始宗教都是多神崇拜论。但基督教却是单神宗教，因此说服当地土著民族接受它无疑有一定的难度。但我们也可以发现，在这个过程中，丙中洛乡基督教也没有僵化地完全保持其西方色彩，而是与当地的社会环境和民众心理结合起来，比如用傈僳语进行《圣经》的传播，相应地提出爱清洁的教规等。从这些方面来看，基督教在丙中洛乡的传播很大程度上推动了当地文化事业的发展，提升了当地民众的生活质量和文明程度。从贡山县政府信息公开网、贡山网等媒体上，我们可以看到政府对于当地各民族宗教多样性秉持着客观的态度。当然，纯粹的纸上谈兵只能使我们了解当地基督教传播以及与其他宗教碰撞融合的历史沿革和大概面貌，而对丙中洛乡基督教传播情况更深入的了解和工作还需要更进一步实地考察。

（原载《红河学院学报》2018 年第 1 期）

唐代峡江地区"借室为墓"葬俗试析

唐宋时期长江峡江地区有一种独有的埋葬习俗——借室埋葬，即借室为墓，是古人利用早期的墓室进行第二次或多次埋葬，前后埋葬之人无亲缘关系。这种多人、多次、分层次、多时期葬死者于一室的情况在峡江地区已发掘的唐宋墓地中屡有发现。如秭归大厶姑沱遗址唐墓M1[1]，巴东西瀼口唐墓M3[2]，等等，发掘者称这些唐墓"发掘时不见明显的墓坑和墓室，也不见打破关系，概借用东汉砖室墓来作为墓室——借室埋葬现象"[3]。这种借室为墓的现象在目前已报道的考古墓葬遗址中较多地集中在今湖北省西部，即秭归地区和巴东地区，近年来已为更多学者所关注[4]，但此葬俗仍然存在许多疑问，整理峡

---

[1] 湖北省文物考古研究所：《秭归大厶姑沱遗址发掘简报》，载《湖北库区考古报告集》第3卷，科学出版社2006年版，第35—45页。

[2] 广西壮族自治区文物工作队：《巴东西瀼口古墓葬2000年发掘简报》，载《湖北库区考古报告集》第1卷，科学出版社2003年版，第252—267页。

[3] 同上。

[4] 吴敬：《峡江地区宋代墓葬初论》，《江汉考古》2010年第1期，文中探讨了峡江地区唐宋时期"借室为墓"现象的成因；贺世伟：《略论三峡地区六朝隋唐墓所见的多人葬习俗》，《考古与文物》2012年第4期，文章对这种不同时代的多人葬于一室的葬俗进行深入探讨，通过统计墓葬随葬品分组和年代、形制和墓内堆积及人骨摆放方式和数量，探讨了三峡地区"拾骨"葬；吴小平：《三峡地区唐宋时期的借室葬研究》，《江汉考古》2013年第4期，文中汇总了三峡地区唐宋时期借室葬的情况，并通过考证唐代人口迁移情况分析借室葬的墓主人为中原移民，他们模仿中原地区洞穴式墓而导致借室埋葬；邓辉：《湖北三峡地区宋代借室葬》，《三峡论坛》2017年第2期，文中认为借室葬为本地历史文化习俗的传承，是地域民族的特殊性葬俗。

江地区的考古发掘简报可以发现，三峡地区不同时期特有的两种葬俗较为相似而又不完全相同。东汉至六朝时期，峡江地区流行家族共穴葬俗，即同一家族或宗族的多人相当长时期内使用同一墓葬；唐代时，峡江地区流行借室为墓，即早期的墓室被第二次或多次利用、埋葬，前后埋葬之人无血缘关系，这两种葬俗的区别在于被埋葬的多人间是否有亲缘关系。那么前者对后者是否有影响，唐代的借室埋葬又有怎样的形态呢？本文拟从分析唐代"借室为墓"的不同类型入手，追寻借室为墓葬俗的起源。

一、唐代峡江地区借室为墓葬俗的类别

借室为墓的类别，分以下几种情况：第一，完全借室为墓，即晚期墓不打破早期墓圹结构，完全以早期墓室为墓进行二次埋葬，并下葬陪葬品，埋葬点为早期墓的墓室或甬道；第二，不完全借室为墓，晚期墓打破或不打破早期墓，利用早期墓的墓圹重新筑室，进行埋葬。

（一）完全借室为墓

完全借室为墓即是后死者以早期墓室为墓埋葬，而这种完全借室为墓的形式，根据埋葬方式又可分两种：第一种，是后葬者尸骨、葬具、随葬品和前面埋葬者、葬具、随葬品处于同一平面范围内，后葬可能破坏前葬；第二种是分层埋葬，即在空间上分层埋葬前后葬具、人骨和随葬品，后葬者不破坏早期墓室内人骨和随葬物品。

第一种完全借室为墓的墓葬在峡江地区发现较多。这种类别又有两种情形，第一种是后葬者在墓室内或甬道内另辟地点下葬尸骨和随葬品，不破坏前面的埋葬；第二种为埋葬后葬者时先将原葬人骨焚

烧，在原墓室下葬新棺和随葬品。无论是否焚烧原葬人骨，这两种墓葬都是在完全借室的基础上，完成埋葬活动的。在同一平面完成借室埋葬的代表性墓葬有如下若干。

秭归小厶姑沱遗址大型墓葬 M1，随葬品分为 A、B、C 三组，其中 B 组和 C 组器物分别为晚唐和北宋器物遗存，且 B 组器物折臂碗和一堆人骨集中出土于甬道中，简报称"单独埋葬可能性较大"。因此发掘者推测"B、C 两组器物或者反映了唐宋时期这一地区独特埋葬习俗——'借室埋葬'"[1]。此借室埋葬所借之"室"为蜀汉晚期至晋初的大规模墓葬，是三峡地区首现的高级别石室墓。

巴东龙堆包墓群中出现墓室多次利用的普遍情况，其中一种是家族合葬墓，另一种是"非家族的二次使用或多次使用"，非家族合葬墓中"后葬者将原葬人骨焚烧，再葬新棺，随葬新的随葬品。……延续使用可达数百年"。其中，M16 是一座东汉至东晋时期的前后室墓，然而 M16 出土物有唐代"'开元通宝'以至更晚的清代青花瓷碗"，发掘者认为 M16"也属这种多次使用而非同一家族之墓葬"[2]，随葬"开元通宝"，可推测这大概是唐代一次借室埋葬的葬例。

巴东老虎包墓地所发现的始建于东汉晚期的墓葬被多次利用，"六朝时期该墓被利用一次"，"最后一次又被唐代所利用"[3]。

巴东陈橡坪墓群发掘的东晋墓葬 M2 中有一组唐代器物，"表明有唐代墓葬的存在，其釉下彩执壶与湖南望城县长沙窑 BIII 式壶相似，为典型的唐代晚期器物"[4]。这里"墓葬结构保存较好，没有发现

---

[1] 湖北省文物考古研究所：《小厶姑沱遗址发掘报告》，载《湖北库区考古报告集》第 3 卷，科学出版社 2006 年版，第 182 页。
[2] 湖北省文物考古研究所：《巴东龙堆包墓群发掘报告》，载《湖北库区考古报告集》第 3 卷，科学出版社 2006 年版，第 225 页。
[3] 湖北省文物考古研究所：《巴东老虎包墓地发掘简报》，载《湖北库区考古报告集》第 3 卷，科学出版社 2006 年版，第 362 页。
[4] 武汉大学三峡考古队：《巴东县陈橡坪墓群发掘简报》，载《湖北库区考古报告集》第 4 卷，科学出版社 2007 年版，第 179 页。

打破迹象，从唐代器物摆放来看，非盗墓所致，也不可能是从地层中淤入（上无唐代文化层）"①。所以属于唐代人"借室埋葬"，利用早期墓葬的墓圹结构直接"为室"。

大厸姑沱遗址西区"M1内发现有多具人骨，并有火烧迹象"②，晚唐时期器物与西晋前期遗物散见于墓底，"既不见墓圹，也未见打破关系"③应是在唐代时焚烧前代尸骸、葬具等然后再行埋葬。

分层埋葬的完全借室为墓的墓葬，主要的有以下一些。

巴东县蔡家包墓群2004年发掘的墓葬M1为分层埋葬的家族墓地，清理时发现墓室分上层和底层，"墓室上层（距地表深约70厘米）和底层（距地表深约160厘米）分别发现不同时期的人骨和牙齿，其中在墓室上层发现少量的人骨和牙齿，并出土了40余枚棺钉，填土中夹杂有零星的木制葬具朽后留下的漆皮痕迹，……墓底层除发现部分人肢骨和牙齿外，没有发现棺钉及木制葬具朽后留下的漆皮痕迹"。"该墓在葬具、人骨及随葬器等方面都有着明显的分层。上层出土物均为唐宋时期的遗物，底层出土物应早于上层，为东汉到六朝时期的遗物"④，发掘者"初步判断该墓为两个不同时期的家族式墓葬"⑤，"M1修造年代为西晋时期，但到唐宋时期，则再次埋葬，使该墓成为两个不同时期的家族合葬墓"⑥。这种同一墓室分葬不同时代的家族葬的二次葬俗应为三峡地区借室为墓葬俗，这种方式更加尊重早期墓的墓主人，是解决借室为墓的一种有效方法。大概这种方式比另

---

① 武汉大学三峡考古队：《巴东县陈橡坪墓群发掘简报》，载《湖北库区考古报告集》第4卷，科学出版社2007年版，第179页。
② 湖北省文物考古研究所：《秭归大厸姑沱遗址发掘简报》，载《湖北库区考古报告集》第3卷，科学出版社2006年版，第40页。
③ 同上书，第44—45页。
④ 恩施自治州博物馆：《巴东县蔡家包墓群2004年发掘简报》，载《湖北库区考古报告集》第4卷，科学出版社2007年版，第202—203页。
⑤ 同上书，第203页。
⑥ 同上书，第207页。

辟地点为墓是为了让被安葬的逝者更有墓主之感。

秭归树坪墓群2004年发掘M4亦是借墓分层埋葬的葬例，M4位于Ⅰ区斑鸠窝南端山顶一处断崖上，"墓葬内填土分三层"，最上一层为唐代遗存，墓室内散见人骨，"只发现两处比较集中的人骨，摆放也十分凌乱，推测为二次葬"[①]，即第二次使用墓室进行埋葬。

（二）不完全借室为墓

即晚期墓利用早期墓的墓圹为建筑基础，重新建造墓室，本文称之为不完全借室为墓，这种墓葬在考古发掘简报中经常与其所借用的早期墓圹一起被分析和报告。峡江地区已发掘的唐墓和宋墓中有许多不完全借室为墓的葬例。

巴东县雷家坪遗址第三次发掘的2座唐墓都有借室为墓的现象。M5正位于南朝时期券顶砖室墓M2"墓室内的中部，向南距离M2墓室南墙3.5米。土坑竖穴墓，东西两端是利用了M2的砖壁。平面呈长方形，黑褐填土。长2.6米、宽2米、深0.3～0.9米。该墓是在清理M2墓室内倒塌土时发现的。墓内发现合葬人骨，共有5个个体"[②]。M6"位于M2的中部。土坑竖穴，利用M2的东西砖壁为墓圹。M6墓室东西长2.4、南北宽1米。南北壁边界不明显"[③]。M5和M6都是借用前代砖室墓M2的砖壁为墓圹重筑墓室，属于不完全借墓埋葬的现象。"这种晚期墓打破早期墓并利用其墓圹筑室为墓的情况在峡江地区并非个别现象，如2000年发掘的巴东西瀼口墓群一座出有'永元十二年'（东汉和帝刘肇年号）铭文砖的东汉时期凸字形

---

① 武汉大学考古系、秭归县屈原纪念馆：《秭归树坪墓群2004年发掘报告》，载《湖北库区考古报告集》第6卷，科学出版社2010年版，第574页。
② 吉林大学边疆考古研究中心：《巴东县雷家坪遗址第三次发掘简报》，载《湖北库区考古报告集》第4卷，科学出版社2007年版，第115页。
③ 同上书，第119页。

券顶砖石合构墓M3就被一座出有'开元通宝'铜钱的唐墓打破，并利用其墓圹进行埋葬。"[1] 从较为丰富的陪葬物品看，也不似迫于经济压力所为，似为葬俗。再如，巴东高栀子遗址2004年发掘唐代遗存的唐墓M1，"位于ET19内，……打破M2并利用M2墓圹的一端进行埋葬。墓深约75厘米"[2]。

秭归老坟园墓群发掘宋代墓葬共7座，"或属于'借室为墓'"，在清理的7座墓中，"有5座（M8、M9、M10、M21、M23）系利用了早期（六朝时期）砖室墓墓室的后部，将原来墓内上部填土稍加平整，作为墓底利用。有2座墓（M22、M24）为土坑墓，但亦直接建于M20的墓室后部券顶之上或甬道中部"[3]。以年代为唐至宋时期的M10为例，"M10系利用了M4墓室后半部上层。将墓内填土平整后，作为墓底，即进行埋葬。整体形状呈长方形，长2、宽1.5，深约1.35米。其宽度即为M4墓室的宽度。墓底平行铺有青砖，所砌之砖不很规整，且砖多为残断半砖，可能是利用早期砖室墓的砌墓之砖简单拼堆成一棺床。床面不平整，砖床长2米、宽0.7米"[4]。

二、唐代峡江地区借室为墓葬俗辨析

（一）借室为墓葬俗传承情况

中国古代"事死如事生"，多将葬室建筑成如生前所居之室，不

---

[1] 荆州博物馆：《巴东县高栀子遗址2004年发掘简报》，载《湖北库区考古报告集》第4卷，科学出版社2007年版，第152页。
[2] 同上书，第148页。
[3] 黑龙江省文物考古研究所：《秭归老坟园墓群发掘报告》，载《湖北库区考古报告集》第3卷，科学出版社2006年版，第68页。
[4] 同上。

筑墓室，借他人墓室为墓，或借他人墓室墓圹再筑室都有对死者不尊之嫌。有观点认为借室为墓的墓葬随葬品一般较少而简单，借室为墓可能是迫于经济压力的缘故。但从整理借室为墓墓葬的陪葬品数据可知，峡江地区唐墓中有一些借室墓随葬品是较为丰富的，可见借室为墓并不是完全迫于经济压力而引发的埋葬行为。另外，如果是迫于经济压力或某一群体一时的行为，这种葬俗应不会流传很久，但考古发掘表明，宋代时峡江地区仍有许多借室为墓的情况，且延续至明清。如巴东县杜公祠墓地 2005 年发掘的东汉始建的墓地 M1 "曾经是在两个时期进行过埋葬，首先是东汉的晚期，其次是宋代阶段进行了第二次埋葬，所以发现的遗物包含了两个时代特征的遗物，其中宋代遗物较丰富"[1]。"从现象看，是宋代的人们利用了早前的石室（墓葬）而进行的二次埋葬。"[2] "对下层的破坏并不是太大。"[3] 宋代二次葬遗物丰富，有执壶、带流罐、灯、碗、碟、盏、罐、瓜棱壶、酒壶、发笄、玻璃珠、铜镯、带扣、带钩、铜耳环、钱币等多样遗存，宋代人们多是利用早前的墓穴进行二次埋葬，此二次埋葬非"二次葬"，而是"借室为墓"。由此可见该墓葬在宋代被"借室"绝非迫于经济压力。

（二）"借室为墓"葬俗与"家族共穴合葬"葬俗关系辨析

考古工作者发现："近年来的考古发现表明，多人合葬墓是三峡地区东汉六朝时期的普遍墓葬形式。"[4] "一个墓穴中有多个人体下葬

---

[1] 武汉市文物考古研究所：《巴东县杜公祠墓地 2005 年发掘简报》，载《湖北库区考古报告集》第 4 卷，科学出版社 2007 年版，第 17 页。
[2] 同上书，第 18 页。
[3] 同上书，第 26 页。
[4] 中山大学华南文化遗产保护研究与教学中心：《巴东县陈向坪王家湾墓群 2004 年发掘报告》，载《湖北库区考古报告集》第 4 卷，科学出版社 2007 年版，第 379 页。

的现象,应该是三峡地区特有的一种家族共穴的埋葬习俗。"① 可见,峡江地区在东汉至六朝时期盛行具有血缘关系的同一家族或同一宗族的多人二次或多次合葬。

如巴东黄家梁子墓地 M1 和 M4 "为东汉时期多人二次合葬墓","M1 人骨有八具,其中三具是纵向并列(前、中、后)单置室内;其余五具堆置墓室一角,五具中的其中两具置于瓮棺中。表明了他们之间的身份,前三具尸骨应是家庭中的长者(或家长),中置者在家族中的地位最高;瓮棺者则为儿童"。M1 和 M4 "墓室使用了大量烧制规整的墓砖以及 M1 的瓦当上可以看出,虽然处在深山中,当时此地的生产力和生活水平还是比较高的"②。这是东汉时期当地一个殷实家族的典型合葬墓地,墓葬保存较为完好,尸骨的摆放位置可以鲜明而清楚地显示这是一个等级十分严明的家族,家族对不同个体生前的地位和权力有着清晰地划分。巴东黄家梁子 M1 和 M4 墓地只是东汉至六朝时期家族共穴墓地的一个缩影,当时还有许多这样的情况,如巴东东瀼口 M2、M3、M4 "均有多具人骨架发现,并有分属不同层位的现象出现,这些人骨架虽不排除有后世葬入的可能,但从清理的情况看,应是同一家族或同一宗族在相当长的时间内使用同一座墓葬"③。

发掘者曾讨论这种葬俗"是否说明由于社会动荡或其他原因无力修建新的墓葬从而使合葬墓使用时间越来越长,抑或是家族规模变大"④,但从黄家梁子墓地家族共穴墓 M1 和 M4 墓室所使用的大量烧制规整的墓砖以及 M1 的瓦当可以看出,这种家族共穴并非迫于经济

---

① 湖北省博物馆、黄石市博物馆:《秭归八字门墓群发掘简报》,载《湖北库区考古报告集》第 5 卷,科学出版社 2010 年版,第 265 页。
② 武汉市文物考古研究所:《巴东黄家梁子墓地发掘简报》,载《湖北库区考古报告集》第 1 卷,科学出版社 2003 年版,第 224—225 页。
③ 湖北省文物考古研究所:《巴东东瀼口六朝墓地发掘简报》,载《湖北库区考古报告集》第 2 卷,科学出版社 2005 年版,第 56 页。
④ 中山大学华南文化遗产保护研究与教学中心:《巴东县陈向坪王家湾墓群 2004 年发掘报告》,载《湖北库区考古报告集》第 4 卷,科学出版社 2007 年版,第 380 页。

压力，而是体现了东汉至六朝时期峡江地区社会生活的组织形态和基本单位，即家族或宗族应为当地社会的基本组织单位。峡江地区山高水急，渔猎在历史上为当地民众的重要生产手段，且东汉至六朝时期长江中游地区民众的农业生产仍以烧畲劳耕为主，生产力水平仍较为低下，加之社会动荡不安，生活在这里的民众仍处于渔猎游耕的生产方式阶段中。在这种生态条件下，只有建立以家族或宗族为单位的聚落，共同居住生产，才能组织起更大的生产劳动规模，获得足以维系每个个体生存的生产资料。基于此，家族或更大范围内的宗族聚居则成为当地社会的生存组织形态。墓葬是对生者生活空间的映射，墓葬中家族作为一个整体共同居于一室则是生者在现实世界中共居共存的映射影像。而这种多人合葬的葬法概采用的是拾骨葬的葬法[①]，使先逝者和后逝者得以同室而葬。

唐代时峡江地区人口数量增加，"唐武德二年（公元619年）置归州，辖秭归、巴东二县，治所在秭归县。天宝元年（公元742年）改置巴东郡、乾元元年（公元758年）复置归州，仍治秭归县。归州贞观户3531，开元户4845，天宝户4645，属于与隋代相比人口数有所上升的州"[②]。唐代峡江地区民众经过长期生产经验积累，提高了生产力水平，社会的稳定促进了峡江地区和外界的生产技术交流，唐政府在长江流域建设了农田水利设施，等等。种种内因和外因的条件下，该地区生产力获得了长足进步，所以，虽然峡江地区仍可能处于渔猎烧畲的生产方式阶段中，但其社会生产关系已发生了改变，社会组织形态由原先的家族或宗族聚落式居住发展为以小家庭或小家族为单位组织生产和生活，每个小家庭或小家族从大家族或宗族中分离出来，成为新的社会组织基本单位。

---

① 贺世伟：《略论三峡地区六朝隋唐墓所见的多人葬习俗》，载《考古与文物》2010年第4期。
② 冻国栋：《唐代人口问题研究》，武汉大学出版社1993年版，第193页。

在社会组织形态改变的同时，作为生者生存状态映射的墓葬也发生着变化，流行于东汉至六朝时期的家族共穴葬俗至唐代时已逐渐减少至不见，不再是一个广泛应用的葬俗，在笔者所考证的《湖北库区考古报告集》峡江地区 68 座唐墓中，除去借室为墓、人骨不存等情况，发掘报告中明确说明存多具尸骨且为家族合葬的，仅巴东孔包河遗址 M105、M203、M204、M210，巴东县慕湾墓群 2005 年发掘墓葬 M5 和秭归八字门唐墓 M10 墓葬，占比为 8.8%，且其墓葬年代被定义为新莽至唐代中期和六朝至唐代，而不是从唐代开始使用的家族墓葬。且"唐后期到宋时期，'拾骨'葬在三峡地区基本衰落"[1]，足见唐代时，特别是唐代中晚期以后，伴随着生产力水平的提高，社会组织形态和社会基本单位的变化，峡江地区的家族共穴葬俗已较少被使用了。在借室墓中虽然也可见到不同时期的家族共墓，但毕竟占极少数。

一室埋葬多具尸骸就是家族合葬葬俗的形式，在其存在的生产关系基础瓦解以后，该葬俗脱离了血缘关系的束缚，作为一种观念和习俗流传了下来，衍化为我们今日考古发掘时所见的"借室为墓"——非血缘关系者先后同室埋葬。巴东老虎包 M1 出土的随葬器物分属东汉晚期、六朝时期和唐代三个时期，说明该墓"始建年代为东汉晚期"，"六朝时期该墓被利用一次"，"最后一次又被唐代所利用"[2]，非一个时期连续利用，中间间隔时间较长，应不属于家族合葬墓，而应是从六朝时期就已经开始的借墓埋葬行为。六朝时期的借墓情况在峡江地区较为少见，虽因葬例较少不能进行更多的分析，但此葬例或可说明六朝时即已开始了借墓埋葬的行为。家族合葬葬俗的形式——无论是否具有亲缘关系，尸骸可同在一个墓室埋葬——于六朝时期已经开始变为一种观念，这可见当时社会的生产发展已进步到

---

[1] 贺世伟：《略论三峡地区六朝隋唐墓所见的多人葬习俗》，载《考古与文物》2010 年第 4 期。
[2] 湖北省文物考古研究所：《巴东老虎包墓地发掘简报》，载《湖北库区考古报告集》第 3 卷，科学出版社 2006 年版，第 362 页。

家庭逐渐成为组织生产和生活的基本主体，而家族和宗族式的社会组织形态已经没落，唐代峡江地区的社会和经济进一步发展，从借室埋葬现象的大量出现，可见当地的家族和宗族式聚落居住的社会组织形态恐怕已经彻底瓦解一段时间了。

三、结语

所以从根本上讲，借室为墓是古老的家族共穴葬俗的延续。当然在这一葬俗传承的过程中，很可能有其他推助它发展的外部或内在的影响因子介入，比如与某种神鬼观念或宗教理念的契合，又如一些较为现实的条件，如被借用之墓多在江边山地上，墓口距离地表很浅，或暴露于地表，易于发现和使用，等等。总之，习俗或观念的形成并非凭空而至，总有它发生、发展的基础，而这个基础往往与地理条件、经济和社会息息相关。民俗与社会和经济发展有互相对应的关系，社会和经济是民俗发生和发展的基础，而民俗的衍变亦可反观经济和社会的发展形态和阶段。

一种行为形式一旦成为观念和礼俗，并非一成不变，唐代借室为墓的两种类型——完全借室与不完全借室——所包含的行为内涵：不打破墓室，在同室另辟地点或焚烧前人尸骨埋葬，或同室分层埋葬，以及以原墓圹为新墓圹基础重建墓室，都体现了多人合葬观念的发展和变化。这种对借室埋葬的分类似应为借室埋葬葬俗在唐代中晚期至宋代发展的不同阶段，鉴于目前考古发掘的峡江地区宋代墓葬仍然存在大量"完全借室"的葬例，可见葬俗内涵的变迁是曲折的，而非线性的，礼俗的多种形态是可以同时并存的。

（原载《江汉考古》2019年第1期）

唐代长江流域的茶叶种植与饮茶习俗

一、唐代长江流域饮茶习俗溯源

我国自原始社会开始采集和利用茶叶,有"茶之为饮,发乎神农"之说。20世纪80年代,贵州晴隆县云头大山原始森林中发现距今100万年的茶籽化石。[1] 从20世纪开始,我国陆续在长江流域的云南、四川、贵州、安徽等地发现野生古茶树,专家考证位于云南省镇沅县九甲乡千家寨中的两棵树龄分别为2700年和2500年的乔木型大茶树,是目前发现的野生大茶树中最大、最古老的[2],大约存活于春秋战国时代,但在这一时段中并未有可信的饮茶史料。[3]

有史可考的茶叶种植与饮茶大约可追溯到汉代,西汉蜀郡人王褒《僮约》中"脍鱼炰鳖,烹荼尽具""武阳买荼"[4]中的"荼"一般认为是现代意义上的"茶"。远至"武阳"采买可知西汉时蜀地武阳茶远近闻名,且已形成了一定规模的茶叶专门市场。东汉《桐君录》中:"西阳、武昌、庐江、晋陵皆出好茗,巴东别有真茗茶,煎饮令

---

[1] 贺伯虎:《晴隆古茶树保护现状及问题与建议》,《贵州茶叶》2016年第3期。
[2] 陈珲等:《古茶树资源应受到保护》,《农业考古》2001年第2期。
[3] 《晏子春秋》中"婴相齐景公时,食脱粟之饭,炙三戈、五卯、茗菜而已"条,宋时磊《唐代茶史研究》(中国社会科学出版社2017年版,第10—23页)第一章第一节已利用版本学、词源学、文字学、气候学等方面知识考察了此条中的"茗"并非是茶。
[4] (唐)徐坚:《初学记》引王褒《僮约》,清光绪孔氏三十三万卷堂本。

人不眠。"①"西阳"今湖北黄冈一带,"武昌"今湖北鄂州,"庐江"今安徽舒城,"晋陵"今湖北荆门。《汉书·地理志》中有"荼陵"一地,《茶经·七之事》引《荼陵图经》:"云荼陵者,所谓陵谷生茶茗焉。"②此处"荼陵"即今湖南茶陵。湖南长沙马王堆西汉1号墓(墓葬时间为前160)和3号墓(墓葬时间为前165)中出土遣册中均有"梢一笥"。③1990年4月,浙江湖州弁南乡东汉晚期墓葬中出土一只完整青釉印纹四系罍,其肩上部刻有隶书"荼"字,被认为是汉代贮茶器。④可知李剑农先生"茶之最初发现在蜀,约当西汉时代,渐由长江上游传至长江下游"⑤的推断十分可信,两汉时期长江流域上、中、下游已有茶事,且以上游巴蜀为中心渐次传至下游吴越地区。司马相如《凡将篇》中将茶与药物同列。⑥《茶经》引华佗《食论》云:"苦荼,久食益意思。"⑦可知,两汉时期人们将茶叶作为药品,已认识到茶提神、助思的药用价值。

三国时期,茶在长江流域统治阶级宴席中充当饮品,出现"以茶代酒"的习俗。《三国志·吴书》记载了吴君孙皓飨宴时密赐韦曜"茶荈以当酒"⑧。三国魏张揖《广雅》中记载了此时长江上、中游地区制茶、饮的独特习俗,"荆巴间采叶作饼,叶老者,饼成,以米膏出之。欲煮茗饮,先炙令赤色,捣末置瓷器中,以汤浇覆之,用葱、姜、橘子芼之。其饮醒酒,令人不眠"⑨。即将茶之老叶和以米

---

① (宋)李昉:《太平御览》卷867,中华书局1960年版,第3845页。
② (唐)陆羽撰,宋一明译注:《茶经译注》,上海古籍出版社2017年版,第65页。
③ 湖南省博物馆、中国科学院考古研究所:《长沙马王堆一号汉墓》,文物出版社1972年版。周世荣:《关于长沙马王堆汉墓中简文——梢(槚)的考订》,《茶叶通讯》1979年第3期;《再谈长沙马王堆汉墓简文——梢(槚)》,《茶叶通讯》1991年第2期。
④ 吴铭生:《湖州发现东汉晚期贮茶瓮》,《茶叶通讯》1990年第3期。
⑤ 李剑农:《魏晋南北朝隋唐经济史稿》,生活·读书·新知三联书店1959年版,第198页。
⑥ (唐)陆羽撰,宋一明译注:《茶经译注》,上海古籍出版社2017年版,第47页。
⑦ 同上书,第56页。
⑧ (晋)陈寿:《三国志·吴书》卷65,中华书局1971年版,第1462页。
⑨ (宋)李昉:《太平御览》卷867,中华书局1960年版,第3843—3844页。

浆制成茶饼，饮用时有"炙、捣、浇、苊"的程序，茶不单独饮用，需加入葱、姜、橘皮等调味食用。虽说当时人们已开始将茶视为饮品，但依然是以其药用价值的利用为主，三国魏吴普《本草》"苦菜，味苦寒，无毒，久服安心益气，聪察少卧，轻身耐老，耐饥寒，豪气不老"①。

两晋时期，王公贵族依旧是茶叶消费的主要群体。王公贵族甚嗜茶，《世说新语》中记载："晋王濛好饮茶，人至辄命人饮之，士大夫皆患之，每欲往候，必云今日有水厄。"② 由此可知北方人多不爱喝茶，因此才有"水厄"一说，结合西晋刘琨在与刘演书信中提及常饮安州真茶解体中溃闷③，可推知北人饮茶多将其当作药品，取其保健功效。而茶在长江下游地区则是贵族宴饮待客的日常饮料，《世说新语》中太傅褚裒南渡之后东游至金昌亭，逢吴中豪绅宴饮于此，众人不识裒，于是"敕左右多与茗汁，少箸粽"④。可知长江下游地区每逢宴席必饮茶，且茶的价格比酒便宜。茶价低廉使得茶开始成为俭行廉洁的象征。《晋中兴书》中记载陆纳仅设茶果招待将军谢安以示精行俭德。⑤ 随着饮茶普及，饮茶风气已渐由王公贵族普及到普通民众，茶饮开始在市集中买卖，但却屡被禁止。《江氏家传》云："统迁愍怀太子洗马尝上疏谏云：'今西园卖醯、面、茶、菜蓝子之属，亏败国体。'"⑥《广陵耆老传》中记载老姥"提一器茗，往市鬻之，市人竞买"被"州法曹絷之狱中"之事⑦，傅咸《司隶校尉教》记载蜀妪作

---

① 引自（宋）陈元靓：《岁时广记》卷19，清十万卷楼丛书本。
② （宋）李昉：《太平御览》卷867，中华书局1960年版，第3844页。
③ （唐）陆羽撰，宋一明译注：《茶经译注》，上海古籍出版社2017年版，第50页。
④ （南朝宋）刘义庆著，（南朝梁）刘孝标注，余嘉锡笺疏：《世说新语笺疏》，中华书局2011年版，第718页。
⑤ （唐）陆羽撰，宋一明译注：《茶经译注》，上海古籍出版社2017年版，第50页。
⑥ 同上书，第60页。
⑦ 同上书，第58页。

茶粥卖于市，廉事"禁茶粥以困蜀姥"[1]。这一时期茶有了不同的饮用方式，"直煮饮为茗茶"[2]。出现了第一首以茶为主题的诗歌——杜育的《荈赋》，标志着茶开始具有了审美价值。

南北朝时，茶成为供奉祖先神灵的祭祀品。南朝刘敬叔《异苑》中记载了剡县陈务妻以茶祭祀鬼的故事。[3] 南朝齐武帝萧颐遗诏云："我灵座上慎勿以牲为祭，但设饼果、茶饮、干饭、酒脯而已。天下贵贱，咸同此制。"[4] 同时也表明武帝萧颐延续两晋时期将茶作为俭行的象征。到南北朝后期，南人嗜茶成癖，北人却觉怪异，还以饮茶之俗来嘲讽南人。《洛阳伽蓝记》中《城南》记载了王肃奔魏，出入魏时保留南方饮食习惯"饭鲫鱼羹，渴饮茗汁"被人送外号"漏卮"，改变饮食习惯迎合当朝者后称茗饮为"酪奴"，给事中刘缟"慕肃之风，专习茗饮"，也遭人鄙视称为"逐臭之夫""学颦之妇"，以至于"自是朝贵谦会虽设茗饮，皆耻不复食，唯江表残民远来降者好之"。[5] 此时，许多地方志中都有茶叶的相关记录，如《坤元录》《括地图》《吴兴记》《夷陵图经》《永嘉图经》《淮阴图经》《茶陵图经》，等等，惜今已散佚只在《茶经》中存留只言片语。

追根溯源，茶之为饮，在汉代以长江上游的巴蜀为中心，形成了茶叶的专卖市场，然后逐步扩展到长江中下游地区；至三国魏晋时，长江流域尤其是下游吴越地区，茶成为贵族宴饮待客的日常饮料，"以茶待客"成为精行俭德的标志。同时饮茶之风也开始向普通民众扩散，茶粥进入市井之中售卖。杜育《荈赋》标志着茶开始进入文人的审美视野；到南北朝时，长江流域的民众嗜茶成癖，北人却觉

---

[1] （唐）陆羽撰，宋一明译注：《茶经译注》，上海古籍出版社2017年版，第50页。
[2] （宋）李昉：《太平御览》卷867，中华书局1960年版，第3844页。
[3] （唐）陆羽撰，宋一明译注：《茶经译注》，上海古籍出版社2017年版，第57—58页。
[4] 同上书，第60页。
[5] （北魏）杨衒之撰，周祖谟校释：《洛阳伽蓝记校注》，中华书局2013年版，第103—107页。

怪异,多以"茗饮作浆"鄙视南人,至唐前期茶一直作为长江流域区域性的饮料。

二、唐代长江流域的茶地与茶俗

唐代长江流域地区大致划分为剑南道、山南西道、山南东道、黔中道、江南西道、江南东道、淮南道。① 按自然地理划分,从青藏高原发源地到东海之滨入海口,习惯上划分为上、中、下游三段。由今重庆江津到湖北宜昌为上游;今湖北宜昌到江西湖口为中游;今江西湖口到入海口为下游。但自然地理的划分与政区地理的划分不可能完全一致,加上历史上政区划分常有浮动和伸缩。故本文所确定的长江流域上、中、下游地区与习惯上的自然地理区域大体一致,并适当兼顾唐代的行政区划。

(一)唐代长江流域的茶叶种植

唐之前,茶叶大抵采自野生茶树。杜育《荈赋》中描述茶叶生长状态是"灵山唯岳,奇产所钟,厥生荈草,弥谷被岗"②。《太平御览》引《续搜神记》中记载了晋时宣城人秦精入武昌山采茗遇毛人一事;王浮《神异记》中记载了余姚人虞洪,入山采茗遇丹丘子之事。③ 可知,晋时长江中下游地区大山中常有野生茶树,人们往往入大山采野茶。野生茶叶由于稀少而成为上等茶叶,正如《茶经·一

---

① 唐代政区多有变化,为了表述一致,本文选用开元二十九年(741)政区表述,具体划分参见谭其骧:《中国历史地图集·唐时期》,中国地图出版社 1996 年版。
② (清)陈元龙:《历代赋汇·逸句》卷 2,文渊阁四库全书本。
③ (宋)李昉:《太平御览》卷 867,中华书局 1960 年版,第 3844 页。

之源》所云"野者上,园者次"[①]。随着饮茶之风渐广,茶叶消费量激增,靠采集野茶已无法满足庞大的消费需求,于是,人工种植的茶园日益增多,逐渐形成了茶叶核心产区。据《茶经》《膳夫经手录》《唐国史补》《元和郡县图志》《全唐诗》《茶述》《新唐书·地理志》《太平寰宇记》及《事类赋》中所辑毛文锡《茶谱》等史料,我们将唐代长江流域茶之名品产区按上、中、下游勾勒如下。

(1)长江上游地区。唐代长江上游地区大致包括剑南道、山南西道绝大部分地区、山南东道西南部、黔中道西南部,大致相当于今四川、重庆、云南、贵州部分地区以及陕西西南略阳地区。唐代长江上游地区共64个州,其中有24个州及南诏地区产茶,共计58种茶,即剑南道有雅州的蒙顶茶、蒙顶研膏、蒙顶石花、笺牙、雾鋑牙、鹰嘴牙白茶等14个品种,汉州赵坡茶、什邡茶,彭州堋口茶、石花茶、仙崖茶,眉州峨眉雪芽、峨眉茶、五花茶,嘉州南安茶,蜀州蝉翼、片甲、雀舌等8种茶,邛州火番茶、思安茶、火井茶,剑州九华英,涪州白马茶、宾化茶、三般茶,绵州骑火茶、西昌、昌明兽目、神泉小团,泸州泸茶,茂州玉垒沙坪茶,简州茶;山南西道有渝州狼猱山茶,合州水南茶,开州龙珠茶;山南东道有夔州茶岭茶、香山茶,归州白茶,忠州多陵茶;黔中道有黔州都濡茶,夷州茶,思州茶,费州茶,播州生黄茶以及南诏银生茶。

分析可知,本区产茶州不多,仅占总数三分之一,大致可分为:以蜀州、雅州、绵州等为中心的川西茶区;以泸州、涪州、夔州等州组成的长江干流茶叶产区;以黔州、思州、夷州等组成的涪陵水流域茶叶产区。其中川西茶区茶事历史最久,汉代武阳(唐属彭州)便已形成了茶叶的专门市场,童仆远去"武阳买茶"也是最早有名茶的记录。东晋常璩《华阳国志·蜀志》称"南安(今四川乐山)、武阳皆

---

① (唐)陆羽撰,宋一明译注:《茶经译注》,上海古籍出版社2017年版,第4页。

出名茶"①。

唐代长江上游地区各州所产名茶甚多,其中最著名的当属蒙顶茶,"蜀之雅州有蒙山,山有五顶,顶有茶园。其中顶曰上清峰,所谓'蒙顶茶'也,为天下之称……今蒙顶茶有雾钑牙、篯牙,皆云火前,言造于禁火之前也"②。由此可知,只有生长在蒙山上清峰上的茶,才能称之为"蒙顶茶",此茶皆造于清明前,价格之高,"元和以前,束帛不能易一斤先春蒙顶"③。"是以蒙顶前后之人,竞栽茶以规厚利。不数十年间,遂新安草市,岁出千万斤。虽非蒙顶,亦希颜之徒"④,蒙山周边茶农为追逐暴利纷纷种茶以冒充蒙顶茶。这也带动了当地茶业的发展。新安茶也成为蜀茶的代表,虽不如蒙顶茶精细,却是质高价廉的大众茶叶,其"南走百越,北临五湖,皆自固其芳香,滋味不变……自谷雨已后,岁取数百斤,散落东下,其为功德也如此"⑤。除了雅州蒙顶茶,绵州的神泉小团、昌明兽目,夔州香山同被《唐国史补》列为名茶。⑥ 蜀州所产蝉翼、片甲、雀舌等8种茶"皆是散茶之最上"⑦。《茶经·八之出》中夷、思、费、播四州也是"其味极佳"⑧。南诏地区也有出茶的记录,唐樊绰《蛮书》中记载了银生茶的出产情况。⑨

长江上游茶叶产量,并未有确切的史料记载。仅知"新安草市,

---

① (晋)常璩撰,任乃强校注:《华阳国志校补图注》,上海古籍出版社1987年版,第175页。
② (宋)吴淑:《事类赋》卷17《饮食部》引毛文锡《茶谱》,宋绍兴十六年刻本。《茶谱》原书宋时已佚,《事类赋》和《太平寰宇记》两书中均有《茶谱》佚文,同一内容表述略有差异,但无冲突,且互有补充。
③ (唐)杨晔:《膳夫经手录》,清初毛氏汲古阁钞本,第2页。
④ 同上。
⑤ 同上。
⑥ (唐)李肇:《唐国史补》,古典文学出版社1957年版,第60页。
⑦ (宋)乐史撰,王文楚等点校:《太平寰宇记》,中华书局2007年版,第1528页。
⑧ (唐)陆羽撰,宋一明译注:《茶经译注》,上海古籍出版社2017年版,第79页。
⑨ (唐)樊绰撰,向达校注:《蛮书校注》,中华书局1962年版,第190页。

岁出千万斤"与中游浮梁茶同为"以多为贵"的大众茶叶，其余名茶虽不似"蒙顶茶"难得，产量却也不高。虽是如此，长江上游茶叶却远销边陲，邛州火番饼远销西番、党项[①]，吐蕃赞普帐中亦有绵州昌明兽目。《太平寰宇记》记载黎州"元（原）无市肆，每汉人与蕃人博易，不使见钱，汉用紬绢、茶、布，蕃部用红椒、盐、马之类"[②]。由此可推知，少数民族大众所饮之茶，大多来自于边境互市，汉人用于交换的茶叶大约出自黎州周边的雅州、邛州、眉州、嘉州等地，进而可推知吐蕃赞普帐中虽有来自长江中下游的名茶，却也是稀罕之物，极少流入普通百姓之家，普通民众所消费的大抵是长江上游川西茶区的茶叶。

（2）长江中游地区。唐代长江中游地区大致包括山南西道梁州和洋州、山南东道东北部、黔中道东部、淮南道西部、江南西道大部分地区，大致相当于今湖北、湖南、江西、安徽西南部分地区以及陕西西南部地区。唐代长江中游地区共46个州，其中有28个州产茶，共计44种茶，即山南西道有梁州西乡月团、梁州茶，山南东道有峡州方蕊茶、明月茶、茱萸簝、小江源茶、夷陵茶、碧涧茶、荆州碧涧茶、楠木茶、仙人掌茶、荆州紫笋茶、襄州茶、金州芽茶；黔中道有施州方茶，溪州灵溪芽茶、辰州碣滩茶、泸溪茶；江南西道有永州零陵竹间茶，朗州西山寺炒青、武陵茶，潭州渠江薄片、麓山茶，邵州渠江薄片、邵阳茶，衡州石廪方茶、衡山月团、衡山团饼，岳州邕湖含膏、黄翎毛，鄂州团黄，澧州澧阳茶，江州庐山云雾，吉州茶，饶州浮梁茶，袁州界桥茶，抚州麻姑茶，洪州西山鹤岭茶、西山白露茶、双井白芽，虔州茶；淮南道有黄州黄冈茶，蕲州蕲水团薄饼、蕲水团黄、蕲门团黄，光州光山茶，申州义阳茶，安州茶。

---

① （宋）乐史撰，王文楚等点校：《太平寰宇记》，中华书局2007年版，第1523页。
② 同上书，第1559页。

分析可知，本区茶叶产地分布极广，产茶州占总数的百分之六十以上，其茶地的分布是以峡州、襄州、荆州、鄂州为中心的江汉茶区；以岳州、朗州、谭州、衡州、邵州为中心的洞庭湖地区茶区；以江州、蕲州、饶州、洪州为中心的彭蠡湖（今鄱阳湖）地区茶区。以三大茶叶产区为主，同时围绕着三大茶区零星分布一些小的茶区。三大茶叶产区各自拥有许多名茶，其中首推江汉茶区中的峡州之茶，陆羽《茶经·八之出》首列峡州远安、宜都、夷陵三县之茶为上等，《唐国史补》中也将其碧涧、明月、芳蕊、茱萸簝四种茶叶列为名茶，《膳夫经手录》称"茱萸簝"亦属"顾渚之流"，又云："夷陵又近有小江源茶，虽所出至少，又胜于茱萸簝矣。"由此可知峡州之茶名品辈出。洞庭流域茶区中岳州邕湖之含膏、衡州之衡山，彭蠡湖流域茶区中洪州之西山白露、蕲州之蕲门团黄、江州江陵之南木，以上五种茶皆属于《唐国史补》所列名茶，《唐国史补》中所列二十余种名茶仅长江中游地区已经有9种，可知本区茶叶名品甚多，同时也说明本区茶叶种植与加工技术在唐代也达到了相当高的水平。

唐代中游地区茶叶产量巨大，其中以浮梁茶为代表的中低档茶叶产量最大。浮梁县作为全国茶叶的重要产地和集散地，"每岁出茶七百万驮，税十五万贯"[1]。庞大的产量吸引着各地茶商来此贸易，正如《茶酒论》中所记"浮梁歙州，万国来求"[2]，白居易《琵琶引》中"商人重利轻别离，前月浮梁买茶去"[3]。不只是浮梁，衡州、蕲州、

---

[1] （唐）李吉甫撰，贺次君点校：《元和郡县图志》卷28，中华书局1983年版，第672页。关于"驮"的具体重量学界尚存争议，但都一致认为浮梁茶产量非常高。李剑农先生认为此处"驮"或为"串""囊"之讹误，"七万驮"约为三四百万斤。日本学者日野开三郎在《唐代先进地带的庄园》中考证"一驮"相当于一石，相当于一百斤，"七万驮"约当七百万斤。宋时磊《唐代茶史研究》中以马端临《文献通考》记载宋代嘉祐六年（1061）"矾以百斤为一驮"为标准，得出浮梁年产茶量为1000万斤。

[2] 郝春文编：《英藏敦煌社会历史文献释录》第2卷，社会科学文献出版社2003年版，第293页。

[3] （清）彭定求等编：《全唐诗》卷435白居易《琵琶引》，中华书局1960年版。

鄂州等地之茶产量也很高,"衡州衡山,团饼而巨串。岁收千万"。"蕲州茶、鄂州茶、至德茶……其济生收藏榷税,又倍于浮梁矣。"[1]

长江中游茶叶消费面甚广。茱萸簝、邕湖含膏、西山白露等名贵之茶上贡王庭,远销各地,连吐蕃赞普帐中都有来自蕲门、邕湖的名茶。但名茶毕竟产量少,长江中游拥有巨大消费市场的还是中低档茶叶,有浮梁茶"关西山东,闾阎村落皆吃之";有"蕲州茶、鄂州茶、至德茶……陈、蔡已北,幽、并已南,人皆尚之";有"衡州衡山,团饼而巨串……自潇湘达于五岭,皆仰给焉……远自交趾之人,亦常食之";还有"阳团茶、渠江薄片茶、江陵南木香茶、施州方茶……惟江陵(今荆州)、襄阳皆数千里食之"[2]。这些大众茶虽"味短而韵卑",却远销南北,北至幽州、并州,南达交趾。

(3)长江下游地区。唐代长江下游地区大致包括淮南道东部、江南西道宣州、江南东道,大致相当于今安徽东南部、江苏南部、浙江、福建等地。唐代长江下游地区共28个州,其中有20个州产茶,共计47种茶,即江南西道宣州至德茶、九华山茶、瑞草魁、鸦山茶;淮南道有庐州茶,舒州天柱茶,扬州蜀冈茶,寿州霍山天柱茶、霍山小团等6种茶;江南东道有歙州祁门方茶、先春含膏、牛轭岭茶等6种茶,杭州径山茶、灵隐茶、天竺茶、天目山茶,睦州细茶、鸠坑茶,婺州方茶、举岩茶、东白茶,明州茶,越州剡茶、瀑布岭仙茗,湖州顾渚紫笋,常州义兴紫笋,润州茶,苏州洞庭山茶,台州天台山茶,温州白茶,福州柏岩茶、方山露芽、蜡面茶等6种茶,泉州茶,建州大团、建州研膏、方山之芽等。

分析可知,长江下游茶地分布广,三分之二以上的州都产茶,而且茶的种类繁多。其茶地主要以常州、湖州、歙州等组成的以太湖

---

[1] (唐)杨晔:《膳夫经手录》,清初毛氏汲古阁钞本,第2页。
[2] 同上。

为中心的太湖中心茶区；以越州、婺州、温州为主的浙东茶区；以舒州、寿州、扬州为主的淮南茶区以及以福州、建州为主的闽南茶区。其中以太湖中心茶区品质最高，最为著名的便是常州、湖州两地顾渚山所出的贡茶紫笋茶。湖州紫笋"自蒙顶之外，无出其右者"[①]，其品质最高的当属明月峡茶，被誉为"吴兴三绝"[②]。常州义兴阳羡茶东汉时便已名满天下。[③]顾渚地区茶叶的高品质源于唐代政府的监管。唐代宗永泰元年（765）义兴紫笋入贡[④]，唐代宗大历五年（770），湖州设贡茶院，每至造茶时节，两州刺史亲赴顾渚茶山督造贡茶[⑤]，"役工三万人，累月方毕"[⑥]。除了顾渚系列贡茶，太湖产区还有很多名茶。睦州之鸠坑、婺州之东白也入《唐国史补》名茶之列。宣州"鸦山出茶，尤为时贵"[⑦]。歙州"其先春含膏亦在顾渚茶品之亚列"[⑧]。除太湖茶区，其他各产区也皆有名茶，越州剡茶颇受诗僧皎然推崇，"越人遗我剡溪茗，采得金牙爨金鼎。素瓷雪色缥沫香，何似诸仙琼蕊浆"[⑨]。舒州天柱茶"虽不峻拔遒劲，亦甚甘香芳美，良可重也"。寿州"霍山小团，其绝好者。上于汉美……"福州"生黄茶，……与香山明月为上下也"[⑩]。

唐代长江下游茶叶量大质优。唐代中期"湖州造茶最多，谓之

---

① （唐）杨晔：《膳夫经手录》，清初毛氏汲古阁钞本，第3页。
② （清）彭定求等编：《全唐诗》卷366张文规《吴兴三绝》，中华书局1960年版。
③ （宋）李昉：《太平御览》卷867，中华书局1960年版，第3845页。
④ 谈钥：《浙江省嘉泰吴兴志》卷18引《唐义兴县重修茶舍记》，台北成文出版社1983年影印本，第6883—6884页。
⑤ （宋）吴淑：《事类赋》卷17《饮食部》引毛文锡《茶谱》，宋绍兴十六年刻本。《茶谱》原书宋时已佚，《事类赋》和《太平寰宇记》两书中均有《茶谱》佚文，同一内容表述略有差异，但无冲突，且互有补充。
⑥ （唐）李吉甫撰，贺次君点校：《元和郡县图志》卷25，中华书局1983年版，第606页。
⑦ （宋）乐史撰，王文楚等点校：《太平寰宇记》，中华书局2007年版，第2050页。
⑧ （唐）杨晔：《膳夫经手录》，清初毛氏汲古阁钞本，第3页。
⑨ （清）彭定求等编：《全唐诗》卷821皎然《饮茶歌诮崔石使君》，中华书局1960年版。
⑩ （唐）杨晔：《膳夫经手录》，清初毛氏汲古阁钞本，第3页。

顾渚贡焙，岁造一万八千斤……至建中二年……进三千六百串"①。不只顾渚贡茶产量高，"婺源、浮梁、祁门、德兴四县，茶货实多……乃升婺源为都制置，兵刑课税，属而理之"②。其中婺源统领四县可知婺源县的政治地位和经济实力均高于其余三县，茶叶产量至少也与浮梁在同一水平，再加上祁门、至德所出，太湖中心茶区茶叶产量十分可观。本区虽也有建州大团这类量大味苦的茶叶，但与中游茶区不同，本区大众茶叶以制置精好而名播天下，"歙州、婺州、祁门、婺源方茶。制置精好，不杂木叶"③。因此"自梁、宋、幽、并间，人皆尚之。赋税所入，商贾所赍，数千里不绝于道路"④。

（二）唐代长江流域的茶俗

唐代饮茶之风的盛行离不开佛教的推动，唐人封演曾记"泰山灵岩寺有降魔师大兴禅教，学禅务于不寐，又不夕食，皆许其饮茶。人自怀挟，到处煮饮，从此转相仿效，遂成风俗"⑤。其实早在东汉佛教传入中国之时，长江中游的庐山梵宫寺院便有僧人采制茶叶的记录。⑥至唐开元之后，寺院普遍饮茶，寺院中有专门掌管茶事的"茶头"⑦。因茶有益思助禅之效，寺院之中大有嗜茶之僧，陆羽的师父竟陵龙盖寺智积大师便是个饮茶成癖的名僧，陆羽后来能成为茶圣，离不开早年寺院生活的浓厚的茶文化氛围。至中晚唐时，福州长乐百丈怀海禅师整顿和建立新的禅宗戒律，鼓励僧徒坐禅饮茶，详细规定了

---

① （宋）钱易撰，黄寿成点校：《南部新书》，中华书局2002年版，第66页。
② （清）董诰等编：《全唐文》卷871刘津《婺源诸县都制置新城记》，中华书局1983年版。
③ （唐）杨晔：《膳夫经手录》，清初毛氏汲古阁钞本，第3页。
④ 同上。
⑤ （唐）封演撰，赵贞信校注：《封氏闻见记校注》，中华书局1958年版，第46页。
⑥ （宋）陈舜俞：《庐山记》，民国殷礼在斯堂丛书影元录本。
⑦ （清）王昶：《金石萃编》卷106《台州隋故智者大师修禅道场碑铭》记僧行满在天台山国清寺智者院充茶头，清嘉庆十年同治钱宝传等补修本。

禅门饮茶的制度，饮茶成为寺庙日常修行不可少的部分。[1] 唐代文人雅士多喜游佛寺，茶成为僧俗交往的媒介，煎茶品茗间玄谈兼藻思，悟道得自在。如牟融《游保本寺》"茶烟袅袅笼禅榻，竹影萧萧扫径苔"于自然美景中放松身心，皎然与裴集、阳伯明"清宵集我寺，烹茗开禅牖"，刘得仁《宿普济寺》"饮茶除假寐，闻磬释尘蒙"。茶之涤烦清神与佛音静心自在完美结合，使文人雅士们能暂时超脱仕途的烦扰。

唐代长江流域的烹茶之法丰富多彩。早在魏晋时期，长江流域便流行食用茶粥。《膳夫经手录》中记载"茶，古不闻食之。近晋、宋以降，吴人采其叶煮，是为茗粥"[2]。《司隶校尉教》中也记载了蜀妪制茶粥于市中叫卖，这种吃茶粥的习俗一直保留至唐代，王维《赠吴官》"长安客舍热如煮，无个茗糜难御暑"。可知南方人夏天吃茶粥以御暑，到北方后无茶粥食用便觉异常难受。储光羲《吃茗粥作》诗中"淹留膳茗粥，共我饭蕨薇"，可知这种茗粥是作为果腹的食物食用的。茶除了可煮作茶粥食用，唐代长江流域一直还保留着三国《广雅》所记载的"茗茶法"，即"荆巴间采叶作饼，叶老者，饼成，以米膏出之。欲煮茗饮，先炙令赤色，捣末置瓷器中，以汤浇覆之，用葱、姜、橘子芼之"[3]。薛能《蜀州郑史君寄乌觜茶，因以赠答八韵》中"盐损添常诫，姜宜著更夸"，王建《饭僧》亦有"消气有姜茶"的吟述，可见在茶水中增添盐、姜等调料在唐中期以前甚为流行。陆羽《茶经》中对此也有记载"或用葱、姜、枣、橘皮、茱萸、薄荷之等，煮之百沸，或扬令滑，或煮去沫，斯沟渠间弃水耳，而习俗不已"[4]，但陆羽对

---

[1] 百丈怀海禅师所所定清规，被世人称之为《百丈清规》，原书已佚，两宋时在原书基础上形成了《禅苑清规》《咸淳清规》等，元代元统年间形成了《敕修百丈清规》。
[2] （唐）杨晔：《膳夫经手录》，清初毛氏汲古阁钞本，第2页。
[3] （唐）陆羽撰，宋一明译注：《茶经译注》，上海古籍出版社2017年版，第47页。
[4] 同上书，第41页。

此种原始、粗放的饮茶方式极为不满，称其为"沟渠间弃水"。其在《茶经·五之煮》中强调炙茶时的火候、所用之火以炭为上；所烹之水"山水上，江水中，井水下"取其洁净；煮茶时讲究"三沸"，仅以盐调味，以"沫饽"为精华。① 陆羽系统改进了中唐以前的烹茶之法，使得烹茶更加精细，更具文人雅兴，于是"茶道大行，王公朝士无不饮者"②，"鬻茶之家，陶为其像，置于炀器之间，云宜茶足利"③。以此，陆羽被奉为"茶神""茶圣"，文人雅士皆奉其饮茶之法为圭臬，这在中晚唐之后的茶诗中可见一斑，白居易《睡后茶兴忆杨同州》"沫下麹尘香，花浮鱼眼沸"；皮日休《茶中杂咏·煮茶》"香泉一合乳，煎作连珠沸"；崔理《美人尝茶行》"银瓶贮泉水一掬，松雨声来乳花熟"。李白《答族侄僧中孚赠玉泉仙人掌茶》开篇长序介绍了玉泉仙人掌茶的外观是卷曲重叠的，与唐代流行的饼茶不同，是曝晒而成的散茶，点出了唐代喝茶的多元多样面貌，这也让我们知道，唐代的名流雅士饮茶并非都以茶饼研末，有时也喝散茶。

在中唐"风俗贵茶"的大背景下，茶成为长江流域文人雅士交流情感的媒介。上文已述唐代名茶尽出自长江流域，唐代又以春茶为贵，每至出春茶时节，长江流域的文人墨客以当地新茶封缄之后寄赠亲友，或派专人或由驿递送达对方，馈茶之流行使得驿递专门设置茶库贮茶，《唐国史补》中记载了江南驿站"又一室，署云茶库，诸茗毕贮"④以陆羽为茶神之事。对方收到新茶之后，往往酬之茶诗，白居易《萧员外寄新蜀茶》、卢仝《走笔谢孟谏议寄新茶》、薛能《蜀州郑史君寄鸟觜茶，因以赠答八韵》等便是其中代表作。若交情特别深厚的朋友，还会"乞茶""索茶"，如孟郊《凭周况先辈于朝贤乞

---

① （唐）陆羽撰，宋一明译注：《茶经译注》，上海古籍出版社2017年版，第33—37页。
② （唐）封演撰，赵贞信校注：《封氏闻见记校注》，中华书局1958年版，第46页。
③ （唐）赵璘：《因话录》，古典文学出版社1957年版，第86页。
④ （唐）李肇：《唐国史补》，古典文学出版社1957年版，第65页。

茶》诗云:"曾向贵人得,最将诗叟同。幸为乞寄来,救此病劣躬。"这种风雅的馈茶分甘的交往方式,体现了君子之交淡如水、礼轻情意重的旨趣。

除了寄茶分甘,名士往来常常举办茶宴、茶会。自天宝十四载(755)安史之乱爆发,士子文人纷纷渡江避难,湖、常二州成为新的文化中心,文人间的茶会频繁。其中最为突出的便是湖州茶会。大历七年(772)颜真卿任湖州刺史,举办了一系列茶会活动,规模最大的便是"三癸亭"茶会。颜真卿召集当地及外地文人学士二十余人,共同修纂《韵海镜源》,于大历八年(773)春编纂完成,为纪念此事,颜真卿出资,陆羽主持设计施工了"三癸亭"。亭子落成时举办了大规模的茶会,皎然《奉和颜使君真卿与陆处士羽登妙喜寺三癸亭》和颜真卿《题杼山癸亭得暮字》便是因此而作。除了这种特定主题的大型茶会,友人相聚时也会举办私人的小型茶会,《月夜啜茶联句》便是陆士修、张荐、李萼、崔万、颜真卿、皎然六人茶会时品茗联句而成。茶会中除了赋诗联句,有时为了增加热闹的气氛会击鼓传花,行"传花饮"之法。"茗爱传花饮,诗看卷素裁。"[①]随着湖、常二州贡茶院的发展,官方也开始举办茶会,宝历二年(826)春,时任苏州刺史的白居易收到常州刺史贾𫟷和湖州刺史崔玄亮的邀请参加茶山茶会,白居易因坠马腰伤无法前往,赋诗相寄,"遥闻境会茶山夜,珠翠歌钟俱绕身。盘下中分两州界,灯前合作一家春。青娥遰舞应争妙,紫笋齐尝各斗新。"[②]茶山茶会除了给两州人才提供交流平台,更重要的是通过"斗新"提升了长江下游茶叶的品质。关于如何"斗新",我们大致可从《清异录》中的记载猜测一二,"和凝在

[①] (清)彭定求等编:《全唐诗》卷 817 皎然《晦夜李侍御萼宅集招潘述、汤衡、海上人饮茶赋》,中华书局 1960 年版。

[②] (清)彭定求等编:《全唐诗》卷 477 白居易《夜闻贾常州、崔湖州茶山境会想羡欢宴因寄此诗》,中华书局 1960 年版。

朝，率同列，递日以茶相饮，味劣者有罚，号为汤社"[①]。"下汤运匕，别施妙诀，使汤纹水脉成物象者，禽兽虫鱼花草之属，纤巧如画，但须臾即就散灭，此茶之变也，时人谓之'茶百戏'。"[②] 从这种品评茶之优劣的"汤社"，到利用击打茶汤而产生的纹理、浮沫变幻作画的"茶百戏"，可以看出此类饮茶竞技活动逐渐发展成熟为两宋时期的斗茶。至晚唐五代时，唐代长江流域尤其是中下游地区的饮茶已经从涤烦解渴、提神醒脑的饮料发展成为艺术欣赏的对象和文人雅士自身精神意趣的载体。

与汉族文人雅士饮茶更注重茶的文化价值相比，唐代长江上游地区的少数民族饮茶更加注重茶的实用价值。唐代长江上游剑南道西接吐蕃，南接南诏，少数民族众多且大多属于游牧民族。受自然环境和地理条件的限制，他们饮食上食肉饮酪，少食蔬菜，依赖茶"滋饭蔬之精素，攻肉食之膻腻"[③]，对茶有高度的依赖，"宁可三日无肉，不可一日无茶"。唐樊绰《蛮书》卷7记载南诏地区蒙舍蛮茶事，"茶出银生城界诸山，散收，无采造法，蒙舍蛮以椒、姜、桂和烹而饮之。"[④] 银生城即今云南景东，为南诏七节度之一银生节度治所。银生城界诸山，主要为普洱茶系诸山，大致包括今普洱市、临沧和西双版纳的茶山。蒙舍蛮制茶原始粗放，不似唐人有"采之，蒸之，捣之，拍之，焙之，穿之，封之"[⑤]一套流程，但其烹茶之法与"笔茶法"极为相似，都是茶种加香料调味。唐代长江上游不只南诏地区有茶事，自文成公主带茶入藏，吐蕃地区也渐有茶事。公元678年，吐蕃势力进入云南洱海北部地区，于公元680年建立神川都督府统治西

[①] （宋）陶榖：《清异录》，中华书局1991年版，第295—296页。
[②] 同上书，第300—301页。
[③] （清）董诰等编：《全唐文》卷528顾况《茶赋》，中华书局1983年版。
[④] （唐）樊绰撰，向达校注：《蛮书校注》，中华书局1962年版，第190页。
[⑤] （唐）陆羽撰，宋一明译注：《茶经译注》，上海古籍出版社2017年版，第14页。

洱河北部铁桥地区百余年，统治期间向白蛮、黑蛮征收赋税，摊派差役，展开了密切的贸易，其中最重要的内容便是茶马贸易，吐蕃人民所换之茶大多来自银生城界诸山，即"西蕃之用普茶，已自唐时"[①]。《唐国史补》载："常鲁公使西蕃，烹茶帐中，赞普问曰：'此为何物？'鲁公曰：'涤烦疗渴，所谓茶也。'赞普曰：'我此亦有。'遂命出之。以指曰：'此寿州者，此舒州者，此顾渚者，此蕲门者，此昌明者，此邕湖者。'"[②]可知中唐之后，长江流域的名品茶叶已经进入到吐蕃贵族的生活之中，但赞普不知常伯熊所烹为何物，可知他们的烹茶之法与汉族大不相同。泸州地区也有少数民族茶事，"泸州之茶树，夷獠常携瓢穴其侧，每登树采摘芽茶，必含于口，待其展，然后置于瓢中，旋塞其窍，比归必置于暖处，其味极佳。又有粗者，其味辛而性热，彼人云饮之疗风，通呼为泸茶"[③]。由此可知泸州的少数民族所制的"泸茶"出于高大的野生茶树，其制茶的方法更加原始，即采茶时便口含茶芽令其舒展，通过闷烤烘干茶叶，茶叶品质也有高低之分，同汉人一样以茶芽为佳，极为重视茶的药用价值。

三、余论

纵览整个中国茶叶种植与饮茶习俗发展史，唐代长江流域茶史有着举足轻重的地位。从茶叶种植上看，除去岭南道韶州、容州、象州产茶外，几乎尽出自长江流域。唐建中年间，北方饮茶之风日盛，大量的茶叶需从长江流域运往北方，带来了由南至北的繁盛的茶叶转运贸易。位于大运河枢纽素有"扬一益二"的扬州，成为唐代茶叶南

---

① （清）檀萃辑：《滇海虞衡志》，中华书局1985年版，第79页。
② （唐）李肇：《唐国史补》，古典文学出版社1957年版，第66页。
③ （宋）乐史撰，王文楚等点校：《太平寰宇记》，中华书局2007年版，第1740页。

北运输中重要的集散地，大量茶叶通过运河运到洛阳、长安。同时周边少数民族开始依赖饮茶消解酒食、维持身体健康。这刺激着唐王朝与周边国家民族的茶马贸易和茶马古道的开辟。从茶叶品质上看，唐代所出名茶与贡茶皆出自长江流域。《唐国史补》中所列23种名茶长江上游8种，中游9种，下游6种。《新唐书·地理志》中17个贡茶州中除怀州河内郡外，皆在长江流域[1]，《膳夫经手录》中"以多贵"和"少而精"的茶叶亦尽出长江流域。茶叶是唐王朝重要的经济作物，名茶是出茶地的支柱产业。名茶不仅带动了周边茶叶的种植加工、茶叶贸易，还促进了与茶相关的各行各业的发展。当地百姓多以茶为业，"江南百姓营生，多以种茶为计"[2]，以祁门县为例，"千里之内，业于茶者七八矣"[3]，张途《祁门县新修阊门溪记》中记载了祁门出茶时节，各路茶商收茶时的盛况，"祁之茗，色黄而香，贾客咸议，愈于诸方。每岁二三月，赍银缗缯素求市，将货他郡者，摩肩接迹而至"[4]。唐代长江流域发达的茶业推动着唐代经济中心的南移。

唐代长江流域产茶各区域间也有不同的特点。长江上游巴蜀之地茶业历史最为悠久，长期以来一直为茶业中心区域。以蒙顶茶为首的名茶种类繁多，但产量却不高。因其与吐蕃、南诏等少数民族接壤，边境茶马贸易频繁，周边少数民族消费之茶大多来自当地所产的大众茶叶。长江中游茶业以中低档茶叶产量大而闻名，以浮梁茶为代表的商货茶叶价格低廉，满足着广大民众的需要。长江下游茶叶整体品质高，产量大。尤其是唐代中期顾渚贡茶院设置之后，太湖茶区名

---

[1] （宋）欧阳修、宋祁撰：《新唐书·地理志》卷40，中华书局1975年版，第1028页。上游有雅州庐山郡、归州巴东郡、夔州云安郡；中游有梁州汉中郡、金州汉阴郡、峡州夷陵郡、溪州灵溪郡、饶州鄱阳郡、申州义阳郡、蕲州蕲春郡；下游有寿州寿春郡、庐州庐江郡、常州晋陵郡、湖州吴兴郡、睦州新定郡、福州长乐郡。
[2] （清）董诰等编：《全唐文》卷967盐铁司《禁园户盗买私茶奏》，中华书局1983年版。
[3] （清）董诰等编：《全唐文》卷820张途《祁门县新修阊门溪记》，中华书局1983年版。
[4] 同上。

茶产量剧增，源源不断供应着王公贵族。可与浮梁茶产量媲美的宣、歙两州的大众茶叶，以制置精好而名播天下。至唐建中之后，长江中下游茶叶产量和质量总体上超过上游地区，两大区域内的茶业因茶叶转运贸易而紧密联系在一起，中游江州是重要的茶叶集散地，祁门之茶由昌江上游闾门溪，溯昌江西行过浮梁至鄱阳湖，再入长江；婺源之茶，由乐安江上游溯江至鄱阳湖，由鄱阳湖入长江。长江中下游茶叶再顺江而下至南北运河枢纽的扬州，后运至北方，"茶自江淮而来，舟车相继，所在山积，色额甚多"①。中晚唐之后，长江中下游茶区取代了上游巴蜀茶叶中心的地位。

纵观唐代长江流域茶文化的发展历程，茶树起源于长江上游云、贵、川地区。文献与考古资料显示，至少在先秦时期饮茶已流行于西南一带。汉代饮茶风习便由上游巴蜀之地渐次传至中游荆楚之地、下游吴越之地。但是饮茶真正普遍深入到民间生活则是在隋唐时期。特别是盛唐之后饮茶之风由长江流域渐入北方，至唐中期北方饮茶遂成风俗，"自邹、齐、沧、棣，渐至京邑，城市多开店铺煎茶卖之，不问道俗，投钱取饮"②。"茶为食物，无异于米盐。人之所资，远近同俗，既祛渴乏，难舍斯须，田间之间，嗜好尤切。"③饮茶普及民间。饮茶变成僧俗日常的生活习惯，和佛教寺院清修的仪轨有关，特别是禅宗的坐禅敬茶仪式，把饮茶、信仰、生活、品味、嗜好连成一个共生循环的生态模式。茶在中国成"比屋之饮"的同时也将饮茶之风播及到周边民族，"始自中地，流于塞外。往年回鹘入朝，大驱名马市茶而归"④。茶成为联结农耕文明与北方游牧文明间的神秘纽带。

唐代长江流域各区域间饮茶习俗呈现出不同的特色。长江上游

---

① （唐）封演撰，赵贞信校注：《封氏闻见记校注》，中华书局1958年版，第46页。
② 同上。
③ （宋）王溥：《唐会要》卷84《杂税》，中华书局1955年版，第1546页。
④ （唐）封演撰，赵贞信校注：《封氏闻见记校注》，中华书局1958年版，第47页。

少数民族饮茶习俗原始、粗犷，他们对茶的嗜好源于茶消肉除腻的保健作用，茶于他们而言是日常生活保持健康的必需食物，在烹煮饮用之时所关注的是茶叶本身的实用价值而非烹饮过程中所带来的精神享受。而长江中下游地区茶业的兴盛发展，为陆羽《茶经》的撰写提供了丰富的资料和现成的经验。《茶经》对茶文化系统的阐释，对饮茶之法精细的规范，将饮茶从养生功用的物质层面提到了审美艺术的精神层面，在这种茶文化氛围中，长江中下游的文人雅士们以茶赠友、以茶会友，将日常饮茶活动同审美活动、精神追求相结合，极大地丰富了茶文化的内涵。长江流域各区域间多姿多彩的饮茶习俗共同构成了绚丽的中华茶文化饮茶习俗画卷。

（原载《江汉论坛》2019 年第 11 期）

唐代赣江流域丧葬习俗考

赣江流域在唐代为江南道（贞观初所置）、江南西道（开元二十一年所分）辖区，在考古墓葬分区中，因地理形势上与周围地区山川阻隔，故赣江流域唐代墓葬与北部的九江等长江沿岸和两湖地区、长江下游地区、福建、岭南等地区在内涵上均差别极大[1]，其墓葬形制、随葬器物类型和放置、墓室装饰构造等方面都具有较为独立的区域特点，丧葬习俗具有区域性的特征和风格。本文根据经科学发掘并发表的赣江流域唐代墓葬信息，试对唐代赣江流域丧葬习俗进行分析和研究。

一、墓葬形制特征

已经科学发掘并发表的赣江流域唐代墓葬总体较少，本文以其中20座为例，具体整理墓葬信息。这部分墓葬中，有10座砖室墓，8座土坑墓，1座砖石墓，1座形制不明的墓葬。10座砖室墓中有9座长方形单室砖室墓，1座"凸"字形拱形券顶单室砖室墓；8座土坑墓中有6座长方形竖穴单室土坑墓，1座"凸"字形土坑墓，1座

---

[1] 权奎山：《中国南方隋唐墓的分区分期》，《考古学报》1992年第2期。

合葬长方形竖穴土坑木椁墓。具体如下表：

赣江流域唐墓墓葬形制统计表

序号	类型	分类	数量	所处时代
1	室墓	长方形单室砖室墓	9	唐初期1、唐中期和中晚期4、唐晚期1、唐代未标明时期3
		"凸"字形拱形券顶单室砖室墓	1	唐初期1
	小计		10	
2	土坑墓	长方形竖穴单室土坑墓	6	唐中期2、唐晚期2、唐代未标明时期2
		"凸"字形土坑墓	1	唐晚期1
		合葬长方形竖穴土坑木椁墓	1	唐晚期1
	小计		8	
3	砖石墓		1	唐晚期到五代1
4	形制不明		1	唐代未标明时期1
	总计		20	

在统计的墓葬数据中，砖室墓在赣江流域已发表唐墓中占50%，土坑墓占比40%，砖石墓和形制不明的情况占比10%。数据表明，无论砖室墓还是土坑墓，平面呈长方形的单室墓占比最大，部分为"凸"字形，双室砖室墓和合葬土坑墓都较为少见；砖室墓主要分布于唐代初期、中期、晚期等各个时期，土坑墓主要分布于唐代中期和晚期。

墓室是为死者构建的隔绝于世的独立宇宙空间，墓葬空间在不同时代和地域呈现出的规模和结构上的差异，不仅与每个时代墓主人所处的等级、社会地位息息相关，更主要关系的是当时社会的埋葬观念、丧葬信仰和对灵魂、鬼魂等概念的认知；伴随丧葬观念的发展，墓葬的功能经历了埋葬、礼神、祭奠、供养等诸多功能交替、交织发展的过程；与功能相匹配，墓葬的形制从先秦时期"棺周于衣，椁周于棺,土周于椁"①的椁墓为主,发展到汉代及汉以后基本以室墓为主,南方地区的室墓虽较中原出现较晚,至唐时,长江流域的墓葬亦是"晋制"②的单室砖墓使用最为广泛。

赣江流域分布于唐代不同时期的单室砖墓体现了当时民众对往生世界世俗化的认知,一方面将死者置于隔绝于外的宇宙天地之中,另一方面竭力为其保有生前所享有的生活家园——类似于房屋架构的墓室、与生者房屋铺砌方式相同或相似的地砖、用于"衣食住用"的随葬器物,等等,这些安排体现着唐代墓葬供养死者的主要功能。然而同一地域不同时期的墓葬形制会随着社会政治、经济的发展和相关观念的变迁而改变,从已发表的墓葬情况来看,赣江流域的土坑墓基本不见于唐代中期以前,在唐代中期至晚期分布较多,这种形制变化与唐代安史之乱之后动荡不安的社会状况以及其所引发的社会观念深层次的变革有着紧密的联系。一方面,战乱频仍、民众生活颠沛流离,出现大量非正常死亡者,民众经济能力下滑、无力营建耗资颇多的砖室墓;更为重要的另一方面是,面对残酷的社会现实,加之佛教转世轮回观念的适时渗透和中唐时期的儒家复兴,当时的社会思潮中"已经意识形态化的思想传统出现了新活力、新探索"③,人们更加注重现实,也更加企盼轮回后的来世,对"阴间"生活的关照和供养热情则相对降低了,此种观念在墓葬形制中的体现是一部分供养空间的压缩,即更多地使用土坑棺椁墓这一既传统、墓室空间又较小的形制。民众对土坑墓这一形制进行主动选择、而非出于经济压力被动接受的推断可从随葬品情况证实,如南昌市北郊唐代晚期唐墓④、南昌

---

① (汉)郑玄注,(唐)孔颖达疏:《礼记正义》卷《弓上》,载(清)阮元校刻:《十三经注疏》3册(清嘉庆刊本),中华书局2015年影印版,第2798页下栏。
② 俞伟超:《汉代诸侯王与列侯墓葬的形制分析——兼论"周制"、"汉制"与"晋制"的三阶段性》,《中国考古学会第一次年会论文集》,文物出版社1979年版,第337页。
③ 陈弱水:《唐代文士与中国思想的转型》,广西师范大学出版社2009年版,第3页。
④ 江西省博物馆:《江西南昌唐墓》,《考古》1977年第6期。

市郊唐晚期墓M1[①]、南昌京家山盛唐时期墓葬M2[②]、南昌老福山"凸"字形唐晚期墓[③]、赣州市郊盛唐时期墓葬[④]都是土坑墓，其随葬品基本与同地域、同时期或更早期的砖室墓相差无几。可见，唐代赣江流域墓葬不同时期的形制是随社会丧葬观念的变迁而改变的，时代性和地域性特点并存。

二、随葬品特征

（一）随葬品类型

赣江流域唐墓随葬品质地主要有瓷器、陶器、铁器、金银铜器、木器、砖制品和竹制品等。

瓷器占比重最大，器形主要有碗、杯、盘、壶、瓶、罐、洗、盂、钵、盏、碟、堆塑罐、堆塑瓶、香炉、钵形炉、砚、粉盒、俑类等；多饰莲花纹，如黎川西北荆头村M6出土莲花纹盘[⑤]，再如会昌县西江镇塅脑村唐墓出土的青瓷盂，肩部有八朵圆状莲花纹[⑥]等。

陶器器形主要有壶、瓶、罐、碗、盆、钵、洗、盂、砚、纺轮等。

[①] 薛尧：《江西南昌、赣州、黎川的唐墓》，《考古》1964年第5期，收入孙海主编：《中国考古集成》（华东卷·江西省、上海市、浙江省）魏晋至隋唐（一），中州古籍出版社2007年版，第589—591页。

[②] 同上。

[③] 唐昌朴：《南昌地区唐墓器物简介》，《考古与文物》1982年第6期，收入孙海主编：《中国考古集成》（华东卷·江西省、上海市、浙江省）魏晋至隋唐（二），中州古籍出版社2007年版，第667—669页。

[④] 张嗣介：《赣州市郊发现一座唐墓》，《江西历史文物》1984年第2期。

[⑤] 薛尧：《江西南昌、赣州、黎川的唐墓》，《考古》1964年第5期，收入孙海主编：《中国考古集成》（华东卷·江西省、上海市、浙江省）魏晋至隋唐（一），中州古籍出版社2007年版，第589—591页。

[⑥] 池小琴：《江西会昌西江镇塅脑村唐代墓葬》，《南方文物》1995年第3期。

铁器器形主要有鼎、刀、剪刀、釜、鐎斗、灯盏、铁棺钉等。其中，铁鼎出现于今赣州境内石城县唐墓[1]、会昌县西江镇塅脑村唐墓[2]和西江镇南星唐纪年墓[3]等墓葬中，在赣南地区出现频率较高，墓葬所处年代除西江镇南星唐纪年墓可以明确为唐代初期外，其余两座无法辨明具体时期。铁鼎为唐代长江流域其他地区少见或未见的特殊随葬品，随葬这一器物应为唐代赣江上游流域、赣南地区的埋葬风俗。

金器几乎未见，银器器形主要为银发钗等，铜器器形主要有钱币（"开元通宝""乾元重宝"等）、镜、洗、钵、盆、勺、碗、杯、发钗等。

木器器形主要有木俑、粉盒、木梳、漆器、地券等。

砖制品主要为买地券和墓志。

竹制品器形有俑、鱼（鸡？）、犬等。

赣江流域发现的唐墓中，俑类极为少见，只有南昌市北郊唐墓中出土竹俑4件、木俑1件（头戴黑帽，身穿长袍，双手拱于胸前，背面有墨书）[4]，这些竹木俑在长江流域十分罕见。其余随葬品绝大部分系实用器皿，然而广泛流行于长江流域唐墓的瓷盘口壶在赣江流域唐墓却较为少见，更多的是碗、瓶、杯、钵等生活器具，这类器物的组合似乎预示着随葬品趋向简化。此外，铜镜、铁鐎斗、铜洗、铁刀、铁剪及"开元通宝"铜钱等金属器物在该区较为流行，出土的铜洗等物品能够反映地方营造工艺特色。赣南地区唐墓还有随葬堆塑罐、堆塑瓶的情况。

---

[1] 陈必琳：《江西石城出土唐代文物》，《南方文物》1996年第4期。
[2] 池小琴：《江西会昌西江镇塅脑村唐代墓葬》，《南方文物》1995年第3期。
[3] 钟建华：《会昌县西江隋唐墓葬》，《江西文物》1990年第1期。
[4] 江西省博物馆：《江西南昌唐墓》，《考古》1977年第6期。

(二) 典型随葬品分析——堆塑罐、堆塑瓶

赣江流域南部唐代中期墓葬常见随葬堆塑罐和堆塑瓶,如江西会昌发现的晚唐至五代墓葬中出土随葬器物堆塑罐 1 件,该罐"器盖广肩,盖顶部为二神(青龙、朱雀)组合成的装饰纽,纽的周围堆塑有七人,动作各异,有的击钹,有的吹笛,有的敲锣,有的打鼓,人物形象生动逼真。全器施黑褐釉,胎呈灰色"[1]。该墓还出土堆塑瓶 1 件,"上部是一个高耸的圆锥形盖,一条浮雕青龙盘缠着锥形尖顶,已残缺。下部为高大的喇叭形底座,上饰上覆下仰的莲瓣,左右两侧对称圆形镂孔"[2]。这种堆塑罐、堆塑瓶在历史上流行时间较长,主要于东汉晚期至西晋末年,在南方(主要是江西、安徽、江苏、浙江等地)部分墓葬中作为随葬品。虽然更早期阶段它与广东、福建等岭南之地的越人联系在一起,"最早的形式为一组五个统一尺寸的罐相连,中间一罐为周边四罐所围绕。均为硬陶,有席纹或刻有凹槽装饰"[3],但后来堆塑罐的外形被汉文化墓葬延续使用,使用者赋予了它完全新颖的、承载时代墓葬功能的装饰风格,使它成为汉文化的组成部分。堆塑罐、堆塑瓶因其堆砌形象内容繁复、情景丰富,含仙界、世间等多重境界造型和场景而在外形上极具特色,丰富的意象包含了地方巫教和儒家孝道观念的"民间佛教"因素,彰显着地方民族传统葬俗以及佛教、道教在赣江流域的盛行。此外,因其主要存在时段亦是墓葬功能从礼神为主向供养为主转变的重要阶段,故而这种造型奇特的随葬品可谓是承担了礼神和供养死者的双重功能。一方面以乐工弹奏乐

---

[1] 池小琴:《江西会昌西江镇坝脑村唐代墓葬》,《南方文物》1995 年第 3 期。

[2] 同上。

[3] 丁爱博:《从堆塑罐论六朝墓葬仪式的发展(摘要)》,载〔美〕巫鸿主编:《汉唐之间文化艺术的互动与交融》,文物出版社 2001 年版,第 544 页。该文对堆塑罐作为随葬品的过程做了探索和整理。

器、歌舞等世俗化生活场面象征安全与奢华的乐土，供养给死者微观世界中世俗化的生活场景；另一方面体现对仙神的敬畏和仰慕，含有礼神意味。

（三）随葬品的空间放置

根据对赣江流域唐墓随葬品放置信息的统计，分类汇总如下：

（1）赣江流域唐墓主要为中小型墓葬，随葬品多放置在墓室前、中、后端，或称墓室北部、南部等部位；有棺床的情况下，一般放置在棺床前、近门处等位置。

（2）土坑墓中，有的为分内外椁的土坑墓，内椁置于外椁之中，其间置有随葬品，如南昌碑迹山的合葬长方形竖穴土坑木椁墓有内外两重木椁，随葬品放置两椁之间[1]；有的为椁内直接置棺，棺椁之间填塞石灰浆，棺内隔成"头箱"，其中放置器物，如江西南昌市北郊唐墓中"棺内靠前面用木板隔成长36、宽44厘米的'头箱'，内放置木俑、铜镜、瓷碗、罐、铁镰斗、粉盒、梳和匕等器物"[2]。

（3）穿戴和装饰类器物如发钗、手镯等，多佩戴于死者身上。故发掘时该类随葬品多出土于佩戴物对应的人骨周围；粉盒等日常生活较常使用的物品、木棍和匕首等防身器具等多置于人骨周围。

（4）铜钱类随葬物品多放置于头部两侧、散置墓棺底部[3]或墓室中部。[4]

---

[1] 郭远谓：《江西南昌碑迹山唐代木椁墓清理》，《考古》1965年第5期。
[2] 江西省博物馆：《江西南昌唐墓》，《考古》1977年第6期。
[3] 同上。
[4] 如赣州张家园唐墓M2、M3，郭远谓：《赣州市张家园清理两座唐墓》，《文物工作资料》1964年第2期；再如赣州南门外大道M1，薛尧：《江西南昌、赣州、黎川的唐墓》，《考古》1964年第5期，收入孙海主编：《中国考古集成》（华东卷·江西省、上海市、浙江省）魏晋至隋唐（一），中州古籍出版社2007年版，第589—591页。

（5）铜镜多放置于墓室中部。[1]

在随葬品空间放置方面，赣南唐墓具有鲜明的地方性特征：将金属类锐器或铜镜置于瓶、鼎、罐等容器之中。

赣州石城县唐代墓葬出土双耳三足铁鼎1件，甾1件，铁刀1件，剪刀1件，这些器物出土时的摆放情况是："前面放的是双耳三足铁鼎，铁鼎的三足落在三个白瓷杯上（瓷杯已失）。鼎内置一瓷香炉，炉中置铁刀、剪刀、铁甾各一件，鼎的后面置一陶罐（已破）。"[2] 再如赣州市郊盛唐时期墓葬中"两个青瓷杯与鐎斗绕瓶呈半圆形排列，铁刀置于瓶底"[3]。赣州大余县唐墓中铜镜置于青瓷罐内。[4] 像这样清晰描述铁质刀、剪等锐器和其他器物配置摆放情况的墓葬报告数量较少，因盗掘等原因，大部分赣南唐墓报告中只著录了出土铁刀或铁剪的情况，未明确其摆放信息。然而还是通过整理随葬铁刀、铁剪等锐器的墓葬的出土地点来发现其分布规律：抚州黎川县西北荆头村唐代初期墓葬M4[5]、赣州南门外大道盛唐时期墓葬M1[6]、赣州张家园唐代中晚期墓葬M2[7]、赣州会昌县西江镇湾兴村晚唐至五代墓葬等墓葬中皆出土铁刀、剪等金属锐器。从墓葬所在地域来看，这些墓葬主要分布于赣南地区；从墓葬所处时期看，分布于唐代初期至晚期。由此可见，在墓中放置金属类锐器是唐代赣南地区地方性埋葬习俗。

---

[1] 如南昌市郊M1和瑞昌李家墩唐墓M1，分别载于薛尧：《江西南昌、赣州、黎川的唐墓》，《考古》1964年第5期，收入孙海主编：《中国考古集成》（华东卷·江西省、上海市、浙江省）魏晋至隋唐（一），中州古籍出版社2007年版，第589—591页；何国良：《江西瑞昌发现唐墓》，《南方文物》1993年第2期。
[2] 陈必琳：《江西石城出土唐代文物》，《南方文物》1996年第4期。
[3] 张嗣介：《赣州市郊发现一座唐墓》，《江西历史文物》1984年第2期。
[4] 邓福元：《大余县出土唐代铜镜和铁钱》，《江西文物》1990年第1期。
[5] 薛尧：《江西南昌、赣州、黎川的唐墓》，《考古》1964年第5期，收入孙海主编：《中国考古集成》（华东卷·江西省、上海市、浙江省）魏晋至隋唐（一），中州古籍出版社2007年版，第589—591页。
[6] 同上。
[7] 郭远谓：《赣州市张家园清理两座唐墓》，《文物工作资料》1964年第2期。

那么，赣南地区唐墓为何放置锐器呢？是墓主人的随身物品，还是有着其他寓意？此外，将铁刀等锐器置于瓶、鼎、罐中，并在这些容器周围或下面放置瓷杯、陶罐、铁鐎斗等实用器物又体现哪些丧葬观念呢？从中国传统丧葬观念中金属类锐器等器物的作用和唐代墓葬的时代功能角度出发，以放置信息明确的3个墓葬为例，试分析这类放置搭配所体现的丧葬功能如下：

第一，无论是瓶、鼎还是罐都概为死者灵魂的栖居地[①]，鼎内置放的香炉应是祭祀亡者的供器、法器。[②] 第二，灵魂栖居的容器旁放置的瓷杯、陶罐、鐎斗等实用器具是墓葬供养死者功能的体现，这也是唐代墓葬功能的主要特征。第三，铁刀、铁剪、铁舀等金属锐器和铜镜这种蕴含摄魂意味的金属器物在墓葬中有压胜的功用，如《云笈七签》载"上剑销邪""下剑治魅"曰："剑法有三。但以刚铁锻为利刃，吾目一视，便可用也。有疾之人，俾汝挥击，邪气销铄，其人无损。或地祇作孽，水族生妖，分野为灾，国家轸虑，当以上剑治之。……或魑魅之徒，夔魖之辈，挟邪暴物，作祟害人，当以下剑治之。"又载"铸镜杀魑魅"云："铸镜杀一切魑魅，十方神仙，以此为无价珠，乃如意神珠也。"[③] 可见道家观念中认为利刃、铜镜可以

[①] 《酉阳杂俎》载："李洪山人善符篆，博知，尝谓成式，瓷瓦器瘗者可弃。昔遇道者言，雷蛊及鬼魅，多遁其中。"可见当时人认为已瘗的瓷瓦器物中易藏匿鬼魅、雷蛊，由此，墓葬中的此类容器也概为鬼魅魂灵的栖居地。(唐)段成式撰，曹中孚校点：《酉阳杂俎》前集卷11《广知》，上海古籍出版社2012年版，第63页。当代也有学者探讨唐宋墓葬中大量出现的粮罂明器，是用于亡者灵魂的栖息。如王铭：《唐宋时期的明器五谷仓和粮罂》，《考古》2014年第5期。

[②] 汉代博山炉即表示长生求仙思想，唐宋时期民间还流行七月十五道教中元节这天焚香祭鬼，如《癸辛杂识续集·李醉降仙传》中载道士帮人驱邪的场景，"凡有所祷祈，令人自书一纸，实签之。以香一片，令自祈祷，且缄封、书押，并金纸一百焚于香炉中"。(宋)周密撰，吴企明点校：《癸辛杂识》，中华书局1988年版，第125页。

[③] "上剑销邪""下剑治魅"说载(宋)张君房纂辑，蒋力生等校注：《云笈七签》卷103纪传部《翊圣保德真君传》，华夏出版社1996年版，第626页；"铸镜杀魑魅"说载《云笈七签》卷72《金丹部十·明药色第七》，华夏出版社1996年版，第982页。

杀魑魅、驱邪，民众将金属锐器和铜镜放置灵魂栖居的瓶、鼎、罐中，渴望保护亡灵、驱鬼、得吉。总而言之，这种看似较为复杂的随葬器物的搭配置放蕴含着墓葬供养、祭奠和压胜等多方面的功能，其中压胜这一具有鲜明巫术色彩的功能，既源自赣江流域自古民俗信巫[①]，也与赣江流域为江南道教中心、是道教传播的重要地区有紧密联系。

三、唐墓装饰特征

（一）墓壁和铺地砖的砌式

赣江流域唐代砖室墓墓壁的墓砖通常砌一至三层，砌式大多为素面单砖平铺叠砌，也有平铺纵横错砌、二顺一丁等砌式。

墓底砖铺一层、二层或三层，砌式类别有两砖纵横错砌平铺、平砖错缝顺砌、"人"字形平砖铺砌等；土坑墓椁底用青色素砖横平铺垫等。券顶有拱形等形制。

赣江流域唐墓墓壁砌式和墓底砖铺砌砌式相比长江流域其他地区较为简单。

（二）墓砖

赣江流域唐代砖室墓花纹砖纹饰较为多样，有动物纹饰如龙、凤、鱼等；还有网纹、钱纹、车轮纹、蕉叶纹、莲花纹、夔纹和执扇

---

① （清）谢旻：《（雍正）江西通志》卷26《风俗·赣人》载："赣俗信巫，婚则用以押嫁，葬则用以押丧"，中国国家图书馆（数字图书馆）电子扫描刻本1册，第23页。

人纹；砖侧面纹饰有线条、双角叉、双弧纹、细绳纹等较为简单的纹饰；楔形砖小头面有波浪、双角叉纹等；也有纪年铭文砖。常用的纹饰彰显着地域自然生态环境特征和民众生产、生活习俗，体现着构筑墓室者的审美观以及墓主人的信仰等。

3个墓例可见纪年铭文砖，其一为会昌县西江唐代纪年墓中出土的纪年铭文砖，"楔形。长30、宽14、侧面厚的一面为6、薄的一面3.5厘米，平面饰网纹，侧面印有一竖行反书阳文，为'□大唐乾封元年造茔'九字"。还出土花纹平砖，"平面饰网纹，侧面印有六组半同心圆纹两列"[1]。其二为黎川西北荆头村唐墓M4中出土"大方"字样墓砖。[2] 其三为石城县唐墓出土一莲花纹长条青砖，"其长29.8、宽13.5、厚6厘米，左侧、正面饰莲花纹，右侧铭文：'大中十一年'，青色，完好。另一为夔纹长条刀形砖，其长29.8、宽14、厚边6厘米，薄边4厘米，薄边正面饰夔纹"[3]。

（三）龛

赣江流域部分唐代墓葬设置壁龛，有的壁龛和砖柱等墓室内装饰性结构相辅相成，壁龛功能主要为放置随葬物品。

赣县梅林唐墓M2共有9个壁龛，东西壁下半部分两两对称共8个，后壁下部中间1个[4]；新余市城西区江新钢铁总厂环山路唐墓北壁下部、砖柱两边各有1个壁龛，东、西两壁各有1个壁龛，室内一共4个壁龛，"壁龛高均为25厘米，宽16厘米。壁龛上均未放置随

---

[1] 钟建华：《会昌县西江隋唐墓葬》，《江西文物》1990年第1期。
[2] 薛尧：《江西南昌、赣州、黎川的唐墓》，《考古》1964年第5期，收入孙海主编：《中国考古集成》（华东卷·江西省·上海市·浙江省）魏晋至隋唐（一），中州古籍出版社2007年版，第589—591页。
[3] 陈必琳：《石城发现唐大中款墓砖》，《中国文物报》第30期，1996年8月11日。
[4] 赖斯清：《江西赣县梅林唐墓清理简报》，《南方文物》1994年第3期。

葬品"①。

（四）装饰性结构——柱形构造

赣江流域部分唐墓中有砖柱构造，这与九江一带唐墓柱形、塔形等装饰性结构的广泛分布②有关。这种装饰性结构被称为券柱或砖券柱，始于东汉，盛行于六朝，一般有方柱、砖券柱、砖墩等柱形或塔形构造，早期起到加固墓室、承重墓顶等作用，在发展中逐渐演变为墓室等级的象征。如抚州黎川县西北荆头村唐墓M4：8，"有四座墓在后壁转角和正中处，用砖横纵错砌成方柱，以承墓顶"③。再如新余市城西区江新钢铁总厂环山路唐墓是一座较大型的券拱式砖室墓，该墓"东西两壁对砌有六道等距排列的砖券柱"④，这种采用券柱形式的砖室墓在赣中地区少见。

五、结语

本文搜集、整理了赣江流域唐代墓葬的墓葬形制、随葬品类型和放置情况以及墓葬装饰信息，并基于整理材料对赣江流域的唐代丧

---

① 李小平：《江西新余唐墓清理简报》，《南方文物》2005年第2期。
② 如瑞昌丁家山唐墓M2"左右侧墙内壁各砌五个砖墩相对紧贴于墓壁，砖墩高至起券处。""后墙居中砌壁龛，龛上再砌砖柱。"M4中"两侧壁各五个砖墩相对"其墙体有的为平面，有的为多砖墩形式，有的则采用凹凸形式，将后壁龛与砖柱砌为一体，于封门墙外砌外壁龛等。瑞昌市博物馆：《江西瑞昌丁家山唐墓群清理简报》，《南方文物》1995年第3期。
③ 薛尧：《江西南昌、赣州、黎川的唐墓》，《考古》1964年第5期，收入孙海主编：《中国考古集成》（华东卷·江西省·上海市·浙江省）魏晋至隋唐（一），中州古籍出版社2007年版，第589—591页。
④ 胡小勇：《新余发掘一唐大型墓葬》，《中国文物报》第36期，1993年9月12日。

葬民俗展开了具体分析，总结如下：

赣江流域唐墓形制方面，单室长方形的砖室墓、土坑墓都使用的较为广泛，在已公开发表的墓葬信息中，砖室墓数量较多于土坑墓，分布于唐代各个时期，土坑墓更多地分布于唐代中期至晚期，其形制和随葬品规模体现了安史之乱之后社会时代丧葬观念产生的变化：降低对死者供养的重视、更加看重现实和轮回来世。随葬品方面，赣江流域唐墓的随葬器物多为实用器皿，少见盘口壶这一长江流域唐墓广泛使用的器物；赣南地区随葬器物的搭配放置体现墓葬供养死者、祭祀与保护亡灵、压胜等多方面功能，体现了区域巫俗信仰和道教思想的影响。墓葬装饰方面，赣江流域唐墓通过墓砖砌式、花纹砖、墓龛、券柱等装饰构造营建了简洁、美观、坚固与和谐的墓室空间，供养死者如生。

（原载《江汉考古》2020年第5期）

作者著述列表

一、学术著作

《高等教育理论与实践研究（二）》，主编，52万字，武汉大学出版社2019年版。

《高等教育理论与实践研究》，主编，60万字，武汉大学出版社2015年版。

《爱默生超验主义思想》（译），合译（刘礼堂、李松），23万字，崇文书局2007年版。

《探索集》，主编，18万字，武汉大学出版社2006年版。

《问径集》，独撰，24万字，湖北人民出版2005年版。

《理论研究与实践》，撰写1万字，武汉大学出版社1998年版。

《资政史鉴》，萧致治主编，撰写10万字，人民出版社1997年版。

《楚俗研究》，撰写《楚国饮食文化》，撰写1万字，湖北美术出版社1995年版。

《外戚传》，朱雷主编，独撰1万字，河南人民出版社1992年版。

《中国税收通史》，合著，独撰12万字，光明日报出版社1991年版。

二、学术论文

《唐代赣江流域丧葬习俗考》,《江汉考古》2020 年第 5 期。

《中华茶文化的源流、概念界定与主要特质》,《农业考古》2020 年第 5 期。

《清代茶叶贸易视野下的中英关系 —— 以贸易博弈为中心的考察》,《人文论丛》2020 年第 1 辑。

《论意思、意义与意象 —— 兼论"诗本体"》,《江汉论坛》2020 年第 3 期。

《唐代长江流域的茶叶种植与饮茶习俗》,《江汉论坛》2019 年第 11 期,《新华文摘》2020 年第 3 期全文转载,《人大复印报刊资料·魏晋南北朝隋唐史》2020 年第 1 期全文转载。

《论日本奈良平城京对唐代"长安都城文化"的吸收和继承》,《人文论丛》2019 年第 1 辑。

《〈尔雅·释诂〉校勘四则》,《语言研究》2019 年第 2 期。

《唐代峡江地区"借室为墓"葬俗试析》,《江汉考古》2019 年第 1 期。

《〈黄侃手批《尔雅义疏》〉所见"相反为训"》,《人文论丛》2018 年第 1 辑。

《日本奈良时代对唐朝长安佛教建筑文化的吸收》,《江汉论坛》2018 年第 6 期。

《试论唐代南方少数民族对长江中游的经济开发》,《江汉论坛》2018 年第 2 期。

《古丝绸之路河西走廊语言服务状况考》,《江汉考古》2018 年第 2 期。

《云南丙中洛乡多元宗教的碰撞与融合 —— 以基督教为例》,

《红河学院学报》2018 年第 1 期。

《浅析鄂西北地区"楚长城"遗迹》，《江汉考古》2016 年第 6 期。

《信息不对称与近代华茶国际贸易的衰落——基于汉口港的个案考察》，《历史研究》2016 年第 1 期，《人大复印报刊资料·中国近代史》2016 年第 8 期全文转载。

《基于需求视角的中华茶技艺保护传承研究》，《武汉大学学报（人文科学版）》2016 年第 2 期。

《中国古代岁时民俗文献研究》，《武汉大学学报（人文科学版）》2014 年第 3 期。

《宋代笔记及类书中的岁时民俗研究》，《江汉论坛》2014 年第 11 期，《新华文摘》2015 年第 4 期篇目辑览。

《人文重镇形成的文化生态——以明代黄州府为考察中心》，《江汉论坛》2013 年第 3 期，《人大复印报刊资料》2013 年第 5 期全文转载。

《唐代茶叶及茶文化域外传播考》，《武汉大学学报》2013 年第 3 期，《中国社会科学文摘》2013 年第 11 期全文转载。

《茗菜与苔菜考辨——兼谈茶事之起源》，《中国矿业大学学报（社会科学版）》2013 年第 1 期。

《鄂东文化的人类学考察》，《武汉大学学报（人文科学版）》2012 年第 1 期。

《唐代的寡妇葬夫与迁葬夫族》，《江汉论坛》2011 年第 7 期。

《旧石器时代中国南方砾石工业初探》，《武汉大学学报（人文科学版）》2010 年第 5 期。

《采铜于山　沾溉学林》，《光明日报·国学版》2010 年 3 月 22 日。

《唐代长江上中游地区服饰文化考》，《武汉大学学报（人文科学版）》2009 年第 3 期。

《唐代长江上中游地区的饮食文化——从民间饮食中的主、副食为例》,《江汉论坛》2009 年第 6 期。

《唐代长江上中游地区的岁时节令》,《武汉大学学报(人文科学版)》2008 年第 6 期,《高等学校文科学术文稿》2009 年第 1 期学术卡片转载。

《受命不迁　深固难徙——先秦楚人以爱国主义为核心的民族精神及其影响》,《红旗文稿》2007 年第 19 期。

《唐代长江上中游地区的社会环境》,《武汉大学学报(人文科学版)》2007 年第 4 期。

《唐代长江上中游地区的生态环境文化》,《江汉论坛》2007 年第 4 期。

《〈阳春集序〉作者陈世修小考》,《文学遗产》2007 年第 4 期。

《唐代长江上中游地区的民间道教信仰》,《武汉大学学报(人文科学版)》2006 年第 6 期。

《唐代长江流域民俗文化散议(中英文)》,《圣彼德堡大学纪念鲁迅先生诞辰 125 周年国际学术会议论文集》,圣彼德堡大学出版社 2006 年版。

《唐代长江上中游地区的民间佛教信仰》,《武汉大学学报(人文科学版)》2005 年第 4 期。

《论唐代长江上中游地区的饮茶风习》,《江汉论坛》2005 年第 2 期,《光明日报·新论集萃》2005 年 4 月 18 日转载。

《试论敌后抗日根据地的农业税》,《武汉大学学报(人文科学版)》2003 年第 1 期。

《新石器时代湖北地区的科学技术》,《炎黄文化研究》2001 年第 8 期。

《从〈唐代墓志汇编〉窥探唐代安史之乱后北人的南迁》,《江汉考古》2001 年第 4 期。

《唐代长江流域"信巫鬼、重淫祀"习俗考》,《武汉大学学报

（人文科学版）》2001 年第 5 期。

《唐代长江流域民俗文化散论》，《武汉大学学报（人文科学版）》2000 年第 5 期，《新华文摘》2001 年第 1 期篇目转载。

《关于周昭王南征江汉地区有关问题的探讨》，《江汉考古》2000 年第 3 期。

《炎帝神农氏生地揭秘 —— 原始民族早期生息与劳作之地的个案剖析》，《中南民族学院学报（人文社会科学版）》2000 年第 3 期。

《炎帝神农与中华文明》，《炎黄文化研究》1999 年第 6 期。

《炎帝、神农氏、烈山氏的分合因由 —— 兼论远古传说变异与原始民族融合之关系》，《中南民族学院学报（哲学社会科学版）》1999 年第 4 期。

《简论秦国的人才开发》，《武汉大学学报（哲学社会科学版）》1999 年第 4 期，《新华文摘》1999 年第 11 期篇目转载，《人大报刊复印资料》全文转载。

《试论邓小平的教育思想》，《武汉大学学报（哲学社会科学版）》1997 年第 1 期。

《毛泽东成人教育思想初探》，《武汉大学学报（哲学社会科学版）》1995 年第 5 期，《人大复印报刊资料》1995 年第 6 期全文转载，获中南地区普通高校优秀论文一等奖。

《楚国历史文化与南方都市（续篇）》，《武汉大学学报（哲学社会科学版）》1994 年第 6 期，《中国社会科学要目摘要》1995 年第 1 期转载，《高等学校文科学报文摘》1995 年第 2 期转载。

《楚国历史文化与南方都市》，《武汉大学学报（社会科学版）》1993 年第 3 期，《新华文摘》1993 年第 7 期篇目转载，《人大复印报刊资料》1993 年第 7 期全文转载。

《扬越地望考》，《武汉大学学报（社会科学版）》1990 年第 3 期。

《试论楚对异族文化的吸收》，《荆州师专学报（哲学社会科学版）》1988 年第 4 期。

《随州出土豫南古国铜器考述》,《信阳师范学院学报（哲学社会科学版）》1986 年第 2 期。

三、散文

《西雅图，一杯星巴克》,《写作》2008 年第 12 期。

《巴基斯坦花车》,《写作》2007 年第 8 期。

《洛杉矶纪行》,《写作》2007 年第 3 期。

《拉合尔纪行》,《写作》2006 年第 10 期。

后　记

我与历史学的结缘，是从本科求学武汉大学历史系开始的。彼时适逢学术复兴、群星璀璨的年代，有幸聆听唐长孺、吴于廑、石泉等先生的教诲，打下了坚实的学术研究基础。1988年，我取得历史学学士学位后即留校工作。三十多年来，往复于历史、中文两院系之间，肩挑行政、学术双重重担，个中甘苦，实难尽言。所幸繁重的工作之余，始终未中断学术研究。我于2002年获得博士学位，2007年评为教授，2008年聘为博士生导师，至今已发表学术论文50余篇，主、参编专著10部。可以说，早年接受的历史学专业训练未被尽束高阁，一直是我在学术领域探索、思悟的动力。

这本论文集能够问世，首先要感谢我的导师冻国栋教授和历史学院各位前辈学者的教导，感谢他们在我求学阶段和工作以后一直为我指点迷津。同时，感谢在近年来的研究中与我合作的诸位同仁、弟子，这本论文集是我们共同的劳动成果。

还要感谢武汉大学诸多领导和同事，在工作上为我提供了持续的帮助和支持，使我得以兼顾行政工作和学术研究，在自己的一片学术田地里不断耕耘。

最后，尤其要感谢我的学生陈韬博士，他为本书内容的前期整理工作提供了无私的帮助。同时要感谢对本书出版做出重要贡献的石斌等商务印书馆工作人员，他们为本书增添了色彩。

成果能够收入"珞珈史学文库",使我厕身武大史苑诸先生之间,是我的荣幸。我的第一本论文集《问径集》收录了2007年之前的主要学术论文,这一本《思悟集》收录2007年至2020年间的论文。比类观之,唯望新的成果有所进步,庶几无愧于武大历史系多年来的培养。

2020 年 11 月 10 日

于武昌珞珈山振华楼思悟斋